Von Cathy Vasas-Brown sind bei Bastei Lübbe Taschenbücher lieferbar:

15129  Das Blutmal
15329  Gespenster meiner Angst

## *Über die Autorin:*

Cathy Vasas-Brown lebt mit ihrem Mann Al und ihren vier Katzen – Watson, Holmes, Spike und (Sir) Arthur – in Südontario, Kanada. Nachdem sie 24 Jahre als Grundschullehrerin tätig war, widmet sie sich nun ganz dem Schreiben. Für ihren Thriller *Das Blutmal* erhielt sie den Arthur Ellis Award für den besten Krimi-Erstlingsroman.

Cathy Vasas-Brown
# Süß schmeckt der Tod
Roman

Ins Deutsche übertragen von
Martin Hillebrand

BASTEI LÜBBE TASCHENBUCH
Band 15719

1. Auflage: August 2007

Vollständige Taschenbuchausgabe

Bastei Lübbe Taschenbücher ist ein Imprint der Verlagsgruppe Lübbe

Deutsche Erstveröffentlichung
Titel der englischen Originalausgabe: »Overkill«
© 2006 by Cathy Vasas-Brown
Für die deutschsprachige Ausgabe:
© 2007 by Verlagsgruppe Lübbe GmbH & Co. KG, Bergisch Gladbach
Titelillustration: Creativ Collection
Einbandgestaltung: Tanja Østlyngen
Satz: hanseatenSatz-bremen, Bremen
Druck und Verarbeitung: Ebner & Spiegel, Ulm
Printed in Germany
ISBN 978-3-404-15719-8

Sie finden uns im Internet unter
www.luebbe.de

Der Preis dieses Bandes versteht sich einschließlich
der gesetzlichen Mehrwertsteuer.

# PROLOG

Anfangs versuchte ich noch, das Geschehen zu ignorieren. Ich redete mir ein, es würde sich alles irgendwann geben. Ich ließ mich nicht beirren und befasste mich mit anderen Dingen. Dennoch verfolgte und quälte mich diese Sache wie ein lästiger Plagegeist, der einem selbst bei den alltäglichsten Gedanken noch im Hinterkopf herumspukt. Mit der nervtötenden Regelmäßigkeit eines tropfenden Wasserhahns wurde ich ständig daran erinnert, dass sich das Problem weder aus meinem Unterbewusstsein verbannen ließ noch kurzerhand verdrängt werden konnte.

Innerhalb kürzester Zeit kam es mir vor, als gäre in meinem Innersten eine schwärende Wunde, eine wuchernde Eitergeschwulst, entzündet von einem solch allverzehrenden Hass, dass ich schon fürchtete, man müsse ihn mir geradezu ansehen. Ob die Änderung in meinem Verhalten, ob Trübsinn oder miese Laune – ich hätte alles auf zu viel Stress schieben können. Um Ausflüchte wäre ich keineswegs verlegen gewesen. Es kam allerdings niemand auf die Idee zu fragen. Rein äußerlich benahm ich mich offensichtlich unauffällig.

Nichtsdestotrotz war das Problem bald ein ständiger Begleiter, dessen Krakenarme mich einfach nicht losließen. Das konnte so nicht weitergehen. Die Erleuchtung traf mich weder in sturmgepeitschter Nacht noch an einem whiskeybenebelten Morgen, sondern an einem Tag, an dem die Sonne lachte und ein sanfter Windhauch die Wipfel der Bäume zerzauste. Da nisteten sich erste Mordgelüste in meinem Herzen ein.

Einmal gesät, ging diese Saat auf und keimte, bis mir der Kopf regelrecht schwirrte von allerlei Winkelzügen, von einfachen bis hin zu haarsträubend ausgefallenen. Keiner indes war ohne Mängel. Ich schmiedete Pläne, verwarf sie wieder und fing von vorn an.

An einem weiteren makellosen Apriltag fiel dann die Offenbarung buchstäblich vom Himmel. Eine Piper Cherokee, an Bord lauter Ausflügler von jenseits der Grenze, stürzte mit Motorschaden in den See, sozusagen direkt vor unserer Haustür. Der *Daily Sentinel* druckte die Namen sämtlicher Insassen groß in der Abendausgabe, und als auch noch durchsickerte, unter den Verunglückten habe sich ein ranghoher Mafiaboss aus Buffalo befunden, machte unser Lokalblatt die ganzen folgenden Wochen mit der Story über den Flugzeugabsturz auf.

Da wurde ich hellhörig. Aus so etwas galt es Folgerungen zu ziehen. Binnen weniger Tage wusste ich, was ich zu tun hatte.

Bisweilen, so meine Erkenntnis, musste man halt das ganze Flugzeug in die Luft jagen. Auch wenn man's möglicherweise bloß auf einen einzigen Fluggast abgesehen hatte.

# 1. KAPITEL

»Also, Tony, ich kann mir nicht helfen, aber deine Mutter, dieses Weib, könnte ich eigenhändig erwürgen.«

»Kämst du nicht mit durch«, brummte Tony Amato. Die Illustrierte vor seinem Gesicht senkte sich nicht einen Millimeter. »Dein Onkel würde die Spurensicherung auf ihre Kehle ansetzen. Die hätte in zehn Sekunden deine Fingerabdrücke.« Er wechselte die übereinandergeschlagenen Beine, ruckelte sich in seinem Sessel zurecht und las weiter.

»Trotzdem! Irgendwie müsste man doch ...« Olivia ließ das Ende des Satzes in der Luft hängen und kramte dabei im Wandschrank nach ihren marineblauen Sandalen. Dabei veranstaltete sie einen ziemlichen Krach, dessen Lärmpegel sie auch im angrenzenden Badezimmer noch aufrechterhielt, indem sie Schubladen knallte und Lippenstifthülsen scheppern ließ. Nichts brachte sie mehr auf die Palme als ein seelenruhiger Gatte, zumal ihr Blut schon den ganzen Tag in Wallung war.

Als sie sich etwas Haar-Gel auf die Handfläche gab, schoss der Klacks derart geräuschvoll heraus, als leide die Tube unter Blähungen. »Trifft haargenau meine Laune!«, knurrte Olivia. Sie verteilte das klebrige Zeug im Haar und zupfte es zu jener struppigen, schrillen Stachelfrisur zurecht, die ihrer Schwiegermama ein Gräuel war. Aus lauter Bosheit machte sie ein paar Strähnen besonders chaotisch zurecht. So, das reichte.

Derweil hatte sich Tony, der im Sessel am Fenster saß, nicht gerührt.

»Willst du dich nicht langsam fertig machen?«

»Zeit satt«, gab Tony zurück, wobei er das Kunststück vollbrachte, auf seine Uhr zu gucken, ohne die Zeitschrift zu bewegen. »Brauch mir bloß noch 'nen Schlips zu greifen. Ansonsten sehe ich jetzt schon umwerfend aus.«

Auf der Bettkante hockend, ließ Olivia einige ihrer Utensilien von ihrem schwarzen Handtäschchen in das blaue wandern. »Tony, wie lange sind wir jetzt verheiratet?«

Eine Nanosekunde lang raschelten die Seiten. »Damit legst du mich nicht rein. Fünf Jahre. Wieso?«

»Na ja, damit wäre die Phase, in der du mir jeden Wunsch von den Lippen abliest, wohl abgehakt. Aber ich hätte nicht gedacht, dass wir mal einen solchen Zustand erreichen würden: Wenn ich mit dir zu reden versuche, verschanzt du dich einfach hinter 'ner Zeitung. Also, nach meinem Gefühl bist du auf dem besten Wege zum Eigenbrötler. Was ist denn heute so spannend an deinem Nachrichtenmagazin?«

Tony ließ sein *MacLean's* sinken und schüttelte den Kopf. »Na, unser Ort! Vor zwei Wochen kannte das Kaff kein Mensch, und jetzt stehen wir auf jeder Zeitungsseite! Als gucke ganz Kanada auf uns. Wir sind doch in aller Munde.«

Olivia zog den Reißverschluss ihrer Handtasche zu. »Weiß ich. Hier hat sich alles verändert.«

Sowohl sie als auch ihr Mann waren hier aufgewachsen, nämlich in Pleasant Bay, einem pulsierenden, künstlerisch angehauchten Städtchen am Ufer des Eriesees. Kunstgewerbe- und Antiquitätenläden sowie Bildergalerien säumten die einzige Einkaufsmeile des Ortes, in der es samstags nur so von Touristen wimmelte, die in Designerklamotten ihre reinrassigen Hündchen spazieren führten. Selbst für die baufälligste Zweizimmerbruchbude in Seenähe musste man eine Viertelmillion hinblättern, und zwar aus dem einzigen Grunde, weil der Eigner, falls er auf seinem Dach stand und hoch genug sprang, behaupten konnte, er besitze ein Cottage mit Seeblick.

Den meisten Einwohnern von Pleasant Bay ging es gut. Man lebte gesundheitsbewusst; auf den Wegen im Matheson Park drängelten sich die Jogger, Inlineskater und Nordic Walker. Man genoss eine einfallsreiche, leichte Cuisine und feine Weine, alles in Maßen, wohlgemerkt. Die meisten starben an Altersschwäche, einige auch an Krebs, andere an einem Schlaganfall oder einem Herzinfarkt, manche waren geschwächt durch Altersdiabetes. Hin und wieder ereignete sich eine Tragödie, etwa ein Schiffsunglück oder ein Brand. Solche Trauerfälle erschütterten den Ort und füllten die Kirchen.

Sei's drum: Ungeachtet des Namens »Freundliche Bucht« blieb auch Pleasant Bay von Problemen nicht verschont. Je vornehmer und umsatzfreudiger die Main Street wurde, desto häufiger suchten sie Graffitikünstler heim, die regelmäßig Ladenfassaden verschandelten. Auch das Ortseingangsschild war von maltechnisch mäßig begabten Witzbolden verunstaltet worden. So stand dort geraume Zeit zu lesen: »Willkommen in Pleasant Bay. Einwohner 3«. Das vor etwa einem Monat aufgestellte Ersatzschild wurde schon etwas genauer: »Willkommen in Pleasant Bay. Einwohner 30.000«. Darunter indes, in blutroter Farbe aufgesprüht, prangte die Mahnung: »Verpisst euch!«

Auch Otto J. Sparks, der stadtbekannte Verrückte, suchte die Einkaufszeile heim und vergraulte mit seinen Stegreifsermonen über den nahenden Weltuntergang eine nicht unbeträchtliche Zahl von Kunden.

Eltern scheuchten am Abend die Kinder in die Häuser.

Dann wurden die Türen verrammelt. Sah man die Abendnachrichten im Fernsehen, las man die Zeitungsmeldungen, dann lamentierte man über den Zustand der Welt und fragte, wo bloß die traditionellen Werte geblieben waren. Sie waren nicht etwa paranoid, die Bürger von Pleasant Bay, sondern wachsam, und sie jammerten auf recht hohem Niveau.

Zehn Jahre lang hatte die Stadt keinen einzigen Mord erlebt. Nun waren vier Menschen tot.

Vergiftet. Mit Natriumzyanid.

Asphyxie. Inneres Ersticken. Zwei Worte, bei denen Olivia ein Schauder überlief. Sie wusste, Zyanid blockiert die Sauerstoffzufuhr für die roten Blutkörperchen. Die Einnahme des Giftes verursacht Brechreiz, Herzrasen, Krämpfe und Kreislaufkollaps. Bei starker Dosierung erfolgt das Ende relativ kurz und schmerzlos. Die weniger Glücklichen quälen sich stundenlang mit den Symptomen herum – ein grässlicher Tod mit blau verfärbtem Gesicht.

Dazu kam der verräterische Geruch von Bittermandeln. Das wusste ein jeder Krimileser, und Olivia kannte keinen größeren Krimifan als ihren Tony. Nach der Lektüre von Andy Kodalys Artikel, der vor zwei Wochen im *Sentinel* erschienen war, hatte er sich im Internet über den Wirkstoff informiert. Als Olivia die Internetseite auf dem Computermonitor sah, verhielt Tony sich geheimnistuerisch und reserviert. Fürsorglich wie immer versuchte er, selbst die kleinste Unannehmlichkeit von ihr fernzuhalten. Vermutlich war er der Meinung, sie habe schon genug durchgemacht.

Olivia stemmte sich von der Bettkante hoch, ging zu Tony hinüber und kuschelte sich auf seinen Schoß. »Hmm«, maunzte sie, indem sie sich dicht an ihn schmiegte, »so richtig geborgen fühle ich mich nur hier.« Sie legte sich Tonys

Arme noch enger um den Körper und bettete den Kopf an seine Schulter.

»Wahrscheinlich haben wir unsere Sicherheit immer für selbstverständlich gehalten, nicht wahr? Und jetzt höre ich auf der Arbeit nur noch, die Leute wären zu bange zum Einkaufen und trauten keinem Menschen mehr. Die Notaufnahme ist überfüllt, und zwar Tag und Nacht. Ob Bauchgrimmen, Sodbrennen, Übelkeit – jeder kommt angesaust und meint, er wäre mit Sicherheit vergiftet. Und überall schleichen diese verdammten Pressefuzzis herum, die nur drauf warten, dass der Nächste umkippt. Anwesende natürlich ausgenommen. Kommt einem vor, als würde man in 'nem beknackten Fischglas arbeiten.«

Bei der Obduktion der Opfer hatten man in den vier Mägen Mandeln nachgewiesen. Graeme Thomas, Student und Vegetarier, aß seinen Eltern zufolge Mandeln, um seinen Proteinbedarf zu decken. Anke und Rolf Metzger hatten Salatportionen mit Mandelsplittern bestreut. Lloyd McCulloh, ein zwanghaftes Leckermaul und als Letzter der vier gestorben, hatte sein übliches Schälchen Erdnüsse durch Mandeln ersetzt, da er auf seine Linie achten musste. Alle bezogen die verseuchten Kerne am Tresen für lose Waren in Ciccone's Food Market, der nun bis auf Weiteres geschlossen war.

»Kennst du noch Vince? Den aus der Physiotherapie, von dem ich erzählt habe? Der hat die Party zum zehnten Geburtstag seiner Tochter abgeblasen, weil die anderen Eltern ihre Sprösslinge einfach nicht hingehen lassen. Alle haben sie Schiss.«

Statistiken verstärkten noch diese Furcht. Laut einer von der kanadischen Verbraucherschutzorganisation durchgeführten Untersuchung waren 40 Prozent der Befragten wenig gar nicht davon überzeugt, dass die von ihnen verzehr-Lebensmittel unbedenklich waren. Dieselben Vorbehalte ..lten im Bezug auf das Trinkwasser. Auch ein staatlicher Un-bedenklichkeitsvermerk auf dem Etikett trug kaum dazu bei, das Vertrauen der Verbraucher in die Lebensmittelsicherheit zu stärken. Satte 70 Prozent waren der Ansicht, die Bundesregierung in Ottawa habe die Bürger nicht nachhaltig genug über Themen wie BSE informiert. Hätte man, so Olivias Vermutung, die Umfrage in Pleasant Bay gestartet – der Befund wäre noch vernichtender ausgefallen.

»Hast recht, Livvie. Hat sich alles geändert hier.«

»Du hoffentlich nicht. Dich halte ich für vollkommen.«

Als Tony ihr spielerisch mit der Nase über die Wange fuhr, genoss sie die Liebkosung mit geschlossenen Augen.

»Was Männer angeht, hast du eben einen hervorragenden Geschmack. Übrigens, was war da eigentlich vorhin in dich gefahren? Wuselst hier herum wie 'n aufgescheuchtes Huhn!«

Sie seufzte. »Also, du kannst einem aber auch das schönste Kuscheln verderben! Pass auf, dass ich nicht schon wieder von deiner Mutter anfange. Die müssen wir noch den ganzen Abend genießen. Wollen wir da nicht lieber noch fünf Minuten gemütlich schmusen?«

»Na schön.«

Aus fünf Minuten wurden zehn, ehe Tony sagte: »So, jetzt musst du zwar die Kröte schlucken, aber es wird Zeit. Ich hab Mom versprochen, wir holen sie um sieben ab. Drei Minütchen Verspätung, und ein echt italienischer Wutanfall bricht über uns herein.«

Olivia stöhnte auf und begann sich zu kratzen. »Muss das sein? Guck mal, ich brauche nur dran zu denken, schon krieg ich Ausschlag!«

Die Haut diente Olivia gleichsam als ihr mentales Barometer. Ging es ihr prächtig, so war ihr Teint makellos, glatt und mit einem pfirsichzarten Hauch. War sie hingegen in Eile und unter Druck, bildete sich unweigerlich auf Armen und Brust eine juckende, stechende Pickelschicht. In ausgesprochenen Stressphasen überzog sich die Haut gar mit länglichen, rötlichen Beulen, Pusteln und blutig gekratztem Schorf – für einen wissensdurstigen Psychiater eine Art therapeutische Skizze in Blindenschrift.

»Sieh es mal von der positiven Seite, Liv. Mom ist dreiundsiebzig.«

»Verschon mich damit!«

»Die wird ja nicht ewig leben.« Ein Grinsen erhellte sein Gesicht.

»Du bist ein Ekel.« Sie versetzte ihm einen angedeuteten Nasenstüber. »Und ob die ewig lebt! Aus lauter Trotz, jede Wette!«

»Könnte schon sein. Jetzt aber runter von mir. Mir ist das Bein eingeschlafen.« Er stieß sie sanft von sich.

»Lügenbold!«

Olivia stand vom Schoß ihres Mannes auf, ging voran zum eingebauten Kleiderschrank und wartete, bis er sich eine passende Krawatte ausgesucht hatte. Aus alter Gewohnheit band sie ihm den Knoten, ein kleines Ritual, das ihr nochmals Gelegenheit bot, ihn zu berühren.

»So ein Brimborium«, brummte sie, während sie seinen Windsor-Knoten vollendete und überflüssigerweise noch ein wenig daran zupfte, um den Augenblick hinauszuzögern. »Und alles nur, um deine Mutter zum Dinner auszuführen. Schade um so ein schönes Mannsbild. Kann ich dich heute Abend nicht doch ganz für mich haben?«

Tony schüttelte zwar den Kopf, aber sie merkte doch, dass er in Gedanken schon Alternativen erwog. »Der Tisch ist für halb acht reserviert. Wenn wir bei einem Glas Wein plus Hauptgericht bleiben und auf Dessert und Kaffee verzichten, könnten wir Mom bis Viertel vor zehn wieder abliefern. Dann sind wir gegen zehn wieder hier und können durch die Laken toben, dass die Decke wackelt. Es sei denn, du meinst, Unzucht am Freitag dem Dreizehnten bringt Unglück.«

Olivia bückte sich über das Bett, um ihre Handtasche aufzuheben. »Das gilt nicht im August. Weiß doch jeder!« Sie beugte sich über die Matratze. »Hast du gehört, Federkern? Nachher bist du dran!«

Hand in Hand gingen sie auf die Schlafzimmertür zu, als Olivia plötzlich stehen blieb. »Was meinst du wohl, Tony? Wer hat die alle umgebracht?«

»Irgendein Psychopath. Jedenfalls keiner von hier.«

»Wieso denn nicht?«

»Na, hör mal, Liv! So riesig ist Pleasant Bay nicht. Einer mit so 'nem Sprung in der Schüssel fällt doch in einem Kaff von dieser Größe auf wie 'n bunter Hund!«

»Du meinst also, der tickt nicht richtig, der Täter?«

»Kann doch gar nicht anders sein.« Tony hielt ihr die Tür auf und ließ Olivia vorgehen.

»Also, ich sehe das nicht so«, betonte Olivia, als sie die breite Treppe hinunter zum Hauptgeschoss stiegen. »Ich glaube eher, das ist ein ganz Gerissener. Ein Fuchs.«

Schlagartig beschlich sie ein unerklärliches Grauen. Die Hand um den Geländerlauf geklammert, hielt sie auf der untersten Stufe inne, bemüht, dieses Bangen abzuschütteln. Am liebsten wäre sie postwendend wieder nach oben gerannt, hätte sich auf Tonys Schoß gekuschelt und den drohenden Abend vergessen. Wenngleich keineswegs abergläubisch, hatte sie doch vor langer Zeit gelernt, sich auf ihr Bauchgefühl zu verlassen. Und diese Intuition sagte ihr nun mahnend, dass ihr eine furchtbare Nacht bevorstand.

## 2. KAPITEL

Claire Marshall betrat das Schlafzimmer genau in dem Moment, als ihr Mann gerade nach seiner Hose griff. Er warf ihr einen entrüsteten Blick zu, als wolle er andeuten, sie hätte gefälligst vorher anklopfen können. Vermutlich spürte er, dass er, bekleidet nur mit gestärktem weißem Oberhemd, Boxershorts und dunklen Socken, ausgesprochen unerotisch wirkte. Sonst nur an überschwängliche Superlative gewöhnt, hielt Donovan Marshall sich nämlich einiges darauf zugute, stets der Bestaussehende, Cleverste und Erfolgreichste zu sein. Auf der Highschool war er 1968 sogar als bester Allroundsportler ausgezeichnet worden, eine Ehre, die er indes besudelte, indem er Billy Coombs krankenhausreif prügelte.

»Willst du etwa heute Abend ins Restaurant?«

Wieder zuckte ein Blick wie ein Laserstrahl durchs Zimmer, diesmal allerdings wie um anzuzeigen, auf Claires Stirn sei das Wort »Schwachkopf« aufgemalt. »Na klar!«, blaffte er mit offensichtlichem Missmut. »Heißt schließlich Donovan's, der Laden. Da erwarten die Gäste auch, dass da einer mit dem Namen am Eingang steht.« Rasch stieg er in seine Hose, stopfte die Hemdschöße in den Hosenbund und zerrte den Reißverschluss hoch.

»Aber die Kinder haben dich die ganze Woche kaum zu Gesicht bekommen. Und hatten wir nicht abgemacht, dass du nicht jeden Abend persönlich anwesend sein musst?«

»Bin ich ja auch nicht. Sonntagabend und den ganzen Montag bin ich zu Hause.«

»Na toll. Dann habt ihr ja auch Ruhetag im Lokal!«

Sie sah zu, wie ihr Mann sich zwei kühn gemusterte Krawatten vor die Hemdbrust hielt. Sie wies auf die linke, einen Binder im Jugendstildesign, perlgrau und schwarz mit gelben und weißen Tupfern. Nach kurzem Überlegen wand er sich den rechten um den Nacken.

In Sachen Kleidung ließ Donovan Marshall sich von niemandem übertreffen, und wie er so vor dem Standspiegel stand, war Claire davon überzeugt, dass er sich dessen wohl bewusst war. Dann aber bemerkte sie den Anflug eines Stirnrunzelns. Er beäugte sein Spiegelbild etwas genauer. »Meinst du nicht, ich sollte das Grau mal tönen lassen?«

»Lass deine Haare in Ruhe, Donovan!«, fauchte sie, wobei sie ihren Frust kaum noch kaschieren konnte. »Und schweif nicht vom Thema ab! Ich sehe dich doch überhaupt nicht mehr! Du musst mal kürzer treten. Komm heute Abend früher nach Hause.«

»Schatz, mal abgesehen von dem tollen Essen läuft der Laden deshalb so ausgezeichnet, weil ich Flagge zeige. Das Personal bietet erstklassigen Service, weil jeder genau weiß, der Chef guckt hin. Und keiner zockt mich ab!«

»Ich dachte, das Problem wärst du los.«

»Bin ich auch, aber es kommt immer mal wieder einer vorbei, der den Platz einnehmen will. Außerdem: Wenn ich früher abhaue – was signalisiert das wohl?«

»Ach, was weiß ich? Dass du mich liebst, zum Beispiel? Dass dir was an deiner Familie liegt?«

Er machte einen Schritt auf sie zu, packte sie bei den Schultern und versenkte den Blick in ihre Augen. »Als ich den Laden aufmachte, wusstest du ganz genau, dass ich so spät noch arbeiten muss. Aber immerhin bin ich jetzt näher an zuhause. Oder?«

Sie nickte, wenn auch widerwillig. Jahrelang war Donovan bis nach Toronto gependelt, wo er in der Bay Street arbeitete. Auf einmal erinnerte sie sich gar nicht so ungern an diese Zeit. Nach der Geburt von Liam Alexander hatten sie im Stadtzentrum gewohnt, in einer Wohnanlage, in der auch andere junge Paare logierten. Wenn Donovan sich abends um neun schachmatt durch die Eingangstür schleppte, begleitete Claire ihn mit einem Glas Rotwein nach draußen auf die Terrasse und tischte ihm gegrillte Hamburger mit Nudelsalat auf. Nach dem Essen saßen sie dann immer unter einer Lichterkette aus Anti-Mücken-Lämpchen und plauderten über ihre Träume.

Inzwischen, so Donovan, lebten sie ihre Träume – ein Punkt, den er ihr mit schöner Regelmäßigkeit unter die Nase rieb. Sie bewohnten ein zauberhaftes Eigenheim im georgianischen Stil, gelegen in der Hemlock Lane unweit des Parks, die beste Adresse der ganzen Stadt. Auf breiten und tiefen Grundstücken errichtet, stammten die Häuser alle aus den Zwanzigerjahren, aus einer Zeit also, in der nicht allein Grundfläche, sondern Kultiviertheit und Charme als Beweise gehobenen Lebensstils galten. Touristen wie Einheimische schlenderten über die Straßen, ungefähr so wie auch Donovan und Claire zu Highschool-Zeiten, als sie seinerzeit überlegten, wie das wohl wäre, in dieser Gegend zu leben. Inzwischen wohnten sie tatsächlich hier; nur war Donovan viel zu selten daheim, um es wirklich zu schätzen.

»Soll ich heute Abend vielleicht mitkommen?«

Donovan tippte ihr auf die Nase. »Sei nicht albern. Und wer kümmert sich um die Kinder?«

»Da soll's so 'ne neuartige Erfindung geben. Nennt sich Babysitter. Man greift zum Telefon und …«

»Sehr witzig. Aber keine gute Idee. Bei allem, was in der letzten Zeit passiert ist, möchte ich unsere Sprösslinge keinem Wildfremden anvertrauen. Und insgeheim gibst du mir recht.«

Da war er wieder – der Satz, mit dem Donovan stets anzeigte, dass er die Diskussion als beendet ansah. Claire entzog sich seinem Griff und wandte sich zur Tür.

»Wenn die Kinder im Bett sind, kannst du dich doch in den Wintergarten setzen und 'n bisschen lesen!«, rief er ihr nach.

Der Wintergarten, den sie nie hatte haben wollen, den Donovan sich aber nicht hatte ausreden lassen, war im vergangenen Jahr angebaut worden. Rundum verglast, stellte er ein stilistisches Meisterwerk dar. Von dort konnten sie den flutlichtbestrahlten englischen Garten sowie den Swimmingpool am hinteren Ende des Grundstücks überblicken. Ausgestattet hatten sie den Raum mit antiken Korbmöbeln, die Donovan zwar für perfekt hielt, die aber als bequeme Sitzmöbel nichts taugten, weswegen auch nie jemand darauf saß. Ein halbes Jahr später folgte noch ein Stutzflügel, wenngleich kein einziges Familienmitglied Interesse an Klavierstunden zeigte. Eigens eingerichtet für die seltenen Gelegenheiten, an denen sie Gäste bewirteten, würde Donovans Vorzeigestube in zehn Jahren abbezahlt sein. Claire mied sie nach besten Kräften. Umgeben von dieser dunkel getönten Glasmasse fühlte sie sich entblößt und wehrlos.

Über die Schulter blickend, musterte sie ihren Mann, seine perfekte Haltung, die selbstbewusste Pose, und zum annähernd zehnten Mal in den zurückliegenden Wochen wurde sie von dem Wunsch erfasst, ihm einmal so richtig wehzutun.

»Mach dir um mich bloß keine Sorgen«, giftete sie, wobei sie sich mit beschleunigtem Schritt von ihm entfernte. »Ich komme bestens klar.«

## 3. KAPITEL

Für Pete Szilagyi gab es nichts Erregenderes als eine Frau in Dessous. Seiner Ansicht nach ging das noch über eine völlig entblößte Frau, ganz zweifellos, wiewohl es sich in gewissen Situationen als praktischer erwies, wenn die Frau vollständig entkleidet war. Aber so hauchdünne Fummel aus Spitze und seidenweichem Satin, dazu die Strapse, die strahlten etwas aus, das seiner Fantasie Flügel verlieh und sein Testosteron auf Hochtouren brachte.

In Sachen Dessous verfügte Lorraine über einen ausgezeichneten Geschmack. Das Set aus Höschen und BH, das sie trug, war von einem solch schulmädchenhaften Weiß, dass es bei Pete sogleich die herrlichsten Männerfantasien heraufbeschwor, wobei er sich die Rolle des lüsternen Rektors vorbehielt. Seine Frau saß an einem Schminktisch aus Mahagoni, eines der Möbelstücke, die sie mitsamt dem Haus geerbt hatte. Sie pinselte sich gerade Wimperntusche auf ihre ohnehin dichten Wimpern, und von seinem Standort aus nahm Pete wieder einmal bewundernd zur Kenntnis, dass Lorraine mit ihren 48 Jahren in punkto Aussehen den meisten 30-Jährigen den Rang ablief. Ihre Brüste waren fest und hoch, die Beine wohlgeformt, die Bauchmuskel straff von täglichen Trainingseinheiten im universitätseigenen Fitnessstudio und den Bahnen im Uni-Schwimmbad mit seinen olympischen Maßen. Abgesehen von leichten Beschwerden durch Versteifungen in den Händen war Lorraine stets von Krankheiten verschont geblieben. Nie hatte Pete erlebt, dass sie mal an Kopfschmerzen, Schnupfen oder Grippe laboriert hätte.

»Bist du auch sicher, dass du heute Abend ausgehen möchtest?«, fragte sie, wobei sie sich ein paar vorwitzige Strähnen aus dem Gesicht streifte. »Vielleicht entspannst du dich besser, wenn wir daheim bleiben.«

Pete ging zu ihr hinüber. »Wir müssen mal raus. Können nicht als Gefangene im eigenen Haus hocken!« Er wusste, die vier Todesfälle setzten ihr mächtig zu, insbesondere der Verlust von Graeme Thomas, einem Studenten der Universität, an der Lorraine als Dozentin lehrte. »Außerdem geben wir anderen ein gutes Beispiel, wenn wir uns in der Stadt sehen lassen. Ermutigt vielleicht die Leute, wieder ein normales Leben zu führen.«

»Ich tu das außerordentlich ungern, Pete.«

»Mir zuliebe! Bitte!«

Lorraine gab nach. »Kommen die Kinder mit?«

Beide bezeichneten Tony und Olivia als »die Kinder«. Lorraine sorgte sich leidenschaftlich um ihre Nichte, deren Eltern 20 Jahre zuvor bei einem brutalen Einbruch ums Leben gekommen waren. Nachdem sie bei einer Freundin übernachtet hatte, war die damals zehnjährige Olivia frühmorgens nach Hause gekommen und auf die übel zugerichteten, blutüberströmten Leichen der Eltern gestoßen, die im Wohnzimmer auf dem Fußboden lagen. George und Maggie Laszlo waren erschlagen worden, die Schädel nur noch eine breiige Masse aus Hirn und Knochensplittern. Pete erinnerte sich noch an den morgendlichen Telefonanruf, an das leise Wimmern am anderen Ende der Leitung, an Olivias Stimmchen, das schließlich hauchte: »Kannst du mal kommen, Onkel Pete?«

Für einen ganzen Monat waren das die letzten Worte gewesen, die Olivia von sich gegeben hatte.

Die Einbrecher waren im Nu gefasst. Einer der beiden, Skip Horton, Schulabbrecher eines Berufskollegs in Bryce Beach, war an dem fraglichen Abend mit PCP und Amphetaminen zugedröhnt gewesen. Er landete im Knast, wo er bei einer Messerstecherei umkam. Der zweite, John Stasiuk, stammte aus einer stadtbekannt berüchtigten Familie mit sechs Kindern, von denen allein fünf in der einen oder anderen Straf- oder Erziehungsanstalt einsaßen. Johnny war der Älteste; bei der Einweisung in die Haftanstalt behauptete er, er habe Jesus gefunden. Vor einem Jahr wurde er aus dem Gefängnis entlassen, das vor Delinquenten, die der himmlische Ruf noch nicht ereilt hatte, beinahe überquoll. Gerüchten zufolge hatte John sich in den Norden der Provinz Ontario abgesetzt, um dort in einer Goldmine zu arbeiten – weit entfernt von Lorraines Nichte, die immer noch unter Albträumen litt, vorwiegend in heißen Sommernächten.

In das Haus, in dem sich die Bluttat zugetragen hatte, kehrte Olivia nie mehr zurück. Schon früh wurde sie von Lorraine, ihrer einzigen Verwandten, aufgenommen. Unter ihrer Obhut wuchs sie heran und besuchte die Universität. Als Olivia sich in Tony verliebte, bestand Lorraine darauf, dass das Paar bei ihr und Pete wohnte, bis die beiden sich eine eigene Wohnung leisten konnten, was wohl noch einige Zeit dauern würde.

»Ich hab sie gerade über die Sprechanlage angerufen, aber sie waren schon weg. Sie fahren auch ins Donovan's, nehmen aber Tonys Mutter mit. Die feiert heute Geburtstag.«

»Schreck, lass nach«, entfuhr es Lorraine. Wie die meisten in Pleasant Bay war auch sie kein Fan von Angela Amato.

»Das kannst du laut sagen. Das Weib bringt es fertig und raubt Olivia noch den letzten Nerv.«

Nickend griff Lorraine nach ihrem Parfümzerstäuber und sprühte sich einen Spritzer hinter die Ohren, auf die Handgelenke und über den Brustansatz. Mit geblähten Nasenlöchern inhalierte Pete tief den Duft.

»Versuchung«, mahnte sie ihn.

»Genau.« Er beugte sich vor und lächelte ihr im Spiegel zu, ehe er sich zum Rasieren ins Badezimmer begab.

Während er sich mit Rasierschaum einseifte, grübelte er über seine Silberhochzeit nach, die sich mit Riesenschritten näherte. Ohne Feier, so sein Vorsatz, durfte er den Tag nicht verstreichen lassen. Er war überzeugt, dass er bei der Detailplanung auf Olivia bauen konnte.

Er wehrte sich zwar dagegen, doch bald schweiften seine Gedanken von seiner Frau und seiner schwindenden Erektion hin zu den Todesfällen von Pleasant Bay. Selbst unter seinen besten Fahndern galt der Killer als cleverer Bursche und der Fall als ausgesprochen harte Nuss. Die Kollegen hatten recht, und zwar in beiderlei Hinsicht. In der Polizeidirektion machten Magentabletten die Runde, als wären es Pfefferminzdrops. Gelbes Trassierband markierte inzwischen Ciccones Lebensmittelmarkt, Cove Road Nr. 219, Pleasant Bay. Auf Petes Weisung hin waren die Behälter für die losen, unverpackten Lebensmittel geleert und der Inhalt sichergestellt worden, um Proben für eine Spurenanalyse zu entnehmen. Obst und Gemüse sowie Fleischprodukte wurden entfernt, ebenso die Schokoriegel an der Kasse. Alles, was sich besprühen oder mittels einer Spritze vergiften ließ, wurde in Lastern abtransportiert und dem forensischen Labor von Toronto zur Analyse überstellt. Alfonso Ciccone, der 60-jährige Geschäftsinhaber, musste wegen eines schweren stressbedingten Asthmaanfalls ärztlich behandelt werden.

Andere Einzelhändler im Stadtgebiet folgten dem Aufruf der Polizei zu erhöhter Wachsamkeit und zogen lose Ware aus dem Verkehr. Man wollte lieber abwarten, bis die Hysterie sich legte und der Übeltäter gefasst sein würde. Größere Geschäfte verstärkten die Kameraüberwachung in den Lebensmittelabteilungen, und zwar für alle Kunden leicht sichtbar. Das Personal hinter den Theken für Meeresfrüchte und Fleischprodukte wurde auf zwei pro Tag reduziert; niemand sonst durfte auch nur in der Nähe des offenen Fleisch- und Fischangebotes bedienen. Auf Petes Ersuchen hin überwachten pensionierte Polizeibeamte in Zivil die Gänge zwischen den Regalen.

Petes Kontakte zur CFIA, der kanadischen Lebensmittelüberwachungsbehörde, erwiesen sich als fruchtbar. Das Amt stellte ihm unverzüglich sämtliche Informationen zur Verfügung, und da der Rückruf der Mandeln unter der höchsten Sicherheitsstufe erfolgte, wurde rasch gehandelt. Unter Wahrung ihrer klar definierten Kompetenzen gab die Behörde durch die Medien eine Verbraucherwarnung heraus, benachrichtigte das Amt für Lebensmittelsicherheit und erstattete dem Landwirtschaftsministerium vorschriftsmäßig Bericht. Innerhalb des vorgeschriebenen Zeitrahmens von drei Tagen wurde überprüft, ob die Rückrufaktion sowie die anderen Maßnahmen Wirkung zeigten und ob alle aus Calgary stammenden Mandeln der Charge 22010 aus den Verkaufsräumen verschwunden waren.

Eigentlich hatte Pete an alle Eventualitäten gedacht. Trotzdem reichte das immer noch nicht. Die Presse setzte ihn mächtig unter Druck. Ein Reporter von CNN, ein Schnösel mit perfekt geföhnter Salonfrisur und einem Lächeln wie ins Gesicht gemeißelt, stellte Pete als Stümper hin, als Provinztrottel, der normalerweise nichts Schlimmeres aufzuklären hatte als allerhöchstens samstagnachts eine Ruhestörung. Auch Andy Kodaly, der auf die Story angesetzte Lokalredakteur, fiel Pete in den Rücken, indem er die in der Stadt herrschende Panik mit seinen Berichten derart anstachelte, dass sie sich bis in hysterische Höhen schraubte. Im Artikel von diesem Abend titulierte er den Täter als durchgeknallten Terroristen. Auf dem Heimweg war Pete bei der Redaktion des *Sentinel* vorbeigefahren, um den Schreiberling deswegen zur Rede zu stellen.

Kodaly gehörte derselben Kirchengemeinde an wie Pete. Auch wenn Pete beim jährlich stattfindenden Gemeindefest gemeinsam mit ihm die Würstchen grillte, konnte er den Lokalberichterstatter nicht sonderlich leiden. Im Laufe der Jahre kein bisschen reifer geworden, befleißigte Kodaly sich nämlich eines Revolverblattstils, bei dem Pete die Galle hochkam. So war es Andy zu verdanken, dass sich bei sämtlichen Lesern in Pleasant Bay ein Bild ins Gedächtnis brannte, auf dem zu sehen war, wie Olivia aus dem Hause der erschlagenen Eltern geleitet wurde, den Mund im stummen, gequälten Schrei aufgerissen, den Plüschteddybär Coco an die Brust gepresst.

Pete wies Kodaly dermaßen lautstark zurecht, dass Redaktionskollegen in den angrenzenden Arbeitsplatznischen ob des Lärms verwundert über die Trennwände äugten. Ob er, Andy, so Pete, denn nicht schnalle, dass er den »Kotzbrocken« nur noch zu weiteren Gräueltaten aufhetze? Die fuhren doch regelrecht darauf ab, diese Typen, wenn sie in der Zeitung standen! Das war doch gerade der Kitzel! Wäre es denn zu viel verlangt, wenn er, Andy, ausnahmsweise mal

Weitblick beweisen würde? Er solle seinen »Sensationskäse« gefälligst lassen und lieber mit seinen Artikeln zur Verhaftung der »Drecksau« beitragen.

Andy gab sich alle Mühe, Pete zu beruhigen, doch der war dermaßen in Fahrt, dass es eine geschlagene Viertelstunde dauerte. Er leide ja mit den Opfern, so Andy, wolle auch Gerechtigkeit für deren Angehörige, aber hier war er nun mal an einem absoluten Reißer dran. Den durfte er sich nicht entgehen lassen. Den Mörder zu finden, das sei schließlich Sache der Polizei. Er sei bloß Journalist.

»Mist!«

»Was ist?«, rief Lorraine aus dem Schlafzimmer.

»Hab mich geschnitten. Sieht ganz so aus, als müsste dein Kavalier dich heute Abend mit Klopapier an der Wange begleiten.«

Pete riss ein Blatt von der Toilettenrolle, spuckte darauf und tupfte den Kratzer ab. Es war zwar kein großer Schnitt, aber es blutete heftig.

Er musste die Presse auf seine Seite ziehen und dazu veranlassen, für die Polizei zu arbeiten, nicht gegen sie. Das indes blieb, solange Kodaly federführend berichtete, ein Ding der Unmöglichkeit. Die Alternative aber war noch schlimmer. Pete wusste, Olivia war bereit, sich hart für einen lang ersehnten Job als Kriminalreporterin beim *Sentinel* einzusetzen. Seine Nichte würde die Story so anpacken, wie es sich gehörte: sachlich. Sie würde die menschliche Seite in den Vordergrund rücken, ohne die für Kodaly typische Sensationshascherei. Olivia würde begreifen, dass es keiner weiteren Opfer bedurfte; sie hatte es nicht nötig, dafür zu sorgen, dass innerhalb der Polizeitruppe Köpfe rollten. Dennoch hätte Pete es ungern gesehen, wenn ihr die Berichterstattung über die

Zyanid-Morde übertragen würde. Er versuchte, seine Nichte davon zu überzeugen, dass sie mit ihren 30 Jahren schon genug Horror durchgemacht habe. Sich kopfüber in die Jauchegrube zu stürzen, die dieser Fall darstellte, das würde ihr seiner Ansicht nach nicht guttun. Außerdem kamen die üblichen Warnungen vor einem Interessenkonflikt hinzu: Seine Vorgesetzten würden ihm arg zusetzen, damit er bloß keine Ermittlungsergebnisse an Olivia durchsickern ließ. Ja, man hätte ihm den Fall wegen Befangenheit sogar ganz entziehen können. Da durfte er sich keine Blöße geben.

»Bist du da drinnen verblutet? Ich höre nix mehr!«

»Und ich vermisse, dass du reingestürzt kommst, um mich zu retten«, konterte Pete grinsend von der Badezimmertür her. Er knipste das Licht aus und kehrte ins Schlafzimmer zurück.

Lorraine hatte das Haar hochgesteckt, das ovale Gesicht dabei von ein paar losen Strähnen umrahmt, ganz so, wie er's mochte. Auch mit dem Outfit kam sie ihm entgegen: elfenbeinfarbenes Kleid, schlicht geschnitten und knapp knielang, Riemchensandaletten mit Stilettabsatz, dazu um den Knöchel ein perlgraues Kettchen, das er ihr gekauft hatte.

Er trat auf sie zu und bot ihr galant den Arm, den sie nach unmerklichem Zögern annahm. »Macht ja nichts, dass du keine Krautwickel kochen kannst und dich deswegen opfern musst. Du siehst jedenfalls hinreißend aus. Wollen wir?«

»Ich bleibe dabei: Das ist keine gute Idee.«

»Ach, klar! Außerdem: Du hättest dich ja umsonst so in Schale geworfen. Und das wäre doch schade.«

»Na, meinetwegen. Dein Wunsch ist mir Befehl.«

## 4. KAPITEL

Olivia klappte die Sonnenblende herunter und prüfte den Sitz ihrer Frisur im Schminkspiegelchen. Schön stachelig. Dafür würde Mama Angela sie ganz gewiss mit Blicken töten, was bei Olivia wieder einmal die Frage aufwarf, wie ein solches Weibsbild einen so anständigen Kerl wie Tony in die Welt setzen konnte. Ihr Mann steuerte gerade den weißen Dodge Neon die Cove Road hinunter und drückte kurz auf die Hupe, als er an Alfonso Ciccone vorbeifuhr. Der zuckte dermaßen zusammen, dass es aussah, als würde er gleich vor Schreck sein Gebiss verschlucken. Auch Tonys freundliches Nicken milderte nicht den zutiefst geschockten Ausdruck auf dem Gesicht des silberhaarigen Ladenbesitzers.

»Mann, den hat's ja böse erwischt«, bemerkte Tony.

Ciccone stand draußen vor seinem Laden und starrte auf den Betrieb, den er bereits als jüngerer Mann aufgemacht hatte. Im Schaufenster lagen antike Butterdosen, in denen diverse Kräuteressig- und Senfsorten, feinste Olivenöle sowie Marinaden ausgestellt waren. Ein kunstvoll gestaltetes Wandbild von einem europäischen Markt schmückte die Ladenfassade. Das quer vor die Eingangstüren gespannte gelbe Trassierband hielt die Kundschaft auf Distanz.

»Der Ärmste!«, murmelte Olivia. »Kannst du dir vorstellen, was in dem vorgeht?«

Ohnehin von eher zierlicher Statur, wirkte Ciccone in sich zusammengesunken, als müsse er bei der Vorstellung, am kommenden Morgen seinen Laden nicht öffnen zu dürfen, schier zerbrechen. Von der Seite musterte Olivia ihren Mann, der im Gegensatz zu Ciccone beständig fülliger um die Hüften wurde. In Gedanken vernahm sie die allzu oft und in schneidendem Ton vorgebrachte Aufforderung ihrer Schwiegermutter: *Warum ihr nicht zieht zu mir, Tony und du? Dann ich kann wenigstens sicher sein, dass mein Tony bekommt gut zu essen!*

Als Tony 1990 von zu Hause auszog, um an der Uni sein Krankenpfleger-Studium aufzunehmen, da stand er so gut im Futter, dass es eigentlich für ein halbes Jahrhundert hätte reichen müssen. Damals kam er bei einer Körpergröße von einsfünfundsiebzig auf ungesunde 125 Kilo. Außer den Campusclowns, die ihn zu Wettkämpfen im Bierstemmen und Pizzafuttern herausforderten, hatte er kaum Freunde. Als Olivia ihn gegen Ende des ersten gemeinsamen Studienjahres kennenlernte, stand Tony kurz vor dem Selbstmord. Sie bot ihm Freundschaft sowie ein teilnahmsvolles Ohr an und gab ihm den Mut, am Spiel des Lebens teilzunehmen, statt bloß von den billigen Plätzen aus zuzuschauen. Sie paukten zusammen, gingen an den Wochenenden wandern oder grillen, und als sich die Freundschaft allmählich zur Romanze wandelte, verschwanden Tonys überschüssige Pfunde. Rank und schlank würde er zwar nie werden, doch mittlerweile besaß Tony die Figur eines Mittelgewichtsringers. Fußballspiele mit seiner Krankenhausmannschaft am Wochenende, Inlineskating im Park und Olivias resolute Überwachung seines Speiseplans hielten jetzt sein Gewicht in Grenzen. Mama Angela torpedierte diese Bemühungen.

»Auweia«, knurrte Tony. »Da ist er ja wieder.«
»Wer?«
»Na, dieser Blick von dir.«

»Was denn für 'n Blick?«

»Zähne zusammengebissen, Stirn gerunzelt, Lippen geschürzt – was hat das alte Mädchen verbrochen, dass du so auf hundertachtzig bist?«

»Ich weiß, sie ist deine Mutter, und deshalb dürfte ich eigentlich nichts sagen ...«

»Aber das hältst du ja eh nicht durch, also heraus damit. Irgendwas muss doch heute Morgen in der Kirche vorgefallen sein.«

Zur Messe ging Mama Angela jeden Tag. Meistens wurde sie morgens von Tony vor St. Teresa von Avila abgesetzt, ehe er weiterfuhr zum Dienst. Hin und wieder bewies Olivia guten Willen und besuchte mit ihrer Schwiegermutter den Gottesdienst. An diesem Morgen jedoch hätte sie's besser gelassen, denn von dem gesamten Ablauf – Eintreffen, Verabschieden und dem Rest dazwischen – konnte man glatt einen Migräneanfall kriegen. Der liebe Gott, so Olivia, mochte ihr vergeben, aber sobald würde sie sich nicht wieder in seinem Hause blicken lassen.

»Sie ging sogar so weit und bezeichnete Tante Lorraine als Flittchen.«

»Ausgeschlossen!«

»Von wegen! ›Ist viel zu lange von Hause weg‹, meinte sie. ›Und dann all diese jungen Bengel an Universität! Und dann diese neunmalklugen Professoren. Für deine Tante ein Polizist als Mann bald nix mehr gut genug!‹ Also ehrlich, Tony, deine Mutter war kaum fünf Minuten aus der Kirche raus, da zog sie auch schon vom Leder. Kannst du mir da mal erklären, wieso wir eigentlich in unsere Heimatstadt zurückgezogen sind?«

»Na, die Jobs!«, hob er an, wobei er den Blinker setzte und

in die Garageneinfahrt seiner Mutter einbog. »Und zwar deiner *und* meiner. Preisgünstiges Wohnen, dank deiner Tante und deinem Onkel. Der See. Der Park. Und selbst gemachte Gnocchi, so viel wir futtern können.«

Olivia verdrehte die Augen. »Bis auf den letztgenannten Grund konnte sie jedoch nichts einwenden.«

Ganz in Schwarz gewandet, erschien Mama Angela auf dem Betonpodest vor ihrem Haus. Obwohl durchaus in der Lage, selbst zu gehen, wartete sie, bis Tony aus dem Wagen gestiegen war und sie abholte.

Olivia übte sich derweil im Auf-die-Lippen-Beißen.

Untergebracht in einer renovierten Queen-Anne-Villa, lag Donovan's Restaurant am Stadtrand von Pleasant Bay, direkt an der Straße nach Bryce Beach. Donovan's war ein Lokal der gehobenen Preisklasse, aber nicht unerschwinglich teuer. Wenngleich in den umliegenden Orten eher Industriearbeiter und Familien mit mittlerem Einkommen wohnten, gab es unter denen doch etliche, die sich den zeitlichen und geldlichen Luxus leisteten, um sich Donovan's erlesene Cuisine zu gönnen. Außerdem zählte der Laden auf seine wöchentliche Stammkundschaft, wobei man sich gern den Tisch in seinem Lieblingszimmer reservieren ließ: entweder im romantischen Turmstübchen mit seinen Buntglasfenstern, vielleicht in der Bibliothek, in der man umgeben von Bücherregalen speiste, oder im Salon mit seinen Damastteppichen, Plüschmöbeln und goldumrahmten Porträts unbekannter Aristokraten. An wärmeren Abenden konnte man auf der Laubenterrasse im Freien speisen und das Seepanorama genießen.

Tony, Olivia und Mama Angela hatten im Herrensaal Platz genommen, einem großen, gesellig anmutenden Raum mit kreisrundem Salatbüfett, an dem die Ortsansässigen einige Nettigkeiten austauschen konnten, ehe sie an ihre Tische zurückkehrten. Olivia fiel auf, dass ihre Schwiegermutter demonstrativ nicht das gemusterte Designer-Schultertuch trug, das sie ihr am Morgen zum Geburtstag geschenkt hatte, sondern um den Hals eine goldene Panzerkette mit einem Medaillon, auf dem die Madonna mit dem Jesuskind zu sehen war. Olivia verkniff sich eine Bemerkung.

»Warum wir sind hier, ist mir ein Rätsel«, nörgelte Mama Angela. »Überall die Leute werden vergiftet, und was wir machen? Wir essen Sachen, die Fremde kochen. Nix anfassen. Noch wir können wieder gehen. Zu Hause ich habe noch eine schöne Pfanne voll Manicotti – dein Leibgericht, Antonio – und auch noch was von dem Brot, das du so gern isst. Ein *insalata* ...«

»Wir wollten dir zu deinem Geburtstag etwas Gutes tun«, würgte Olivia mit gezwungenem Lächeln hervor. »Damit du mal aus dem Haus kommst.«

»Ich komme genug raus. Und überhaupt – wohin soll eine alte Witwe wie ich schon gehen?«

»Einkaufen«, fiel Tony ein. »Oder ins Kino. Es gibt auch schöne Busreisen für Senioren. Die Niagarafälle ...«

»Da war ich schon. Meinst du, die sehen jetzt anders aus?« Genau in diesem Moment reckte sie den Hals, als sie sah, wie Donovan seinen nächsten Gast begrüßte. »Siehst du das?«, brummte sie unwirsch.

Tony vollführte eine halbe Drehung. »Was denn? Ich sehe nichts.«

»Dieser Donovan Marshall. Wie der das Weib angafft. Und zu Hause hocken Frau und vier Kinder. Und was du meinst wohl, was der hingeblättert hat für den Anzug?«

Bei der Betreffenden handelte es sich um Ethel Bains, eine 75-jährige pensionierte Lehrerin mit ausgedünntem Weißhaar und Schlotterknie.

»Donovan muss nun mal schnieke aussehen, wenn er Gäste begrüßt«, hob Olivia hervor. »Ganz bestimmt hat er dich ebenso angelächelt, als du hereingekommen bist.«

»Der soll sich ja hüten!«

Olivia gab sich alle Mühe, die Fassung zu wahren. »Mama Angela, Claire Marshall ist eine wunderschöne Frau. Ich bin ganz sicher, ihr Donovan vergöttert sie regelrecht. Er ist eben nur ein sehr charmanter Mann.«

»Ach, so das heißt heute? Dann war's sein Charme, mit dem er ist aus diese komische Finanzskandal rausgekommen?«

»Donovan wurde freigesprochen, Mama. Insidergeschäfte konnte man ihm nicht nachweisen.«

»Ach nein? Woher hat denn dann dieser Rooney, dieser irische Advokat, plötzlich so ein schickes ausländisches Auto? Wenige Tage nach Prozess?«

Gottlob erschien in diesem Augenblick der Ober, um die Getränkebestellungen entgegenzunehmen – gerade zur rechten Zeit. Tony entschied sich für den hauseigenen Pinot Noir, wohingegen Olivia sich mit einer Weißweinschorle zufriedengab, obwohl sie nach einem doppelten Scotch pur förmlich lechzte. Tonys Mutter bestellte ein Glas Wasser. »Aber klares aus dem Wasserhahn!«, betonte sie. »Kommen Sie mir bloß nicht mit diese französische Luxuszeug!«

Olivia trat Tony unter dem Tisch vors Schienbein und warf ihm ihren flehentlichsten Blick zu.

»Wie war denn Father Feketes Predigt heute Morgen, Mama? Gut?«

Sie reagierte mit unverfänglichem Schulterzucken. »Nicht schlechter als andere auch. Aber Priester oder nicht, ich traue dem nicht. Der wettet bei Pferderennen.«

»Ich glaube, ich gucke mir mal das Salatbüfett an.« Rasch stand Olivia auf. Auf dem Weg durch den Raum sah sie Liebespärchen oder Familien, die sich einen netten Abend gönnten. Eine Gruppe von acht Personen, die in der Bibliothek saß, hatte anscheinend einen besonderen Anlass zum Feiern. Prächtig verpackte Geschenke stapelten sich auf einem neben dem Tisch stehenden Teewägelchen. Mama Angela war nicht so einfach zu beschenken. Olivia fragte sich, womit man ihr, wenn überhaupt, eine Freude machen konnte. Ging das eigentlich, ein Stündchen mit dieser Frau zu verbringen, ohne dass man dabei Magenkrämpfe bekam?

Schon seit ihrer ersten Begegnung stand Olivia mit ihrer Schwiegermutter auf Kriegsfuß. Mama Angela war stur, eigensinnig und äußerst besitzergreifend, wenn es um ihren einzigen Sohn ging, dem sie die Zahlung der Studiengebühren verweigert hatte, weil die Universität, so ihr Argument, ihn ihr wegnahm. Nun waren Olivia und Tony wieder da und wohnten der Not gehorchend bei Olivias Tante und Onkel, während Tony ein astronomisch hohes Ausbildungsdarlehen tilgte. Ergo hatte Mama Angela ihren Tony wieder, worauf das Tauziehen um ihn zwischen Olivia und ihrer Schwiegermutter von Neuem losging. Es gab Zeiten, da biss Olivia sich die Unterlippe blutig. Für heute Abend allerdings hatte sie sich strengste Zurückhaltung auferlegt, auch wenn sie Mama Angela liebend gern gesagt hätte, sie könne ihr den Buckel runterrutschen. Sie fragte sich, ob sie's an diesem Abend überhaupt bis zum Schluss aushalten würde. Ihre Haut fing schon an zu jucken.

Als sie an den Tisch zurückkehrte, waren die Drinks inzwischen serviert, und nur unter Aufbietung des letzten Restes an Selbstbeherrschung vermied es Olivia, ihre Schorle in einem Zuge hinunterzukippen. Während Mama Angela ihrem Filius ein dickes Stück Brot abbrach und den Kanten in Olivenöl tunkte, verwies sie auf seine angeblich magere Figur und seine ungesunde Gesichtsfarbe. Beim Essen selbst setzte sie noch eins drauf.

»Du wirst noch ganz krank von diese Fußballspiele am Samstagmorgen. Am Ende du landest noch in Krankenhaus. Mit gebrochenes Bein oder Herzinfarkt!«

»Mir geht's bestens, Mama.«

»Die anderen spielen doch viel zu grob. Spar lieber deine Energie. Für die Kinderchen. Wann willst du mich eigentlich zur Großmutter machen?«

»Es kommt, wie es kommt, Mama.«

»Müde siehst du aus. Kriegst du auch genug zu essen?«

»Langer Arbeitstag, Mama.«

»Und das von meinem Sohn, dem *Krankenpfleger*. Wo gibt's denn so was?«

Olivia entschuldigte sich ein zweites Mal, um sich die Nase zu pudern, an der es gar nichts zu pudern gab. Danach war dann ihr Vorrat an Ausflüchten erschöpft – es sei denn, sie hätte Menstruationskrämpfe vorgeschoben und sich per Taxi nach Hause chauffieren lassen.

Kochend vor Wut musste sie zusehen, wie Tony sein Hauptgericht sowie noch die Hälfte von Angelas verputzte. Mama Angela orderte Tiramisu, wobei von vornherein feststand, dass es nicht so gut sein konnte wie ihr eigenes. »Wir teilen«, säuselte sie und tätschelte Tony die Wange.

»Guck mal!«, warf Olivia ein. »Da sind Pete und Lorraine.« Kaum waren die Worte heraus, hätte sie sich schon ohrfeigen mögen.

»Ist deine Tante dieser Tage mal mehr zu Hause?«

Olivia riss sich zusammen. Sie ist deine Mutter, Tony!, schimpfte sie stumm. Sag was, bevor ich sie umbringe!

»Hätte ich gar nicht gedacht, dass Lorraine heute auswärts essen geht«, setzte Tony rasch hinzu.

Olivia schlug die Augen himmelwärts. »Du kennst doch Onkel Pete. Wenn der sich was in den Kopf setzt, dann spuren alle. Ist auf lange Sicht leichter so.«

Mama Angela warf einen mokanten Blick in Lorraines Richtung, was diese indes zum Glück nicht mitbekam. »Eine Frau hat die Aufgabe, dem Mann als Gefährtin hilfreich zur Seite zu stehen«, stellte sie fest. »So steht auch schon in der Bibel.«

Binnen einer Minute zweimal mit den Augen zu rollen kam Olivia übertrieben vor, weshalb sie das Weinglas an die Lippen presste und gierig trank. Hätte der Kellner bloß eine ganze Flasche gebracht!

Schließlich ließ Mama Angela das Thema Lorraine fallen. Am Salatbüfett bedienten sich nämlich gerade Nick Wheeler und seine Eltern, denen die örtliche Fleischerei gehörte.

»Mit dem Wheeler stimmt was nicht«, knurrte sie. »Sieht man schon an die Augen. Und guck dir die mal an!« Ungeniert zeigte sie mit dem Finger auf Yvonne Stasiuk, die im Salon saß und Pete zornerfüllt musterte. »Von der ihre Blagen steht heute Abend schon wieder einer in die Zeitung. Ist mit den Auto in den See gedonnert.«

»Über die Stasiuks reden wir besser nicht, Mama«, mahnte Tony, wobei er Olivias Hand ergriff.

»Die kommen allesamt direkt in die Hölle. Heilige Muttergottes, vergib mir.« Angelas Hand umklammerte das Medaillon. »Einer missratener als der andere. Alle noch immer zu Hause, hocken da wie 'ne Bande Hippies. Weiß der Himmel, womit die ihr Geld verdienen. Und wie kann das Weib es sich leisten, jeden Freitagmorgen im Schönheitssalon zu sitzen? Jedenfalls nicht von den paar Kröten, die sie in diesem aufgetakelten Süßwarenladen in der Stadt verdient!«

»Mama, nun reg dich doch nicht so auf …« Diesmal ließ Tony den Kopf bewusst in Olivias Richtung zucken. Gerede über die Stasiuks gehörte zu jenen Ärgernissen, die er seiner Frau nach Möglichkeit ersparte. Nur klappte es diesmal nicht.

»Der Himmel stehe uns bei, wenn einer von denen heiratet und kriegt Nachwuchs. Ich sag's ja immer: Aus Nissen werden Läuse.«

Tony räusperte sich. Zwei Mal.

»Jammerschade, dass der nicht ersoffen ist im See, der Bengel, Gott sei mir gnädig. Die ganze Familie man sollte ersäufen wie Sack voll Katzen …«

Sie hätte sich gern weiter ausgelassen, aber das Tiramisu wurde serviert, ein sündhaft köstliches Schaumgebilde aus in Kaffeelikör getränkten Löffelbiskuits, Mokkacreme und Espressopulver. Als Mama Angela den Teller ihrem Sohn hinschob, zückte der automatisch sein Gäbelchen, als sei er völlig willenlos, ganz unter dem mächtigen Bann seiner Mutter. Olivia passte das absolut nicht. Nicht nur, dass der geplante Federkerntest entfiel, nein; sie würde Tony dermaßen die Leviten lesen, dass er hinterher wohl zum Ohrenarzt musste.

»Mensch, Tony! Verdammt noch mal!«, knurrte sie mit zusammengebissenen Zähnen.

Er blinzelte, als wache er aus seiner Trance auf, und ließ verdattert die Gabel sinken.

»Bisschen probieren schadet nix!«, protestierte seine Mutter.

»Nichts da!« Abrupt riss Olivia ihrem Mann die Gabel aus der Hand. Etwas ruhiger fügte sie dann hinzu: »Mama Angela, *du* hast doch Geburtstag! Lass dir dein Tiramisu schmecken! *Ti amo!*« Sie lehnte sich über den Tisch und küsste ihre Schwiegermutter auf beide Wangen.

Beileibe nicht besänftigt, stocherte Mama Angela im Dessert herum, bemäkelte die Konsistenz, den schweren Likörgeschmack, die im Laden gekauften Biskuits. »Schal bleibt schal, egal, wie doll man sie tunkt.« Wieder schob sie den Teller in Tonys Richtung. »Probier selber, ob ich recht habe!«

In diesem Moment schallte aus Richtung der Bibliothek ein plötzliches Getöse herüber, als sei dort ein Tumult ausgebrochen. Olivia vernahm ein Poltern wie von einem umstürzenden Stuhl, gefolgt von lautem Röcheln, dann Rufen. Und schon rannte Donovan Marshall auf den benachbarten Tisch zu. »Dr. Karpov!«, flüsterte er hektisch. »Schnell!«

Als die beiden Männer hinüber zur Bibliothek hasteten, witterte Olivias journalistische Nase schon eine Story. Aus dem Turmstübchen drang das Klirren von zerspringendem Glas herüber, gefolgt von einem Schrei. »Großer Gott! Hilfe! Kommt denn keiner?« Dann: »Dad! Nein!« Ein Chor kreischender Stimmen. Aus allen Ecken.

Karpov zögerte einen Augenblick. Wohin zuerst? Olivia sah, wie Pete aufstand und die Gäste lautstark über den Lärm hinweg aufforderte, Ruhe zu bewahren und sitzen zu bleiben. Trotz der gestrengen Mahnung ihres Onkels erhob sich Olivia, schon drauf und dran, dem Arzt zu folgen. Es blieb indes bei der geplanten Recherche, denn plötzlich merkte sie, dass es am eigenen Tisch viel Dringenderes gab. Das Leinentischtuch mit sich reißend, war Mama Angela plötzlich zu Boden gesunken, wo sich ihr Körper wie von einem elektrischen Schlag getroffen zuckend in Krämpfen wand.

# 5. KAPITEL

»Mama?« Wie angewurzelt saß Tony auf seinem Stuhl. »Mama?«

Olivia kauerte neben ihrer Schwiegermutter nieder. Angelas Atem ging schwer, der Puls flach; die Pupillen waren geweitet. Schlaganfall? Herzinfarkt? Hatte sie sich an etwas verschluckt? Rasch überprüfte Olivia die Atemwege. Der Rachen war frei.

Noch mehr Gekreisch, Gerenne, Schreien in Handys. »Tony!«, brüllte Olivia über den Lärm hinweg. »Um Himmels willen, so tu doch was!« Und dichter über die Liegende gebeugt, flüsterte sie ihr ins Ohr: »Mama Angela! Alles in Ordnung, das wird schon wieder. Durchhalten!«

Tony sank neben seiner Mutter auf die Knie und nahm ihre Hand. »Ja, Mama! Halte durch! Du wirst schon wieder!«

Tief aus Angelas Brust drang ein Zischen wie von einem Reptil. Als entweiche Luft aus einem Ballon. Plötzlich kniete Lorraine neben Olivia, das Mobiltelefon in der Hand. »Der Rettungswagen ist auf dem Weg!«

Doch ob nun der Notarzt oder sonst wer anrückte, das scherte Tonys Mutter nicht. Sie war nicht mehr am Leben.

Pete Szilagyi hatte für Donovan Marshall nicht viel übrig. Schon in der Highschool war er ihm nicht sonderlich sympathisch gewesen, weil Donovan bei jeder Gelegenheit angegeben und sich in den Vordergrund gespielt hatte. Während die anderen Jugendlichen sich die Schlitten ihrer Eltern ausborgen mussten oder in schrottreifen Rostlauben herumgondelten, düste Marshall mit einem neuen Ford Mustang Cabrio durch die Gegend. Marshall spielte etliche Klassen höher als alle anderen, und das ließ er sie auch ständig spüren, besonders Billy Coombs, den er nach Strich und Faden vermöbelte, nur weil er eine Brille mit dicken Gläsern trug und Körpergeruch hatte. Petes Abneigung gegen Marshall verstärkte sich noch, nachdem die Sache völlig straffrei für Donovan ausging. Geld regiert die Welt, das wusste Pete, und was die Familie Marshall anging, sorgte es zusätzlich dafür, dass alle die Klappe hielten.

Selbst als Donovan dann Claire McCaffery schwängerte, das nach überwiegender Meinung netteste und beliebteste Mädel der ganzen Schule, konnte man ihm nichts anhängen. Für Marshall den Großkotz löste sich jedes Problem in Wohlgefallen auf. Bis jetzt. Jetzt lagen sechs Tote in seinem Lokal: Gunilla Holm, eine Verwaltungsangestellte in Begleitung einiger Arbeitskollegen, hingestreckt auf dem üppigen Teppich im Salon. Dann ein junges Verlobungspaar, das Anfang Oktober heiraten wollte – beide im Turmstübchen zusammengebrochen, im Todeskampf eng umschlungen. Weiterhin Seamus Rooney, prominenter Staatsanwalt, der vor den Augen von Gattin und Sohn seinen letzten Atemzug tat. Seine Frau Bridget, die zunächst um Hilfe für ihren Mann gerufen hatte, musste nur wenige Augenblicke später mit ansehen, wie ihr einziger Sohn Glenn nach 30-minütigem heldenhaftem Todeskampf seinen entsetzlichen Qualen erlag.

Und schließlich nicht zu vergessen Angela Amato. Klar, die alte Dame war eine absolute Zumutung gewesen, aber Tod durch Gift, allem Anschein nach Zyanid, das hätten

Tony und Olivia ihr beim besten Willen nicht gewünscht, nicht einmal in Angelas schlimmsten, unerträglichsten Momenten. Nach kurzer Befragung durch einen Polizeibeamten hatte Lorraine die beiden nach Hause gefahren; Pete bekam noch flüchtig mit, wie die drei hastig zur Tür hinaushuschten.

Als Pete sich über die Leiche von Rooney beugte, nahm er den unverkennbaren Geruch von Bittermandeln wahr. Das Gesicht des Anwalts war rosa wie ein Pfingstrosenblatt, dieselbe Rötung wie bei den vier Opfern, die Pete Wochen zuvor im Seziersaal der Pathologie gesehen hatte. Pete kannte Seamus gut. Inzwischen Ende 50, hatte der Jurist nach dem Tode von Lorraines Bruder und Schwägerin im Mordprozess gegen den Hauptverdächtigen Johnny Stasiuk als Vertreter der Anklage fungiert – Rooneys erster Auftritt in dieser Funktion und prompt ein Triumph. Den Bürgern von Pleasant Bay war Rooney wie ein Heilsbringer erschienen.

Laut Aussage des befragten Bedienungspersonals waren drei der Todesopfer zum Salatbüfett gegangen. Zwei hatten das asiatische Nudelgericht bestellt sowie alle bis auf Angela Amato Wein zum Essen.

Alle sechs hatten Tiramisu gegessen.

»Menschenskinder, Silly, was geht hier bloß vor?«

Beim Hören seines Spitznamens geriet Pete in Harnisch. Silly Szilagyi. Seit seiner Schulzeit hatte ihn niemand mehr so genannt, und jetzt stand ausgerechnet derjenige neben ihm, von dem dieser verhasste Name stammte. Donovan fuhr sich mit den Fingern durchs Haar, knetete hektisch sein Kinn, kratzte sich die Nase, vergrub die Hände in die Hosentaschen und fing dann noch mal von vorn an mit diesem nervösen Gefummel, bei dem einem schwindlig werden konnte. Pete stand auf, die Augen etwa in gleicher Höhe mit Donovans Adamsapfel. »Wenn wir's wissen, geben wir dir Bescheid.«

»Es ist Gift, oder? Zyanid. Derselbe Täter wie in Ciccones Laden.«

Pete gab keine Antwort.

»Wie geht's jetzt weiter?«

»Wir nehmen Proben von Gerichten und Getränken und lassen die analysieren. Soweit ich's überblicken kann, ist der einzige gemeinsame Nenner das Tiramisu.«

»Freitagabends unsere Spezialität«, bemerkte Donovan.

»Wenn wir den Kerl packen sollen, brauchen wir deine Unterstützung. Hast du letztens neues Personal eingestellt? Bedienung, Küche, Bar? Hast du mal jemanden rumlungern sehen, der hier nichts verloren hat?«

Donovan schnaubte. »Hier geht's meist zu wie im Taubenschlag. Wir kriegen den ganzen Tag Lieferungen. Probleme hat's nie gegeben. Jedenfalls nicht so. Ich ...«

»Ja? Dir ist doch was eingefallen! Was ist es?«

»Na ja ...« Donovan zögerte, die Miene schuldbewusst wie die eines zerknirschten Schuljungen. »Ab und zu kommt Billy Coombs vorbei, wenn er knapp bei Kasse ist. Dann lasse ich ihn die Tische abräumen, und er nimmt den letzten Bus zurück in die Stadt. Aber heute Abend war er nicht hier. Zumindest gesehen habe ich ihn nicht.«

Pete nahm sich vor, Coombs bei nächster Gelegenheit zu befragen. Eigentlich hatte er vermutet, dass Billy seinen ehemaligen Peiniger nicht mal mehr mit dem blanken Hintern angucken würde. »Kam dir heute Abend irgendwas verdächtig vor? Ein Gast vielleicht, der sich merkwürdig verhielt?«

Erneut das nervöse Gefummel, diesmal in umgekehrter Reihenfolge – Hosentaschen, Nase, Kinn, Haare. »Die Einzige mit 'ner Macke war die alte Amato.« Dann ertappte er sich und setzte eine angemessen pietätvolle Trauermiene auf. »Nichts für ungut ... aber du weißt ja, wie sie war.«

»Einige Beamte werden dein Personal vernehmen, damit sich möglicherweise zurückverfolgen lässt, wann die Manipulationen erfolgt sein könnten. Ich brauche 'ne Liste deiner sämtlichen Lieferanten – wo du dein Fleisch kaufst, Gemüse, Milchprodukte, Kaffee, Spirituosen.«

»Mein Fleisch beziehe ich ausschließlich von Wheelers. Gemüse und Obst vom selben Großhändler wie Ciccone.« Donovan, der noch immer nicht recht wusste, was er mit seinem Gesicht anfangen sollte, leierte die Namen der restlichen Lieferanten herunter. »Ich muss ja wohl nicht betonen, Silly, dass 'ne Geschichte wie diese das Aus für mein Lokal bedeuten könnte. Was soll ich denn machen, wenn ich wieder öffne? Wie soll ich sicherstellen, dass meine Gerichte ungefährlich sind?«

Tote allenthalben, aber Donovan zermarterte sich das Hirn übers Geschäft. Typisch. »Vorausgesetzt, es ist bei Anlieferung noch nichts verseucht, bleibt dir nur eine Möglichkeit, um hundertprozentig sicher zu sein: Du darfst die Ware nicht aus den Augen lassen.«

»Na super«, knurrte Donovan. »Claire wird begeistert sein. Man kann's drehen und wenden, wie man will – ich bin am Ende.«

## 6. KAPITEL

Schreckliche Wende des Schicksals am heutigen Abend in Seinem heimischen Restaurant. Nach ersten Angaben der Polizei starben sechs Menschen, allem Anschein nach an den Folgen einer Zyanidvergiftung. Donovan's, ein beliebtes Speiselokal am Stadtrand von Pleasant Bay, ist häufig Schauplatz von Festivitäten, von Familienfeiern bis hin zu Verlobungspartys. Heute Abend allerdings wandelte sich die Freude für viele Familien zur Tragödie. Unter den Opfern befinden sich Filip Kocyk, 28, Immobilienkaufmann aus dem benachbarten Sandy Point, sowie seine Verlobte Rona Brickell, eine Klavierlehrerin; weiterhin Gunilla Holm, Bürogehilfin bei Cragg & Sons, und Angela Amato, die im Restaurant ihren 73. Geburtstag feierte.

Ferner kamen ums Leben der Anwalt Seamus Rooney, 58, sowie sein 23-jähriger Sohn Glenn. Die Alteingesessenen werden sich noch an Mr. Rooney erinnern, der 1982 in der Gerichtsverhandlung nach dem Doppelmord an George und Margaret Laszlo die Anklage gegen Johnny Stasiuk vertrat.«

Auf dem Bildschirm erschien ein Foto von Rooney, vor Jahren aufgenommen, als das Haar des Juristen gerade erste graue Strähnen zeigte und die Hängebacken, die ihm das Aussehen einer Bulldogge verliehen und Karikaturisten eine ideale Zielscheibe boten, noch fehlten.

»Detective Sergeant Pete Szilagyi vom Morddezernat speiste mit seiner Gattin zufällig am Tatort, als das Grauen hereinbrach. Unsere Korrespondentin Bonnie Goldberg sprach mit dem Beamten am Ort des Geschehens.«

Pete war auf dem Bildschirm zu sehen, direkt vor dem Restaurant stehend. Über seiner rechten Schulter prangte unübersehbar das schwarze Schild mit dem in Goldlettern aufgemalten »Donovan's« darauf. Mit ernster Miene blickte die Reporterin wieder in die Kamera, die Stimme jetzt deutlich gesenkt. »Besteht ein Zusammenhang zwischen den Ereignissen vom heutigen Abend und den Manipulationen, die jüngst an Waren in Ciccones Lebensmittelmarkt vorgenommen wurden?«

»Es ist noch viel zu früh für Spekulationen, ob sich diese beiden tragischen Vorfälle miteinander verknüpfen lassen«, bekundete Pete. »Versprechen können wir unseren Mitbürgern allerdings, dass die Polizeibeamten von Pleasant Bay alles Menschenmögliche tun werden, damit der Täter, der dieses abscheuliche Verbrechen begangen hat, gefasst und seiner gerechten Strafe zugeführt wird.«

»Wie reagierten die Menschen im Lokal?«

»Nun, so, wie man es sich gewiss vorstellen kann. Sie hatten Panik. Angst. Einige Gäste mussten wegen Schock ärztlich behandelt werden.«

»Wird die hiesige Polizei bei der Aufklärung dieser neuerlichen Katastrophe um Amtshilfe nachsuchen?«

»Als zuständiges Dezernat begrüßen wir in diesem Fall die fachkompetente Unterstützung der Kollegen von der Royal Canadian Mounted Police. So werden wir uns der neuesten Fortschritte in der Kriminaltechnik bedienen, um den Mörder rasch zur Rechenschaft zu ziehen.«

Im letzten Satz schwang gleichsam ein Ausrufezeichen mit, das Petes markiges Statement eindrucksvoll abschloss. Bonnie Golding beendete deshalb ihr Interview mit einem lakonischen »Damit zurück ins Studio«.

Stacy Douglas, Moderatorin beim TV-Sender Channel 4 Buffalo, übernahm. »Donovan Marshall, der Geschäftsführer des Restaurants, war vor Betroffenheit außerstande, vor unsere Kamera zu treten. Er versicherte aber, er werde die Ermittlungsarbeit nach besten Kräften unterstützen, um die Sicherheit seiner treuen Kundschaft in Zukunft gewährleisten zu können.« Stacy blieb noch die geziemenden Sekunden bei ihrer düsteren Miene, schaltete dann indes flugs auf ihre gewohnt muntere Art um und gab bekannt, dass im Zoo ein Albino-Tigerbaby zur Welt gekommen sei.

Lorraine Szilagyi nahm die Fernbedienung und zappte sich auf der Suche nach einem Spätfilm durch die Fernsehkanäle. Dann schleckte sie sich einen Klecks weißer Schokolade von den Fingerspitzen und schenkte sich Tee nach. Olivia und Tony hatten ihre Tassen nicht angerührt.

»Ich brauch was Stärkeres«, stellte Olivia fest, stand von der Couch auf und ging zum Sideboard, in dem die alkoholischen Getränke aufbewahrt wurden. »Tony?« Sie hielt eine Karaffe mit Scotch hoch.

Tony nickte. »Zwei Fingerbreit.«

Er brachte die Worte nur mit Mühe über die Lippen. Olivia war bemüht, ihren Mann nicht anzustarren, wenngleich der das wohl kaum bemerkt hätte. Allzu viel nahm Tony nicht wahr, so benommen war er. Er hatte seine Mutter verloren – weder durch Herzinfarkt oder tödlichen Schlaganfall noch durch Alzheimer oder heimtückischen Krebs, sondern durch einen Spinner, der Massenmord anscheinend als Jux betrachtete. Spinner, das wusste Olivia, war sicher nicht der treffende Ausdruck, doch seit sie das Restaurant verlassen hatten, fiel es auch ihr schwer, angemessene Worte zu finden. Sie schenkte sich und Tony einen großzügig bemessenen Scotch in zwei Kristallschwenker, beäugte die Menge kritisch und goss noch einen Spritzer dazu. Dann ging sie zu ihrem Mann, hockte sich auf die Armlehne des Sessels und reichte Tony den Drink.

Er betrachtete den Scotch. »Du musst echt dicke Finger haben«, bemerkte er mit dem Anflug eines Lächelns um die Mundwinkel.

»Also, wenn du ihn nicht magst …«

»Doch, doch!« Er griff nach dem Glas. »Her damit, ehe das Zeug verkommt. Eingeschenkt ist eingeschenkt.«

»Was für ein entsetzlicher Abend!«, seufzte Lorraine.

Auch so ein Allgemeinplatz, der nicht im Entferntesten den Punkt traf. Olivia genehmigte sich einen großzügigen Schluck Whiskey. Was mochte in Tony vorgehen? Die Stimmung im Zimmer beherrschte weniger Trauer als vielmehr ein tief sitzendes Gefühl von Verunsicherung, möglicherweise der Grund dafür, dass alle so wortkarg waren. In einer solchen Situation rutschte einem zu leicht etwas Unbedachtes heraus.

Damals, beim Tod ihrer Eltern, da war's anders zugegangen, die Kirche voller Trauernder, der Gemeindesaal, in dem nach Seelenamt und Beisetzung der Leichenschmaus stattfand, gerammelt voll mit Trauergästen. Die hatten zuvor am Grabe die üblichen Beileidsbekundungen aufgesagt:

»Sie waren gute Menschen, deine Eltern.« *Ich weiß.*

»Ich hatte 'ne Menge Spaß mit ihnen.« *Ich auch.*

»Auch dies geht vorbei.« *Wirklich? Wann denn?*

Dennoch, alle gaben sich Mühe, und ihre Anteilnahme war aufrichtig. Aber, lag das tatsächlich schon 20 Jahre zurück? An manchen Tagen, wenn die Erinnerung wie eine offene Wunde brannte, erschien ihr das Bild ihrer erschlagenen Eltern quasi wie in einem Farbfilm, gestochen scharf und in allen grausigen Einzelheiten. Zu Olivias Bedauern waren die Stimmen ihrer Eltern im Laufe der Zeit immer mehr in ihrem Gedächtnis verblasst, und an den Duft des Parfüms ihrer Mutter konnte sie sich schon seit Jahren nicht mehr erinnern. Inzwischen wohnte ein Motorradfahrer mit seiner Flamme des Monats in dem grau verputzten Häuschen in der Regent Street. Der weiße Anstrich um die Fenster war blasig und abgeblättert, der Rasen vorn ein gelber Löwenzahnteppich. An Wochenenden glich die kiesbestreute Einfahrt dem Hof eines Harley-Händlers. Aus diesem Grunde nahm Olivia bei Fahrten in die Stadt stets einen Umweg in Kauf, um nicht mit ansehen zu müssen, was aus ihrem Elternhaus geworden war, in dem sie ihre ersten zehn Lebensjahre verbracht hatte.

Mama Angela war erst drei Stunden tot, doch ihr Bild schwand bereits aus Olivias Vorstellung wie ein böser Geist nach der Teufelsaustreibung.

Aus dem Fernsehgerät hallte das Knallen von Schüssen, und Olivia sah, wie ein hünenhafter Schurke in hautengem Kostüm und Schlapphut auf dem Bürgersteig zusammensackte. Lorraine stellte die Lautstärke leiser. »Ihr solltet euch etwas hinhauen, ihr zwei. Ich helfe euch morgen bei den Bestattungsformalitäten.«

Olivia legte ihrem Mann den Arm um die Schulter und drückte ihn fest. »Tante Lorraine hat recht, Tony. Morgen wird ein harter Tag für uns.«

Wie bleierner Ballast hockte Tony in seinem Sessel. »Geht nur, ihr zwei. Lasst mich noch ein Weilchen hier sitzen.« Seine Stimme war vollkommen tonlos, als habe man jeglichen Ausdruck wie mit einem Staubsauger weggesaugt.

»Tony, du machst dir doch nicht etwa Vorwürfe? Wegen der Bemerkung von heute Nachmittag?«

»Doch, klar«, gestand er. »War schäbig, der Spruch.«

»Was denn?«, wollte Lorraine wissen.

»Ach, Tony und ich, wir haben uns schwer über Mama Angela ausgelassen, und da meinte er, ich solle das Ganze von der positiven Seite sehen. Sie würde ja nicht ewig leben.«

Lorraine winkte ab. »Solche Bemerkungen macht man doch alle naselang, Tony. Wir wissen ja, dass du's nicht bös gemeint hast. Nimm's dir nicht so zu Herzen. Hau dich aufs Ohr. Du kannst den Schlaf brauchen.«

»Geh ruhig schon rauf, Schatz«, bat Olivia. »Ich räume hier noch schnell auf.«

Tony stemmte sich hoch und schlurfte mit hängenden Schultern über den gemusterten Teppichboden zur Treppe. Olivia stellte die Whiskeygläser auf das Tablett mit dem Teegeschirr. Sobald ihr Mann außer Hörweite war, raunte sie: »Der bekrabbelt sich schon wieder, Tante Lorraine.«

»Sicher, Schätzchen. Aber was ist mit den anderen? Glenn Rooney war ein brillanter Kopf mit Prädikatsexamina. Hatte gerade seinen Magister an der Cornell University gemacht, und zwar ohne seinen Grips groß anstrengen zu müssen. Der hätte die Welt im Sturm erobert, der Junge.« Sie schüttelte den Kopf. »Ganz zu schweigen von dem, was sein Vater für uns alle tat, indem er Johnny Stasiuk hinter Gitter brachte. Hätte er bloß die ganze Mischpoke gleich mit eingebuchtet!«

»Das hätte nicht viel bewirkt. Mittlerweile ist Johnny raus aus dem Knast und fristet sein Dasein in 'nem Bergwerk oben im Norden, und der Held, der ihn überführt hat, ist tot. Da sieht man's mal wieder: Das Leben ist ungerecht.«

»Absolut richtig. Heute Abend haben wir einige außerordentliche Menschen verloren, und warum?«

Darauf hatte Olivia keine Antwort parat. »Merkwürdig, weißt du? Eigentlich warte ich darauf, dass bei mir die Tränen fließen ... Normalerweise müsste ich doch heulen, oder? Um Tony, um Mama Angela, um die anderen ...«

Obwohl der Fernseher auf niedrigste Lautstärke eingestellt war, drang nach wie vor wildes Geballere aus dem Apparat. Auf der Straße stapelten sich die Leichen. Lorraine schaltete das Gerät ab.

»Pass auf, Livvie, sparen wir uns die Gefühlsduselei! Du hast dich redlich bemüht, die Zuneigung deiner Schwiegermama zu gewinnen, aber machen wir uns nichts vor: Sie war keine angenehme Zeitgenossin. Wenn in der Stadt ein Gerücht rumgeisterte, dann hatte sie's in die Welt gesetzt. Dich hat sie behandelt wie ein Paar Dreckstiefel, und wir wollen auch nicht vergessen, was sie Tony alles zugemutet hat. Denk nur mal daran, in welcher Verfassung der war, als ihr euch kennenlerntet – fett, einsam, todunglücklich. Lebensmüde. Also, lass uns nicht scheinheilig tun. Angela Amato weine ich keine Träne nach. Wenn's dir ähnlich geht, brauchst du dich wahrlich nicht zu grämen.«

»Schon möglich. Im Übrigen: Wenn ich mir überlege, um wie viel schlimmer alles noch hätte kommen können ... Falls wirklich Gift in Mama Angelas Tiramisu war – um ein Haar hätte Tony das gegessen!«

»Pete hatte sich ebenfalls welches bestellt. Es war gerade serviert worden, als wir den ersten Schrei hörten.«

Olivia spürte ein Zittern in den Beinen. Sie musste sich an einer Sessellehne festhalten. »Großer Gott! Wir hätten sie beide verlieren können.«

»Haben wir aber nicht. Sei froh und dankbar.«

Olivia nickte. »Aber Mama Angela. Was habe ich alles Schreckliches über sie gedacht ...«

»Du, wir veranstalten ihr eine schöne Beerdigung, was immer man darunter verstehen mag. Aber um die zu planen, brauchen wir unsere Kräfte, also, Feierabend für heute.«

»Hast recht. Ich muss sowieso nach Tony sehen.«

Olivia nahm das Tablett und ging in die Küche, wo sie die Spülmaschine belud. Ins Wohnzimmer zurückgekehrt, sah sie ihre Tante am Telefon. »Onkel Pete?«, flüsterte sie.

Kopfschüttelnd hob Lorraine die Hand zu einem Gute-Nacht-Gruß. Olivia verstand den Wink, hauchte ihrer Tante einen Luftkuss zu und wandte sich zur Treppe.

»... war schrecklich. Kannst du dir nicht vorstellen ... die armen Menschen. Die Schreie ... nee, mir geht's gut, doch. Erschüttert, aber sonst okay ... ja, bestimmt ... ich auch.« Lorraine Szilagyi legte auf. »Nacht, Olivia!«, rief sie.

Schon auf der obersten Treppenstufe, beugte Olivia sich über das eichene Geländer und blickte zu ihrer Tante hinunter.

»Und keine Bange«, fügte Lorraine hinzu. »Wenn einer das Verbrecherschwein stellen kann, dann Pete.«

# 7. KAPITEL

Die leise Ahnung, dass etwas Grauenhaftes vorgefallen sein musste, beschlich Claire Marshall erstmals beim Anblick von Donovans Krawatte. Als er drei Stunden nach Lokalschluss nach Hause kam, sah ihr Mann immer noch aus wie aus dem Ei gepellt, geschniegelt und gebügelt. Sein Binder indes war um gut zwei Zentimeter gelockert. Claire fragte sich, wer wohl dahinterstecken mochte. Ob's gar jemand war, den sie kannte?

Donovans Verhalten zündete die nächste Alarmrakete. Weder begrüßte er seine Frau mit dem gewohnten spontanen Lächeln, noch stürzte er mit ausgebreiteten Armen auf sie zu, noch tischte er ihr wie so oft ein geschickt erfundenes Märchen auf, etwa von einem in Flammen geratenen Herd, der ihn stundenlang aufgehalten habe, oder von einem Tisch voll schwieriger Gäste, die einfach nicht aufbrechen wollten. Stattdessen sah er sie schweigend an, ging zu einem der Chippendale-Sideboards, griff nach einem Glas und schenkte sich einen 18 Jahre alten Scotch ein.

Donovans Anstellung in der Bay Street hatte eine jahrzehntelange Liebesaffäre zur Folge gehabt: doppelte Martinis zum Mittagessen. Dieser Brauch hatte sich auch dann noch gehalten, als solche Firmentraditionen ebenso verschwanden wie Freizeitkleidung aus den Büros. In seiner typisch resoluten Art machte Donovan aber eines Tages radikal mit dem Trinken Schluss, nicht etwa aus Sorge um seine Gesundheit, sondern weil ihm die Wirkung des Alkohols auf Hüften und Teint nicht geheuer vorkam.

»Donovan?«

Er nahm auf einem Hochlehnerstuhl Platz und zupfte einige Zeit an der Bügelfalte seiner Hose herum. Wieder warf er Claire, die wie angewurzelt im Türrahmen zum Wohnzimmer verharrte, einen entgeisterten Blick zu. »Du hast tatsächlich noch gar nichts mitgekriegt. Was hast du den ganzen Abend gemacht?«

»Also, das ist ja die Höhe!«, blaffte Claire zurück. »Es geht auf ein Uhr zu, und du fragst, was ich getrieben habe? Du zuerst! Fang schon mal mit ihrem Namen an, dann kommt der Rest des Gesprächs ganz von selbst zustande. Ich mache auf geschockt und gekränkt, du laberst mir irgendwelchen Stuss vor ...«

Claire hatte das Gefühl, Herrin der Lage zu sein, zum einen deshalb, weil sie sich diese Auseinandersetzung viele Male ausgemalt hatte, zum anderen aber auch, weil sie inzwischen die Nase gestrichen voll hatte. Was sie jedoch erstarren ließ, zumal mitten in einem Satz, der gerade zu einer geharnischten Standpauke anwuchs, war das unangebrachte Grinsen auf dem Gesicht ihres Gatten. Auf beklemmende Weise gemahnte es sie an das verzerrte Lächeln eines mittels Strychnin Gemeuchelten. Zu viele TV-Dokumentationen, versuchte sie sich zu beruhigen, wobei sie sich anstelle von Donovans Miene einen fiesen, feixenden Totenschädel vorstellte. Urplötzlich wurde sie von dem Drang gepackt, ein Kissen auf diese grinsende Visage zu drücken.

In dem Moment brach Donovan in schallendes Gelächter aus. »Eine Affäre?«, prustete er zwischen zwei Atemzügen. »Ach, meine holde Gemahlin, wenn's nur das wäre!«

Dann kam die Horrorgeschichte ans Licht, die Story von sechs Toten, sechs, die etwas gegessen hatten, das ›ihnen wohl nicht bekommen ist‹, wie Donovan sarkastisch bemerkte. Claire kannte einige der Opfer: Angela Amato und Seamus Rooney vom Hörensagen, Letzterer hatte einen guten Ruf, Erstere war weniger beliebt; und Rooneys Sohn Glenn war ihr von einem neulich im *Sentinel* erschienenen Foto mit dazugehörigem Artikel bekannt.

»Auf jedem Fernsehkanal, Claire. Ich brauche dir wohl nicht zu erklären, was das für uns bedeuten kann!«

*Uns.* Ein *uns* hatte es schon seit Urzeiten nicht mehr gegeben; nur war Donovan stets zu beschäftigt gewesen, um das zu bemerken.

»Womöglich verlieren wir alles.«

Von Trauer um die Toten noch keine Spur. Donovan's Restaurant hatte sechs zahlende Kunden weniger; an und für sich kein allzu herber Verlust für ein Etablissement, das in der Branche so weit oben angesiedelt war. Diese Besucher hatten indes die Unverschämtheit, das miserable Timing und die Frechheit besessen, den Löffel ausgerechnet in Donovans edel ausgestatteten Räumlichkeiten abzugeben, auf seinen importierten europäischen Teppichen. Sie waren Verluste in mehrfacher Hinsicht, Schandflecken in der seit der Eröffnung makellosen Geschichte des Lokals.

Claire wusste, sie hätte zu ihm gehen müssen, hätte ihm vorschlagen sollen, sich zusammen mit ihr auf die Couch zu setzen, ihm vielleicht sogar die Hand halten oder die Wange tätscheln können. Eine treu sorgende Gattin hätte sich wohl so verhalten. Stattdessen trat sie ans Sideboard und kippte sich drei Schluck aus der Karaffe ein. »Wir können ja die Kinder von der Privatschule nehmen«, merkte sie an. »Den Mercedes verkaufen. Den Gärtner entlassen. Und den Gürtel enger schnallen, bei Luxusartikeln zum Beispiel.« Sie warf einen demonstrativen Blick auf Donovans handgenähte Schuhe.

»Wir sind erledigt«, murmelte der, bereits mit einem bedrückten, resignierten Unterton, den Claire an ihrem Mann noch nie erlebt hatte.

Es tat ihr um die sechs Opfer leid, insbesondere um den jungen Glenn Rooney, dem eine so strahlende Zukunft beschieden gewesen war. Falls aber andererseits Donovans Lokal infolge der anschließenden Negativpublicity in die Knie gehen würde, dann, so Claire, durfte man getrost davon ausgehen, dass ihr Tod nicht vergebens war.

# 8. KAPITEL

Dabei zu sein, das gab der Sache ein ganz anderes Gewicht. Das Röcheln. Die Schreie. Die Körper, die dumpf auf dem Boden aufprallten. Es hörte sich an, als klatschten fette Regentropfen in einen Blecheimer. Bewegte Poesie! Ein Gedicht.

Überhaupt kein Vergleich zum ersten Mal. Das in dem Supermarkt von Ciccone, das war nicht viel mehr als ein Aufgalopp gewesen, ein Kinderabenteuer mit zufälligerweise gutem Ausgang. Und obendrein ein Klacks. Ein zwangloser Bummel durch die Gänge, vor sich den Einkaufswagen mit Eiern, Brot, ein paar Steaks und zwölf Rollen zweilagiges Klopapier. Freundliches Lächeln bei bekannten Gesichtern. Noch ein paar Waren in den Wagen gepackt.

Hoch mit dem Plexiglasdeckel über dem Mandelbehälter. Man hört das kussähnliche Schmatzen der Haftmagneten. Man tut so, als vergleiche man die Preise bei den übrigen losen Waren, behält die anderen Kunden im Auge, den riesigen Rundspiegel in einer der oberen Ladenecken. Ein kurzer Daumendruck auf den Knopf der handlichen Reisesprühdose, die ehemals Haarspray enthielt.

*Pscht, pscht, pscht.* Noch einen schnellen Spritzer zur Sicherheit. Das reicht. Man muss nicht gleich übertreiben. Weitermachen, als wäre nichts gewesen. Rosinen kaufen.

Der Kassiererin zulächeln. Einkäufe bezahlen und raus.

Der ganze Einkauf erledigt in einer halben Stunde, das Manipulieren in zehn Sekunden.

Dann folgte der schwierigere Part: die Warterei. Die ersten Todesfälle wurden zwei Tage darauf gemeldet. Die Metzgers. Ein nettes Paar, aufrechte Bürger, so stand es in der Lokalzeitung. Doch als ich den Artikel las, geschah etwas Unerwartetes: Ein köstliches Prickeln lief mir über den Rücken. *Es funktionierte!* Einige Tage nach der Beisetzung der Metzgers schied McCulloh dahin, ein pensionierter Stahlformenbauer, und später am selben Abend Graeme Thomas. Da kribbelte es wieder. Eine Beerdigung mit vielen Teilnehmern. Sehr bewegend.

Das Werk eines Wahnsinnigen. So hieß es allenthalben. Ach, wenn die wüssten!

Ich habe keine Ahnung, was ich erwartete. Ich bin eher praktisch veranlagt. Pragmatisch und zielgerichtet. Mittel zum Zweck sollte er sein, der Plan; so hatte ich's mir ursprünglich ausgemalt. Schwergewicht auf dem Finale.

Mit den absonderlichen Nebenwirkungen hatte ich gar nicht gerechnet. Lustgefühle. Schadenfreude. Ein Zustand wiederkehrender mentaler Geilheit, den ich beliebig abrufen konnte. Da wusste ich gleich, wie ich das zweite Ereignis noch besser hinbekommen würde. Ich wurde nicht enttäuscht.

Strangulation, so heißt es, sei die intimste Form des Mordens, das Töten mit bloßen Händen, bei dem man unter dem Griff erbarmungslos zudrückender Finger spürt, wie ein menschlicher Puls langsam erlahmt. Die Halsschlagader wird still; aus den Lungen dringt ein gespenstisches Rasseln. Gibt es aber etwas, das der Herrschaft über die menschliche Psyche gleichkommt? Der Macht, eine menschliche Seele zu zerbrechen? Multiplizieren Sie das noch mit zehntausend, wenn eine ganze Gemeinde zerfällt, niedergestreckt von den Taten eines unsichtbaren Killers. Von mir.

Die Hatz auf den Wahnsinnigen wird weitergehen. Die Polizei wird die Spur des Giftes verfolgen und dabei auf eine Flasche Kaffeelikör stoßen, die auf einem Regal in der Restaurantküche steht. Die Fahnder werden ihre Verhöre durchführen und ihre Fallen aufstellen. Man wird sich gegenseitig verdächtigen und beschuldigen und niemandem mehr trauen.

Und ich werde warten.

Ich werde planen.

Und mich vor aller Augen verstecken.

## 9. KAPITEL

Nick Wheeler stand auf Sommer. Da gab's auf der Straße jede Menge nackter Schenkel und sonnengebräunter Taillen zu begucken; Scharen von scharfen Bräuten in String-Tangas tummelten sich am Strand und ließen einem die Hormone auf Hochtouren schnurren. Mit ein wenig Glück konnte man auch die eine oder andere Sonnenanbeterin oben ohne erwischen. Die schnallten oft gar nicht, dass Sichtschutzzäune und hohe Hecken den Kitzel nur steigerten.

Ein Abend wie geschaffen zum Pirschen. Am Himmel ein mächtiger Vollmond; dazu gerade mal so viel Wind, dass Nick unbesorgt seinen Beobachtungsposten beziehen konnte. Die durch das Blattwerk säuselnde Brise übertönte nämlich das unvermeidliche Rascheln im Gebüsch.

Der verwilderte Garten der Stasiuks war ein Gewirr aus verfilztem Gestrüpp. Jahrzehntealte Heckenrosen, die seit ewigen Zeiten nicht mehr blühten, lehnten sich gegen einen schiefen Zaun und hangelten sich am rostigen Maschendraht hoch. Im Schatten einer zerfallenen Garage kauernd, klemmte Nick seine Kamera ins Geäst eines knorrigen alten Strauchs.

Hinter dem Grundstück der Familie Stasiuk und den anderen bescheidenen Eigenheimen entlang der State Street verlief eine Gasse, die vor Jahren von der Müllabfuhr benutzt wurde und in noch früheren Zeiten von pferdebespannten Milchkarren. Die meisten Garagen und Gartenschuppen, die diesen Hohlweg säumten, waren inzwischen dermaßen windschief, dass ein mittelschwerer Hustenanfall sie wohl umgepustet hätte. Tagsüber konnten die Anlieger unbesorgt ihre Vierbeiner im Gässchen ausführen, ohne nachher brav die Häuflein wegräumen zu müssen. Nachts ließ sich keine Menschenseele blicken, allerhöchstens ein paar kiffende Pennäler.

An diesem Abend hatte Nick Wheeler die Gasse für sich.

Seit der vergangenen Woche herrschte in Pleasant Bay große Angst. Aufgescheucht durch die neuerliche Mordserie, verhielten sich die Leute noch vorsichtiger als ohnehin; man blieb nach Möglichkeit nahe beim Haus, schlug einen Bogen um Reporter, ging sich aus dem Wege.

Kein Plauderstündchen auf der Veranda, kein Schwätzchen mit dem Nachbarn über das Gartentörchen hinweg. Alles verkroch sich hinter zugezogenen Vorhängen. Zum Glück für Nick besaßen die Stasiuks, die auf derlei Firlefanz nicht viel gaben, keine Gardinen.

Joanie Stasiuks Zimmer befand sich im Dachgeschoss des zweieinhalbstöckigen, aus Hohlblocksteinen errichteten grauen Gebäudes. Im Gaubenfenster glühte ein gelber Schein, und Nick konnte erkennen, wie Joanie voll angekleidet ans Bett trat und die Tagesdecke aufschlug. Geraume Zeit schon scharf auf Joanie, ergötzte sich Nick in seinen nächtlichen Träumen an ihr, an ihren festen, runden Brüsten, die fast das hautenge T-Shirt sprengten, an den Umrissen der prallen Knospen, die unter der straff gespannten weißen Baumwolle verheißungsvoll lockten. Ein paarmal hatte er sie im vergangenen Sommer am Strand gesehen. Er entsann sich noch an den Tag, an dem ihm erstmals der winzige Schmetterling auffiel, der ihr gleich neben dem rechten Hüftknochen über den Bund des Bikinihöschens lugte. Was für Geheimnisse mochten da sonst noch unter den knappen Fummeln lauern, in denen Joanie herumspazierte? Und wann würden die für ihn gelüftet?

Nun folgte das Geduldsspiel. Entweder würde Joanie sich bei voller Beleuchtung ausziehen oder aber, wie's der Teufel wollte, im Dunkeln. Dann musste Nick unverrichteter Dinge Leine ziehen, und zwar mit einer mordsmäßigen Beule vorn in der Jeans.

Ein zweites Licht flammte im Hause auf, diesmal im ersten Stock. Am Fenster erschien eine Männergestalt mit langem Haar und Hakennase, schob die Gleitscheibe hoch und zündete sich eine Zigarette an.

*Gibt's doch gar nicht!* Nick langte in die Jackentasche und griff nach seinem Fernglas. Er hob es sich an die Augen und stellte die Sehschärfe ein. Tatsächlich! Da am Fenster stand Johnny Stasiuk und zog sich seelenruhig 'nen Lungentorpedo rein. Was suchte der denn wieder in Pleasant Bay? Es hieß doch, der habe sich nordwärts abgeseilt! Nach Timmins oder wie das Kaff hieß. Aber da war er, keine fünf Straßenzeilen von dem Haus, in dem er die Laszlos abgemurkst hatte.

Während der Grillsaison besuchten die Bürger der Stadt häufig den Delikatessenladen der Wheelers, und zwar nicht nur, weil Nicks Vater das frischeste und reichhaltigste Fleisch weit und breit anbot, sondern auch zum Tratschen. Im Laufe einer Woche bekamen Nick und seine Eltern so manche Geschichte zu hören: wessen Ehe in die Brüche ging, wer in Umständen war oder wer beim traditionellen Ball der »Royal Canadian Legion« einen über den Durst getrunken hatte. Doch weder die Eltern noch die Kunden hatten etwas davon erwähnt, dass Johnny Stasiuk sich wieder in der Stadt aufhielt.

»Ich werd verrückt!«, flüsterte Nick.

Er sah, wie Johnny die Kippe auf dem Fenstersims ausdrückte und auf den Rasen schnippte. In Joanies Zimmer verlöschte das Licht.

Mist!

Nick wollte gerade nach seiner Kamera greifen, schon drauf und dran, die Expedition als Schuss in den Ofen abzuschreiben und sein Glück eventuell in einem anderen Viertel zu versuchen, als ihn etwas stoppte: ein scharfer, gut gezielter Tritt in die Nieren. Vornübergekippt, wälzte er sich auf die Seite, und als er aufsah, erblickte er über sich zwei der Stasiuk-Brüder, nämlich Jeremy und einen der Zwillinge, Jesse möglicherweise.

»Ja Scheiße, was haben wir denn da? Mann, 'nen echten ausgewachsenen Perversling!«

»Echt, Alter!« Jeremy musterte Nick gehässig. »Sieht ganz danach aus. Na, was Interessantes gesehen durch das Dingsda, du Dreckwurst?« Mit einem blitzschnellen Ruck riss er den Feldstecher von dem Trageriemen, der Nick um den Hals hing. Jeremy hielt sich die Gläser vor die Augen und linste hindurch. »Was will der sich wohl mit dem Ding angucken, der Wichser?«

Nick versuchte zu sprechen, brachte indes bloß ein ersticktes Japsen zuwege. Der Zwilling verpasste ihm noch einen Tritt. »Wenn mein Bruder wollte, dass du's Maul aufmachst, hätte er dich schon aufgefordert!«

Gehetzt ließ Nick den Blick von einem der beiden zum anderen irren, stets in Erwartung des nächsten Tritts. Noch mehr entsetzte ihn aber Jeremys anmaßendes Starren.

»Was ist, du Penner? Hat dein Alter etwa nicht genug Fleisch im Laden? Musst du hier rumschnüffeln, weil's hier noch mehr Fleischbeschau gibt?«

»Er hat dich was gefragt, Furzgesicht! Los, antworte, sonst gibt es einen Tritt in die Weichteile!«

»Ich ... ich war nur spazieren, mehr nicht!«

»Ach so! Na, dann Entschuldigung«, höhnte Jeremy. »Dann war's unsere Schuld. Zeig ihm mal, wie leid es uns tut, Jesse.«

*Schnipp.* Wie aus dem Nichts blitzte das Klappmesser auf; Nick spürte einen Stich und kurz darauf etwas Warmes, Feuchtes. Sein rechter Unterarm war in Sekundenschnelle blutüberströmt. Mit einer zweiten raschen Bewegung ließ Jesse die Klinge wieder einschnappen und das Messer in der Vordertasche der Jeans verschwinden.

»Sei bloß froh, dass mein Bruder dich nicht an der Unterseite erwischt hat«, knurrte Jeremy mit ruhiger Stimme und gleichmäßigem Atem. »Trifft man leicht 'ne Schlagader oder so. Da könntest du hier draußen glatt verbluten.«

»Du Scheiße, das wäre echt 'ne Sauerei.« Jesse lachte.

»Wir sagen dir mal, was Sache ist, Schlachter-Bubi. Verpiss dich, und lass dich hier nie wieder blicken! Klar?«

Nick hielt sich den Arm und senkte bejahend den Schädel. Zwischen seinen Fingern pulste Blut. Am Handgelenk fühlte er seinen pochenden Herzschlag.

»Und am Fenster hast du nix gesehen, kapiert?«

Nick schüttelte den Kopf.

»Das Fernrohr behalten wir als Souvenir. Hast doch nix dagegen, oder?«

»N... nein«, röchelte Nick. »Könnt ihr haben.«

»Echt großzügig von dir. Und die Sauerei da mit deinem Arm? Wie willst du die erklären?«

»Da hab ... hab ich mich bei der Arbeit geschnitten.«

»Bingo! Genau! Siehst du, Jesse? Hättest du nicht die Schule geschmissen, dann wäre aus dir vielleicht auch so 'n Intelligenzbolzen geworden wie unser Spanner hier!«

Der Zwilling lachte wieder.

»Jetzt steh auf, und mach die Fliege, Metzgerwürstchen. Und falls sich dein Gedächtnis plötzlich wieder meldet, falls du das Maul aufreißt und dumm rumlaberst, was du da angeblich im Fenster gesehen haben willst – dann nimm dich ja in Acht! Möglich, dass wir Stasiuks arme Schlucker sind, aber wir halten zusammen. In der Beziehung kennen wir kein Pardon. Beim Schutz der Familie schrecken wir vor nichts zurück. Und wenn ich sage vor *nichts,* dann meine ich das auch.«

Nick merkte, wie sich der Griff an seinem Hemd lockerte, und plötzlich rannte er los, schneller und immer schneller, hinter sich das dumpfe Hallen von Jesses Schritten. Er blieb erst stehen, als er die Balfour Street erreichte, die im rechten Winkel zur Gasse und zur State Street verlief. Eingangs der Straße drehte er sich um. Die Stasiuk-Brüder standen etwa zwölf Häuser zurück und hielten sich die Bäuche vor Lachen.

Daheim angelangt, säuberte er die Wunde, einen zehn Zentimeter langen Schnitt, dünn wie ein Bleistiftstrich. Er bestrich ihn mit der Aloe Vera seiner Mutter, und als die Blutung schließlich gestillt war, umwickelte er ihn noch sorgfältig mit einem Verband. Derart verarztet, blieb ihm bloß noch die Lösung eines Problems: die Bergung seiner Kamera und seines nagelneuen Zoom-Objektivs aus dem Versteck in der Gasse.

## 10. KAPITEL

Auf dem Fernsehschirm im Wohnzimmer der Szilagyis hatte sich eine Yogalehrerin zu einem Knäuel verknotet und versicherte nun dem Publikum, mit etwas Übung könne es diese vertrackte Stellung ebenfalls meistern. Olivia, die das beim Eintreten zufällig mitbekam, hielt die Frau für einen Tick zu optimistisch. Sie selbst fühlte sich nämlich dermaßen zerschlagen, als habe sie einige Runden gegen den Leiter eines Selbstverteidigungskurses hinter sich; sie war heilfroh, dass sie es heute gerade mal mit dem Fahrrad zur Arbeit schaffte. Da brauchte es wohl noch einige Zeit, bis sie sich die Beine um den Nacken falten konnte.

Ihr Onkel lag schlafend auf dem antiken Sofa, die Füße unter einer Mohairdecke. Er trug das Oberhemd und die Krawatte vom Vorabend, wenngleich dem Zeug an diesem Morgen ein Abstecher zur Reinigung besser getan hätte. Vorhin noch hatte Olivia das Rauschen der Dusche im großen Badezimmer gehört, sodass sie sich jetzt fragte, ob ihre Tante überhaupt wusste, dass Pete nach Hause gekommen war.

Als fühle er die Anwesenheit einer Person im Raum, rührte der Schlafende sich und schlug die Augen auf. »Hallo, Kleines«, nuschelte Pete gähnend. »Wie stehen die Aktien?«

Insgeheim sperrte Olivia sich gegen das Kosewort. Wann würde ihr Onkel aufhören, in ihr die völlig verängstigte Zehnjährige zu sehen, und sie als Erwachsene wahrnehmen? Dies allerdings war nicht der richtige Zeitpunkt, das Thema anzuschneiden. »Einigermaßen«, sagte sie ein wenig traurig.

Mit einem Fußtritt streifte Pete die Decke von sich und setzte sich auf, auf Anhieb bemerkenswert erfrischt für jemanden, der höchstens ein paar Stunden geschlafen hatte. In den Jahren, in denen sie nun bei ihrem Onkel und ihrer Tante wohnte, hatte Olivia das häufiger miterlebt. Sobald Pete sich in einen schwierigen Fall verbiss, kam er eine volle Woche nur mit Wasser, Muffins und zwei Stunden Schlaf pro Tag aus, ehe er schließlich dem Adrenalinmangel und dem Bedürfnis seines Körpers nach Regenerierung erlag.

»Dasselbe könnte ich dich fragen.« Olivia trat an den Fernseher, stellte den Apparat ab und ließ sich ihrem Onkel gegenüber in einen Sessel sinken. »Wann bist du denn endlich nach Hause gekommen?«

Er warf einen Blick auf seine Armbanduhr. »So gegen vier, würde ich sagen.«

»Und dann pennst du wieder auf der Couch?«

»Hab mich hier reingeschlichen, um Lorraine nicht zu wecken.«

»Ist aber bestimmt nicht gut für deinen Rücken.«

»Das ist noch meine geringste Sorge. Wie geht's Tony?«

»Hat zwar etwas geschlafen, aber unruhig. Meine blauen Flecken sind der beste Beweis.«

Schon seit jeher war Tony ein Trampeltier. »Rastloses Beinsyndrom« hieß das im medizinischen Fachchinesisch. Bei Olivia hingegen hieß es ganz anders. Morgens glich ihr Bett zumeist einem Schlachtfeld aus Baumwolllaken, nicht etwa als Ergebnis leidenschaftlicher Frühgymnastik, sondern weil Tony nächtens mit Händen und Füßen paddelte wie ein Hund beim Schwimmen. Hin und wieder kam Olivia ohne

Blessuren davon, ein Glück, das ihr nicht oft vergönnt war. »So kriege ich zumindest meine Bewegung«, war Tonys Standardantwort auf ihre Vorwürfe.

»Er ist sicher ziemlich von der Rolle.« Pete faltete die Decke zusammen und packte sie akkurat ans Fußende der Couch. »Du natürlich auch. Furchtbarer Anblick.«

Olivia nickte, die Augen fest geschlossen, bestrebt, das Bild ihrer Schwiegermutter zu verdrängen, die sich in Krämpfen auf dem Fußboden wand, nach Luft ringend, als werde sie von zwei unsichtbaren Händen gewürgt. Lorraines brutale Beurteilung von Mama Angela fiel ihr ein, und im Grunde stimmte sie dem, was ihre Tante in der Nacht gesagt hatte, in jeder Hinsicht zu. Wie man sich Feinde macht, das hatte Tonys Mutter bestens gewusst. Dennoch: Ungeachtet ihrer Laster hatten weder Mama Angela noch die anderen Opfer ein solch grauenhaftes, grässliches Ende verdient. Unwillkürlich spürte Olivia einen Kloß im Hals, so aufgewühlt war sie.

»Hast du schon was erfahren, Onkel Pete?«, fragte sie rasch. »Was da heute Nacht passiert ist – hängt das mit dieser schrecklichen Geschichte in Ciccones Markt zusammen?«

»Vorläufig hat's den Anschein, ja.«

»Dann ist die Auswahl beliebig? Keine vorsätzlichen Opfer?«

»Lässt sich noch nicht beurteilen. Vorerst müssen wir jeden Todesfall als Mord für sich betrachten, also mitsamt der dazugehörigen Befragung von Angehörigen und Bekannten, mit dem Ausschluss von Verdächtigen – ich brauche dir nicht zu erklären, wie viele Stunden das kostet. Allein die Feinde deiner Schwiegermutter zu verhören könnte Monate dauern.«

»Sie hat sich's mit vielen verdorben.«

Eine Untertreibung, und was für eine. Dass Mama Angela

eine Schneise der Gemeinheit durch Pleasant Bay geschlagen hatte, wusste niemand besser als Tony selbst. Jahrelang hatte er die gehässigen Bemerkungen seiner Mutter ertragen müssen – über Nachbarn, über Gläubige aus der eigenen Kirchengemeinde, selbst über seine Freunde, die sie auf diese Weise letztlich immer vergrault hatte. Aus Angela Amatos Sicht war einzig ihr Tony vollkommen, ein dicker, folgsamer Bub, den diese Art von mütterlicher Zuwendung um ein Haar in den Selbstmord getrieben hatte. Und nun war sie tot.

»Was ist das bloß für ein abartiger Spinner?«

»Als abartig würde ich den nicht bezeichnen, Olivia. Das macht nur ...«

»Dein Onkel hat recht.« Lorraine Szilagyi stand im Türrahmen, bekleidet mit einem ärmellosen, mandarinengelben Kleid, das ihre vom Joggen gebräunte Haut hervorhob. »Abartig ist noch zu schmeichelhaft für diesen Widerling, der so etwas anrichtet. Arschloch ... Verrückter ... ach, das trifft es alles nicht. Hat eigentlich irgendjemand in diesem Haus letzte Nacht schlafen können?«

»Nicht viel«, murmelte Olivia. »Bis dieser Dreckskerl gefasst ist, findet meiner Meinung nach sowieso keiner so richtig Schlaf. 'tschuldige, Onkel Pete. Als stündest du nicht ohnehin schon genug unter Druck.«

»Ach was, halb so wild, Kleines. Du weißt ja, einige laufen erst unter Druck zu Hochform auf. Wollen wir hoffen, dass ich zu denen zähle.«

Lorraine blickte ihn schweigend an.

Olivia sah Lorraines Aktenköfferchen im Flur stehen. »Du hast doch heute Morgen gar kein Seminar. Was gibt's?«

Lorraine seufzte. »Nach allem, was passiert ist, gehe ich zwar nur ungern aus dem Haus, aber ich bleibe nur ein paar Stunden weg. Ich habe einer Studentin versprochen, ich würde mich bei einer Tasse Kaffee mit ihr über ihren Leistungsstand unterhalten. Sie hat 'ne ganze Menge Veranstaltungen versäumt, weil sie ihren kranken Vater pflegt. Insofern liegt mir daran, dass sie den Stoff nachholt. Es würde mir ungerecht erscheinen, wenn sie ihren Schein nicht bekäme, nur weil sie sich um einen Angehörigen kümmert, wie sich's gehört.«

Olivia nickte. Typisch für ihre Tante: Um sich für jemanden einzusetzen, nahm sie auch die zweite Meile auf sich, wie's in der Bergpredigt stand. Mitunter fragte man sich, wie sie das schaffte und wieso sie offenbar keinerlei Anzeichen von Ausgebranntsein zeigte. Nach Olivias Einschätzung gehörte Lorraine zu jenen Übermenschen, denen alles in den Schoß zu fallen schien. In Wirklichkeit war auch für die so manches eine Sisyphusarbeit; nur stemmten sie sich gegen den Felsblock und legten sich ins Zeug.

»Wahrscheinlich bin ich kurz nach dem Mittagessen wieder zurück. Dann helfe ich dir und Tony bei den Beerdigungsformalitäten. Hinterher backe ich vielleicht etwas für den Empfang zum Leichenschmaus. Wenn du dich nicht so recht aufraffen kannst, warte, bis ich wieder daheim bin. Und du ...« Sie richtete den Blick auf ihren Mann. »Leg dich noch ein wenig aufs Ohr, ehe du den Bösewichtern wieder auf den Pelz rückst! Okay?«

»Wird gemacht!«, gab er zurück, wobei er spielerisch salutierte. »Schönen Tag noch, Schatz.«

Lorraine griff nach dem Aktenkoffer und angelte sich ihre Handtasche von der gepolsterten Bank, die im Korridor stand. Olivia folgte dem anerkennenden Blick ihres Onkels.

»Steht ihr gut, das Gelb«, bemerkte sie, als sie hörte, wie sich die Haustür schloss.

Ihre Tante hatte schon immer einen beneidenswerten Geschmack besessen, eine gewisse Eleganz à la Jackie Kennedy, mit der die meisten Frauen von heute nichts anzufangen wussten. Legere Freizeitkleidung am Arbeitsplatz war Lorraines Sache nicht; ausgefranste Jeans und die Lagen aus übergroßen Schlabberklamotten, wie sie auf dem Uni-Gelände getragen wurden, waren ihr ein Gräuel. Lorraines Garderobe betonte vielmehr ihre schlanke Figur, was ihrem Mann keineswegs entging. Für Olivia lag es auf der Hand, dass Onkel Pete noch immer einen Narren an seiner Frau gefressen hatte, selbst nach so vielen Ehejahren.

»Deine Tante war immer schon ein Hingucker, gar keine Frage. Was die Farbe von dem Kleid angeht, weiß ich selber nicht so recht, aber was soll's. Du siehst übrigens auch so aus, als wärst du auf dem Weg zur Arbeit. Du willst doch heute nicht allen Ernstes in die Redaktion?«

Olivia nickte. »Bloß bis Mittag. Ich will noch den Artikel über den Skandal um diesen Massenzüchter und den Hundehandel abschließen. Darf doch nicht zulassen, dass ein anderer meinen Pulitzer-Preis abstaubt, oder? Und dann noch mein Augenzeugenbericht über die Vorgänge im Restaurant. Außerdem möchte ich den Nachruf für Mama Angela in die Abendausgabe quetschen. Dann beim Bestatter anrufen, beim Pfarrer, im Blumenladen Blumen bestellen ... Ich glaube nicht, dass Tony das schon auf die Reihe kriegt.«

»Kann ich irgendwas tun?«

»Allerdings.« Tony hatte sich lautlos angeschlichen. Er sah aus, als wäre er einem Tyrannosaurus in die Fänge geraten.

»Lass hören, Tony«, befahl Pete.

»Schnapp dir den Dreckskerl.«

## 11. KAPITEL

*The Daily Sentinel, Samstag, 14. August 2004 – Seite 15*
**Amato, Angelina Maria** – verschied plötzlich und unerwartet in ihrem 74. Lebensjahr. Witwe von Vincenzo Amato. Geliebte Mama von Antonio Amato und Ehefrau Olivia, geborene Laszlo. Freunde und Angehörige gedenken der lieben Verstorbenen bei einer Trauerfeier am Montag, 16. August, 17.00 bis 19.00 Uhr, Bestattungsinstitut Elliot Funeral Home. Seelenamt Dienstag, 17. August, 10.00 Uhr in der Pfarrkirche zu St. Theresa von Avila. Anschließend erfolgt die Beisetzung auf dem Friedhof Precious Blood Cemetery.

Ich glaub, mein Schwein pfeift!«
Grinsend pfefferte Johnny Stasiuk die Zeitung auf den Boden, wobei er sie bewusst so gezielt warf, dass sie auf dem Gesicht seines auf dem Teppich liegenden Bruders Jimmy landete. Jimmy, von einem mordsmäßigen Kater geplagt, wischte das Blatt beiseite, brummte ein »Leck mich, du Arsch!« und wälzte sich auf die Seite, sodass er Johnny den Rücken zukehrte.

»Wie war das? Ich höre wohl nicht richtig!« Johnny stand auf, stapfte zu dem am Boden Liegenden, packte in dessen dünnes Haar und riss ihn am Kopf hoch.

Jimmy heulte laut auf. »Mann! Scheiße, verdammte!«

»Soll ich dir 'n zweites Grinsen verpassen?« Mit dem Zeigefinger fuhr Johnny seinem Bruder quer über die Kehle. »Steht dir bestimmt astrein.«

»Sachte, Johnny, sachte! War nicht persönlich gemeint. Mir ist halt nur kotzübel.«

Johnny ließ die Haare los, worauf Jimmys Kopf dumpf auf den Teppich krachte. Er nahm es klaglos hin.

Johnny setzte sich wieder auf die Couch. Klar, Seamus Rooney war weg vom Fenster; das hatte ja schon auf der Titelseite des Käseblatts gestanden. Aber die alte Amato-Tucke auch? Gerechter ging's nicht! Besser hätte es gar nicht kommen können. Erst dieser Rechtsverdreher, der ihn eingebuchtet hatte, und jetzt die Schwiegermutter von der Tussi, durch deren Familie er alles verloren hatte. Schwuppdiwupp, beide weg. Ausgleichende Gerechtigkeit.

Nach dieser guten Nachricht von plötzlichem Hungergefühl übermannt, schnappte er sich eine offene Tüte Käsechips vom Beistelltisch, stopfte sich eine Handvoll in den Mund und feuerte seinem Bruder ein paar der Dinger an den lichter werdenden Schopf.

Jimmy grunzte und drehte sich um. »Meine Fresse, Johnny, wie alt bist du eigentlich?«

Lachend wischte sich Johnny die fettigen Hände an der Jeans ab und ließ den leeren Beutel zu Boden fallen. Seine Hände und Füße waren ihm immer unangenehm gewesen. Die wirkten an ihm wie Fremdkörper, wie ausgeborgt von einem Geiger oder Balletttänzer Seine Finger waren lang, schmal, feingliedrig – Pianistenfinger, wie seine Stiefmutter zu sagen pflegte. Die hätte auch liebend gern ein gebrauchtes Klavier angeschafft, damit Johnny Stunden nehmen konnte. Nur hatte sie sich das nie leisten können. Jimmys Zwillingsbruder Jesse witzelte mal, bei seinen Gorillazehen könnte

Johnny sogar mit den Füßen auf dem Klavier klimpern oder von 'nem Ast baumeln und den vorbeilaufenden Gören die Süßigkeiten klauen. Mit dieser Bemerkung, die während einer Pool-Party fiel, als Johnny gerade einem Mädchen imponieren wollte, fing Jesse sich einen mächtigen linken Haken und eine ordentliche Ladung Chlor ein. Vier Bengeln, die ins Wasser sprangen, gelang es nur mit knapper Not, Johnnys Fuß vom Hals seines Bruders herunterzuzerren und Jesse in letzter Sekunde an die Oberfläche zu holen, sonst wäre er glatt ertrunken.

Nach diesem Vorfall ging Johnny nie wieder barfuß oder in Sandalen. Selbst jetzt, nachdem er die leere Chipstüte hingeworfen hatte, achtete er sorgsam darauf, dass er die Hände zu Fäusten ballte, damit seine Finger nicht so lang wirkten. Zum Glück sah er jedoch auch gut aus und hatte Grips in der Birne, sogar so viel, dass ihm ein Stipendium für ein naturwissenschaftliches Studium in Aussicht gestellt wurde. Und bei seinem Aussehen bekam er auch mehr als genug Mädchen ab. An sich hätte er zufrieden sein können, doch er wollte mehr. Klamotten, Sachen, Kram. Als er die Schnauze gestrichen voll davon hatte, dass er als Ältester in einer kinderreichen Familie stets teilen musste, obgleich es beschissen wenig zum Teilen gab, da tat er sich mit Skip Horton zusammen, einem stadtbekannten Lausbuben, der exakt mit dem Zeug herumprotzte, auf das Johnny so scharf war.

Sie fingen in jungen Jahren an, zuerst mit Kleinkram wie Diebstahl von Süßigkeiten und Zigaretten, die sie aus Tankshops mitgehen ließen. Das steigerte sich rasch bis hin zum Klauen von Fahrrädern und elektronischen Geräten aus den örtlichen Schulen. Der Verkaufserlös langte allemal für Nachschub an Bier und Zigaretten. Allmählich aber strebten die

Partner nach höheren Weihen, und ab dem Tag, an dem der 16-jährige Johnny den Führerschein bekam, nahmen sie größere und teurere Objekte ins Visier. Mit dem Kombi von Johnnys Stiefmutter gondelten sie direkt in die Garage einer gerade verreisten Familie und beluden den Schlitten mit zwei Fernsehgeräten, einem Computer, einer Elektrogitarre und einem Keyboard. Ferner erbeuteten sie 300 Dollar in verpackten Münzen.

Im Sommer darauf, als er 17 wurde, da ging der Geldsegen richtig los – Johnny hatte sich an Violet Iverson herangemacht, deren Eltern ein Reisebüro betrieben. Ein Fläschchen Billigschampus, dazu ein wenig Süßholzraspeln unter dem Sternenhimmel – das reichte, und schon plapperte Violet munter drauflos, welche Familien wohin flogen und wie lange die Reise dauerte. Nach ausgiebigem Knutschgeflüster mit Violet und bestens mit Hinweisen versorgt, plünderte das diebische Duo den ganzen Juli und August hindurch Luxusvillen der oberen Güteklasse rund um den See. Johnny hätte den Raubzug auch im September quietschvergnügt fortsetzen können, wäre ihm nicht zweierlei in die Quere gekommen: Erstens langte er Violet bei einer Strandparty am Freitagabend mit seinen lüsternen Pianistengriffeln unter den Rock, was die Beziehung schlagartig beendete. Und zweitens trat das Leben den beiden Langfingern gewaltig in die Weichteile.

Eigentlich hätte es klappen müssen. Die Laszlos waren auf Kreuzfahrt; genauer gesagt, sie hätten auf Schiffsreise sein sollen, zumindest nach der Information, die Johnny seiner Flamme entlockt hatte. Sechs Tage entlang der Küste von Alaska, abgerundet von einem viertägigen Aufenthalt in Vancouver. Skip war an drei Abenden nacheinander an ihrem Haus vorbeigefahren; kein Auto in der Garageneinfahrt, alle

Gardinen zugezogen, und Punkt acht Uhr abends ging im Wohnzimmer und über der Haustür das Licht an. Zeitschaltuhren.

Einmal war Skip schon in dem Haus gewesen, und zwar mit seinem Alten, bei einer Elektromontage. Der Bungalow, so sein Bericht an Johnny, der mache zwar nach außen hin nicht viel her, aber drinnen sei der 'ne wahre Schatztruhe. George Laszlo hatte offenbar so seine Steckenpferde: superteures Fernsehgerät mit Videorecorder, eine Stereoanlage und eine Markenkamera, die ebenfalls eine Menge Geld gekostet haben musste. Seine Holde war so eine rothaarige Mollige, die auf Antiquitäten und Schmuck stand und den beiden Elektrikern einen starken Espresso gebrüht hatte. Ihre protzigen Klunkern hatten im Schein der Küchenleuchte wie verrückt gefunkelt. Mann, ey, behängt wie 'n Weihnachtsbaum sei die gewesen, so Skip. Und die Antiquitäten hätten ihn null interessiert.

Auf Johnnys Beschluss hin sollte der letzte Freitag im August des Jahres 1982 zur Nacht aller Nächte avancieren. Kurz nach 23 Uhr bezogen er und Skip hinter dem Bungalow der Laszlos ihren Beobachtungsposten auf dem verwaisten Parkplatz eines Tuchgeschäfts. Von dort aus beobachteten sie das Grundstück und stiegen, als sie die Luft rein wähnten, über den Zaun in den gepflegten Garten. Die Schiebetür zwischen Wohnzimmer und Terrasse bot in punkto Einbruchsicherheit nicht mehr Widerstand als eine Pappwand. Als Skip das Schloss knackte, ahnte er nicht einmal, wie nah er und Johnny in diesem Moment dem Zuchthaus bereits waren.

Die Laszlos hatten die Kreuzfahrt storniert. Vom jüngsten Herzanfall des Hausherrn verunsichert, wollte das Ehepaar nicht das Risiko eingehen, sich zu weit von zu Hause und von

George Laszlos Hausarzt zu entfernen. So stand es später in der Zeitung. Die beiden saßen lesend im Wohnzimmer, als die Einbrecher plötzlich hereingeplatzt kamen und das Unglück seinen Lauf nahm.

Das schrille, durchdringende Kreischen der Frau bohrte sich wie ein Skalpell in Johnnys Trommelfell. Der Mann sackte zusammen, die Hände ans Herz gepresst, und sein ersticktes Gurgeln und Röcheln verstärkte noch das Dutzend Alarmsirenen, die ohnehin schon in Johnnys Kopf losjaulten.

»Schnauze!«, brüllte er die Rothaarige an. »Lass mich mal überlegen!«

Panisch wies sie auf ihren Mann, der mit dem Gesicht nach oben auf dem Teppichboden lag, Augen und Mund weit aufgerissen. »Ihr bringt ihn um, ihr mieses Gesindel!«

Sie hörte einfach nicht auf zu schreien, und als Johnny sie warnte und ihr ins Gesicht schlug, kreischte sie noch lauter. Er musste nachdenken, unbedingt, konnte aber keinen klaren Gedanken fassen. Das antiquierte Telefon stand in Reichweite. Die Hand um das schwere Ding gekrallt, holte Johnny weit aus, und als er den Sockel mit voller Wucht auf den Schädel der Molligen niedersausen ließ, ertönte ein dumpfes Knirschen. Abermals schlug er zu, wieder und wieder, bis die Bodenplatte des Telefons vor Blut nur so troff.

Er wedelte seinem Komplizen mit dem Ding vor der Nase herum. »Hier, geh du mal ran. Ferngespräch.« Zum Totlachen komisch fand er das, zum Bepinkeln witzig, und Johnny entsann sich noch, wie er sich vor Lachen gar nicht wieder einkriegte, ehe er dann mit der behelfsmäßigen Keule noch auf den Hausherrn losging, der mit blau angelaufenen Lippen am Boden lag.

Mit Skip war danach nicht mehr viel anzufangen. Es nützte auch nichts, dass Johnny ihn anpflaumte, er solle sich gefälligst die Stereoanlage greifen, den Schmuck. »Mann, such dir was aus, verfluchte Kacke!«

Als sie dann in ihrem ansonsten leeren Kombi saßen, musste Skip sich die Kotze mit dem Ärmel abwischen. Er würgte zwar immer noch, aber es kam nichts mehr hoch. »Meine Fresse, Johnny! Du hättest die doch nicht gleich umlegen müssen!«

»Jetzt bin ich noch schuld, was? Du hast schließlich gesagt, die wären nicht zu Hause!«

Die eigentliche Hiobsbotschaft, mal abgesehen von den Leichen und der Tatsache, dass der Bruch nichts einbrachte außer zwei Armbanduhren und einem beschissenen Ring, die folgte erst ganz zum Schluss: Skip hatte sich im Wohnzimmer der Laszlos in die Hose geschifft und eine pissgelbe Pfütze hinterlassen – ein geradezu erdrückender Beweis. Danach änderten sich die Regeln; das Spiel drehte sich nach der Devise: Wer als Erster singt, kommt am glimpflichsten weg. Skip quiekte wie ein angestochenes Ferkel.

Freilich, Johnny hatte sein Strafmaß nicht in voller Länge absitzen müssen und obendrein noch Dusel gehabt, weil er im Knast sein College-Examen ablegen durfte. Über den Tisch gezogen fühlte er sich gleichwohl. Die Familie Laszlo, die hatte ihm das ganze Leben verpfuscht.

»Rasen müsste gemäht werden.«

Yvonne Stasiuk betrat das Wohnzimmer und küsste ihren Sohn auf den Mund. Sie war eine dürre Knochenschleuder mit gebleichtem Haar, ein Energiebündel, das sich von ihren sechs Stiefkindern nicht die Butter vom Brot nehmen ließ und die Familie mit eiserner Faust regierte. Die sechs spurten aufs Wort – das Mindeste, was man als Gegenleistung erwarten konnte, war doch Yvonne bei ihnen geblieben, nachdem der Vater sich längst aus dem Staube gemacht hatte. Im Gegenzug für den Gehorsam hielt sie der Bande unbeirrbar die Stange und verteidigte sie selbst dann noch mit Klauen und Zähnen, wenn ihnen Blut an den Händen klebte.

»Na, wie wär's mit dir, mein Hübscher?«, säuselte sie, wobei sie sich neben Johnny auf der Couch niederließ. »Keine Lust, deinem liebsten Mädel den Rasen zu mähen?«

»Mensch, du weißt doch, Ma, dass ich in Deckung bleiben muss. Soll nicht gleich jeder mitkriegen, dass ich wieder in der Stadt bin.«

»Kannst dich ja verkleiden! Stülp dir eine von meinen Perücken über. Und mein blaues Kleid steht dir bestimmt klasse. Soll ich dir auch noch die Beine rasieren?«

»Ach, lass den Quatsch! Soll Jimmy den Rasen mähen.«

Johnnys Bruder lag immer noch der Länge nach bäuchlings auf dem Boden, Arme und Beine gespreizt, als wolle er so das kreisende Zimmer bremsen.

»Dein Bruder hat die Grippe. Der Ärmste.«

»Logo«, höhnte Johnny gepresst. »Die Fuselgrippe.«

»Was hast du gesagt?«

»Ach, nichts.«

»Hast wohl die Zeitung gelesen.«

An und für sich war Johnny hellauf begeistert von seiner Stiefmutter, sofern er sich überhaupt für etwas begeistern konnte. Aber zuweilen ließ sie die dämlichsten Sprüche vom Stapel. Dabei hatte sie doch gesehen, wie er das Käseblatt studierte! Vor 'ner halben Stunde erst.

»Scheußlich, der Abgang von Rooney, was?«

»Und ob«, knurrte Johnny, worauf sie beide synchron in lautes, lang anhaltendes Gelächter ausbrachen.

Jimmy hob den Kopf vom Teppich und starrte die beiden aus tranigen Augen an. »Himmel, Arsch und Zwirn!«

»Nicht so ordinär, Jimmy!« Fluchen war in Yvonnes Haushalt tabu. Es gab auch keine Mahlzeit ohne Tischgebet.

»He, Sportsfreund!«, polterte Johnny. »Wie wär's mit 'nem Teller Schweinefüße in Aspik? Vielleicht 'ne schimmelige Brotschnitte mit 'ner dicken Scheibe Sülze?«

Jimmy würgte, sprang auf und schoss wie ein geölter Blitz aus dem Zimmer, worauf Yvonne den Kopf schüttelte und Johnny das Haar zauste. »Was bist du bloß für ein Satan! Und es tut dir bestimmt nicht mal leid!«

»Soll das Saufen lassen, der Sack.«

»Nein, ich meinte doch Rooney!«

»Jeder kriegt das, was er verdient.«

»Manche haben es sich eben selbst zuzuschreiben.« Yvonne stand auf, stakste über die leere Chipstüte und ging zur Haustür hinaus. Kurz danach vernahm Johnny, wie der Rasenmäher stotternd ansprang und sich dann unter Husten und Stöhnen durch das hohe Gras quälte.

Mit kreideweißem Gesicht wankte Jimmy ins Wohnzimmer zurück. »Mann«, ächzte er, während seine Stiefmutter den Rasenmäher am Fenster vorbeischob, »mir ist so was von sauschlecht! Hast du mir was ins Gingerale getan?« Er wies auf ein Glas mit einem Rest schaler Flüssigkeit, das auf dem Boden stand.

»Was laberst du da für 'n Stuss zusammen?«

»Na, mein Glas! Hab ich hier stehen gelassen. Vorhin. Als ich 'ne Wasserstange weggestellt hab. Da hättest du was reintun können.«

»Tolle Idee. Schade, dass ich da nicht von selber drauf gekommen bin. Nächstes Mal vielleicht. Wie kommst du bloß auf so 'n Scheiß?«

»Dafür braucht man kein beklopptes Diplom, um da zwei und zwei zusammenzuzählen! Kaum bist du wieder hier, schon kratzen welche ab!«

Ehe er auch nur Luft holen konnte, ging Johnny schon auf ihn los. Der erste Hieb, auf den Magen gezielt, presste ihm jegliche Luft aus den Lungen. Dann zuckte Johnnys Knie hoch, und sein Bruder kippte vornüber. Es folgte ein Tritt, der Jimmy einen Zahn kostete. Blut rann ihm aus dem Mund; er gurgelte vor Schmerzen, aber Johnny war noch nicht fertig. Ein zweiter Tritt traf Johnny am Auge, und nach dem nächsten klatschte er wie ein Fisch auf den Teppich.

Johnny war nicht einmal in Schweiß geraten. »Und jetzt mach die Biege!«, befahl er, den Blick auf den Liegenden gesenkt. »Ehe ich dir richtig eins aufs Fressbrett gebe!«

Auf allen vieren robbte Jimmy aus der Gefahrenzone. Erst als er die Haustür erreichte, stemmte er sich mühsam hoch, wobei die Beine – sehr zur Belustigung seines Bruders – beinahe unter ihm einknickten. Fahriges Tasten nach dem Autoschlüssel, dann ein mutloser, schwerfälliger Abmarsch.

Im Vorgarten hatte Yvonne den Rasenmäher abgeschaltet und überschüttete ihren Sohn mit Fragen, doch der winkte nur ab. Kurz darauf setzte er seinen Wagen rückwärts aus der Einfahrt, und Yvonne machte sich wieder ans Mähen.

Johnny schaltete den Fernseher ein und zappte durch bis zum Discovery Channel. Eine Sendung über giftige Pflanzen. Das erinnerte ihn wieder an die Todesanzeige und entlockte ihm ein Lächeln.

Alles lief perfekt. In drei Tagen würde Pete Szilagyi, der Supercop, zusammen mit seiner Nichte an einer Beerdigung teilnehmen. Kein Mensch würde sich im Haus in der Hemlock Lane aufhalten. Vor gespannter Erwartung vibrierten Johnnys lange Finger schon wie elektrisiert, bis in die Spitzen.

Es blieb zwar nicht mehr viel Zeit, die Sache groß zu planen, aber falls er sich in eine ruhige Ecke zurückziehen konnte, würde ihm schon was einfallen. Da konnte er sich konzentrieren. Reinen Tisch machen, ein für alle Mal.

Jetzt, da seine Stiefmutter und sein schwachköpfiger Bruder ihm nicht mehr im Wege standen, nahm auch schon ein Gedanke Gestalt an. Er merkte bereits, wie sein Grinsen breiter wurde. Zuweilen kam man um drastische Methoden nicht herum, wie vorhin bei Jimmy. Manchmal indes war Raffinesse gefragt. Die besaß er en masse, und Geduld obendrein.

Er war schon immer ein Planer gewesen. Methodisch. Kühl. Und als Schüler und Student ein Einser-Kandidat.

## 12. KAPITEL

Angelina Maria Amato hatte 28 Jahre lang Vorkehrungen für den Fall ihres Ablebens getroffen. Als ihr Mann damals mit 45 Jahren an Krebs gestorben war, hatte sie so über die Maßen getrauert, dass sie fest davon ausgegangen war, sie werde ihrem Vincenzo alsbald ins Jenseits folgen. So hatte sie sich auch bereits den Sarg ausgesucht, ein aufwändiges Stück aus Eiche mit verschnörkelten Bronzegriffen, und ihr Begräbnis bis ins Kleinste geplant. Als Trauerchoral fürs Seelenamt sollte *Näher, mein Gott, zu dir* gespielt werden, und während der Heiligen Kommunion das *Ave Maria*. Zum gewohnten Leichenschmaus im Pfarrsaal waren Lasagne und Cannoli vorgesehen. Diese sowie weitere Anweisungen fanden sich in einem braunen Umschlag mit der Aufschrift »MEINE BEERDIGUNG«, der unter ihrer Bibel in der obersten Nachttischschublade lag. Olivia und Lorraine berücksichtigten Mama Angelas Wünsche zwar so gut es ging, ignorierten allerdings das Begehr, Silvana Bonelli solle für den Fall, dass Angela zuerst von hinnen schied, von der Trauerfeier ausgeschlossen werden.

Tante und Nichte wechselten sich bei der Telefonwache ab, wobei sie ihre Prioritätenliste abhakten. Derweil zog Tony den Schlafanzug gar nicht erst aus, sondern hockte im Wohnzimmer vor der Flimmerkiste und sah Sportübertragungen an. Schließlich blieb nur noch übrig, gegen Abend die dunklen Anzüge oder Kostüme aus der Reinigung zu holen.

»Ich kann's noch immer nicht fassen«, bemerkte Olivia und räumte das Telefonbuch in die Küchenschublade.

»Ich denke mal, so geht's der ganzen Stadt.« Lorraine deckte ihren Dattelkuchen mit Frischhaltefolie ab und schob das Backblech in den Kühlschrank. »So viele Tote!«

»Ach so, ja«, murmelte Olivia zerknirscht. »Klar, das ist auch kaum zu glauben. Aber eigentlich meinte ich meinen neuen Auftrag. Schrecklich von mir, ich weiß.«

Sie war bereits eine Stunde vor Dienstbeginn in der Redaktion des *Sentinel* eingetroffen, fest entschlossen, ihre Reportage über einen skandalösen Massen-Hundezüchter in Niagara Falls abzuschließen. Ursprünglich als wöchentlicher Ratgeber zum Thema Hundehaltung gedacht, mutierte Olivias Rubrik mit explosionsartigem Tempo zu einer herzergreifenden Serie über Dutzende halb verhungerter, kranker Beagle-Welpen. Die hatte der Hundehändler in enge Zwinger gepfercht, wo sie in den eigenen Exkrementen dahinvegetierten. Die meisten der jungen Hunde mussten eingeschläfert werden; die wenigen überlebenden wurden von Hundefreunden aufgenommen, die nun die Zeitungsredaktion als auch den Tierschutzverein mit Anrufen bombardierten. Olivias Recherchen führten zur Verhaftung von zwei Verdächtigen, was Darrin Spence, ihrem Boss, nicht entging. Zudem hatte sie ihm die Schilderung der Todesfälle vom Vorabend auf den Schreibtisch gelegt. Daraufhin suchte er sie in ihrer Arbeitsnische auf und bat sie, nachdem er ihr sein Beileid zum tragischen Tod ihrer Schwiegermutter ausgesprochen hatte, in sein Büro. Sie nahm all ihren Mut zusammen, wild entschlossen, sich ein Herz zu fassen und sich um die Berichterstattung über die Zyanid-Morde zu bewerben. Immerhin war sie persönlich betroffen, denn der Killer hatte ihr ja die Schwiegermutter genommen. Das eingeübte Sprüchlein indes brauchte sie gar nicht erst aufzusagen. Kaum war die Tür zu seinem Büro geschlossen, bot der Chefredakteur Olivia die Story an. Falls sie interessiert sei, wohlgemerkt. »Den Biss haben Sie. Also, ran an die Buletten. Zeigen Sie, was Sie draufhaben.«

Es hätte nicht viel gefehlt, und sie wäre ihrem Chef vor Freude um den Hals gefallen. »Gern! Ist ja toll!« Dann aber kam ihr ein unangenehmer Gedanke. »Was ist denn mit Andy Kodaly?«

Spence kratzte sich das ergrauende Ziegenbärtchen. »Der kriegt genug zu tun, nur keine Bange.«

Olivia wusste, dass Andy bei der Berichterstattung über die ersten Opfer des Zyanid-Mörders die Vorarbeit geleistet hatte, indem er die Hinterbliebenen sowie das Personal in Ciccones Lebensmittelmarkt ausführlich interviewte und etliche Leute verstimmte, weil er nach Unrat buddelte, wo es angeblich keinen gab. Wie mochte er sich jetzt, da man ihm die Story entzog, wohl fühlen? Er war beileibe nicht ihr Lieblingskollege – im Gegenteil, er behandelte sie oft mit einer an Verachtung grenzenden Gleichgültigkeit –, aber jemandem den Boden unter den Füßen wegzuziehen, das ging ihr gegen den Strich, sogar bei Kodaly.

»Eine großartige Chance, Livvie«, bemerkte Lorraine. »Du wirst dich gewiss mit Begeisterung dahinterklemmen!«

»Onkel Pete wird weniger begeistert sein.«

»Da hast du allerdings recht. Weiß Tony es schon?«

Verneinend schüttelte Olivia den Kopf. »Und dies ist nicht der rechte Zeitpunkt, es ihm zu sagen. Der ist fix und fertig, Tante Lorraine. Ich hätte nie gedacht, dass er sich den Tod seiner Mutter so zu Herzen nimmt, zumal bei ihrer gemeinsamen Geschichte. Überdies scheint mir, er grämt sich, weil er gestern Abend im Restaurant so wenig zur Hilfe beigetragen hat.«

»Was hätte er tun sollen? Ging ja alles so schnell.«

»Aber er war wie gelähmt. Und das als ausgebildeter Notaufnahme-Krankenpfleger! Sitzt einfach nur da.«

Lorraine nickte. »Klar, das lastet ihm schwer auf der Seele. Und für 'ne Weile wird er seine Mutter vergöttern, wird sich geißeln für jede Gemeinheit, die er mal über sie gedacht und gesagt hat. Da kannst du nichts weiter tun, als ihm geduldig zuzuhören. Ja, überhaupt – schau doch mal nach ihm. Ich setze derweilen Teewasser auf.«

Olivia gab ihrer Tante einen Kuss auf die Wange und verließ die Küche, im Kopf die bange Frage, wie sie Tony begreiflich machen sollte, dass ihr womöglich ausgerechnet der Tod seiner Mutter als Sprungbrett zur Karriere dienen sollte.

Es waren ganze vier Blumenlieferungen, die an das Bestattungsinstitut gingen: von Olivia und Tony der Sargschmuck aus roten Rosen; ein großes Gebinde aus weißen Gladiolen und Lilien von Lorraine und Pete; ein ebenso großer, exotischer Strauß von der Familie Marshall sowie vom Bund Katholischer Frauen der Tischschmuck aus Nelken. Zwanzig Besucher trugen sich in das Kondolenzbuch ein und erwiesen der Verstorbenen die letzte Ehre, in der Mehrzahl Tonys Arbeitskollegen aus dem Krankenhaus. Olivia wurde den Eindruck nicht los, als böte diese geringe Zahl bereits einen düsteren Vorgeschmack auf die für den nächsten Tag angesetzte Beerdigung. Falls dem so sein sollte, würde man auf dem größten Teil der Lasagne sitzen bleiben.

Glücklicherweise hatte William Elliott, der Direktor des

Beerdigungsinstituts, seinen kleinsten Saal für die Trauerfeier Amato reserviert, eine Halbtreppe hoch, letzte Tür rechts. Trotz der persönlicheren Atmosphäre wurde doch offenbar, dass Mama Angela nur wenige Freunde gehabt hatte. Je weiter sich die abendliche Gedenkfeier in ihre zweite Stunde hinüberquälte, desto peinlicher wurde das Ganze für Lorraine, Pete und Olivia, die sich nach Kräften bemühten, das verlegene Schweigen mit halbherzigem Geplauder über das Neueste aus der Gegend zu überbrücken. Insbesondere ging es um das laufende Verfahren gegen Jeff Stasiuk, dem nach seinem Autounfall immer noch Seewasser aus den Ohren sickerte.

Tony, der am Sarg seiner Mutter die Totenwache hielt, war außer sich vor Zorn. »Wo stecken die alle?«, zischte er wütend. »Mama hat sechzig Jahre in dieser Stadt gewohnt!«

»Nimm's nicht so schwer, Tony.« Olivia trat zu ihrem Mann und legte ihm begütigend den Arm um die Taille. »Manch einer hat für Bestattungsinstitute nichts übrig. Morgen in der Kirche sind sie bestimmt alle da.«

Die am folgenden Tag stattfindende Beisetzung war eher düster, nicht nur, weil jemand gestorben war, sondern weil man den Eindruck gewinnen konnte, als habe Mama Angela kein schönes Leben geführt. Der Andrang von Trauergästen, den Tony so gern gesehen hätte, blieb aus. In Kleinstädten bewahrt man sich eben ein gutes und waches Gedächtnis. Ehemalige Opfer von Angela Amatos spitzer Giftzunge dachten weder daran, ihr zu vergeben, noch waren sie geneigt, sie versehen mit den Gnadenmitteln der heiligen Mutter Kirche ins Jenseits zu entlassen. Die einzige Ausnahme bildete Silvana Bonelli, die vorn in der zweiten Reihe saß und während des kurzen Nachrufs zum Steinerweichen schluchzte. Ansonsten wohnte der Feier nur das Häuflein der sogenannten »Acht-Uhr-Christen« bei, jene frommen älteren Herrschaften, die ohnedies täglich zur Messe gingen und Beerdigungen als Teil ihrer gesellschaftlichen Wirklichkeit begriffen. Sogar vier der Träger waren gemietet, rüstige Pensionäre, denen Andy Kodaly und Pete in letzter Minute bei der Ausübung ihrer traurigen Pflicht sekundierten.

Über den Friedhof jaulte ein klagender Wind, der mit geisterhaftem Geheule durch die sich biegenden Bäume fuhr und Father Deodato die Verse scheinbar von den Lippen zerrte. Sein gebrochenes Englisch bekam Olivia nur bruchstückhaft mit, doch ihr Augenmerk galt ohnehin mehr ihrem Gatten, der am ganzen Körper zitternd neben ihr stand.

»Herr, gib ihr die ewige Ruhe!«, leierte der Pastor.

»Und das ewige Licht leuchte ihr.« Ein kläglicher Chor aus brüchigen Stimmen, gefolgt vom Aufprall der Erdbrocken, die dumpf auf solide Eichenbohlen polterten.

»*Ti amo*, Mama«, wisperte Tony. Er zog eine einsame rote Rose aus dem Grabgebinde, warf sie hinunter auf den Sarg und sah dann zu, wie sie von dort in die schwarze Tiefe rutschte. »Perdonami.«

Verzeih mir.


Der Leichenschmaus im Pfarrheim fiel genauso jämmerlich aus. Der Saal mit seiner Vertäfelung aus Kieferimitat und dem fleckig verfliesten Fußboden war ein ödes, freudloses Rechteck, nur dürftig aufgelockert durch mit Tesafilm an die Wand gepappte Buntstiftzeichnungen. Soweit Olivia es beurteilen konnte, hatte die Sonntagsschule offenbar gerade das Gleichnis vom verlorenen Sohn durchgenommen. Der Vers

»Sehet, er war verloren und ward gefunden« schmückte ein Spruchband, das Bindeglied für die kunterbunte Galerie aus schmausenden Strichmännchen und reumütig knienden Figuren. *Der verlorene Sohn.* Olivias Blick schweifte hinüber zu Tony. Dem Leichenschmaus zu Ehren der toten Mutter ausgeliefert, nahm er die Beileidsbekundungen mit kindlicher Verlegenheit entgegen.

Am anderen Ende des geräumigen Saales zog Lorraine ihre Kreise durch die dürftige Gästeschar, immerfort in Bewegung, sei es, um jemandem die Hand zu drücken, eine Schulter zu tätscheln oder Trost zu spenden. Die haltlos weinende Silvana Bonelli nahm sie fest in den Arm. Dann sorgte sie sich ums leibliche Wohl der Anwesenden, indem sie denen, die nur mit Mühe die erste Portion Lasagne geschafft hatten, bereits einen Nachschlag servierte. Nach dem jüngsten Schreckensszenario in Donovan's Restaurant wirkte eine von Fremden zubereitete Mahlzeit für die meisten Gäste wenig verlockend, und dieses Unbehagen verstärkte sich, als Donovan höchstpersönlich in den Pfarrsaal stolziert kam, um Tony und Olivia mittels einer eingeübten Floskel sein Beileid auszudrücken.

»Bitte um Nachsicht, dass ich nicht zur Beerdigung kommen konnte«, sagte er, wobei er den Blick höflich über alle drei Gesichter schweifen ließ. Anschließend folgte das Händeschütteln – zuerst ergriff er Olivias Hand, dann Tonys, danach Petes. »Bin gerade aus der Trinity zurück. Wimmelte von Reportern, die Kirche.«

Holy Trinity, die Pfarrkirche der anglikanischen Gemeinde, lag am anderen Ende der Stadt, ein neu erbautes, achteckiges Gotteshaus, in dem Seamus Rooney mit Frau und Sohn allwöchentlich den Gottesdienst besucht hatte. Heute begrub Bridget Rooney die beiden Männer, die sie am meisten liebte.

»Und picke packe voll war's.« Erst als er sich im Saal umblickte, bemerkte Marshall seinen Lapsus. Olivia spürte, wie Tonys Hand sich in der ihren verkrampfte. »Versteht sich, klar ... wo der Junge doch so beliebt war und sein Vater so viele Leute kannte ...«

Das nutzte nun auch nichts mehr. Olivia versuchte zu retten, was noch zu retten war. »Bitte, bedienen Sie sich, Mr. Marshall. Es ist reichlich da.«

Es musste wohl das erste Mal sein, so Olivia, dass sie Donovan Marshall derart verlegen erlebte. Er trug einen gut geschnittenen dunkelblauen Anzug, dazu eine Krawatte mit Op-Art-Muster sowie Freizeitslipper mit Troddeln, und sie bemerkte, dass sein Hals gerötet war, betont noch durch das unglaubliche Weiß seines Oberhemds. Er räusperte sich, nickte zerknirscht und murmelte noch eine Entschuldigung. Nachdem er Tony einen offenbar als Trost gemeinten Klaps auf die Schulter versetzt hatte, wandte er sich an Pete. »Hast du mal 'ne Sekunde, Pete?«

Olivia sah, wie der Gastronom ihren Onkel beim Ellbogen fasste und ein paar Meter beiseitenahm, was ihr ziemlich pietätlos erschien.

»Hör mal, Silly ...« Bei dem Spitznamen verzog Pete das Gesicht. »Habt ihr schon was rausgefunden über den Strolch? Steht 'ne Verhaftung kurz bevor?«

»Wir arbeiten dran«, knurrte Pete abweisend. »Tags, nachts und zwischendurch. Und wenn wir ihn kriegen, kannst du's im *Sentinel* lesen. Wie jeder andere auch.«

»Aber ich hab ein legitimes Interesse. Meine Existenz steht auf dem Spiel. Bestimmt siehst du ein ...«

»Und du siehst bestimmt ein, dass dies weder der Ort noch die Zeit ist, darüber zu diskutieren. Wenn du mich jetzt entschuldigen würdest – ich muss noch einige Gäste begrüßen.«

Donovan hielt ihn am Ärmel fest. »Aber der Einbruch im Lokal ... Vorige Woche! Die Bengel, die du hast wegfahren sehen. Könnte es da passiert sein? Könnten die das gemacht haben?«

»Sobald ich's weiß, Donovan, wirst du's erfahren. Dürfte ich jetzt?«

Olivia beobachtete, wie ihr Onkel eiligen Schrittes hinüberhastete zu Lorraine, der es offenbar gerade gelungen war, ein zweites Lasagne-Viereck auf den Teller von Billy Coombs zu platzieren. Der hatte zwar weder am Seelenamt noch an der Beerdigung teilgenommen, doch zu seinen dürftigen Talenten zählte ein untrüglicher Riecher für Anlässe, bei denen es etwas zu schnorren gab. Und ein Leichenschmaus, der lud zur Selbstbedienung regelrecht ein. Als Donovan Marshall an seinem Tisch vorbeihastete, funkelte Billy ihn böse an, doch der Restaurantbesitzer war zu sehr in Eile, um den hasserfüllten Blick zu bemerken.

Olivia sah es ihrem Mann an der Nasenspitze an, dass er das kurze Zwiegespräch zwischen Donovan und ihrem Onkel mitgehört hatte. »Ich weiß, was dir durch den Kopf geht, Tony. Zehn Menschen tot, und Donovan Marshall denkt an nichts anderes als an sein Geschäft.«

»Dieser Heuchler«, fauchte Tony, der gerade noch mitkriegte, wie Donovans marineblau gewandeter Rücken durch die Eingangstür verschwand. »Hoffentlich verliert der auch noch das letzte Hemd!«

## 13. KAPITEL

Mit festem Griff schloss sich Petes Hand um die knochige Schulter von Billy Coombs. »Was meinst du – wollen wir zwei uns nicht mal unterhalten? Wenn du deine Lasagne aufgegessen hast?«

Billy hob den Blick, linste durch seine dickglasigen Brillengläser und bleckte die Beißer, wobei er zwei spitzhöckerige Schneidezähne entblößte. »Klar, Detective Pete.« Die Worte kamen ihm nur schwer über die Lippen. »Aber ich hoffe, es eilt nicht. Das Zeug hier schmeckt nämlich echt lecker.« Er packte Messer und Gabel wie die Griffe eines Fahrradlenkers.

»Wie wär's, Billy?«, fragte Lorraine. »Soll ich Ihnen was einpacken, und Sie nehmen es mit nach Hause? Wäre Ihnen das recht?«

Billys wulstige Lippen verzogen sich gemächlich zu einem breiten Grinsen. Er reagierte mit einem Nicken, das eher so wirkte, als wäre sein Hals zu schwach, um seinen Riesenschädel überhaupt zu tragen. Also ließ er ihn auf die Brust kippen und blickte Lorraine unter buschig zusammengewachsenen Brauen hervor gierig an. »Gibt's auch Kuchen?«

»Da treibe ich bestimmt noch welchen auf. Sie lassen sich ihre Lasagne schmecken. Den Rest erledige ich schon.« Anschließend warf sie ihrem Mann einen warnenden Blick zu. Was der zu bedeuten hatte, wusste Pete genau: *Sachte! Reg ihn nicht auf! Er tut keinem was!*

So war sie, seine Lorraine. Außer mit Angela Amato kam sie so gut wie mit jedermann zurecht, und für Billy Coombs hatte sie ein besonderes Faible. Was Billy an vorzeigbaren Hemden besaß, waren ausgemusterte Klamotten von Pete oder Tony. Mehrmals im Jahr räuberte sie die Kleiderschränke der Männer und brachte sie quietschvergnügt zu Billys Souterrainwohnung, beladen zudem mit allerlei Konserven und was sie sonst noch so zusammenkratzen konnte.

Schon von Natur aus hatte Billy die Weisheit nicht mit Löffeln gegessen, und das bisschen Grips, das er besaß, war ihm von Donovan Marshall anscheinend zu Brei geprügelt worden. Seitdem ging bei ihm alles im Schneckentempo – Sprechen, Gehen, selbst das Kauen. Die Lasagne hätte ebenso gut ein Stück Borke sein können. Pete umklammerte Billys Stuhlkante.

»Lorraine kann ich gut leiden«, nuschelte Billy.

Pete sah seiner Frau nach, die gerade in Richtung der Küche stöckelte, das knackige Hinterteil unter dem langen schwarzen Rock sanft wiegend. »Die mag jeder, Billy.«

»Sie ist sexy.« Wegen der vielen Zischlaute spritzte Billy ein Regenguss Tomatensauce aus dem Mund und auf das weiße Fleischerpapier, das als Tischtuch diente. Pete achtete nicht darauf, und Billy, der ungerührt weiter seine Portion futterte, erst recht nicht. Das massige Kinn beinahe auf Tischkantenhöhe, schaufelte er die Lasagne in sich hinein, bis der letzte Bissen verputzt war.

Dass Billy nur selten eine ordentliche Mahlzeit bekam, war kein Wunder. Zum Kochen hatte er bloß eine Mikrowelle, und von der Sozialhilfe konnte er kaum existieren. Wenn am Monatsende das Geld alle war, half er schon mal in *Woo's Diner* aus und durfte Reste mitnehmen, die man den zahlenden

Gästen mangels Frische nicht mehr vorsetzen konnte. Zumeist jedoch ernährte er sich von Hotdogs und Fritten, die er an einem auf Hochglanz polierten silberfarbenen Imbisswagen kaufte, der vor dem örtlichen Reifenhandel parkte. Sein Nachtisch bestand aus Lakritze und Kaugummi oder an heißen Tagen auch mal aus einer Dose Cola.

Schlagartig machte sich Aufbruchstimmung breit; der übereilte Abschied der wenigen Gäste sandte das Signal an das Räumkommando, dass Schluss war mit der Sonderbehandlung für die trauernden Angehörigen. Die Putztruppe übernahm nun den Saal und teilte sich auf; eine Hälfte riss die Papierdecken von den Tischen, der Rest faltete die Klappstühle zusammen und stapelte sie auf flachen Rollwagen, die in den Stauraum unter einer selten benutzten Bühne geschoben wurden. Billy bekam von alledem offenbar nichts mit – weder von dem Lärm noch von den abschätzigen Blicken, die ihm ein Frauenzimmer mit strenger Miene und markantem Damenbart zuwarf.

Lorraine, Olivia und Tony kamen aus der Küche, die Arme vollgepackt mit Essen. Lorraine stellte ein riesiges Aluminiumbackblech mit Apfelkuchen vor Billy auf den Tisch. Für eine Schrecksekunde fürchte Pete schon, Billy würde die Reste gleich auspacken und vor Ort verschlingen.

»Ich gehe zu Fuß«, sagte Pete. »Fahrt schon vor.«

Das brachte ihm noch einen demonstrativen Blick seiner Frau ein, aber die Botschaft verstand er nicht. Schließlich war er mit Billy allein, begleitet nur von fernem Klappern, das aus der Küche drang, wo Geschirr eingeräumt wurde.

»Was gibt's denn, Detective Pete?« Billy zog die Füße hoch und hockte im Schneidersitz auf dem Stuhl.

»Es geht um Donovan Marshall.«

»Ach so.« Billy senkte die Stimme und beugte sich Pete verschwörerisch zu, als fürchte er eine Strafe, falls man seine Aussage hörte. »Den kann ich nich' leiden.«

»Man muss ja nicht jeden mögen, Billy. Hast du mitgekriegt, was in seinem Restaurant passiert ist?«

Billy wiegte seinen eckigen Schädel vor und zurück.

Pete erklärte ihm die Lage, so gut es ging, und fragte dann: »Du hast ja hin und wieder in der Küche ausgeholfen, stimmt's, Billy? Spülen und so?« Er wusste, Donovan hatte Billy nur deswegen beschäftigt, um allen in der Stadt zu demonstrieren, was für ein Pfundskerl er war. *Seht ihr? Ihr haltet mich vermutlich für 'nen verwöhnten Geldsack, aber ich habe mich geändert.*

»Is' nich mehr.« Wieder kippte der Kopf vornüber.

»Wieso nicht? Was war?«

»Zu viel Geschirr zerdeppert. Ich soll nich' mehr kommen.«

»Marshall hat dir mal übel mitgespielt, was?«

Er blickte zu Pete auf, die Augen tränenumflort. »Is' lange her. Der is 'n ganz Gemeiner.«

»Da würdest du's ihm doch bestimmt gern heimzahlen, hm? Dich irgendwie rächen?«

»Rächen?«, echote er. »Wie denn?«

»Indem man ihm das kaputt macht, was er liebt. Sein Lokal. Den Leuten so eine Angst einjagen, dass sie nicht mehr hingehen.«

Ein konfuser Ausdruck legte sich über Billys Gesicht. Dieser Ansatz, so Petes Erkenntnis, führte zu nichts. In abstrakten Dimensionen konnte Coombs nicht denken. Der Begriff der Rache, insbesondere die Fiktion eines penibel geplanten Anschlags, bewegte sich jenseits all seiner Vorstellungskraft. Solange nicht zu beweisen war, dass ein abgefeimtes Schlitzohr Billy gerade wegen seines begrenzten Intellekts ausgenutzt hatte, würde man ihm die Sache nicht anhängen können.

Postwendend verdünnten sich Billys fleischige Lippen zu etwas, das sich nur als Feixen interpretieren ließ; sein sonst so leerer Blick nahm einen hasserfüllten Ausdruck an. Die hervorstehenden braunen Augen verengten sich zu splitterschmalen Schlitzen; ein listiges Glitzern ließ einen Funken Leben in dem sonst so hölzernen Gesicht aufleuchten. Dutzende waagerechter Runzeln furchten sich quer über seine breite, eckige Stirn.

»Detective Pete? Der müsste mal richtig eins auf die Mütze kriegen, der Marshall, was? Wäre nur gerecht!«

## 14. KAPITEL

Der Mittwoch begann völlig harmlos. Olivia nahm sich noch einen Tag frei, um bei Tony sein zu können. Sie fuhren zu Mama Angelas Dreizimmerhäuschen in der Grove Avenue, um den Kühlschrank auszuräumen und Angelegenheiten, die nach der Beerdigung anfielen, zu erledigen. So packten sie Konserven für das städtische Obdachlosenheim in eine Kiste, sammelten allerlei Trödel für den Basar der Kirchengemeinde zusammen und besprachen, ob man nicht den Anstreicher und einen Entrümpelungsdienst beauftragen solle, um das Haus für den anstehenden Verkauf auf Vordermann zu bringen.

Der Ärger ging los, als Tony auf das Fotoalbum der Familie stieß. Die Seiten waren angefüllt von bitteren Andenken an eine Epoche, die er einmal als »Die Dunklen Jahre« bezeichnet hatte, verblichene Farbaufnahmen aus der Jugend- und frühen Erwachsenenzeit eines fülligen, einsamen jungen Mannes, der sich am liebsten umgebracht hätte. Unwillkürlich fiel Olivia auf, dass viele der Bilder ihn am Küchentisch zeigten und dass er auf keinem lächelte.

»Vielleicht ist jetzt nicht der ideale Moment, die anzugucken. Wir haben gerade vor zwei Tagen deine Mutter beerdigt.«

Tony hielt das Album fest umklammert. »Der Moment kommt genau richtig!«, betonte er mit schneidender Stimme.

Olivia verbiss sich eine Erwiderung, setzte sich neben ihren Mann auf Mama Angelas Chenilletagesdecke und bettete den Kopf an seine Schulter. Sofort merkte sie, wie sich sein Körper verkrampfte.

»Was ist?« Sie hob den Kopf und sah ihn an. »Was bist du so ... so aufgebracht?«

»Mir geht's bestens.«

»Nee, eben nicht! Ich kann dir nicht helfen, Tony, wenn du mir nicht sagst, was dich bedrückt!«

»Mir fehlt nichts! Und ich hab dich nicht um Hilfe gebeten.« Er klappte das Album zu und warf es in eine Mülltonne, die sie von draußen hereingeholt und mitten ins Zimmer gestellt hatten.

Autsch! Olivia schürzte die Lippen. Zorn gehörte zur Trauerbewältigung, das war ihr schon klar, doch Tonys Grimm richtete sich nicht gegen den gesichtslosen Mörder seiner Mutter oder gegen Gott, sondern gegen sie, seine Frau.

»Hab ich irgendwas gemacht, dass du ...«

»Lass mich! Ich sage ja, mir geht's bestens!«

Sie biss sich heftig auf die Lippe. Wartete. Sah zu, wie Tony wiederholt zwischen seinem ehemaligen Zimmer und der Mülltonne hin und her marschierte und Andenken aus Kindertagen entsorgte: einen kaum benutzten Hockeyschläger, alte Schulbücher, ein gerahmtes Foto von einem pummeligen kleinen Buben, der beim Weihnachtsmann auf den Knien saß.

»Tony«, warf sie ein, »an deiner Stelle würde ich das nicht alles so übereilt wegschmeißen. Lass dir doch Zeit! Das können wir später immer noch beim Trödel verscheuern.«

»Ich will's nicht haben. Und andere auch nicht.« Er fuhr fort mit dem Entrümpeln, drehte sich aber plötzlich zu Olivia um. »Du mochtest Mama nicht besonders, stimmt's?«

Wie darauf antworten? Lag ihm daran, die Wahrheit zu erfahren? Oder reichte ihm wohl eine einigermaßen plausible Kopie? Sie setzte noch einmal mit sanfter Stimme an. »Manchmal hat sie mich schier in den Wahnsinn getrieben, ja. Aber ich glaube, sie hatte ein gutes Herz. Vielleicht war sie nicht immer die Mutter, wie du sie gern gesehen hättest, doch es ist ja letzten Endes was Anständiges aus dir geworden, oder? Du bist ein lieber Ehemann, Tony, und das verdanke ich Mama.«

»Sehr diplomatisch, Liv. Was ist mit dem Tiramisu?«

»Wie bitte?«

»Das Tiramisu! Bei Donovan. Pete meint, das Zyanid war wahrscheinlich im Nachtisch. Warum sollte ich davon nichts essen? Hast mir die Gabel regelrecht aus der Hand gerissen, wenn ich mich recht entsinne.«

»Weil du bereits drei Scheiben Brot vertilgt hattest und noch die Hälfte vom Hauptgericht deiner Mutter. Du hattest gar keinen Überblick mehr!« Ganz langsam dämmerte es Olivia nun, so als ginge in ihrem Hirn knarrend eine Tür auf. Sie wirbelte herum und stapfte, den Kopf voll von den abstrusesten Anwandlungen, in dem kleinen Raum hin und her. »Halt! Jetzt geht mir ein Licht auf!« Sie ging auf ihn zu und blitzte ihn an, bis er den Blick abwandte. »Jawoll, du hast völlig recht. Ich habe deiner Mutter heimlich Zyanid in den Nachtisch getan und vorsichtshalber fünf andere Gäste gleich mit umgelegt. Und um alle Welt so richtig zu verarschen, habe ich erst die vier Opfer aus Ciccones Markt gekillt, übungshalber quasi. Wozu? Um an 'ne tolle Story zu kommen! Du weißt, was man uns Journalisten nachsagt: Findest du keinen Knüller, bastele dir einen. Du hast mich ertappt. Ich gestehe.« Sie hielt ihm die Handgelenke hin, als warte sie auf die Handschellen.

War's erst sechs Tage her, dass sie und Tony vorgehabt hatten, ihre Matratze einem erotischen Härtetest zu unterziehen? Jetzt stand sie hier, stinksauer auf ihn und von einer Ahnung erfasst, zumindest vorübergehend, dass sie ihren Mann nicht sonderlich mochte. Sie hatte mal gehört, Trauer könne Paare enger zusammenführen; tiefe Gefühle zu teilen, dass könne auch andere Empfindungen, die mit der Zeit abgeflacht waren, wieder zum Leben wecken. Anscheinend funktionierte das bei ihnen beiden nicht.

»Entschuldige«, brummte er, wobei er den Kopf wie Billy Coombs hängen ließ. »War wohl ziemlich bescheuert, nehme ich an.«

»Nimmst du an? Sag mir Bescheid, wenn du's genau weißt.« Aufgebracht wirbelte sie herum und riss die Schlafzimmertür auf.

»Wo willst du hin?«, rief Tony in flehendem Ton.

»Zur Arbeit«, blaffte sie über die Schulter zurück.

Tony sagte noch etwas, aber sie hatte bereits die Tür hinter sich zugeknallt. Während sie die Betonstufen des Haustürpodests hinunterstapfte, kamen ihr die letzten Worte in den Sinn, die ihr Mann am Grabe der Mutter geflüstert hatte. *Ti amo, Mama. Perdonami.*

Was gab es für Tony wohl zu verzeihen?

Der 15-minütige Weg zur Redaktion reichte nicht aus, um Olivias Zorn auf ihren Mann verrauchen zu lassen. Als sie ihre Handtasche neben den Schreibtisch knallte, brodelte es immer noch in ihr. Einige Kolleginnen und Kollegen kamen an ihrer Arbeitsnische vorbei, um zu kondolieren, und etliche waren verwundert darüber, dass sie so schnell schon wieder in der Redaktion erschien.

Als Letzter erschien Andy Kodaly, von seinem kurzärmeligen Baumwollhemd waren die obersten zwei Knöpfe offen, wodurch ein großes, am Halsansatz befindliches Muttermal sichtbar wurde. Mit seinen Umrissen erinnerte der dunkle Fleck Olivia an die Landkarte von Australien.

»Danke für deine Mithilfe beim Sargtragen«, bemerkte sie, bestrebt, ihm nicht auf den Leberfleck zu starren. »Das hat Tony viel bedeutet.«

Für eine viel zu lange Zeit sagte Andy kein Wort, sondern fixierte sie nur mit einem Blick, bei dem man glatt Lust auf eine Dusche bekommen konnte.

»Also dann ... hab 'ne Menge zu tun ...«

»Klar, versteht sich«, bekundete Kodaly leise und ohne mit der Wimper zu zucken. »Bist ja an 'ner Riesengeschichte dran. An meiner. Andererseits – ich kann eben keinen Onkel vorweisen, der die Ermittlungen im Zyanidmordfall leitet. Pech gehabt, selber schuld.«

Als Andy längst weg war, stand Olivia immer noch mit offenem Munde da. Für sie gab's kaum etwas Frustrierenderes als eine verpasste Gelegenheit, auf Vorwürfe verbal zurückzuschießen. Jetzt allerdings fragte sie sich, ob's nicht besser gewesen wäre, Kodaly hinterherzurennen und ihm mit Anlauf in den khakibekleideten Hintern zu treten. Mit etwas Glück würde er eventuell in einer der Recyclingtonnen landen und mit dem Redaktionsmüll entsorgt werden.

Im Laufe der Jahre waren ihr etliche Zeitgenossen vom Schlage eines Andy Kodaly über den Weg gelaufen, männliche wie auch weibliche. Andys Einstellung manifestierte sich in Männerbekanntschaften, bei denen es beim ersten Date blieb, und in verunsicherten Frauen, denen Olivia zu stark und zu selbstbewusst auftrat, nicht wie der nette, formbare

Typ, den sie sich fürs Leben wünschten. Oftmals begegneten ihr die Menschen gleichsam en passant, auf dem Wege zu jemand anderem, und nun, an ihrem Arbeitsplatz, ging es ihr wieder so. Tony hatte es einmal folgendermaßen auf einen Nenner gebracht: »Eine Hälfte der Leute, die du kennenlernst, ist eingeschüchtert, die andere eifersüchtig. So oder so, beide Seiten werden dich nicht mit offenen Armen aufnehmen.«

Stimmte genau. Und Kodaly war leicht zu durchschauen. Dennoch wär's ihr lieber gewesen, sie hätte ihn davon überzeugen können, dass sie die Zyanid-Story deshalb an Land gezogen hatte, weil der Chef ihr journalistisches Können anerkannte. Geglaubt hätte er's ihr vermutlich sowieso nicht.

Mittlerweile hockte er wieder in seinem Kabuff, ordnete Aktenstapel und übte sich mit zusammengeknüllten Blättern im Papierkorbwerfen. Auch Olivia war sauer, nicht etwa auf Andy, denn der kratzte sie nicht, sondern auf Tony, der ihr keineswegs gleichgültig war.

Sie versuchte, sich das Verhalten ihres Mannes logisch zu erklären. Er war verbittert und nahm es seiner Mutter übel, dass sie ihn durch ihre Knauserigkeit in exorbitant hohe Schulden getrieben hatte. Er gab ihr auch die Schuld an den Gewichtsproblemen, mit denen er sich nach wie vor herumschlagen musste. Wie dem auch sei, Mama Angela war seine Mutter, also plagte er sich wahrscheinlich auch mit Gewissensbissen: Gräben, die nie zugeworfen, Worte der Versöhnung, die nie gesprochen wurden. Nun war es zu spät. Weil kein anderer Blitzableiter zur Verfügung stand, hatte er seinen Frust an seiner Frau abreagiert. Obwohl durchaus mitfühlend, konnte sie doch nicht vergessen, wie abweisend er sich vorhin verhielt, als sie ihm Trost spenden wollte, und wie er ihr quasi unterstellt hatte, an Mama Angelas Nachtisch manipuliert zu haben. Im Allgemeinen gelang es ihr nicht sonderlich gut, Ärger abzuschütteln, aber sie musste es wohl versuchen. Tony brauchte sie. Da konnte Arbeit nur hilfreich sein.

Was die Berichterstattung über die Zyanidmorde anging, so hatte sie die Absicht, sämtliche Register zu ziehen. Sie erinnerte sich, wie Pete ihr mal von dem ersten offiziellen Fall erzählt hatte, bei dem es um tödliche Manipulationen an Lebensmitteln ging. Chicago, 1982. Tylenol. Sieben Tote, darunter ein zwölfjähriges Mädchen. Den überwiegenden Teil des Nachmittags vertiefte Olivia sich in die Recherche über den Vorgang, der als »Fall Tymurs« in die Kriminalgeschichte eingegangen war.

Der Killer war nie gefasst worden. Weitere Lebensmittelmanipulationen in den nachfolgenden Jahren gaben Anlass zu Spekulationen, wonach der Tylenol-Killer dafür verantwortlich sein sollte. Dass dieser Irre aber nun, 20 Jahre später, die Grenze nach Kanada überschritten haben sollte, um in Pleasant Bay Angst und Schrecken zu verbreiten, das schien Olivia doch ein wenig weit hergeholt. Darüber wollte sie nicht spekulieren.

Nach den Chicagoer Todesfällen fürchtete man aufseiten der Strafverfolgungsbehörden nichts so sehr wie Nachahmungstäter, von denen auch prompt landauf, landab etliche in Erscheinung traten, angefangen mit Säure in Nasentropfen bis hin zu Rattengift in frei verkäuflichen Schmerzmitteln. Im Mai 1983 verabschiedete der Kongress in Washington das sogenannte »Tylenol-Gesetz«, wonach arglistiges Manipulieren an Verbrauchsgütern als ein Delikt galt, bei dem die US-Bundesbehörden die Ermittlungen an sich zogen. Seit dem Tode von Olivias Eltern sicherten die Bürger von Pleasant Bay, insbesondere die Anlieger in der näheren Nachbarschaft, die bei dem damaligen Überfall geschlafen hatten, ihre Haustüren mit Doppelriegeln. Doch gegen einen Verbrecher, der sich unerkannt unter ihnen bewegte und ihre Lebensmittel vergiftete, bot selbst ein Riesenaufgebot an Sicherheitsschlössern, zähnefletschenden Wachhunden und diversen kostspieligen Alarmanlagen keinen Schutz. Eine solche Tat erforderte keine besondere Raffinesse, bloß ein paar verstohlene Handgriffe und geschickte Finger. Das Ergebnis war nicht weniger tödlich. Die große Frage lautete: Wozu das alles?

Olivia konnte diesen Ansatzpunkt als Aufhänger für ihre Story benutzen, indem sie etwa Psychiater interviewte oder ihre Kontakte zur Royal Canadian Mounted Police, der kanadischen Bundespolizei, spielen ließ. So erhielt man womöglich ein fundiertes Täterprofil eines Massenmörders und seiner Motive. Ließ sich der Täter von Wut auf die Gesellschaft leiten? Waren seine Taten eine Art Botschaft, deren Bedeutung sich erst bei seiner Verhaftung erschließen würde? Oder war das Ganze nichts weiter als ein Verbrechen aus Nervenkitzel, ein todbringendes Strategiespiel, um auszuloten, was er sich ungestraft erlauben konnte?

Nein. Ausgeschlossen. Jemand, der Menschenleben derart kaltschnäuzig missachtete, konnte unmöglich unerkannt hier in der Gegend leben, nicht in Pleasant Bay, und auch nicht in den kleinen Orten rund um den See. Seine Andersartigkeit wäre längst Gegenstand verstohlener Flüsterpropaganda, und die Alteingesessenen hätten wieder einmal bekümmert die Köpfe gewiegt und gefragt, was bloß aus den altehrwürdigen Tugenden geworden sei. Wahrscheinlich wäre er einschlägig vorbestraft – Erregung öffentlichen Ärgernisses vielleicht, Einbruch und Diebstahl. Onkel Pete und seine Kollegen von der Bezirkspolizeibehörde, die kannten ihre Pappenheimer. Und genau wegen eines solchen Galgenvogels würde man nachts vorsichtshalber die Tür verrammeln.

Einer wie Johnny Stasiuk, so einer konnte es sein.

## 15. KAPITEL

Den Zyanid-Killer packen sie nie! So wurde hinter vorgehaltener Hand getuschelt, sowohl in der Stadt als auch im Besprechungsraum des Polizeireviers. Der Täter war zu raffiniert, zu akribisch, zu gut organisiert. Wie damals sein Vorgänger in Chicago würde auch dieser Halunke seine giftige Handschrift in Pleasant Bay hinterlassen. Freilich, die zuständigen Behörden würden zwar sachdienlichen Hinweisen nachgehen, sich dabei aber in endlosen Sackgassen verlieren, bis die Spur erkaltet und der Mörder über alle Berge war. Solche oder ähnliche Flüsterparolen drangen auch jetzt an Petes Ohr, während er sich quer durch den Raum nach vorn begab. Trotz alledem musste er sein Team dazu motivieren, jeden Stein einzeln umzudrehen, und zwar so viele wie möglich. Dann hieß es abwarten, was dabei zum Vorschein kam.

Er richtete den Blick auf die versammelte Truppe, und das Gemurmel erstarb. »Denkt mal darüber nach, warum ihr in den Polizeidienst eingetreten seid«, hob er an. »Vielleicht aus dem Glauben heraus, ihr könntet die Welt retten oder zumindest ein Stückchen davon. Eventuell dachtet ihr, so 'ne Uniform würde euch prima stehen. Womöglich tragt ihr die nur, weil die so schneidig aussieht.«

Verhaltenes Lachen und Rippenstoßen. Irgendjemand brummte: »Das wüsste ich aber!«

»Kann ja auch sein, dass ihr den Job bloß angenommen habt, weil sich damit ganz passabel leben lässt. Früh in Rente, ansehnliche Pension. Egal, was für Gründe euch hergeführt haben ...« Er legte eine Kunstpause ein, wobei er bewusst Blickkontakt mit den Polizisten suchte, die sämtliche Stuhlreihen des Raumes in Beschlag genommen hatten. »... und im Grunde sind sie mir auch egal. Aber ihr wisst bestimmt noch, dass ihr euch damals beraten ließet über diesen Beruf. Von einem Mentor. Von jemandem, der schon lange dabei ist. Und jetzt Hand hoch, damit wir mal sehen, wie viele von den alten Hasen euch damals vorgeflunkert haben, der sei ein Kinderspiel, der Job.«

Was er sah, waren betretene Blicke, verlegene Mienen und bei einem Angehörigen seines Teams Zorn. Keine einzige Hand ging hoch. »Also«, fuhr er fort, »ihr habt gewusst, dass euch auch schwarze Tage bevorstehen. Und da schmeißt ihr jetzt schon die Flinte ins Korn?«

»Wir haben doch weniger als nichts in der Hand, Sir.« Ein Einwand von Ben Malloy, einem notorischen Querulanten. »Wir haben sämtliche Fotografen in der Gegend abgeklappert, angestellte und Freiberufler ...«

Pete ließ ihm zwar die Gelegenheit, seinem Frust Luft zu machen, stellte die Ohren indes auf Durchzug. Er hatte sein Team dahingehend belehrt, dass Zyanid vereinzelt noch in der Fotobranche verwendet wurde, obgleich es inzwischen durch einen ungefährlicheren Bäderansatz namens Farmerscher Abschwächer ersetzt worden war. Er hatte seine Ermittler zu Fotostudios geschickt und ferner zu allen Hobbyfotografen, die über eigene Dunkelkammern verfügten – bei einer Menge von über 50 wahrlich kein Zuckerschlecken. Keiner besaß Zyanid. Vereinzelt setzten Straßenmeistereien noch ein Konzentrat aus Zyanidsalzen als Taumittel bei Glatteis ein. Gottlob gehörten die Stadtverwaltungen in Petes Bezirk nicht dazu. In dieser Richtung brauchte man folglich nicht weiterzuermitteln.

Als Malloy Luft holte, nutzte Pete die Gelegenheit zu einer taktischen Unterbrechung. »Ich weiß wohl, dass dies starker Tobak ist. Es geht nicht um 'nen durchgeknallten Amokläufer, der wahllos auf 'nem vollen Kinderspielplatz herumballert und nach dem Massaker die Waffe gegen sich selber richtet. Fall in fünf Minuten erledigt. So schnell verschwindet unser Killer nicht. Der Begriff von unserem Freund Kodaly passt mir zwar nicht, aber hier handelt es sich echt um Terrorismus, genau genommen um einheimischen, und unsere Bürger brauchen Zuversicht. Entsinnt ihr euch an die Psychose wegen der Milzbrandanschläge?«

Pete erinnerte seine Truppe an die Furcht vor Terroranschlägen mit biologischen Kampfstoffen, die nach dem Angriff auf das World Trade Center in ganz Nordamerika grassierte. Damals hatte man Warnhinweise verbreitet, wie man verdächtige Postsendungen erkannte und wie man sich verhalten sollte, falls etwa eine Postlieferung merkwürdig geformt oder übermäßig verklebt war, keine Absenderadresse enthielt oder pulverige Substanzen auf der Verpackung aufwies. »So furchterregend und ernst das auch war – damals konnte man immerhin Vorsichtsmaßnahmen treffen. Man konnte die Fühler sensibilisieren und sich auf denkbare Gefahren einstellen. Falls in Pleasant Bay ein Serienkiller sein Unwesen triebe, könnten wir die Bevölkerung aufrufen, nie ohne Begleitung spazieren zu gehen, keine Anhalter im Auto mitzunehmen – kurz und gut, keine Angriffsfläche zu bieten. Aber der Täter, mit dem wir's hier zu tun haben, der kann überall und zu jeder Zeit zuschlagen, kann alle möglichen Lebensmittel benutzen, und wir haben keine Handhabe, um die Bürger vor ihm zu beschützen. Selbst wenn wir noch so oft durch die Straßen fahren und beschwörende Lautsprecherdurchsagen machen – das hilft alles nix.«

»Aber Sie sagten, die Bürger bräuchten Zuversicht. Wie sollen wir die vermitteln, wenn wir nicht für Sicherheit sorgen können?« Die Frage stammte von Sergeantin Sally Ride, die sich im Laufe ihrer Zeit bei der Polizei schon so manchen zweideutigen Witz hatte gefallen lassen müssen.

»Indem wir das Naheliegende tun. Indem wir den Killer fassen. Indem wir Flagge zeigen. Indem wir die Ängste der Menschen ernst nehmen.«

»Leichter gesagt als getan, Sir.« Wieder Sally. »Was ist mit den vielen, die sich vor der Notaufnahme der Krankenhäuser drängen und vorgeben, sie wären vergiftet? Und mit denen, die Tag und Nacht im Revier anrufen und wissen wollen, ob wir den Kerl schon geschnappt haben?«

»Die sind verängstigt«, stellte Pete fest. »So wie wir anderen auch. Und eine diffuse Angst ist am schwierigsten zu ertragen. Sarkasmus oder Wutanfälle helfen nicht weiter. Wir brauchen das Vertrauen der Menschen, und deshalb müssen wir ihnen versichern, dass wir unser Menschenmöglichstes tun, um ihre Sicherheit zu garantieren. Also nehmen wir jeden Anruf ernst. Und einen Mörder fassen wir, indem wir uns ein Bild machen von der Person, nach der wir fahnden. Aus diesem Grunde werfen wir jetzt mal einen Blick auf das Täterprofil eines Massenmörders, wie es uns von der Bundespolizeibehörde zur Verfügung gestellt wurde.«

Pete vernahm ein Ächzen, wahrscheinlich von Malloy, und musste sich selbst ein Seufzen verkneifen. Von den so genannten Profilern, professionellen Fallanalytikern also, hielt er nicht viel, und wieso die so umstritten waren, lag für ihn auf der Hand. Nach Ansicht von zahlreichen Kollegen gab es bei einer Ermittlung oft nichts Abwegigeres als eine von Profilern erstellte Täteranalyse. Die führte oft völlig in die Irre, besonders in Fällen wie dem vorliegenden, bei dem die Opferauswahl beliebig war und jegliche Beweismittel fehlten. Dennoch versuchte Pete, sein Team zu überzeugen, dass diesmal ein Täterprofil ein nützliches Werkzeug sein könnte, mit dem man Schwerpunkte setzen und die Auswahl an Verdächtigen einschränken konnte.

»Und wenn's die Auswahl falsch einschränkt?« Die Ride hatte ihre Hausaufgaben gemacht, die nächste Sprosse ihrer Beförderungsleiter schon fest im Visier. »Wie genau so ein Profil ist, stellt sich doch erst heraus, wenn der Täter gefasst ist. Wenn er nicht durch das Raster fällt.«

»Stimmt, Sergeant. Aber ich muss Sie wahrscheinlich nicht daran erinnern, dass wir nicht viel mehr vorzuweisen haben. Also halten wir uns an die Fallanalyse.« Pete legte die Videokassette ein und drückte die Starttaste, wobei ihm die Körpersprache seiner Kollegen auffiel. Die Eifrigen setzten sich kerzengerade hin, die Abgestumpften schlafften ab, die Streber, die auf die nächste Beförderung schielten, zückten die Stifte.

Auf dem Monitor setzte die Profilerin Sue Green zu ihrem Vortrag an.

»›Heute ist ein schlechter Tag für den Handel, und gleich kommt's knüppelhageldick.‹ Diese Worte stammen von dem 44-jährigen Mark Barton und fielen nur wenige Sekunden, bevor er das Feuer eröffnete und systematisch auf alle schoss, die sich um ihn herum in den Räumen der Momentum Securities Investmentbank im Piedmont Center von Atlanta aufhielten. Vier Menschen kamen ums Leben. Barton gelangte unbemerkt an der Polizei vorbei, überquerte die Straße und betrat eine zweite Bank, wo er nochmals versuchte, auf alles zu feuern, was ihm vor den Lauf kam. Seine Bemerkung dabei: ›Ich hoffe, das verdirbt Ihnen nicht das Geschäft.‹ Wie sich später herausstellte, hatte Barton bereits seine Frau und seine zwei Kinder umgebracht.

Wie viele Massenmörder befand sich auch Barton zum Tatzeitpunkt in einer Pechsträhne, einer Abwärtsspirale, aus der er keinen Ausweg sah. Viele fühlen sich schlecht behandelt von Angehörigen, Freunden, der Gesellschaft an sich, und sind auf Vergeltung aus. Oft handelt es sich um zu kurz Gekommene mit beruflichen oder gesellschaftlichen Ansprüchen, die sich nie erfüllt haben. Statt die Schuld sowie die Lösung des Problems bei sich zu suchen, gehen sie lieber den bequemen Weg, indem sie die Verantwortung auf die Allgemeinheit schieben und Rache schwören. In einem Sozialsystem, in dem Erfolg mit Geld gleichgesetzt wird, hält der Mörder sich für minderwertig und projiziert seine Rachgier auf die vermeintlich Erfolgreichen.

Eventuell befand sich der Täter in der Vergangenheit in psychotherapeutischer Behandlung, etwa infolge von Depression, Aggression oder Angstattacken. Bei den Stressfaktoren, die den Massenmörder zu seinen Taten treiben, kann es sich um eine bevorstehende Scheidung handeln, um den Verlust des Sorge- oder Erziehungsrechts oder des Arbeitsplatzes.«

Die Fallanalytikerin fuhr fort, indem sie detailliert Völkermorde in Kambodscha, Ruanda und im Kosovo darstellte. Anschließend theoretisierte sie über Fremdenhass sowie über das Streben eines Massenmörders nach gesellschaftlicher Dominanz. Pete sah, wie etliche seiner Leute die Stifte weglegten. Weiterhin beschrieb die Green die Unterschiede zwischen drei Tätertypen: Massenmörder, Serienkiller und

Amokläufer. Im Gegensatz zu Serienmördern wie Gacy, Gein und Bundy, die zu Hollywoodehren gelangten, versanken die Massenmörder nach Darstellung von Sue Green meist relativ rasch in der Anonymität. McVeigh, Charles Whitman oder Richard Speck stellten lediglich Ausnahmen dar. Von einem Mark Barton hatten die meisten Leute nie gehört, ebenso wenig wie von Sylvia Seegrist, die, wie die Profilerin ironisch anmerkte, einen schlechten Tag im Einkaufszentrum erwischt hatte und letztendlich acht Unbeteiligte verletzte sowie zwei tötete. Als Grund für ihren Amoklauf gab sie an, ihre Familie »mache sie nervös«. Sogar der Name von Marc Lepin, dem Verursacher des sogenannten Montreal-Massakers, sagte der Öffentlichkeit nicht sonderlich viel.

Als das Band zu Ende war, ließ Pete mit einem kurzen Wink das Licht wieder einschalten. »So. Alles recht allgemein, weiß ich. Aber Folgendes sollten wir uns merken. Wir alle.« Er richtete den Blick auf Malloy, der sich abgesehen von seinen Meckereien auch gern reden hörte. »Es besteht eine unmittelbare Wechselwirkung zwischen einer Zunahme von Nachahmungstaten und umfassender Medienberichterstattung. Was wir auf keinen Fall gebrauchen können, sind Heerscharen von geklonten Zyanidkillern, die überall wie Pilze aus dem Boden schießen. Soll heißen: Welche Hinweise an die Presse gehen, entscheide ich! Ihr anderen haltet euch bedeckt.«

Malloy ließ den Kopf nach vorn sacken.

»Gleich heute früh kam die Meldung rein, wonach das Zyanid, mit dem die Gäste im Donovan's umgebracht wurden, in eine Flasche in der Restaurantküche eingefüllt wurde. Das bedeutet, dass wir uns Donovan Marshalls Personal nochmals vorknöpfen, und zwar besonders gründlich. Jeden, der irgendwie seine Nase in die Küche gesteckt hat – Köche, Lieferanten, Barkeeper oder auch Gäste, die zur Toilette wollten und scheinbar aus Versehen in die Küche gelangen konnten. Marshall ist ein erfolgreicher Mann. Der muss sich zwangsläufig den einen oder anderen zum Feind gemacht haben. Stöbert die auf!«

Pete musterte die Mienen seiner Beamten. Sie wirkten abgekämpft, wenn nicht gar angeödet. Schließlich waren die Befragungen bereits alle durchgeführt worden, und ein derart abgegrastes Feld löst nun einmal keine Jubelschreie aus.

»Und bleibt unvoreingenommen!«, befahl er mahnend. »Jedem Anhaltspunkt folgen! Behandelt jeden Anruf wie den entscheidenden Hinweis, als der er sich eventuell entpuppen könnte. Mit sauberer, gründlicher Polizeiarbeit kriegen wir den Mistkerl. Oder das Miststück.«

Ungläubiges Raunen wallte auf. Pete hob die Hand. »Ich muss euch wohl nicht daran erinnern, dass Gift traditionell die typische Frauenwaffe ist. Als ich sagte, ihr solltet objektiv bleiben, da meinte ich das auch so. Jetzt macht euch auf die Socken, und setzt euren Grips ein.«

Eine zweite Woge erregter Stimmen brandete durch den Saal. Dann standen die Beamten auf und begaben sich auf die Jagd nach Hinweisen, die es nicht gab.

An der Universität im nahegelegenen Bryce Beach lagerten Zyanidvorräte in den Labors der ingenieurwissenschaftlichen Fakultät. In einem Forschungsprojekt untersuchten Studenten von Professor Marc Renaud gerade die Umweltrisiken der Goldgewinnung im Übertageabbau mittels Zyanidlaugung. Pete kannte Renaud, einen umgänglichen Mittvierziger mit einem gewissen kontinentalfranzösischen Charme, der besonders bei den Studentinnen Wirkung zeigte. Er hatte sich vorgenommen, Renaud persönlich zu befragen, sich Einzelheiten seiner Forschung erklären zu lassen und zu überprüfen, ob etwa Zyanid aus dem Inventar des Laboratoriums abhandengekommen war.

Er wollte versuchen dahinterzukommen, woher das Zyanid stammte. Schlug dieses Bemühen fehl, dann, so wusste Pete jetzt schon, würde die Moral seiner Truppe schlagartig fallen wie Felsbrocken in eine Schlucht. Seine Leute schüttelten sowieso bereits die Köpfe angesichts der Vergeblichkeit aller herkömmlichen Ermittlungsmethoden. Zum gegenwärtigen Zeitpunkt erschienen die Morde beliebig und ohne Motiv. Nach welchen Verdächtigen sollte man da also suchen? Viel einfacher wäre es gewesen, wenn sich herausgestellt hätte, dass es sich bei den Manipulationen – wie schon von Olivia angedeutet – um eine Art von Vendetta handelte, um Rachemorde der Mafia, gerichtet entweder gegen die Familie Ciccone, von deren lockerer Verbindung mit dem organisierten Verbrechen man ohnehin tuschelte, oder gegen Donovan Marshall selbst. Zumindest hätte das den Täterkreis eingeschränkt.

Olivias erster Artikel über den Zyanid-Killer war vortags in der Abendausgabe des *Sentinel* erschienen, zu Petes Erleichterung unaufgeregt, objektiv und sorgfältig recherchiert, frei von der früheren Hysterie eines Andy Kodaly. Kein Wort darüber, dass der Täter nicht richtig ticke, keine Anspielung auf Terroranschläge oder einen Großangriff auf die Gesellschaft.

*»Ein Beamter der Royal Canadian Mounted Police, der ungenannt bleiben möchte, hat ein Täterprofil des Mörders erstellt. Statistisch gesehen, müsste es sich um einen Weißen mittleren Alters handeln, der sich möglicherweise schon einmal einer psychiatrischen*

*Therapie unterzogen hat. Wut, sein primäres Motiv, treibt ihn dazu, unterschiedslos zu töten. Seine Ausfälle beruhen vermutlich auf Problemen im häuslichen Bereich oder am Arbeitsplatz oder auf anderen Ereignissen aus jüngster Zeit, die eventuell zu seinem Minderwertigkeitsgefühl beigetragen haben.*

*Hinzu können Alkoholprobleme oder gewalttätige Stimmungsschwankungen kommen. Übermannt von einem Gefühl der Ablehnung, neigt der Täter dazu, blindlings um sich zu schlagen. Möglich sind auch wiederholte Anfälle von tiefer Depression, die sich in vernachlässigter Körperpflege, Appetitschwankungen und Zurückziehen aus der Öffentlichkeit manifestieren.«*

Außerdem enthielt der Artikel ein Zitat von Pete. »*Ganz gleich, wie groß das Aufgebot an Dienststunden und Personal auch sein mag: Wir werden den Kerl fassen.*« Pluspunkte für das Wiederherstellen der öffentlichen Zuversicht. Die Bemerkung sollte den Killer verunsichern und ihm suggerieren, dass die Polizei ein nicht zu unterschätzender Gegner war. Nicht zuletzt auch um ihn einzuschüchtern, schloss der Artikel mit dem Aufruf: »*Irgendjemand hat bestimmt etwas gesehen: Jeder, der sachdienliche Hinweise geben kann oder dem etwas Verdächtiges aufgefallen ist, egal, wie banal es erscheinen mag, sollte unter der folgenden Telefonnummer anrufen …*« Sie sei, so hatte Olivia ihrem Onkel versichert, fest davon überzeugt, dass der Täter nervös sein müsse. Hoffentlich so nervös, dass er sich Schnitzer erlaubte.

Pete hatte eigens eine Hotline einrichten lassen und potenziellen Anrufern versichert, es gebe keine Anruferkennung, kein Zurückverfolgen des Anrufs, keinerlei Möglichkeit der Identifikation. Bislang fielen die heißen Spuren bestenfalls lauwarm aus.

Da die Mehrfachmorde von den einzelnen Opfern ablenkten, sah Olivia es als ihre Aufgabe an, den Toten wieder ein menschliches Gesicht zu geben, indem sie für jeden Einzelnen eine halbseitige Biografie ihrem Artikel hinzufügte, was Pete ihr hoch anrechnete. Sie stellte den Anstreicher Rolf Metzger vor, eines der ersten Opfer. Es war ein besonders ergreifender Bericht, in dem haarklein Metzgers bescheidene Anfänge in Deutschland geschildert wurden, seine Übersiedelung nach Kanada, seine glückliche Ehe mit seiner Frau Anke und schließlich sein Durchbruch als einer von Kanadas führenden Spezialisten für dekorative Fassadenanstriche und Imitationsmalerei. Ein beigefügtes Foto zeigte Metzger beim kunstvollen Renovieren der Fassade eines der prachtvollen alten Palais in Sankt Petersburg. Wer den Artikel las, musste den Mann einfach mögen. Man konnte gar nicht anders.

Als Olivia zur Abendbrotzeit zur Haustür hereinkam, stand Pete sogleich auf und empfing sie voll des Lobes. »Du bist echt 'n Profi, Kleines. Machst alles genau richtig.«

Obwohl sie ziemlich geschafft wirkte, blitzte doch so etwas wie Freude in ihren Augen auf. »Danke. Tony, hast du den Artikel auch gelesen?«

Tony fläzte sich auf der Couch. Er beachtete seine Frau kaum, sondern griff nach der Fernbedienung und stellte den Fernseher lauter.

Pete fing Olivias Blick auf und merkte, dass ihre Geduld auf eine harte Probe gestellt wurde. Das Mädchen gab sich alle erdenkliche Mühe, Tony zu trösten, aber der sperrte sie glattweg aus seiner Gefühlswelt aus. Das tat er im Übrigen mit jedem, genauer gesagt mit allen, die je mal ein böses Wort über seine Mutter gesagt hatten, an sich ein beträchtlicher

Teil der Bevölkerung. Pete beschloss, ihm noch eine Woche Schonfrist einzuräumen. Vielleicht wachte er ja aus seiner Lethargie auf, sobald er wieder den Dienst im Krankenhaus antrat und sich auf seine Patienten konzentrieren musste. Falls die Rückkehr in seinen alten Trott nichts half, würde er ihm, so Petes Vorsatz, gewaltig die Leviten lesen und ihm sagen, er solle sich gefälligst zusammenreißen.

»Tante Lorraine noch nicht zu Hause?«

Pete schüttelte den Kopf. »Hat 'ne Nachricht auf dem Anrufbeantworter hinterlassen. Sie bleibt noch 'ne Weile in der Uni und räumt noch ihren Schreibtisch auf. Hab zwar versucht, es ihr auszureden, aber du kennst sie ja.«

Lorraine liebte ihren Beruf ebenso wie Pete den seinen, vielleicht sogar mehr. Angesichts des von ihren Eltern ererbten Geldes hatte sie eigentlich ausgesorgt, aber sich aufs Altenteil zurückziehen wollte sie nicht, und sie bestand auch darauf, dass Pete noch mit der Pensionierung wartete. Es halte sie am Leben, bemerkte sie oft, und außerdem würden sie der Gesellschaft einen Beitrag leisten. Überdies habe es Pete Mühe genug gekostet, überhaupt den Polizistenberuf zu ergreifen, und Lorraine selbst wollte auf keinen Fall zu einer jener gesundheitsbesessenen Schickeria-Schnepfen werden, zu einer Quotenfrau im Vorstand irgendwelcher überkandidelter Initiativen zur Rettung seltener Orchideen oder ähnlichem Unsinn. Ihre Erbschaft, grundsolide angelegt und ständig wachsend, sollte einmal ihrer beider Pension aufpeppen, ein beträchtlicher Notgroschen, den sie nach ihrer Trauminsel als ihr »Mustique-Money« bezeichneten, hatten sie doch die Absicht, das Geld eines Tages für eine sonnenüberflutete Villa auf dieser karibischen Insel auf den Kopf zu hauen, für ein Zweierkajak und eine Taucherausrüstung. Das war ihr gemeinsamer Traum, ein Traum, in den sie sich flüchteten, wenn einer von beiden mal einen richtig schlechten Tag erwischte.

Im zurückliegenden Jahr indes hatten sich gemeinsame Gespräche über den Arbeitstag zumeist auf flüchtige Bemerkungen beim abendlichen Zähneputzen reduziert. Pete konnte sich nicht erinnern, wann sie das letzte Mal über Mustique oder eine andere Urlaubsinsel gesprochen hatten. Lorraines Leben drehte sich um die Universität, und er selbst war ... nun ja, Polizist eben. Dienstliche Dinge diskutierte er mit Kollegen.

»Die reißt ja vielleicht Stunden ab«, murmelte Olivia. Als Professorin für Psychologie an der Bryce Beach University hatte Lorraine nun zum Ende des Sommersemesters reichlich zu tun. »Toll, mit welchem Engagement sie sich reinhängt. Du bist sicher sehr stolz auf sie.«

»Das schon, aber ich finde, sie übernimmt sich.«

»Da magst du recht haben. Tante Lorraine versucht wirklich immer, es allen recht zu machen.«

»Bis zum Exzess«, brummte Pete. »Erinnerst du dich an diesen Studiosus aus dem vorigen Semester, der sich in sie verknallt hatte? Hab ich dir doch erzählt.«

Olivia nickte. Sie und Tony hatten versprechen müssen, das Thema keinesfalls in Lorraines Gegenwart zu erwähnen. Mit seiner beharrlichen Schwärmerei hatte der junge Mann ihrer Tante mächtig zugesetzt: Anrufe im Büro, zahllose Besuche nach Unterrichtsveranstaltungen und dermaßen viele »zufällige« Begegnungen auf dem Campus, dass die beim besten Willen nicht mehr unabsichtlich sein konnten. Nach einiger Zeit kapierte der Jungakademiker wohl, dass seine Gefühle nicht erwidert wurden, und wechselte die Fakultät.

»Ich weiß noch, wie häufig du damals auf dem Unigelände nach dem Rechten gesehen hast.«

Pete wollte gerade etwas hinzufügen, als sich Tony meldete. »He, ihr zwei, könnt ihr vielleicht 'n Tick leiser reden? Ich will das hier sehen!«

Auf dem Fernsehschirm kabbelte sich ein Hauseigentümer mit seiner Nachbarin, weil sein Hund offenbar des Öfteren seine Notdurft in ihren winterharten Staudenbeeten verrichtete. Für einen Augenblick verfolgte Pete, wie Größe und Geruch des Häufleins gebührend beschrieben wurde. Dann gab er Olivia einen Wink und verließ leise mit ihr das Wohnzimmer.

Sobald sie außer Hörweite waren, sagte Olivia: »Onkel Pete, wie kommt das bloß? Da bin ich fünf Jahre mit Tony verheiratet, und plötzlich habe ich das Gefühl, als sei er mir völlig fremd.«

Pete legte seiner Nichte den Arm um die Schulter und drückte sie kurz an sich. »Der wird schon wieder vernünftig. Warte es ab.«

»Und wenn nicht?«

Pete nickte düster. »Dann wirst du wohl akzeptieren müssen, dass Menschen sich manchmal ändern. Dagegen ist kein Kraut gewachsen.«

## 16. KAPITEL

Ulli Alphabet war Barkeeper in einem der weniger schicken Imbiss-Restaurants in Pleasant Bay. Als Pete ihn erblickte, mixte er gerade blaue Martinis für ein Grüppchen von Damen, die sich vermutlich speziell aufgebrezelt hatten, um an einem Freitagabend nicht allein nach Hause gehen zu müssen. Ullis eigentlichen Nachnamen konnte keiner aussprechen, denn bei dreizehn Buchstaben enthielt er nur drei Vokale, weswegen Donovan Marshall kurzerhand das »Alphabet« als Hilfstitel angehängt hatte, zum einen aus Bequemlichkeit, zum anderen aber auch, so Petes Vermutung, weil er sich wieder einmal über jemanden lustig machen wollte, der keine angelsächsischen Wurzeln hatte.

Pete trat an die Theke, an der die meisten Barhocker noch unbesetzt waren, und suchte sich einen am äußersten linken Ende, außer Hörweite anderer Gäste. Er winkte den in einer Ausgabe des *Beowulf* schmökernden Ulli zu sich, stellte sich vor und genehmigte sich ein Sodawasser mit Limonensaft.

»Was kann für Sie ich tun, Detective?«

Ullis verdrehtem Umgangsenglisch zum Trotz hörte Pete den Hauch eines Akzents heraus – osteuropäisch, offenbar slawisch. Von der Physiognomie her bot Ulli einen interessanten Anblick, als wäre er eine Gattung für sich: von buschigen Brauen überschattete, weit auseinanderstehende Augen, volle, fleischige Lippen, aschblondes Haar mit tiefen Fingerwellen. Seine Gesichtshaut war von zu viel Sonne gerötet, sodass sie vermutlich in einigen Jahren wie sprödes Leder wirken würde. Gut entwickelte Muskeln spannten sein rotes T-Shirt. Obwohl keines dieser Charakteristika für sich genommen auf eine Zukunft als männliches Model hingedeutet hätte, verliehen sie ihm im Ganzen doch etwas Schlitzohriges, Faszinierendes, das zumindest bei einer aus dem kichernden Damenquartett auf Gegenliebe zu stoßen schien. Schüchtern nickte er zu den vieren hinüber.

»Sie waren doch früher mal Barkeeper im Donovan's, stimmt's, Mr. Prz...«

»Nennen Sie mich Ulli. Ja. Vor halben Jahr etwa.«

»Und jetzt arbeiten Sie also hier.« Pete ließ den Blick über zerbeulte, verrostete Autokennzeichen schweifen, über Radkappen, Verkehrsschilder und anderen Auto-Klimbim. Das Lokal mit dem bezeichnenden Namen Route 66 war einige Sterne tiefer angesiedelt als das von Donovan. »Trinkgelder nicht so üppig, würde ich annehmen.«

»Ungefähr halb so«, gestand Ulli, wobei seine Stimme einen Tick schärfer wurde.

»Ergo lautet die logische Frage: Warum sind Sie hierhergewechselt?«

Im Grunde wusste er die Antwort schon. Marshall hatte Ulli gefeuert, weil der angeblich mehr einsackte als seine Trinkgelder. An mauen Abenden stellte Ulli, sobald Donovan verschwunden war, eine zusätzliche Registrierkasse auf, verbuchte etliche Umsätze und strich das Bare selbst ein. Beweise konnte Marshall nicht vorlegen, sonst hätte er Ulli längst angezeigt. Vor acht Monaten jedoch fiel ihm auf, dass Ulli gemessen an seinem Salär als Barkeeper doch ein wenig zu sehr auf großem Fuß lebte, egal, wie hoch die Trinkgelder auch ausfallen mochten. So hatte er sich einen nagelneuen

Mazda MX-5 Roadster mit allen Schikanen zugelegt und stolzierte plötzlich in Designerklamotten durch die Gegend. Nunmehr war Pete gespannt auf Ullis Version der Geschichte.

»Hat mich rausgeschmissen, Detective. Zack, ratzfatz, ohne Abmahnung.«

»Wird wohl seine Gründe gehabt haben.«

Ulli beäugte den Detective scharf. »Aus meiner Sicht war Meinungsverschiedenheit über Arbeitsbedingungen. Aber Sie haben wahrscheinlich schon mit ihm gesprochen. Sagen wir so: Er hat mir vorgeworfen, ich zocke ihn ab.«

Pete quetschte sich einen Schuss Limonensaft in sein Sodawasser und gönnte sich einen ausgiebigen Schluck. Ulli schnappte sich derweil ein Wischtuch und wienerte den Tresen blank. »Muss Ihnen doch ganz schön gestunken haben, so 'nen Bombenjob zu verlieren.«

»Na logo!« Mit dem Daumennagel rubbelte Ulli an einem angepappten Dreckklumpen herum. »Also, sagen Sie schon, worauf Sie hinauswollen.«

Pete zuckte die Achseln. »Wie schon erwähnt – junger Bursche wie Sie, immer *high life* ...« Er blickte herausfordernd zu dem Damenquartett hinüber. »Da kann man gar nicht genug Kohle haben, was?«

»Geld kann jeder gebrauchen, Detective. Insofern ich unterscheide mich nicht von anderen.«

»Und der *Beowulf* da? Was hat der zu bedeuten?«

»Ich studiere noch nebenbei. Anglistik im Hauptfach.«

»Bildung ist heutzutage ein teurer Spaß ...«

»Hab 'nen Nebenjob. Als Aushilfe bei meinem Cousin. Der hat einen Dachdeckerbetrieb. Ich komme hin.«

»Trotzdem müssen Sie doch eine Stinkwut auf Marshall gehabt haben.«

»Worauf Sie wetten können. Was bildet der sich ein, mir so was zu unterstellen?«

Pete fragte sich, wie oft Ulli wohl schon in diesem Laden den Dreh mit der zweiten Kasse abgezogen hatte.

»Mensch, Detective, das ist doch Schnee von gestern. Ist passiert, Schwamm drüber. Was wollen Sie da mit mir?«

»Sie haben bestimmt gehört, was am Freitagabend im Donovan's gelaufen ist?«

»Wer hat das nicht? Und dann ausgerechnet am Freitag den Dreizehnten. Hätte keinem anständigeren Kerl passieren können.« Er fing sich und stellte das Wienern ein. »Also, ist natürlich schrecklich, das mit den Toten. Aber soll ich mich grämen, weil Marshall geschäftlich in Schwierigkeiten gerät?« Kopfschüttelnd schmiss er den Lappen in das hinter ihm liegende Spülbecken. »Der hat doch seine Schäfchen im Trockenen, Detective. So 'n Glück haben die meisten nicht.«

»Da sagen Sie was, Ulli. Marshall ist fein raus.« Er trank sein Glas aus, schob es von sich und winkte ab, als Ulli nachschenken wollte. »Sie hielten sich am Freitagabend nicht zufällig in der Nähe des Lokals auf, hm?«

Für einen Sekundenbruchteil sah es so aus, als würde der Barkeeper ihm jeden Moment eins überziehen. Dann lächelte er, wobei er weiße, ebenmäßige Zähne entblößte. »Ich war den ganzen Abend hier. Hab um eins geschlossen.«

»Und jede Menge Gäste sahen Sie, nehme ich an.«

»Ich musste mir nicht die Hacken ablaufen, aber es war durchweg Betrieb. Also – stimmt, ich habe Zeugen, falls Sie darauf hinauswollen.«

»Und am Abend davor?«

»Dasselbe. Um fünf gekommen, um eins geschlossen. Und

vorher ganzen Tag auf dem Dach malocht. Ein Cottage in Sandy Point.«

»Und nach Lokalschluss sind Sie gleich nach Hause?«

»Nee, ich ... äh, hatte ich noch späte Verabredung. Sehr spät. Falls Sie meine Aussagen überprüfen wollen, Sie brauchen sich bloß umzudrehen. Gucken Sie mal nach hinten, wo die vier Mädels sitzen. Sehen Sie die Naturblonde da?«

## 17. KAPITEL

Völliger Umschwung. Was als relativ simples Vorhaben begann, eskalierte rasch zu einer Entwicklung von exorbitanten Ausmaßen. Ein einzigartiges Ziel, das aber energisches Zupacken erforderte. Die beste Strategie? Dafür zu sorgen, dass das Ziel alles andere als einzigartig wirkte. Ein durchgeknallter Wahnsinniger, ein krankes Hirn, ein auf Massenvernichtung versessener Verrückter – das musste es sein. Wie hätte man es sonst erklären sollen? Während die Polizei nach genau diesem Irren fahndet, genieße ich die Nachwirkungen des Schocks in vollen Zügen.

Durch ihre Berichterstattung in der überregionalen Presse verbreiten die Medien die in Pleasant Bay herrschende Panik im ganzen Land. In der Stadt selbst tobt der blanke Verfolgungswahn: Nachbarn verleumden Nachbarn, Freunde werden zu Feinden. Man schottet sich ab, zieht sich vor aller Welt zurück in seine häusliche Burg, man schrubbt und desinfiziert, als ließe sich die über die Menschen hereingebrochene Pestilenz durch Sterilisieren jeder sichtbaren Oberfläche und jedes Krümels wirksamer bekämpfen. So etwas Absurdes! Welche Ignoranz! Welch ein Spaß!

Faustregel: Je kniffliger und raffinierter die Tat, desto intelligenter der Täter. Versteht sich von selbst.

In höchstem Maße enttäuschend für mich hingegen der Titel: Zyanid-Killer. Wie prosaisch. Der Pöbel weiß sie doch gar nicht zu würdigen, die Feinheiten der Planung, die Akribie, mit der man Ablenkungsmanöver durchführt, Spuren verwischt, den Plan einfädelt, weiterentwickelt und zum Abschluss bringt. Ja, wirklich, Zyanid-Killer ist eine ausgesprochen unwürdige Bezeichnung. Etwas Ansprechenderes muss her, etwas, das weit über die trivialen Vorstellungen schlichter Gemüter hinausgeht.

Hinter geschlossenen Lidern forscht mein Hirn mit Hochdruck nach meinem neuen Namen. Angestrengt durchkämme ich in Gedanken Opern, die Mythologie, die Werke von Shakespeare, verwerfe jedoch einen Jago, einen Valjean und ähnliche literarische Protagonisten des Unheils. Auch die Geschichte erweist sich als unergiebig: Im Laufe der Jahrhunderte waren Massaker zwar weitverbreitet, doch gingen diese Blutbäder nicht etwa auf den Intellekt eines Einzelnen zurück, sondern auf schiere Übermacht. In mir steckt kein Vlad Tepes, kein Pol Pot. Ich brauche keine Heere. Ich bin allein.

Eine Weile geht sie mir auf die Nerven, die geistige Anstrengung, doch dann endlich kommt die Erleuchtung. Ich konzentriere mich, und plötzlich entzündet sich die Vision, lodert ausgelassen auf, hell und rein und wahrhaftig. In stiller Dankbarkeit ziehe ich ehrfurchtsvoll den Hut vor Strawinsky und seinem umstrittenen Ballett *Petruschka*. Diese Marionetten-Tragödie beruht auf der Geschichte von einem grausamen Puppenspieler, dem Gaukler, der seinen drei Gliederpuppen mit seiner Flöte menschliche Emotionen einhaucht.

Man nennt ihn auch den Zauberer. Den Scharlatan. Den Magier. Allesamt angemessene Titel.

Und es gibt noch so manche Fäden zu ziehen.

## 18. KAPITEL

Anke Metzgers musikalisches Talent stand der künstlerischen Ader ihres Mannes in nichts nach, und nach Aussage derer, die sie gekannt hatten, besaß sie das Herz einer Heiligen. Jedes Jahr forschte sie in den Kinderheimen und erkundigte sich in Schulen, bis sie das eine herausragende Kind aufspürte, Jungen oder Mädchen aus armen Verhältnissen, denen sie dann ein Jahr lang kostenlos Klavierunterricht erteilte. Olivias Artikel über das zweite Opfer von Pleasant Bay strotzte von Zeugnissen dieser Kinder. Anke Metzger hatte ihnen etwas sehr Wertvolles geschenkt, das sie ihr Leben lang in Ehren hielten.

»Nur die Guten sterben zuerst, hm?«, sagte Tony. Er faltete die Zeitung zusammen und legte sie neben seinem Sessel auf den Teppich. »Jammerschade. Aber den Artikel hast du gut hingekriegt, Schätzchen.«

Olivia beugte sich zu ihrem Mann hinunter und gab ihm einen Kuss auf die Stirn, dankbar dafür, dass er sich immerhin zu ein paar Sätzen aufgerafft hatte, statt wie in den jüngsten Tagen nur zu grunzen oder mit dem Kopf zu nicken. »Danke sehr! Onkel Pete meint, wenn wir das Leben der Opfer weiter so in den Vordergrund stellen, würde das dem Killer gehörig missfallen.«

»Wollen wir's hoffen.«

»Sag mal, hast du meine Ohrstecker gesehen? Die mit den Perlen?«

»Die ich dir zu Weihnachten geschenkt habe? Nee, wieso?«

»Weil ich sie nicht finden kann. Und du weißt ja, ich verliere nie was.«

Tony reagierte mit übertriebenem Kopfnicken, und Olivia entdeckte den Anflug eines Lächelns. Es stimmte; sie war eine Ordnungsfanatikerin. Im Handumdrehen spürte sie alles auf, wonach sie suchte, oder sie konnte haargenau beschreiben, wo es zu finden war. Tony witzelte oft, sie gäbe eine hervorragende Blinde ab.

»Normalerweise sind die immer hier drin«, bemerkte sie, wobei sie ein Döschen aus Rosenholz hochhielt.

»Weit können sie ja nicht sein.« Tony erhob sich und überprüfte flüchtig das Schlafzimmer. »Die hattest du doch noch an dem Freitag an, als wir ...«

»... im Donovan's essen waren«, vollendete sie hastig. »Ich weiß. Wo sind die also hin, zum Kuckuck?«

Tony klopfte das zerwühlte Bettzeug aus, riss sämtliche Schubladen auf und überflog die Ablagefläche der Kommode. »Die werden schon auftauchen. Im Augenblick können wir uns nicht drum kümmern. In fünfzehn Minuten müssen wir in der Stadt sein.«

Olivia ersetzte die Perlenstifte durch ein Paar kleine Goldreife, strich sich mit den Fingern durch die Frisur und folgte ihrem Mann hinaus zum Auto.

Die Rechtsanwaltskanzlei von Portelli, Rossi und Bates befand sich in unmittelbarer Nähe der Main Street in einem verfallenen Backsteingebäude, dem gerade eine neue Fassade aus gelbem Putz verpasst wurde. Innen bedurfte es dringend einer Generalüberholung; trostlose Büroboxen aus gebeiztem Holz und Türscheiben aus bernsteinfarbenem Blasenglas erinnerten an schlimmste Unsitten aus den 50er-Jahren. Von seinem

Platz hinter einem wuchtigen Metallschreibtisch, der glatt als Luftschutzbunker hätte herhalten können, präsentierte Louis J. Portelli den beiden Neuankömmlingen stolz einen künstlerischen 3-D-Entwurf, der den Bau mit neuem Gesicht zeigte. Geplant waren Fensterläden und eine schwarze Markise, ein paar sommergrüne Gleditschien als Auflockerung und Kontrast sowie ein Firmenschild in dezentem Schwarz mit Messinglettern. Seine Kanzlei, so Portellis Ankündigung, werde als treibende Kraft zur Neugestaltung und Aufwertung des Innenstadtbereichs beitragen. Olivia warf ihrem Mann einen vielsagenden Blick zu, ahnte sie doch, dass Portelli und Konsorten zu den Letzten gehören würden, die sich an dem Wiederbelebungsprojekt beteiligen würden. Schon seit Jahrzehnten beschworen die Bürger der Stadt ihre Verantwortlichen, dem innerstädtischen Zentrum endlich neues Leben einzuhauchen. Der Stadtkern, der sich seit Olivias Kindertagen kaum verändert hatte, bestand aus einem in Familienbesitz befindlichen Schmuckgeschäft, dem Postamt, einem Bingo-Saal und einem beengten Schnellimbiss, bei dem der Begriff »Schmuddelbunker« nicht bloß bildhaft zu verstehen war.

Im einzigen Fenster von Portellis Büro drehte sich leiernd ein antiquierter Ventilator, der aber gegen den übel riechenden Mief aus Zigarettenqualm und abgestandenem Blütenduftspray auf verlorenem Posten stand. Portelli, ein rundlicher Kalabreser mit rabenschwarzem Haar und akkurat gestutztem Schnäuzer, streifte ohne viel Federlesen das Jackett seines Nadelstreifenanzugs ab und lud Olivia und Tony mit einer Handbewegung ein, Platz zu nehmen, wobei er einen der Stühle erst frei räumen musste, indem er einen Aktenstapel einfach auf den Boden packte. Irgendwie gelang es ihm dann doch, Angela Amatos Testament aus dem Chaos aus Blättern,

Schnellheftern, rosa Gesprächsnotizformularen und selbstklebenden Zetteln herauszufischen.

»Zu Beginn, Tony, darf ich Ihnen natürlich meine tief empfundene Anteilnahme zum Tode Ihrer Mutter aussprechen.«

Tony nickte düster.

Portelli räusperte sich und verfiel sofort in ein lang anhaltendes, krampfhaftes Husten, das in pfeifendem Japsen und keuchendem Luftholen endete. Auf seiner Stirn bildeten sich Schweißperlen; unter den Achseln seines königsblauen Oberhemdes machten sich Schweißflecke breit. Olivia merkte, dass der Anwalt sich liebend gern die Krawatte gelockert hätte und dass er regelrecht nach Nikotin, Koffein, Zucker oder nach allen dreien lechzte.

»Angela hat mir oft berichtet, wie sehr Sie Ihnen zugetan war – Ihnen beiden«, ergänzte Portelli mit einem höflichen Blick auf Olivia. »Ich denke, bei genauerer Kenntnisnahme ihrer finanziellen Verhältnisse werden Sie begreifen, wie sorgsam Ihre Mutter plante und wie klug sie ihre Mittel anlegte, um so für Sohn und Schwiegertochter vorzusorgen.« Der Testamentsvollstrecker schob die Seiten über den Schreibtisch und drehte sie dabei so, dass sie für die vor ihm Sitzenden lesbar waren. Im Gleichtakt beugten Olivia und Tony sich vor.

Schließlich hob Tony den Blick, Olivia desgleichen. Sie wartete auf eine Äußerung ihres Mannes, doch dem sackte die Kinnlade herunter. Portelli überprüfte derweil sein äußeres Erscheinungsbild, indem er die Frisur glättete, einen Niednagel inspizierte und an seinen Manschetten zupfte. »Hat jemand von Ihnen noch Fragen?«

»Das kann nicht stimmen«, betonte Olivia.

Portelli hüstelte stotternd, unterdrückte aber einen erneuten Hustenanfall.

»Die Zahlen«, murmelte sie. »Da muss ein Versehen vorliegen.«

Nach ihrem Termin mit dem Rechtsanwalt fanden sich Tony und Olivia in der hintersten Sitznische des Regal Grille wieder, wo sie über einem getoasteten Schinkensandwich konsternierte Blicke tauschten.

»Woher hatte deine Mutter bloß so viel Geld, Tony?«

»Keine Ahnung.« Er spießte eine Gurkenscheibe auf. »Das Haus war abbezahlt. Zum Leben brauchte sie nicht viel. Gereist ist sie auch nicht. Gemüse zog sie selber. Ist mir alles zu hoch.«

Seit dem Verlassen der Kanzlei äußerte Tony sich nur noch in möglichst kurzen Sätzen, die er aneinanderreihte. Dann war da noch etwas: seine Augen. Der Blick zuckte, glitt unstet durch das fast leere Schnellrestaurant, verweilte kurz auf dem Besteck und eilte dann weiter. Überallhin, außer zu ihr.

»Was hast du damit vor? Also, mit so 'ner Summe hat doch keiner von uns gerechnet!«

Tony nickte und kaute gedankenverloren vor sich hin. »Mein Ausbildungsdarlehen tilgen. Dann kaufen wir uns auf jeden Fall 'ne eigene Bleibe. Je eher, desto besser. Vielleicht sogar ein Haus am See. Wie klingt das?«

»Immobilien in Seenähe kosten 'ne Stange Geld.«

Es war, als höre er sie gar nicht. Gedanklich hatte Tony sich in einen Tagtraum verabschiedet, zu dem Olivia nicht eingeladen war. Dass sie auch seine undurchdringliche Miene nicht lesen konnte, gab ihr das Gefühl, isoliert und überflüssig zu sein. Das behagte ihr gar nicht. Wieder fiel ihr ein, was sie zu ihrem Onkel gesagt hatte: *Plötzlich habe ich den Eindruck, als wäre Tony mir völlig fremd.*

Sie zupfte den Belag ihres Sandwiches zurecht und schob eine Hälfte hinüber auf Tonys Tellerseite. Als er auch darauf nicht reagierte, gab sie auf und aß dann doch beide Hälften selbst. Erst als sie sich mit einer Papierserviette die Lippen abtupfte, wachte ihr Mann aus seiner Trance auf.

»Ist noch deins«, bemerkte sie und wies auf ein auf dem Teller liegendes Petersilienzweiglein.

»Ich hab mich in den vergangenen Tagen echt danebenbenommen. Tut mir leid.«

»Willkommen daheim«, sagte sie. »Ist schon okay. Du hast deine Mutter verloren. Das war ein schrecklicher Schock. Ich meinerseits habe mich auch nicht sonderlich verständnisvoll aufgeführt. Auch wenn Mama Angela dir zuweilen das Leben zur Hölle machte, war sie doch deine Mutter, und du hast sie lieb gehabt. Was wir in unserer tiefen Trauer sagen und tun, das ...«

»Nein!« Tony schüttelte vehement den Kopf.

»Bitte?«

»Ach, das verstehst du sowieso nicht.«

»Ich kann's ja versuchen, Tony. Hilf mir.«

Er zog die Brauen zusammen; tiefe, waagerechte Furchen gruben sich in seine Stirn. Seine Lippen bildeten einen verkniffenen Strich.

»Los, Tony! Nun sag schon!«

Er holte tief Luft und wich schließlich ihrem Blick nicht mehr aus. »Hab mich die letzten Tage abgesondert, weil ich mit mir selber ins Reine kommen wollte.« Seine Hände lagen nun auf dem Tisch, in einer flehentlichen Geste weit auseinandergespreizt. »Ich hab mich dagegen gewehrt, aber vergebens. Lorraine hat recht. Die ganze Heuchelei führt zu nichts.«

Olivia schob den Teller beiseite und fasste ihren Mann bei beiden Händen. »Hast du mitgehört neulich Abend?« Beim Gedanken an das Gespräch, dass sie mit ihrer Tante über ihre Schwiegermutter geführt hatte, krampfte sich alles in ihr zusammen. »Dann ist jetzt wohl zur Abwechslung von meiner Seite eine Entschuldigung fällig.«

»Vergiss es. Ich habe eingehend über Lorraines Worte nachgedacht, und mir scheint, ich hab mich inzwischen damit abgefunden. Mama ...« Er hielt inne, entzog sich Olivias Händen und massierte sich die Stirn, um die Furchen zu glätten. »Mama war ein Aas allererster Güte.«

Erstickt hielt Olivia den Atem an.

»Brauchst gar nicht schockiert zu sein, Liv. Es ist die Wahrheit. An keinem hat sie ein gutes Haar gelassen. Silvana Bonelli, deine Tante, die Wheelers, die Marshalls ... alles hoffnungslose Sünder, zumindest in ihren Augen. Dass niemand zur Beerdigung kam, hat mir zwar anfangs bös zugesetzt. Aber wer sollte schon um sie trauern?«

»Sie hat's in der Tat geschafft, einige vor den Kopf zu stoßen.«

Tony feixte. »Höflich formuliert. Von deinem Onkel hielt sie ebenfalls nicht viel. Ein arroganter Lump, ein Schwachkopf. *Farabutto. Arrogante. Cretino.* Deutlicher kann man einen nicht als Arschloch klassifizieren – falls es denn überhaupt jemanden gibt, der so zu Pete stünde. Und nicht zu vergessen das, was sie mit mir angestellt hat. Regelrecht gemästet hat sie mich! Während ich mich immer mehr hasste und überlegte, wie ich mich umbringen könnte, häufte sie mir die Spaghetti auf den Teller, um mir zu demonstrieren, dass ich ohne sie nicht klarkommen würde. Sie hat genau gesehen, wie unglücklich ich war, Liv. Aber selbst als ich sie anflehte, mich in

Ruhe zu lassen, ließ sie nicht locker. Was ist das für 'ne Mutter, die ihrem Jungen so was antut?«

»Wahrscheinlich werden wir nie erfahren, was sie zu diesem Verhalten trieb. Das Essen, das ist vielleicht 'ne Generationensache. Deine Mutter hatte eine ärmliche Kindheit. Sie wusste nie, woher ihre nächste Mahlzeit kommen würde, und deshalb gab sie dir, was sie selber entbehren musste ...«

»Doppelt und dreifach!«, warf er verbittert ein.

»Und was ihre Lästerzunge angeht ...« Olivia hob die Schultern. »Wer weiß. Sei's drum, sie war deine Mutter, und außerdem hast du's doch jetzt ganz gut getroffen. Du bist gesund, glücklich ...«

»Das ist nicht ihr Verdienst! Es bringt nichts, wenn man das alles beschönigt. Manches vergisst man eben nicht.«

»Also heraus damit. Was fühlst du denn dann?«

»Trauer jedenfalls nicht.«

Olivia bemerkte, wie er den Blick kurz senkte und sie dann wieder fixierte.

»Tony?«

Bleischweres Schweigen hing zwischen ihnen. Sie waren umgeben von Restaurantgeräuschen – Geschirrklappern, das Klirren von Besteck, ein Zischen von tiefgefrorenen Pommes frites, die ins siedend heiße Öl geschüttet werden. Eine Schürze tragende Kellnerin fragte, ob sie Kaffee wünschten. Olivia schüttelte den Kopf, Tony nickte.

Der Kaffee wurde serviert mitsamt einer ganzen Ladung Kaffeeweißer. Den Nachtisch, selbst gebackener Kirschkuchen mit Eis, lehnte auch Tony ab. Olivia sah zu, wie er seinen Kaffee umrührte, obwohl er ihn schwarz trank.

»Erleichterung«, stellte er schließlich fest. »Ich bin so verdammt erleichtert.« Sein Lächeln wirkte entspannt, die Fältchen in seinen Augenwinkeln glätteten sich. »Kapierst du nicht, Liv? Ich bin frei. Endlich frei! Was für ein Segen! Und obendrein Geld wie Heu!«

Olivia schluckte. Ihre Hände kamen ihr plötzlich in den seinen ganz klein vor. Schlaff.

Tonys Grinsen wurde noch breiter. »Und wenn deine Perlenstecker nicht wieder auftauchen, kaufe ich dir welche mit Brillanten.«

## 19. KAPITEL

Olivia küsste Tony ein zweites Mal auf die Stirn und forschte dabei in seiner verstörten Miene nach Spuren des Ehemannes, den sie einst besser zu kennen glaubte als sich selbst. Wieder hatte er sich in einen dunklen, geheimen Winkel zurückgezogen, und als ihre Lippen seine Haut berührten, zuckte er kaum mit der Wimper. Also verließ sie den Diner und machte sich auf zu jenem düsteren, grauen Kasten, der die Redaktion des *Sentinel* beherbergte. Olivias Arbeitsplatz war eine viereckige Nische mit trister Atmosphäre – dank der Palette von schmutzigen Braun- und Grauschattierungen, die der Maler, der die gesamten Räumlichkeiten gestrichen hatte, wohl besonders mochte.

Ihr Arbeitsplatz bot aber auch Einblick in ihren anal-retentiven Ordnungswahn. Notizen und Nachrichten waren symmetrisch an ihr Korkbrett geheftet, die Zettel an allen vier Ecken von Heftzwecken gehalten. Nichts hing lose, nichts flatterte herum. Jeder Aktenordner war akkurat platziert und etikettiert, ihr Telefon perfekt an der Schreibtischkante ausgerichtet. Für einen Moment grübelte sie nochmals über die vermissten Ohrstecker nach, beschloss dann aber, sie vorerst aus dem Gedächtnis zu streichen, ebenso wie die verwickelten Emotionen, von denen ihr Mann heimgesucht wurde. Sie musste sich neu orientieren, musste sich wieder von ihrem journalistischen Spürsinn und ihrem Schneid beflügeln lassen, bis sie haushoch über der Pressemeute stand, die im Gefolge der zehn Todesfälle über die Stadt hergefallen war.

Sobald die überregionalen Zeitungen die Story über die Nachrichtenagenturen erfuhren, wimmelte es wieder einmal überall in der Stadt von Reportern. Die nahmen die Hotels in Beschlag und hielten den Ortsansässigen Presseausweise unter die Nase. Der ohnehin geschwächte Alfonso Ciccone, der sich im eigenen Heim zu erholen suchte, wurde förmlich belagert; angeblich war er inzwischen untergetaucht, weit weg von Pleasant Bay, doch trotzdem haarscharf am Rande des Nervenzusammenbruchs. Ein jämmerlicher, hastig bekritzelter Zettel pappte, mit Klebstreifen angeheftet, an der Tür zu seinem Feinkostladen: Vorübergehend geschlossen. Bis bald!

Donovan Marshall hatte eine aalglatte, vorformulierte Presseverlautbarung zum Besten gegeben: »Mein grenzenloses Vertrauen gilt unseren Polizeibehörden und ihrer Fähigkeit, den Verantwortlichen für diese abscheulichen Verbrechen rasch zur Rechenschaft zu ziehen. Die Bürger von Pleasant Bay werden sich auch weiterhin gegenseitig stützen und als Gemeinschaft zusammenstehen. Unsere Mitbürgerinnen und Mitbürger werden sich wieder darauf verlassen können, dass sie beim Einkauf von Lebensmitteln oder beim Abendessen in einem Lokal von unbedenklichen und zum Verzehr geeigneten Nahrungsmitteln ausgehen können. Zurzeit steht die Stadt unter Schock und Trauer, weswegen wir hoffen, dass man uns die benötigte Ruhe gönnt.«

*Denkste!,* durchzuckte es Olivia. Ungestörtheit war zu einem Luxus geworden, den es für Schwerreiche nicht mehr kostenlos gab – sie dachte an umzäunte Kolonien mit Alarmsystemen, Sicherheitsdiensten und Schlagbaum. Auch der nach hiesigen Maßstäben vermögende Marshall konnte es sich nicht leisten, auf diese Art Sicherung zu verzichten.

Der TV-Sender Channel 7 Buffalo hatte Ben Fralick als Berichterstatter an die Nachrichtenfront beordert. Olivia entdeckte sein pockennarbiges Gesicht und seine typische Frisur mit der Billigtönung im Einkaufszentrum, wo er den Passanten mit seiner nervenden Fragerei auf den Keks ging. »Können Sie inzwischen noch unbesorgt einkaufen?«, lautete eine Frage, oder »Wann haben Sie das letzte Mal außer Haus gegessen?« oder »Werden Sie wohl in nächster Zukunft ein Speiselokal aufsuchen?«

»So kann man natürlich auch Panik erzeugen«, hatte Onkel Pete beim Frühstück geknurrt. »Wenn sich die Leute vorher noch nicht geängstigt haben, dann garantiert jetzt.«

Oliva gab sich alle Mühe, Verantwortung zu zeigen und die sowieso schon bange Atmosphäre nicht durch Erzeugung zusätzlicher Angst noch weiter aufzuheizen. Ben Fralick und Konsorten indes schlachteten das Trauerspiel nach allen Regeln der Kunst aus. Es ging ihr gegen den Strich. Es war nicht fair. Sie wusste, dass Sensationen, insbesondere mit zehn Toten, nicht im luftleeren Raum stattfanden, dass die Konkurrenz ebenfalls Honig aus der Sache saugen wollte, dass Kollegen mit größerem technischen Aufwand und mehr Gewicht ihr schlagartig den Boden entziehen konnten.

Egal, sie genoss den Heimvorteil. Sie kannte die Menschen in dieser Gegend, die sich ihr gegenüber vermutlich weniger gehemmt verhielten. Sie würde Dinge erfahren, die ein Ben Fralick im Leben nicht aus den Einheimischen herauskitzeln konnte. Eigentlich, so ihr Gefühl, musste sie in der Lage sein, ihn und alle anderen glatt in Grund und Boden zu schreiben.

Eigentlich.

Die Konkurrenz schlief nicht. Am Abend zuvor hatte sich Hank Stephenson von der Nachrichtenagentur Canadian Press mit seiner Schlagzeile »Mord in Kleinstadt« immerhin auf die Titelseite des *Toronto Star* gemogelt. Sein Beitrag beleuchtete die Auswirkungen der Zyanidvergiftungen auf die örtliche Einwohnerschaft. »Es behagt mir weiß Gott nicht, wenn ich meine Lieben mit Konserven und Tiefkühlkost verpflegen muss«, wurde eine einkaufende Hausfrau zitiert, »aber frische Sachen wie Obst und Gemüse sind mir momentan zu riskant. Da kann sich einer zu leicht dran zu schaffen machen.« Ferner erwähnte eine befragte Person eine lang ersehnte Familienfeier, die abgesagt werden musste, weil die von auswärts anreisenden Verwandten wegen der eventuell vergifteten Speisen nicht ihr Leben aufs Spiel setzen wollten. Auch Fotos waren beigefügt: Speiselokale ohne Gäste, der leere Parkplatz vor dem Donovan's, Ciccones Laden mit dem Schild »Geschlossen«. Und obwohl er die Meldung, Halloween werde womöglich ausfallen, nicht bestätigen wollte, gab der Bürgermeister von Pleasant Bay doch zu verstehen, das traditionelle Süßigkeitensammeln von kostümierten Kinderscharen stehe ernsthaft zur Diskussion und werde in der nächsten Ratssitzung Thema. »Es wäre unverantwortlich, unsere Kinder einer Gefahr auszusetzen«, so Stadtdirektor Hazlitt gegenüber der Presse.

Der Artikel endete mit einem Knaller. »In den meisten Kulturen drehen sich Feste generell ums Essen. Den Bürgern von Pleasant Bay hingegen steht wahrlich nicht der Sinn nach Feiern. Der Zyanid-Killer hat bislang zehn Todesopfer gefordert. Frei nach Virginia Woolf lässt sich ›nicht gut denken, lieben oder schlafen, wenn man‹ nicht gut gespeist hat‹. In dieser Stadt am Eriesee kann von ruhigem Schlaf jedenfalls keine Rede sein.«

Für die kommende Woche war in der US-Ausgabe von *XY Ungelöst* ein Feature über den Zyanid-Mörder geplant. Ob es einem passte oder nicht – Pleasant Bay hatte einen grenzüberschreitenden Bekanntheitsgrad erlangt.

Olivia kam sich bereits überflüssig vor, denn ihre Persönlichkeitsprofile der Opfer enthielten allmählich nicht mehr Nachrichtenwert als die trivialen Artikel über Haustierhaltung, die sie vor der Aufdeckung des Skandals mit den Massenzüchtern und Hundehändlern verfasst hatte. Ihre für die Abendausgabe vorgesehene Kolumne über den Werkzeug- und Formenbauer Lloyd McCulloh war so gut wie fertig, und wenngleich sie sich alle Mühe gegeben hatte, sie möglichst interessant zu gestalten, war der Artikel doch flach wie ein Kuhfladen. McCulloh hatte allein und zurückgezogen gelebt, ein unscheinbarer Junggeselle, der nie für großes Aufsehen sorgte. Selbst sein Foto sagte nicht viel über ihn aus: ein skeptisches Gesicht, runzlig und faltig wie bei einem chinesischen Shar-Pei-Hund. Es kostete Olivia einige Mühe, das langweilige Dasein eines Menschen, der über keinen großen Bekanntenkreis verfügte, ein wenig aufzupeppen. Fast schien es, als habe McCulloh sein Leben gelebt, ohne sich auch nur die Schuhe dabei zu ramponieren.

Welche Inschrift, so fragte sie sich, würde wohl auf seinem Grabstein stehen? Und welche auf ihrem eigenen?

*Sie kam, sie sah, aber sie siegte nicht.*

Was Wunder, dass sie bei dieser Einstellung auf keinen grünen Zweig kam! Kurz entschlossen rief sie ihren Onkel an und wurde gleich auf sein Handy weitergeleitet. Sie hörte, wie er das Funkgerät in seinem Dienstwagen leiser drehte.

»Hi, Liv! Wollte mich gerade bei dir melden. Hast du noch Platz in der Abendausgabe für 'ne Exklusivnachricht?«

Sofort merkte sie, wie ihr Puls schneller ging. »Was hast du denn zu bieten?«

»Eine Feier. Große Gedenkversammlung zu Ehren der Mordopfer. Matheson Park. Samstag, 11. September.«

»Klasse, Onkel Pete! Da wird der Killer natürlich auch zugegen sein.«

»Mit an Sicherheit grenzender Wahrscheinlichkeit. Prima Anlass, den Halunken auszuräuchern. Wir werden überall Zivilfahnder postieren.«

»Kann ich irgendwelche Einzelheiten drucken?«

Pete wiederholte Datum und Zeitpunkt und teilte ihr mit, die Öffentlichkeitsabteilung sei intensiv mit der Planung beschäftigt, indem sie die Geistlichen anfordere, Kerzen und Blumenschmuck bestelle und Buttons mit dem schlichten Aufdruck »Gedenket ihrer« anfertigen lasse.

»Das kriege ich bestimmt für die morgige Titelseite durch«, versicherte sie. »Ich gestalte es wie eine Einladung, damit es auch niemand übersieht.«

Darrin Spence bewilligte den Antrag. Der Chefredakteur für den Lokalteil stellte ein Drittel der Titelseite für den Aufruf zur Verfügung und ließ die Einladung mit einem doppelten Trauerrand einfassen. Obwohl sonst sparsam mit Lob, deutete er Olivia mit einem kurzen Nicken an, dass sie der Leserschaft etwas gegeben hatte, das die Konkurrenz nicht bieten konnte.

Erst als sie an der Haltestelle Hemlock Lane aus dem späten Stadtbus ausstieg, kehrten ihre Gedanken zu ihrem Mann und zu dem morgendlichen Termin bei Louis J. Portelli zurück. Da fiel ihr auch wieder ein, dass Tony und sie auf einen Schlag um 800.000 Dollar reicher waren.

## 20. KAPITEL

Claire Marshall sah ihrem Mann zu, wie er durchs Wasser pflügte, der hagere Körper so angriffslustig wie ein Hai. Donovan schwamm schon fast eine Stunde, angetrieben von Zorn, Frust und einem doppelten Scotch. Seine straffen, im Flutlicht des Swimmingpools schimmernden Muskeln ließen keine Ermüdungserscheinungen erkennen. Das Abendessen hatte er ausgeschlagen und sich auch nicht herabgelassen, den Kindern beim Zubettgehen eine gute Nacht zu wünschen.

»Donovan, es reicht!«, rief Claire und hielt ihm ein Handtuch hin. »Morgen kriegst du die Beine nicht hoch.« Sie hatte ihm einen kalten Imbiss auf den Terrassentisch aus Teakholz gestellt – über Mesquite-Holz gegrilltes Hühnchen und einen gemischten Salat.

Ungerührt kraulte Donovan noch eine Bahn und ließ seine Frau wartend am Poolrand stehen, in der Hand das in der Abendbrise flatternde Badetuch mit dem Papageienmuster darauf. Nicht ein Stern funkelte am Firmament; wie mit einer Feder gezeichnete Zirruswolken zogen westwärts über die Schwärze des Himmels hinweg und hinterließen graue, zerfaserte Dunstfahnen am Abendhimmel. Forschend richtete Claire den Blick nach oben, voller Hoffnung, sie könne zumindest ein einsames Himmelslicht erhaschen, einen nächtlichen Bundesgenossen, der ihr Flehen womöglich vernahm.

*Fiele jetzt ein Stern vom Himmel*
*Hätte einen Wunsch ich frei ...*

*Ja, einen einzigen blöden Wunsch!*

Nachdem Donovan sich schließlich aus dem Wasser gehievt hatte, stapfte er achtlos an Claire, Handtuch und Imbiss vorbei und kletterte direkt in den Familien-Whirlpool.

»Vielleicht sollte ich mich zu dir da reinsetzen?«, meinte sie, wobei sie ihrem Mann auf die podestartige Holzterrasse folgte, wo unter einer glyzinienberankten Laube der Whirlpool blubberte.

»Tu dir keinen Zwang an.« Bis zum Hals ließ Donovan sich in das dampfende Nass sinken, legte den Kopf zurück und schloss die Augen.

»Nicht gerade eine unwiderstehliche Einladung«, konterte Claire. »Vielen Dank, vielleicht ein andermal.«

»Claire«, ächzte Donovan, wobei er den Namen mit einem genervten Seufzer untermalte. »Das Wasser ist da, die Temperatur angenehm. Komm rein, oder lass es bleiben. Musst du selber wissen.« Seine Augen blieben geschlossen.

»Vielleicht würde ich ja gern hören, dass du mich auch da drin haben möchtest.« Es widerstrebte ihr zutiefst, wie ihr das über die Lippen kam – flehend, verzweifelt, quasi nach Brosamen bettelnd, aber mit weit weniger zufrieden.

Nach wie vor würdigte er sie keines Blickes. »Herrschaftszeiten, Claire, es ist doch bloß 'n dämlicher Whirlpool! Hör auf, aus allem ein Riesentrara zu machen, und lass mal die Kirche im Dorf! Dass mein Lokal den Bach runtergeht, das ist schon eher ein Riesentrara!«

Immerhin, so stellte sie zu ihrer Erleichterung fest, betonte Donovan das »Riesentrara« nicht in seinem üblichen ätzenden Singsang und nicht so laut wie sonst, wenn er sich über Dinge mokierte, die seine Frau für wichtig erachtete. Sie faltete das Handtuch zusammen, legte es auf die Terrasse und setzte sich hinter ihren Mann. Mit energischem Druck fing sie an, seine Nackenmuskeln zu kneten. »Ist halt 'ne zeitweilige Flaute«, sagte sie beschwichtigend, wobei sie mit den Daumen eine verspannte Sehne bearbeitete. »Das kommt schon wieder auf die Beine, das Restaurant. Und du auch.«

»Du raffst es eben nicht«, knurrte er – einer seiner Lieblingssprüche, bei dem sie sich immer vorkam wie ein Einfaltspinsel. Er entwand sich ihren forschenden Fingern und drehte sich zur Seite, um seine Frau anzusehen. »1984 haben Anhänger von 'nem Kult – Baghwan hieß der oder so – die Salatbüfetts von Restaurants in 'nem kleinen Kaff in Oregon mit Bakterien besprüht. Über siebenhundert Menschen erkrankten an Salmonellen ...«

»Siebenhundert? Das ist ja furchtbar!«

»*Über* siebenhundert, wohlgemerkt! Und weißt du was? Die Lokale, die haben sich nie wieder erholt. Die Leute aus dem Ort, die sagten den Inhabern: ›Du kannst ja nix dafür, klar, aber essen kann ich bei dir nicht mehr.‹ Mal sehen, ob du das jetzt wenigstens kapierst ...« Eine nasse Hand tauchte aus dem Wasser auf, und Donovan tippte sich mit dem Zeigfinger an die Schläfe. »Salmonellenvergiftung ist zwar 'ne eklige Angelegenheit, aber tödlich eigentlich nicht. Rafft nur die ganz Alten und die ganz Jungen hin. In Oregon gab's keine Todesfälle, doch die armen Schweine, die von ihren Fresslokalen lebten, konnten sich trotzdem nicht rehabilitieren. In meinem Lokal hat's sechs Leute erwischt, Claire. Die kommen nicht wieder, ebenso wenig wie mein Geschäft. Es sei denn, ich lasse mir was einfallen, das Gäste anzieht.«

Er wandte sich wieder von ihr ab und leierte eine Litanei von Ideen in die Dunkelheit hinein. Über das Blubbern des Sprudelbads hinweg hörte Claire ihn murmeln. »Sonntags

Brunch ... zwei Desserts zum Preis von einem ... vielleicht einen Zehn-Dollar-Gutschein in die Zeitung ... thailändische Küche, ist momentan angesagt ... mal gucken, dem Laden ein ganz neues Image geben ...«

Claire setzte aufs Neue zu ihrer Massage an, indem sie Donovan die Handwurzel zwischen die Schulterblätter presste. Als sie auf einen besonders neuralgischen Punkt stieß, bohrte sie fest beide Daumen hinein.

»Verdammt noch mal!« Er wischte ihre Hand beiseite und verzog sich ans andere Ende des Whirlpools. »Was soll das? Willst du mich umbringen?«

»Ich wollte dir nur helfen.« Wieder diese kleinmütige Stimme, in der stets so etwas wie eine Entschuldigung mitschwang.

»Helfen willst du? Dann geh, und schütte mir noch 'nen Drink ein. Falls du nicht zu beschäftigt bist. Bitte.«

»Geh gefälligst selber«, blaffte sie zurück, ohne sich von der Stelle zu rühren. »Das Vorlesungsverzeichnis der Uni fürs Wintersemester ist raus ...«

»Ja, und?«

»Ich hatte gedacht, ich könnte einen Kurs belegen. Zum Beispiel wird einer in kreativem Schreiben angeboten. Läuft über zwölf Wochen. Dienstagsabends. Schriftlich war ich schon immer gut, Donovan.«

»Ja, in der Highschool!«, warf er ätzend ein. »Ist doch ewig her. Menschenskinder, Claire! Silly Szilagyi war auch 'ne Kanone in Englisch. Ich ebenfalls. Deswegen tragen wir uns trotzdem nicht für 'nen Schriftstellerkurs ein.«

»Ich würde es aber gern tun.«

»Nix zu machen. Jedenfalls nicht in diesem Semester. Nicht bei dem Schlamassel mit dem Restaurant.«

»Was hat das denn damit zu tun, ob ich 'nen Kurs belege oder nicht?«

Donovan verdrehte die Augen und guckte seine Frau mit einem Mensch-bist-du-dämlich-Blick an. »Gut möglich, dass wir 'ne Weile knapp bei Kasse sind. Da können wir nicht so mir nichts, dir nichts dreihundert Dollar für 'ne Laune von dir verpulvern, plus Babysitterhonorar obendrauf. Wie kann man nur so egoistisch sein!«

»Egoistisch? Was habe ich denn bis jetzt je verlangt? Donovan, ich bin eine gute Mutter. Ich gebe euch ein schönes Heim. Da möchte ich bloß ein Mal was für mich. Ist das etwa so verwerflich? Bei einem einzigen Wunsch?«

Wie auf ein Stichwort wurden Donovans Züge weich. »Natürlich ist das nicht verwerflich. Gedulde dich halt, bis ich das Lokal wieder auf die Beine gestellt habe.«

»Dann geht's also ausschließlich ums Geld?«

Für den Bruchteil einer Sekunde flackerte etwas in seinen Augen auf. Dann nickte er. »Ausschließlich. Sobald der Rubel wieder rollt, sprechen wir noch mal drüber.«

Claire bemerkte den geschäftsmäßigen Tonfall, der ihr verriet, dass die Sitzung geschlossen war. »Na logisch«, sagte sie und stand auf. »Sobald der Rubel wieder rollt.«

Allmählich mochte sie den Quatsch, den er ihr auftischte, nicht mehr hören. Ob ihr ach so gescheiter, gut aussehender Göttergatte es wohl ebenso rasch schnallen würde, falls sie ihm ihrerseits ähnlichen Stuss unterjubelte? »Wart's ab, Baby.« Sie benutzte die einzige liebevolle Wendung, die Donovan sich je abgerungen hatte, wenn auch vorzugsweise während oder kurz vor dem Sex. »Es kommt schon alles wieder ins Lot; bald ist das Donovan's wieder obenauf.« Inzwischen gefiel ihr die eigene Stimme ausgesprochen gut. Sie triefte von honigsüßer Ernsthaftigkeit. »Und ich mache 'nen Abendkurs, werde 'ne bekannte Schriftstellerin und veröffentliche vielleicht sogar ein Kochbuch mit den beliebtesten Rezepten aus deinem Lokal.«

Donovan legte den Kopf schräg und musterte sie argwöhnisch, aber Claire ließ sich auf keinen langen Blickkontakt ein. »Dann hole ich dir jetzt mal den Drink.«

*Und dazu vielleicht etwas Musik zur Entspannung. Na, wie wär das, Süßer? Ich könnte das Radio mit rausbringen, es drüben in die Steckdose stöpseln und in deine Sprudelwanne schmeißen.*

Oh, im Grunde hätte sie's nur zu gern gesagt, hätte sich womöglich angesichts der rachsüchtigen Garstigkeit der Worte sogar glatt imstande dazu gefühlt, aber so war's noch besser. Im Inneren ihrer Verpuppung gewann eine neue Claire Marshall Gestalt, und als sie schließlich die Terrasse überquerte und den Wintergarten betrat, lag ein Lächeln auf ihrem Gesicht.

# 21. KAPITEL

Angezogen vom Duft frisch aufgebrühten Kaffees, betrat Olivia die Küche. An der Kücheninsel stand ein mitgenommen wirkender Pete und säbelte eine Baguettestange in Scheiben.

»Brauch was zwischen die Kiemen«, erklärte er, als er sie hereinkommen sah. »Hab's Abendessen verpasst. Ich backe mir grade 'nen Camembert in der Mikrowelle. Möchtest du auch 'nen Happen? Oder Kaffee?«

Olivia schüttelte den Kopf. »Wenn ich den trinke, tue ich die ganze Nacht kein Auge zu.«

»Ist bleifreier.«

»In dem Fall schenk mir 'ne Tasse ein.«

Sie stemmte sich auf einen Barhocker hoch und hob den Becher an die Lippen. Das schwarze Gebräu mundete köstlich, kräftig mit einem leicht nussig-pikanten Aroma. Amaretto.

»Na, wie fühlt man sich so als Erbin, Livvie?«

»Hab ich noch nicht so richtig verinnerlicht. Aber Tony findet ziemlich Gefallen daran.«

Tony hatte den ganzen Tag mit einem Makler die Gegend abgegrast, um Häuser auszukundschaften, die seinen Vorstellungen entsprachen: vier Zimmer plus Wohnbereich, mindestens ein Kamin, Grundstück mit Seezugang oder, falls daraus nichts wurde, ein Swimmingpool. Er hatte versucht, mit Olivia darüber zu reden und sie dazu zu ermuntern, die Wunschliste zu erweitern, doch dazu konnte sie sich absolut nicht aufraffen. Also zog er ohne sie los, bewaffnet mit einem Stapel markierter Merkzettel, Feuer und Flamme wie ein Teenager auf dem Weg ins Trainingscamp. Bei seiner Rückkehr vor zwei Stunden war die Begeisterung verflogen. Keines der besichtigten Objekte hatte seinen Vorstellungen entsprochen; nicht eines lohnte einen zweiten Besuch mit Olivia im Schlepptau. Mürrisch verkrümelte er sich mit einem Drink und einem Sylvester-Stallone-Film ins Fernsehzimmer.

»Tante Lorraine noch nicht zurück? Wird doch schon spät.« Die antike Schuluhr an der rustikalen Klinkerwand zeigte zehn nach neun an.

»Sie meinte, sie würde noch bleiben und Semesterarbeiten korrigieren.«

»Kann sie das nicht hier? Wir sehen sie ja kaum noch.«

Pete nickte. »Verrückt, was? Die Arbeit steht ihr bis zum Hals, zumal ihr Seminar rappelvoll ist, aber sie sagt, wenn sie im Büro arbeitet, braucht sie den ganzen Kram nicht mit nach Hause zu schleppen.« Er schnitt einen Keil aus dem Camembert, tat ihn in eine kleine Auflaufform und schob diese in die Mikrowelle.

»Klingt, als könnte sie mal Urlaub gebrauchen. Du auch, Onkel Pete.«

»Hab ich ihr vorgeschlagen. Zur Silberhochzeit. Eine Kreuzfahrt, die könnte ihr gefallen, dachte ich. Oder der Südpazifik, die Fidschi-Inseln etwa. Aber sie kann einfach nicht weg, und ich im Augenblick auch nicht. Da müssen wir uns zum Feiern was anderes einfallen lassen.«

»Wie wär's mit 'ner Party?«

Die Mikrowelle piepte. Pete bestrich das knusprige Brot mit Käse, garnierte das Ganze mit einem Klacks Brombeermarmelade und biss herzhaft hinein. Mit vollem Mund kauend, nuschelte er: »Keine schlechte Idee. Nur müsste ich mich bei den Vorbereitungen größtenteils auf dich verlassen. Ich selber habe ja keine freie Minute.«

Sie presste den Kaffeebecher an die Lippen, verärgert darüber, dass Pete offenbar meinte, sie wüsste mit ihrer Zeit nichts anzufangen. Anscheinend nahm er ihren Beruf nicht für voll und dachte wohl, sie könne mal eben so alles stehen und liegen lassen und eine Party organisieren.

»Ich weiß, ist 'n bisschen viel verlangt, und die Zeit drängt. Wenn du's nicht hinkriegst ...«

Es war für Lorraine. *Natürlich kriegst du das hin!* Irgendwie würde es gehen. Gemeinsam mit Pete besprach sie, wie man die Überraschung perfekt machen konnte, mit welchen Tricks Lorraine eventuell aus dem Haus zu locken war, wo man Parkgelegenheiten für die Gäste einrichten sollte. Auf der Rückseite des Briefkuverts, in dem die Rechnung des Wasserwerks eingetroffen war, notierten sie eine vorläufige Gästeliste: Freunde aus der Kirchengemeinde, Lorraines Bekannte von der Uni, einige Nachbarn aus der Straße.

Als das Telefon klingelte, reagierte Pete nicht, obwohl er nahezu direkt daneben stand.

»Könnte Tante Lorraine sein«, gab Olivia zu bedenken.

Pete nahm ab und kehrte Olivia den Rücken zu. » ... ja, am Apparat.«

Am anderen Ende der Leitung, selbst für Olivia quer durch die Küche hörbar, schrillte eine hohe, hysterische Stimme.

»... wir tun, was wir können ...«

Oh nein!, dachte sie. Schon wieder ein Anruf wegen des Killers! Tony und sie hatten schon etliche der Meldungen an Petes Stelle angenommen und ihn stets verleugnet, indem sie den Anrufern Notlügen über den Aufenthaltsort auftischten und ihnen rieten, sich mit ihren Anliegen an die Hotline der Polizei zu wenden. Im Allgemeinen versuchten sie so, ihrem Onkel den Rücken freizuhalten. Sein höflicher und geduldiger Tonfall verriet ihr, dass er wieder einmal einen solchen Anrufer an der Strippe hatte. Am besten hätte sie zum Telefon gegriffen.

»... setzen sämtliche verfügbaren Kräfte bei den Ermittlungen ein ... bis auf Weiteres halten Sie sich an die üblichen Sicherheitsbestimmungen ... Keine Getränke unbeaufsichtigt lassen ... Ja, ist mir schon klar, dass das schwierig ist ... Das begrüße ich sehr ... Vielen Dank für Ihren Anruf.«

Pete legte auf. »Hornochsen!«, knurrte er, bis er auf einmal merkte, dass Olivia noch anwesend war. »Oh, sorry, Liv. Hätte ich nicht sagen sollen. Ich weiß, die Leute sind verängstigt. Hab halt 'nen langen Tag hinter mir. Da ist mein Mitgefühl auf 'nem Rekordtief. Wo waren wir stehen geblieben?«

»Bei der Feier für eure Silberhochzeit.«

»Ach ja«, sagte Pete lächelnd, da seine Laune sich besserte. »Wir lassen eine Torte backen, trinken ein Gläschen Champagner, und dann kriegt sie das hier von mir.«

Er stand auf, holte eine Trittleiter aus der Vorratskammer und langte in das Schrankfach über dem Kühlschrank. Olivia sah, wie er hinter einem ungeöffneten Karton mit Weingläsern herumtastete. Als er von der Leiter herunterstieg, hielt er ein schwarzes Samtschächtelchen in der Hand. Vorsichtig öffnete Olivia den Deckel. In der kleinen Schatulle lag ein Ewigkeitsring, ein flacher Goldreif, komplett mit runden Brillanten besetzt.

»Oh, Onkel Pete! Da wird sie Augen machen! Der ist ja wunderschön!«

»Echt? Ich hab seit dem zwanzigsten Hochzeitstag jeden Monat etwas beiseitegelegt.«

»Das glaube ich gerne. Der muss ein Vermögen gekostet haben.«

»Das ist mir Lorraine wert. Außerdem schaffen es heutzutage nicht viele Paare bis zur Silberhochzeit. Da muss schon was Besonderes her.«

Olivia lächelte, während ihr Onkel den Ring wieder in seinem Versteck verstaute und die Trittleiter wegräumte. Sie erinnerte sich an früher, wenn ihre Tante und ihr Onkel eng aneinandergekuschelt auf der Couch vor dem Fernseher saßen, zwischen sich eine Schale Popcorn. Auch Scrabble-Marathons hatten stattgefunden, aus denen Lorraine stets als Siegerin hervorging. »Ich bin die Denkerin, du der Macher«, hatte sie immer zu ihrem Mann gesagt. Aus Rache pflegte Pete, in der Hand eine Grillzange, Lorraine durch die Küche zu jagen, wobei er sich das Kneifmonster nannte. Diese verspielte Atmosphäre war lange her. Inzwischen arbeiteten alle zu hart und zu viele Stunden. Ihre Tante, ihr Onkel und nun auch sie selbst – gefangen in einem menschenverachtenden Jahrtausend.

»Die Party wird bestimmt 'ne Wucht«, versicherte sie ihrem Onkel. Sie brauchten mal wieder einen Anlass zum Feiern. Egal, was.

Plötzlich durchzuckte sie ein Gedanke. »Und was ist mit dem Essen, Onkel Pete?«

»Das überlasse ich dir. Kannst du bestimmen.«

»Darauf wollte ich nicht hinaus. Begreifst du nicht? Solange der Zyanid-Killer frei herumläuft – was ist denn, wenn keiner was isst? Oder noch schlimmer: Wenn erst gar keiner kommt? Überall in der Stadt werden Veranstaltungen abgeblasen.«

Pete nahm jene Haltung ein, die typisch für ihn war, wenn er grübelte. Die Ellbogen auf die Fleischerplatte des Küchenblocks gestützt, bettete er das Kinn auf die Handballen und starrte gedankenverloren aus engen Augenschlitzen ins Weite. Schließlich sagte er: »Weißt du, für 'nen Sekundenbruchteil war ich so begeistert von der Party, da hab ich den verfluchten Dreckskerl, der die Stadt ruiniert, glatt vergessen. Du hast recht. Diese Idee mit der Party – das läuft nicht.«

»Schade, aber wir müssen an die Sicherheit der Gäste denken. Wenn der Killer sich am Alkohol in Donovans Küche zu schaffen machen und die Mandeln in Ciccones Laden mit Gift besprühen konnte, dann fordert so eine Fete, bei der das Essen tonnenweise herumgereicht wird, doch geradezu zum Morden heraus!«

So oder ähnlich lauteten auch die Flüsterparolen in der Stadt: Der Killer befand sich nach wie vor auf freiem Fuß; nicht mal Verdächtige waren in Haft genommen. Dass er aufgrund der Berichterstattung in der überregionalen Presse einen gewissen Bekanntheitsgrad erreicht hatte, würde den Täter nicht ewig zufriedenstellen. Er würde wieder zuschlagen; nur hegte man in Pleasant Bay die selbstsüchtige Hoffnung, der Kelch werde diesmal an der Stadt vorübergehen.

»Könnte es sein, Onkel Pete, dass die bisherigen Anschläge nur so etwas wie eine Generalprobe waren? Was ist denn, wenn er was Größeres plant?«

»Du meinst die Wasserversorgung oder so etwas?«

Olivia nickte. Trinkwasser in Flaschen konnten die Supermärkte schon jetzt kaum noch in ausreichenden Mengen lagern. Konserven, Fertiggerichte, sämtliche Lebensmittel, die sich nur schwer manipulieren ließen, gingen weg wie warme Semmeln. Andererseits war der Umsatz in den umliegenden

Speiselokalen sturzflugartig eingebrochen. Sogar der Delikatessenhandel der Fleischerei Wheeler, für die Einheimischen eine Säule des örtlichen Einzelhandels, befand sich im freien Fall, und zwar derart dramatisch, dass Mrs. Wheeler begonnen hatte, nebenbei zu schneidern und damit zum Familieneinkommen beizutragen.

»Bei den Gesundheitsbehörden gilt Alarmstufe rot. Sämtliche Dienststellen, die wir um Amtshilfe ersuchen könnten, sind einbezogen, Livvie. Alle erdenklichen Schutzmaßnahmen sind getroffen.«

Spürbar beruhigt fühlte sich Olivia keineswegs, ebenso wenig wie die Bürger von Pleasant Bay, zumindest nicht die, mit denen sie sich unterhalten hatte. »Kann man denn noch was tun, Onkel Pete? Irgendwelche Stellen anrufen? Die Leute drehen uns durch.«

»Weil sie der örtlichen Polizei nichts zutrauen, meinst du.« Seine Stimme klang hart und kalt.

Olivia schluckte, merkte sie doch, dass sie ihren Onkel gekränkt hatte. Dabei hatte es Pete noch gefehlt, dass ihm jemand auf die Füße trat. Polizisten hüteten oft argwöhnisch ihr Terrain und verteidigten ihr Revier wie mit Stacheldraht. In dieser Hinsicht war Pete anders, da konnten sich viele eine Scheibe von ihm abschneiden. Schon seit Beginn der Ermittlung bezog er die Bundespolizei mit ein und bot somit alles Verfügbare an intellektueller und technischer Kompetenz auf, um den Killer zur Strecke zu bringen. Er hatte sogar die Gelegenheit wahrgenommen und den sogenannten »geografischen Profiler« von der RCMP angefordert, einen Fallanalytiker, der aus den Schauplätzen der Morde Rückschlüsse auf den Täter ziehen sollte.

Olivia hatte einen Artikel über die Brauchbarkeit von

RIGEL geschrieben, einem Computerprogramm, das bei der Beantwortung der Fragen helfen sollte, wieso ein Verbrechen ausgerechnet in einem speziellen örtlichen Bereich verübt wurde. Das Jagd- und Zielverhalten eines Täters ließ sich analysieren, indem man sich auf die sogenannte Routineaktivitätstheorie konzentrierte, auf die Annahme also, dass sich jeder in einer bestimmten geografischen Wohlfühlzone bewegt. Innerhalb dieses Bereiches finden sich gewisse Ankerpunkte: ein Tankshop etwa, ein Lieblingslokal, eine Videothek, womöglich sogar der Arbeitsplatz des Täters. Gesetzesübertretungen in unmittelbarer Nähe des Wohnortes bergen Risiken, weshalb ein Krimineller im Allgemeinen eine Pufferzone zwischen Wohn- und Tatort legt. Hochgerüstet mit 40.000 Pixeln und einer dreidimensionalen, sogenannten isometrischen Karte, konnte RIGEL mit einiger Wahrscheinlichkeit feststellen, ob ein Krimineller in unmittelbarer Nähe des Gebietes wohnte, an dem er seine Taten verübt hatte. Was das Programm letztlich an Rückschlüssen über den Zyanid-Killer auswerfen würde, unterlag strengster Geheimhaltung.

»Entschuldige, Onkel Pete. War nicht meine Absicht, dir die Daumenschrauben anzuziehen. Ich hab wahrscheinlich genauso Schiss wie alle.«

Sein Gesicht entspannte sich. »Sieh mal, Liv, jeder möchte den Fall gelöst haben, am besten schon gestern. Aber ich kann dir nur sagen, was ich auch dem Polizeidirektor heute Morgen gesagt habe: Wir stehen erst am Anfang der Ermittlungen. Projekt Bittermandeln läuft wie erwartet, und wir sind Herr des Verfahrens.«

»Klar seid ihr das«, unterstrich sie mit Nachdruck. »Du, ich hab mal irgendwo gelesen, zu jedem Mord gehöre ein logischer Denkprozess. Also sind diese Tötungen vielleicht gar nicht so beliebig, wie sie erscheinen.«

Mit gerunzelter Stirn ließ Pete sich den Hinweis durch den Kopf gehen. »Unwahrscheinlich«, erwiderte er nach einer langen Pause. »Andererseits wissen wir, dass heutzutage nichts unmöglich ist. Wir haben die Hintergründe der Opfer untersucht und behandeln wie erwähnt jeden Todesfall als individuellen Mord. Aber bei keinem der Opfer haben wir etwas Anrüchiges feststellen können. Jedenfalls bislang nicht. Das wirst du natürlich nicht drucken. Außerdem finde ich, dass wir das nicht weiter vertiefen sollten.«

Olivia ließ noch nicht locker. »Aber guck dir Seamus Rooney an«, wandte sie ein. »Prominenter Staatsanwalt. Hat 'n paar recht zwielichtige Figuren eingebuchtet.«

»Stasiuk und Skip Horton, um nur zwei zu nennen.«

»Was glaubst du wohl, wie Hortons Eltern zu dem standen, nachdem ihr Sohn im Knast umkam? Es könnte auch ein ganz normaler, noch unbekannter Klient sein, der sauer ist auf Rooney.«

»Wir sind mitten in den Ermittlungen. Und was Rooneys Frau beziehungsweise deren Motiv angeht – so wahnsinnig viel hat er ihr nicht hinterlassen. Was Rooney verdiente, das gab er aus. Seine Frau kriegt gerade mal zweihundert Riesen. Dafür legt man den nicht um, geschweige denn noch eine ganze Reihe anderer. Bei einem allerdings beißt die Maus keinen Faden ab: Ist Gift im Spiel, kommt fast immer ein Angehöriger als Täter oder Täterin infrage.«

»Was ist mit den anderen?«

»Keines der Opfer hat jüngst eine nennenswerte Versicherung abgeschlossen. Graeme Thomas, so die Aussage seiner Kommilitonen, kiffte zwar ab und zu, hatte aber kein größeres Drogenproblem. Jedenfalls keins, dessentwegen er mit einem Bösewicht aneinandergeraten sein könnte, der vor Mord nicht zurückschreckt.«

Kurz fasste Pete die Informationen über die restlichen Opfer zusammen. Alle hatten eine im Wesentlichen weiße Weste.

»Na ja, war einen Versuch wert ...«

»Hier braucht es 'ne gute Spürnase, Liv. Bei Mord muss man lange genug schnüffeln, dann riecht man nach einiger Zeit den Braten: Meistens geht's ums Geld. In unserem Fall gibt's nur ein einziges Opfer, das über nennenswert Kohle verfügte, nämlich deine teure verstorbene Schwiegermama. Aber das wusstet ihr nicht, oder? Weder Tony noch du.«

»Wir waren beide völlig ahnungslos.« Olivia leerte ihren Becher, griff rasch nach der Kanne und schenkte den Rest sich und ihrem Onkel halb und halb ein. Dann trat sie an die Spüle, spülte die Kanne aus und stellte sie in den Geschirrspüler. Als sie sich wieder zu Pete umdrehte, hatte sein Gesicht einen traurigen, abwesenden Ausdruck angenommen.

»Hör mal, Onkel Pete«, sagte sie, sobald sie ihm erneut gegenübersaß, »vielleicht wäre 'ne Party doch genau das, was die Leute als Anstoß brauchen, um wieder normal zu leben. Betrachte es doch mal folgendermaßen: Wenn man sich nicht mal im Hause eines Kripobeamten sicher fühlen kann – wo denn dann? Also, lassen wir's doch drauf ankommen!«

»Meinst du?« Sein Gesicht hellte sich etwas auf, während er offenbar darüber nachdachte. »Wenn ich wirklich zu dem Ergebnis käme, dass eine Fete zu riskant wäre, dann würde ich sie absagen.«

»Du wirst sehen, das klappt. Wir beauftragen einen Partyservice, einen aus der Stadt, als Beweis, dass sich keiner Sorgen machen muss. Dann noch 'ne vertrauenswürdige Person als Barkeeper, und schon läuft alles wie am Schnürchen.«

Eine vertrauenswürdige Person, dachte Olivia später. Die brauchte man jetzt bloß noch zu finden.

## 22. KAPITEL

Billy Coombs wusste, dass er keine große Leuchte war. Schon in der Schule konnte er sich nur schlecht etwas merken, und sportlich oder handwerklich begabt war er auch nicht. Weil es ihm an der nötigen Allgemeinbildung fehlte, tat er sich bei Unterhaltungen mit anderen schwer. Selbst die Nettesten wandten sich nach kurzer Zeit von ihm ab. Außer Lorraine. Die war immer freundlich zu ihm und meinte, er könne ihr Freund sein.

Freunde hatte Billy nicht viele. So war's schon immer gewesen, auch in der Schule. Die Klassenkameraden hänselten ihn, äfften seine Sprechweise nach und trieben allerlei schäbigen Schabernack mit ihm, so wie damals, als Donovan Marshall versuchte, Billys Sportshorts in der Toilette zu versenken. Billys Eltern hatten abgewiegelt und gemeint, so sei das eben; Kinder wären so, das dürfe man nicht überbewerten. Manchmal stifteten ihn die Mitschüler zu allerlei Blödsinn an, nur so zum Spaß. Einmal hatte er in der Schulcafeteria die Siebaufsätze auf den Salzstreuern losgeschraubt, und als Mr. Lucci daraufhin einen ganzen Salzberg auf sein Mittagessen kippte, da war der Teufel los. Ein andermal ließ Billy im Direktorzimmer eine Stinkbombe hochgehen, an und für sich ein Heidenspaß, nur dass er dabei erwischt wurde. Kein einziger seiner »Kumpel« hielt ihm die Stange und half ihm aus der Patsche.

Am schlimmsten trieb es Donovan Marshall. Der schubste

ihn dauernd in die Schulspinde und lästerte, er nehme zu viel Platz weg. Auf der Treppe stellte er ihm Beinchen, und einmal zahlte er Cindy Crowley sogar eine Prämie, damit die sich mit Billy verabredete. Sie blamierte Billy dann bis auf die Knochen, indem sie ihm auftrug, er solle sie in der Pine Street 227 abholen, was sich als die Adresse der Psychiatrischen Klinik erwies. Zur Halloween-Party erschien Donovan in einem kurzärmeligen Hemd mit Schottenkaro, Schlabberjeans, weißen Socken und roten Turnschuhen. Er trug eine dicke Hornbrille, hatte sich das Haar mit Gel glatt nach hinten gestriegelt und trat in dieser Aufmachung als Billy Coombs auf. Als die Aufsicht führenden Pauker die Situation erfassten und Donovan achtkantig rausschmissen, war der Schaden schon nicht mehr gutzumachen und Billys Gefühlswelt mal wieder im Keller.

Aus irgendeinem Grunde klebten die Mädels damals wie die Kletten an Donovan, hauptsächlich Claire McCaffery, ein echtes Schnuckelchen und nett obendrein. Hielt die sich in der Nähe auf, ließ Donovan die Finger von Billy. An einem Samstagnachmittag sah Billy sie mutterseelenallein in einer Nische im Regal Grille sitzen. Er gab sich einen Ruck, latschte wie zufällig an ihr vorbei und nuschelte ein »Hi«, und zu seiner Verblüffung lud sie ihn ein, sich doch zu ihr zu setzen. Im Allgemeinen traf man sie sonst kaum allein an, weswegen Billy sich blitzartig im Diner umguckte, ob Donovan nicht in der Nähe herumspukte.

»Ist außer mir keiner da, Billy«, beteuerte sie.

Sie gab ihm eine Cola aus, dazu eine Portion Pommes mit Currysauce, und dann berichtete sie ihm, ihre Eltern hätten sich in die Haare gekriegt und deshalb müsse sie mal raus aus der Bude. Billy hielt überwiegend den Mund, hockte bloß da und hörte zu. Und als sie fertig war mit Erzählen, da tätschelte sie ihm die Hand und sagte: »Du bist echt 'n netter Kerl, Billy.«

Und da brach es aus ihm heraus. »Ja, aber wieso machst du dann mit so einem wie Donovan Marshall rum?«

Das entlockte Claire McCaffery ein Lächeln, und zwar ein niedliches. »Ich weiß, der benimmt sich mitunter wie der letzte Leo, aber ihm Grunde ist er 'n ganz Süßer. Ist halt so 'n verwöhntes Jüngelchen.«

Einfach so Claire zuzuhören – das war ein prima Tag gewesen. Nur sollte Billy danach 'ne ziemlich lange Zeit keinen angenehmen Tag mehr erleben.

Als Donovan nämlich Wind davon bekommen hatte, dass die beiden gemeinsam im Diner gesessen hatten, drehte er durch. Zum einen hieß es, er habe Claire fürchterlich beschimpft, weil sie sich in aller Öffentlichkeit mit einem wie Billy Coombs hatte blicken lassen. Zum anderen wurde getuschelt, er wolle Billy unbedingt die Fresse polieren und könne kaum erwarten, ihn zu erwischen.

Billy ging ihm nach Möglichkeit aus dem Wege. Er nahm jeden Morgen und Mittag einen anderen Schulweg, ging nie allein zum Klassenraum und plauderte nach dem Unterricht noch so lange mit dem Hausmeister, bis er einigermaßen sicher sein konnte, dass Donovan bereits nach Hause gefahren war. Dass er dieses Ausweichmanöver so nicht ewig durchhalten konnte, das lag auf der Hand, und am Freitag der darauffolgenden Woche war es dann so weit.

Gerade verließ er Wheelers Feinkostladen mit einem halben Pfund Mortadella und einem Laib »Wunderbrot«, das er im Auftrag seiner Mutter zum Abendbrot mitbringen sollte, als Donovan aus der zwischen der Fleischerei und der Apotheke liegenden Gasse hervortrat. Er verpasste Billy einen so gewaltigen Kinnhaken, dass ihm war, als knalle ihm einer einen Sack Münzgeld vors Kinn. Benommen kriegte Billy noch mit, wie er hinter die Geschäftshäuser gezerrt wurde, auf den so gut wie verwaisten Parkplatz.

Der nächste Schwinger erwischte ihn oben am Wangenknochen. Bemüht, auf den Beinen zu bleiben, krallte er sich an Donovan fest, aber die Schläge und Tritte erfolgten zu schnell, zu hart und landeten überall. Schließlich krümmte sich Billy wie ein Fötus, die Hände schützend über den angeschwollenen Genitalien. Ein Fehler. Zu spät registrierte er, dass er den Kopf schutzlos gelassen hatte.

Später erfuhr er, dass Mr. Wheeler ihn hinter dem Müllcontainer gefunden hatte, bewusstlos und aus einem Ohr blutend. Das Gesicht habe ausgesehen wie ein Brei aus zerquetschten Weintrauben, so beschrieb es Wheeler wiederholt, und die Lippen seien auf doppelte Größe geschwollen gewesen.

Seitdem war Billy nicht mehr der Alte. Er hatte von manchen Leuten verlauten hören, Donovan sei nur deshalb nicht wegen versuchten Mordes angeklagt worden, weil seine Eltern stinkreich waren. Donovan sei betrunken gewesen, so hieß es, und seine Freunde, so die Erklärung seines Vaters, die hätten ihn zu der Tat angestiftet. Es kursierten auch Gerüchte, Billys Angehörige hätten von Marshall Senior Geld bekommen, aber als Billy seinen Alten zur Rede stellte, da stritt dieser alles ab. Und kurz nach seinem 18. Geburtstag zogen seine Eltern auf einen festen Wohnwagenpark in Cocoa Beach – ohne ihn, wohlgemerkt, denn für drei sei der Trailer zu klein, meinten sie. Weihnachten bekam er aber immer eine Karte mit zehn Dollar im Umschlag.

Billy ließ den Blick durch seine Souterrainwohnung schweifen – ein Zimmer mit Küchenzeile an einem Ende und neben dem Heizungskessel eine Nasszelle mit Klo, Dusche und Waschbecken. Sein Gedächtnis ließ ihn inzwischen immer heftiger im Stich. Er konnte sich nicht einmal erinnern, mit wem er am Vortag gequatscht, geschweige denn was er zum Abendbrot gegessen hatte. Außerdem musste er sich im Kalender jeden Tag anstreichen, damit er wusste, wie lange die Knete noch reichte. Nur gab es leider stets mehr Tage als Geld.

Andererseits fiel's ihm kein bisschen schwer, sich an den Tag zu entsinnen, an dem Donovan sein Leben verändert hatte. Da konnte er noch so energisch versuchen, es zu vergessen. Er stellte sich ihn vor in seinem großen Haus in der Hemlock Lane, wie er in seinem Pool schwamm oder die Tageseinnahmen aus seinem Lokal zählte. Nein, eine Leuchte war Billy nicht, aber um zu kapieren, dass es eine prima Idee war, Donovan eins reinzuwürgen – dafür langte sein Grips allemal.

## 23. KAPITEL

Die Buchhandlungen quollen über von klugen Ratgebern mit Selbsthilfetipps für Frauen, die zu sehr lieben. Claire Marshall wünschte, sie hätte sich die Zeit genommen, einen davon zu studieren. Eventuell wäre sie auf ein Kapitel gestoßen, das sich mit der Frage beschäftigte, wie man sich verhalten sollte, war die rosarote Brille erst einmal kaputt.

Dass ihr Mann eine dunkle Seite hatte, das wusste sie schon seit Langem. Das hatte sie in der Highschool erlebt, beispielsweise an seiner miesen Laune nach einem verlorenen Basketballmatch oder nach einer wichtigen Klausur, bei der jemand besser abschnitt als er. Allerdings hatte sie fest angenommen, er habe aus der Sache mit Billy Coombs seine Lehren gezogen.

Der Mann, den sie geheiratet hatte, war ihr gegenüber nie handgreiflich geworden, nie ausfällig gegenüber den Kindern. Wenn er sich mitunter zu intensiv auf seine Arbeit konzentrierte – nun, welcher Selbstständige tat das nicht? Viele trieben es erheblich schlimmer. Donovan sorgte gut für seine Familie, und Claire musste zugeben, dass er immer noch einer der attraktivsten Männer war, die sie je gesehen hatte.

Bei diesem Gedanken schüttelte sie den Kopf. Knapp zusammengefasst erschöpften sich Donovans Schokoladenseiten darin, dass er hart arbeitete, noch seine volle Haarpracht besaß und seine Familie nicht malträtierte. Welch hehre Ansprüche! Die Schattenseiten: Arrogant und geldgierig hatte er sich zu jenem Typ des selbstsüchtigen, gefühllosen Liebhabers entwickelt, vor dem man in Frauenzeitschriften und Talkshows gewarnt wurde.

Sie stand am Wohnzimmerfenster und blickte zum Haus der Szilagyis hinüber, jenseits der Straße. Pete betete seine Frau regelrecht an, und wenngleich ihn sein Beruf auch zuweilen stark in Anspruch nahm, wusste Claire doch, dass er möglichst viel Zeit mit Lorraine verbrachte. Claire beneidete ihre Nachbarin und rätselte, wie das wohl sein würde, wenn man auch nur halb so viel Zuwendung bekam. Zwar sah sie das bläuliche Flirren des Fernsehschirms im Wohnbereich, doch Pete, der in seinem Lieblingssessel saß, schaute offenbar gar nicht recht hin, sondern guckte in einer Tour aus dem Fenster. Lorraines Wagen stand noch nicht in der Einfahrt. Es war spät. Er wartete auf sie und machte sich Sorgen.

Auch Donovan war noch unterwegs, was Claire jedoch im Gegensatz zu Pete nicht im Geringsten scherte. Er war zu seinem heiß geliebten Lokal gefahren, um dort allein zu hocken und nachzudenken, denn in einem Zehnzimmerhaus fand man ja keinen Platz zum Überlegen, weiß Gott. Claire hatte keine Miene verzogen, als ihr Gemahl trotz eines Quantums von vier Whiskeys im Blut den Mercedes rückwärts aus der Garage setzte, wobei er haarscharf am Laternenmast neben der Einfahrt vorbeischrammte.

Nach einem letzten Blick quer über die Straße schloss Claire die Vorhänge, löschte das Licht und stieg die Treppe zum Obergeschoss hinauf. Verstohlen sah sie noch nach den Kindern. Die Mädchen, Zoe und Kristen, schlummerten tief und fest, die Kuscheltiere im Arm. Im Zimmer gegenüber war Patrick Kevin gerade mitten in einem lebhaften Traum; er wimmerte halblaut vor sich hin, und seine Augen flackerten hinter den geschlossenen Lidern. Er war ein furchtsamer, sensibler Bub, bei dem stets ein Nachtlicht brennen musste. Gleichgültig, wie spät es war – ohne Gute-Nacht-Geschichte schlief er nicht ein. Am Ende des Flurs hatte Liam Alexander, der Älteste, sein Zimmer. Er war gar nicht erst ins Bett gekrochen, sondern lag seiner rebellischen Natur entsprechend in seinem »Camp«, einem kuppelförmigen Zelt, das er neben seinem Kleiderschrank aufgeschlagen hatte. Zwei nackte Füße ragten aus der Zeltöffnung heraus.

Claire stieg eine weitere Treppe hinauf zur großen Schlafzimmer-Suite, einem riesigen Refugium, das die ganze zweite Etage des Hauses einnahm. Wie so oft durchquerte sie den Raum im Dunkeln, um auf den erleuchteten Swimmingpool hinauszublicken. Seit einigen Monaten schon fühlte sie nachts häufig eine Nervosität in sich aufsteigen, sie fürchtete sich vor Schatten und wurde verfolgt von dunklen, unerklärlichen Vorahnungen. Wenn die Kinder schon schliefen, Donovan unterwegs und sie selbst allein in dem riesengroßen Haus war, überlief sie eine Gänsehaut, und dann beschlich sie das beklemmende Gefühl, dass sie irgendwie gefährdet war. Nur – wodurch? Durch wen?

Sie vermied es, des Nachts im Wintergarten zu sitzen, diesem vorhanglosen Glasschrein, der nach hinten hinausging zur Schlucht, wo möglicherweise ein Unhold lauerte und sie beobachtete. Sie versuchte auch, Donovan ihre Ängste zu erklären, aber er feixte bloß, nannte sie einen paranoiden Hasenfuß und warf ihr vor, sie wolle ihm nur ein schlechtes Gewissen für seine vielen Überstunden einreden. Seitdem hielt sie den Mund, aber die Angst war geblieben.

Des Öfteren kam es vor, dass ihr das Herz als Folge eines harmlosen Geräusches wie verrückt zu pochen begann, sodass sie in wilder Hast zu den Kinderzimmern stürzte. Hatte sie sich überzeugt, dass die Kleinen nicht in Gefahr waren, folgte ein hektisches Ritual, bei dem sie nachsah, ob alle Fenster und Türen geschlossen waren und das Telefon funktionierte. Erst dann normalisierte sich ihr Atem. Ja, sie war ein Angsthase.

Ihr Blick schweifte hinüber zum südwestlichen Winkel des Gartens. Eine von unten angestrahlte Trauerbirke warf gesprenkelte Schatten an den Sichtzaun aus Zedernbrettern. Es gab noch weitere Schatten, zum einen vom Baldachin eines großen norwegischen Ahornbaumes, zum anderen die kantige Silhouette des Geräteschuppens. Und einen, wo eigentlich keiner sein durfte, neben dem Schuppen nämlich – eine formlose, hünenhafte schwarze Masse, die den rechtwinkligen Umriss der Hütte seltsam verzerrte. Dann bewegte sich dieser Schemen. Da war jemand in ihrem Garten!

Jetzt hatte sie wirklich Grund zur Angst.

Ein kalter Schauder kroch ihr über den Rücken. Die Hand schon um den Telefonhörer gekrallt, starrte Claire in die Dunkelheit, während die Gestalt in geduckter Haltung in die Deckung des Ahorns rannte. In diesem Augenblick erkannte sie die unverwechselbare Silhouette. Weder war der Mann mit der hochgewachsenen, schlaksigen Figur und dem langen, zu einem Pferdeschwanz gebündelten Haar ein Einbrecher, noch stellte er eine Gefahr dar für ihre Kinder. Sie ließ das Telefon los.

Hinter den dicken Baumstamm gekauert, verharrte der Mann wartend in Deckung. In diesem Moment begriff Claire, was er vorhatte.

## 24. KAPITEL

Nick Wheeler wusste, dass er Kopf und Kragen riskierte. In der Deckung des Baumstamms kauernd, spähte er hinauf zu den dunklen Fenstern, angestrengt bemüht, Claire Marshall dort oben auszumachen. Bewusst ruhig durchatmend, zählte er stumm zwischen den flachen, keuchenden Atemzügen bis drei, derweil ihm das Herz dumpf wummerte. Zum Spurt über den Rasen vom Geräteschuppen bis hin zum Baum hatte er sich absolut überwinden müssen, besonders angesichts der stimmungsvollen Beleuchtung, die den Garten in blassgelbes Licht tauchte.

An der Nordseite der Hemlock Lane gelegen, fiel das Grundstück der Marshalls mit dem riesigen Garten nach hinten hangartig ab und mündete in eine bewaldete Schlucht mit einem Dickicht aus undurchdringlichem Unterholz. Aus Angst vor den umherstreunenden Coyoten, die die Gegend nachts unsicher machten, ließen die Anwohner ihre Haustiere lieber drinnen. Die Waldschlucht vermittelte einem das trügerische Gefühl, ungestört und abgeschieden zu wohnen, weswegen es viele für überflüssig hielten, die Vorhänge zu schließen. Sehr zum Vorteil für Nick, der häufig am Rande der Senke herumstrich und darauf hoffte, einen verstohlenen Blick auf weibliche Luxus-Leiber in unterschiedlichen Stadien der Nacktheit erhaschen zu können.

An diesem Abend hatte er sich nicht von der Schlucht aus angeschlichen, sondern war eher beiläufig die Straße entlanggeschlendert. Nach der Abreibung, die er sich bei seiner letzten Pirsch von den Brüdern Stasiuk eingefangen hatte, war ihm sein üblicher Schleichpfad ja verwehrt. Offenbar war in der Gegend tote Hose, zumindest so lange, bis Nick mitbekam, wie Marshall seinen Mercedes rückwärts aus der Einfahrt setzte und dabei beinahe den Laternenpfahl rasierte, ehe er dann mit aufjaulenden Reifen die Hemlock Lane hinunterbretterte und das am Ende der Gasse stehende Stoppschild einfach ignorierte. Binnen Sekunden, ehe sein Hirn den Füßen überhaupt den Befehl erteilte, sprintete Nick schon an der hohen Hecke entlang, die das Grundstück der Marshalls von ihren nördlichen Nachbarn trennte.

Zu spät die Einsicht, dass er wieder mal handelte, bevor er das Gehirn einschaltete. Egal. Jetzt war er hier, mit immer noch hämmerndem Herzen und granithartem Ständer. Und der tierische Adrenalinstoß verstärkte sich noch, weil Nick ja wusste, dass in direkter Nachbarschaft ein Bulle wohnte, nämlich Pete Szilagyi. Ein einziger Anruf von schlappen zwanzig Sekunden von so einer verängstigten Tussi, und schwupp, in Minutenschnelle wäre Szilagyi zur Stelle, und die Handschellen würden klicken. Spannender als jetzt konnte es also nicht werden.

Obwohl Nick nicht sonderlich auf Blondinen stand, war Claire Marshall doch ein gut aussehendes Exemplar, elegant und aristokratisch, jedoch ohne die blasierte, zickige Art, die solche hochherrschaftlichen Villenschnepfen sonst an sich hatten. »Die tut halt was für ihr Äußeres«, bemerkte Nicks Mutter häufig, wenn Claire zum Einkaufen kam. »Na ja, bei dem Geld kann man's sich ja auch leisten, immer gepflegt auszusehen.« Darauf lief es bei seiner Mutter jedes Mal hinaus: Einem Kompliment folgte unweigerlich der verbale Tiefschlag.

In letzter Zeit zerrissen sich die Kunden im Laden die Mäuler über die Marshalls; wer vor der Kasse anstand, der meinte offenbar, er müsse unbedingt seinen Senf dazugeben. Einige wenige bedauerten die Marshalls auch, allerdings Claire mehr als Donovan. »Denen rauscht das Geschäft voll den Bach runter.« Diese Weisheit stammte von Fred Tisdale, der im Gesundheitsamt arbeitete. »Und was soll Donovan ohne das Restaurant anfangen? Wundert euch nicht, wenn auch die Ehe noch in die Binsen geht.«

Nick war häufig verblüfft über die Informationen, die Kunden beim Einkaufen so über die Lippen kamen, obwohl sie sich doch eigentlich nur mit den Sonderangeboten für die Woche eindecken wollten. Seine Mutter lieh ihnen nur zu gern ihr verständnisvolles Ohr und tratschte um der guten Kundenbeziehungen willen tüchtig mit. Was allerdings die Eheprobleme der Marshalls betraf – da musste man Tisdale wohl recht geben.

Gemeinsam sah man das Ehepaar eher selten. Tagsüber spielte Claire die Chauffeurin für ihre Sprösslinge, indem sie die vier zur Privatschule nach Bryce Beach kutschierte. Abends war Donovan in seinem Lokal, wo er die Spendablen und die von auswärts kommenden Gäste hofierte. In Urlaub fuhren die Marshalls nie. Gemeinsam in der Öffentlichkeit zeigten sie sich nur zu einer Gelegenheit, und zwar beim jährlichen Sommerfest mit der stummen Versteigerung zugunsten gemeinnütziger Einrichtungen am Ort. Und letztlich gab's Gelegenheiten wie eben, als Donovan fuchsteufelswild aus dem Haus gestiefelt kam.

Nicks Grübeleien über die Zukunft von Donovans Ehe und seine Gemütsverfassung wurden unterbrochen, als im zweiten Obergeschoss warmes Lampenlicht im palladianischen Fenster aufleuchtete. Instinktiv langte er in seine Jackentasche und zog das Fernglas heraus, ein Reservegerät, nicht ganz so stark wie das andere, das er den Stasiuks zwangsweise abtreten musste. Trotzdem konnte er, als er es an die Augen führte, genau in die Schlafzimmer-Suite gucken. Deutlich sah er an der rückwärtigen Wand das wuchtige Doppelbett mit dem schmiedeeisernen Bettgestell, ein riesiges Poster mit Rahmen darum sowie eine Tischleuchte mit dunklem Schirm – exakt die passende Beleuchtung zum Bumsen.

Als Claire Marshall am Fenster erschien, hätte Nick gern gewusst, ob ihre Haut ebenso weich und glatt war, wie sie aussah. Er malte sich aus, wie er die festen Brüste mit der Hand umschloss und wie die prall werdenden Knospen auf die Berührung reagierten. In seiner Fantasie zupfte er sacht an ihrem Spitzenhöschen, bis es sich um ihre Knöchel ringelte, und dann führte Claire seinen Kopf zwischen ihre gespreizten Beine. In Gedanken hörte er ihr Murmeln, wie sie seufzte, dass es schon so lange her war, dass sie schon so lange warte, genau auf dies. Er bildete sich ein, er könne sie stundenlang so antörnen, genau so, wie sie es jetzt mit ihm machte.

Blond oder nicht – Claire Marshall, so lautete Nicks Beschluss, war genau sein Typ.

Ehe sie nahe ans Fenster trat, schien sie einen Moment zu zögern. Warum wohl? Überlegte sie, ob sie noch schwimmen gehen sollte? Oder beobachtete sie die Büsche? Hatte sie ihn entdeckt? Nick erstarrte, schon Krämpfe in den Beinen wegen der kauernden Haltung, aber er achtete nicht auf den Schmerz. Die kleinste Bewegung, und er wäre geliefert. Mit schwerer werdenden Armen presste er sich den Feldstecher an die Augen. Er biss sich auf die Lippen, der ganze Körper ein qualvoll verspanntes Knäuel.

So setzte sich das minutenlang fort – Claire sinnend am Fenster stehend, derweilen Nick darüber rätselte, wohin ihre geheimen Gedankenflüge sie wohl tragen mochten. Dachte sie etwa an ihren Mann? Fragte sie sich, wohin er gefahren war? Oder wünschte sie gar, er käme nicht zurück? Eventuell hatte es Zoff gegeben, und nun fürchtete sie, die Kinder könnten es mitgekriegt haben. Oder stand sie jeden Abend hier am Fenster und grübelte darüber nach, wie ihr Leben an diesen Punkt geraten konnte?

Alsdann drehte sie sich vom Fenster weg. Blitzschnell packte Nick die Gelegenheit beim Schopfe, um seine Haltung zu ändern und die Beine unter den Körper zu ziehen, sodass er nun auf dem Rasen kniete und das Fernglas in die andere Hand wandern lassen konnte. Er hätte liebend gern den schmerzenden Arm ausgeschüttelt und seine Beine massiert, verkniff es sich jedoch. Claire stand inzwischen mitten in der Schlafzimmersuite, den Blick starr auf das leere Bett gerichtet. Bei Nicks nächstem Herzschlag griff sie hinter sich und hakte ihren BH auf. Er glitt zu Boden. Zögernd senkten sich ihre Hände zu den Hüften.

Nick hielt den Atem an, doch das Höschen fiel nicht. Dann folgte eine quälend langsame Drehung, etwa so wie die Pirouette der Ballerina in einer Kinderschmuckschatulle, bis Claire ihm wieder die Vorderseite zuwandte. Trotz seines trockenen Mundes entfuhr ihm ein heiseres Keuchen, als sie die Arme hoch über den Kopf hielt und gähnend den Rücken nach hinten bog, die nackten Brüste dargeboten wie eine makellose Opfergabe.

Eine rasche Bewegung, schon stand sie neben dem Bett. Und dann versank das Zimmer in Dunkelheit.

## 25. KAPITEL

Einen Schlussstrich verlange man ja nicht, aber Antworten hätte man schon gern. So beschrieb ein Mitglied von Petes Soko die Auffassung von Jutta Metzger, der einzigen Tochter von Anke und Rolf Metzger, zwei der ersten Giftopfer von Pleasant Bay. Die Aufklärung der sechs Todesfälle aus Donovan's Restaurant zog sich inzwischen fast zwei Wochen hin. Die Angehörigen derjenigen Opfer, die durch den Verzehr kontaminierter Mandeln aus Ciccones Laden ums Leben gekommen waren, die trauerten, warteten und rätselten nun bereits den zweiten Monat, unter anderem auch Jutta. Hörte man den Polizeidirektor und den Bürgermeister reden, konnte man den Eindruck gewinnen, dass die Ermittlungen schon viel länger dauerten. Kein Tag verging, ohne dass Pete nicht alle möglichen Ausbrüche über sich ergehen lassen musste, von weinerlichem Klagen bis hin zu lautstarkem Gebrüll, das näselnde Knurren des Chiefs ebenso wie die lispelnde Fistelstimme des Bürgermeisters. Petes Ernährung bestand nur noch aus Koffein, Kleie-Muffins und Magentabletten, »zum Glück nur normale Magenprobleme«, wie er erst gestern in Gegenwart seines Polizeichefs gewitzelt hatte.

Der konnte darüber nicht lachen, und die überschüssige Magensäure fraß weiter an Petes Magenschleimhaut. Er warf sich zwei der Drops ein, wobei er zugeben musste, dass er immer noch besser dran war als Alfonso Ciccone, der am vergangenen Abend gegen elf in die Stadt zurückgekehrt war und sich schnurstracks in der Notaufnahme gemeldet hatte. Brustschmerzen, so seine Frau an diesem Morgen gegenüber Reportern. Schlimme. Feuchtkalte Haut. Grau im Gesicht. Kurzatmigkeit.

»Wie es scheint, fordert der Zyanid-Killer noch ein Opfer«, berichtete die Rundfunkansagerin mit der samtenen Stimme. Pete drehte die Lautstärke höher und lauschte dem neuesten Bulletin über Ciccones Gesundheitszustand. Ciccone lag auf der Intensivstation und erholte sich von einem massiven Koronarinfarkt, hervorgerufen vermutlich vom Stress, der nach so vielen Todesopfern schwer auf ihm lastete. »Aufgrund der tragischen Ereignisse, von denen die Stadt in jüngster Zeit erschüttert wurde, sind die Bewohner von Pleasant Bay noch immer wie vor den Kopf geschlagen. Mitarbeiter des Amtes für Lebensmittelsicherheit, die in den vergangenen Wochen Amtshilfe leisteten, stehen auch weiterhin in Kontakt mit der örtlichen Polizeibehörde, um sicherzustellen, dass die Vorschriften für die Einhaltung der öffentlichen Gesundheit befolgt werden.« Das wirksame Eingreifen der Behörde hielt Pete und seiner Kommission den Rücken frei, sodass man die Angehörigen der Opfer vernehmen und der Fährte des Giftes folgen konnte.

Auch jetzt war Pete wieder dem Zyanid auf der Spur. Gleich hinter dem Ortsschild schaltete er das Funkgerät ab, setzte den Blinker und lenkte den Wagen auf den Hauptparkplatz der Universität, während auf seiner Zunge die letzten Körnchen der Magentablette schmolzen. Er spähte nach einer Parklücke und zwängte dann seinen Ford Crown zwischen zwei protzige Allradkombis, die beide mehr Parkraum besetzten, als ihnen zustand. Es hätte nicht viel gefehlt, und er hätte seine Wagentür beim Öffnen voll gegen den silbergrauen Lincoln Navigator geknallt.

Marc Renauds Büro befand sich im zweiten Stock eines betagten, weiß verklinkerten Forschungstrakts am westlichen Ende des Campus. Zwei Schritte auf einmal nehmend, hastete Pete die Treppen hinauf, vorbei an mosaikgemusterten Wänden und in Mobiltelefone plappernden Studenten. Wie er wusste, gab Renaud mittwochs um 14 Uhr eine einstündige Vorlesung; danach kehrte er in der Regel in sein Büro zurück, um seine Aktentasche auszupacken. Pete nahm sich vor, dort auf ihn zu warten.

Exakt zehn Minuten nach voller Stunde federte Renaud schwungvoll durch die Bürotür, das leinene Sportsakko lässig über die Schulter geworfen. Als er Pete sah, fielen ihm sowohl Kinnlade als auch Aktentasche herunter.

»Gemach, Professor«, beschwichtigte Pete. »Dienstliche Angelegenheit!«

Renauds Stirnfalten glätteten sich. Er wies auf einen Stuhl, ließ aber die Tür offen.

Der dunkle Teint und die hohen Wangenknochen verliehen Marc Renaud das Aussehen eines französischen Aristokraten. Pete konnte sich unschwer ausmalen, wie er die Skipisten von Chamonix hinunterwedelte oder einen Porsche durch die Kurven des südfranzösischen Grand Corniche manövrierte. Sich vorzustellen, wie er vor einem Hörsaal voller Studentinnen und Studenten der Ingenieurswissenschaften über die Umweltrisiken der Zyanidlaugung dozierte, bedurfte einiger Fantasie. Pete wusste aber, dass der Professor als Koryphäe auf seinem Fachgebiet galt. Auf der Kante eines eichenen Drehstuhls hockend, probierte er unterschiedliche Posen aus: Beine überkreuz, Hände auf den Armlehnen, Beine wieder auseinander und gespreizt, Hände auf den Knien.

Pete verkniff sich ein verstohlenes Kichern und genoss für

einen Moment das Unbehagen seines Gegenübers. Dann sagte er: »Erzählen Sie mal was über Zyanid.«

Renaud guckte verdutzt. »Was soll damit sein? Natriumzyanid, Salz der Blausäure, weiß, wasserlöslich und eine der giftigsten Chemikalien auf Erden.«

»Was den letzten Punkt angeht, bin ich mir dessen schmerzlich bewusst.«

»Ach so, die Morde! Ja, klar. Wahrlich kein schöner Tod.« Renaud verknotete die Füße unter dem Stuhl. »Aber ich begreife nicht ganz, was Sie herführt, Detective.«

»Ich möchte mir von Ihnen erklären lassen, wie Zyanid im Bergbau angewandt wird.«

Offenbar etwas gelockerter, schlüpfte Renaud wieder in seine Professorenrolle. »Das Zyanidlaugungsverfahren ist ein alter Hut. Gibt's schon seit 1887. Sowohl Natrium- als auch Kaliumzyanide kommen dabei zum Einsatz, um Gold und Silber aus dem Gestein herauszulösen. So werden zum Beispiel zerkleinerte goldhaltige Erze wochenlang mit einer wasserverdünnten Zyanidlösung in Auffangbecken geschlämmt. Die Goldspuren werden herausgelöst und der goldhaltige Schlamm durch Aktivkohle geleitet, die das Gold an sich bindet.«

Als Nächstes dozierte der Professor über Zinkzyanide und warf Pete dabei ein ganzes Wörterbuch voll Fachchinesisch an den Kopf. Am Ende des Vortrags hatte Pete zwei Wörter verstanden: schwarzer Schlamm. »Dieser ›schwarze Schlamm‹ wird gereinigt, geschmolzen und in Feingoldbarren gegossen.«

»Und das ist ungefährlich, dieses Zyanidverfahren?«

»Umweltschützer verneinen das. Im Jahre 2000 gelangten versehentlich Zyanidreste vom Goldabbau in die Theiß in Rumänien. Im Mai 1998 ergossen sich knapp sieben Tonnen zyanidverseuchter Erzabfälle in den Whitewood Creek im US-Bundesstaat South Dakota. Ferner kursieren Horrorstorys über schwere Verseuchungen mit tödlichen Folgen für die Tierwelt, und zwar in Spanien, Guyana, Kirgisien und Montana. Auch wenn die Zyanidverbindungen nicht so hochgiftig sind wie das reine Zyanid, braucht ein Gewässer doch Jahre zur Wiederherstellung des biologischen Gleichgewichts. Die tödliche Wirkung auf die Fischbestände ist beträchtlich. Also, ungefährlich? Darüber lässt sich streiten. Andererseits bietet die Zyanidlaugung den Minenbetreibern eine wirtschaftliche Methode zur Ausbeutung großer Mengen von Erzen mit niedrigem Goldgehalt. Besonders dann, wenn man sich nicht um die Kosten für die Beseitigung der Umweltfolgen schert. Heute kommen rund dreizehn Prozent der weltweiten Zyanidproduktion im Bergbau zum Einsatz.«

»Was ist mit den restlichen siebenundachtzig Prozent?«

»Die fließen in feuerhemmende Stoffe, pharmazeutische Produkte, Kosmetika und die Nahrungsmittelverarbeitung, ein Gutteil auch in die Herstellung von Kunst- und Klebstoffen. Wertvoll ist es zudem als Rieselzusatz in Tafel- und Streusalzen, weil es das Verklumpen des Salzes verhindert.«

»Sie haben Zyanid in Ihren Labors. Wie viel?«

Der Professor fing wieder mit seinem nervösen Gezappel an. »Zeige ich Ihnen. Kommen Sie mit.«

Renaud stand auf, sichtlich froh über die Gelegenheit, auf die Beine zu kommen und Petes musterndem Blick entgehen zu können. Während er Pete eine weitere mosaikverzierte Treppenflucht hinunterführte, referierte er in hastigem, atemlosem Stakkato über giftige Ausschwemmungen, Einsatzhärten bei Stahl und pyrometrische Messverfahren. Pete hörte sich alles an, nickte an den entsprechenden Stellen und stellte höfliche Zwischenfragen. Renaud ging auf jede ein, indem er ausführliche und fachkundige Antworten gab. Im Labor angelangt, fühlte er sich augenscheinlich wohler in seiner Haut.

Das Laboratorium war typisches Weltraumzeitalter, ausgestattet mit allen Schikanen und so steril wie ein Operationssaal. Schränke und Schubladen waren nummeriert und etikettiert, sämtliche Schlüssellöcher verchromt und blitzblank. Renaud schloss eines der Fächer auf und zeigte Pete den fakultätseigenen Vorrat an Zyanidsalzen, der in einem dicht verschlossenen Behälter aufbewahrt wurde. »Wir haben ein ausgezeichnetes Belüftungssystem und halten das Zyanid von Oxidationsagenzien fern.«

»Professor, ich bin kein Wissenschaftler. Was sind Oxidationsagenzien?«

»Salpetersäure, Stickstoffe, Superoxyd zum Beispiel. Kommen Zyanidsalze in Kontakt mit einem Oxidationsagens, hat man am Ende ein extrem lebensgefährliches Wasserstoff-Zyanidgas.«

»Dann haben Sie also im Grunde eine eigene Gaskammer.«

»Mehr oder minder schon«, räumte Renaud ein. »In den Gefängnis-Gaskammern befindet sich das Zyanid in Glaskugeln unter dem Stuhl des zum Tode Verurteilten. Lässt man die Kugeln fallen, zerschellen sie in einem irdenen Topf mit Schwefelsäure. Das Resultat ist ein tödliches Wasserstoff-Zyanidgas. Manche Delinquenten versuchen, in kurzen, flachen Zügen Luft zu holen oder den Atem anzuhalten. Augenzeugen zufolge leiden sie dann minutenlange Todesqualen. Atmet man hingegen tief durch, tritt der Tod fast auf der Stelle ein. Soll auch schmerzlos sein, heißt es. Ich werde mich drauf verlassen.« Renaud lachte nervös.

»Wie viel haben Sie da?«

»Ein Kilogramm.«

»Woran würden Sie denn merken, dass etwas fehlt?«

»Würde ich vermutlich gar nicht. Wenn man's unbedingt drauf anlegen würde, könnte man durchaus etwas abzwacken.«

»Wer hat Zugang zu dem Schrank da?«

»Die Professoren. Einige Laboranten.«

»Und alle Labors haben Zyanid?«

Renaud verneinte kopfschüttelnd. »Nur Laboratorien für Goldgewinnung, Mineralverarbeitung und hydrometallurgische Labore.«

»Woher beziehen Sie das Zeug?«

»Universitäten können Zyanid über jedes x-beliebige Chemiewerk ordern. Davon gibt's etliche. Wir sind mit der Firma Sloane Scientific im Geschäft.«

Einmal in Schwung, zeigte Renaud Pete noch, wo sich die Augendusche und die Sicherheitsdusche befanden. »Jeder, der mit den Salzen umgeht, muss Chemikalienschutzbrille und Schutzhandschuhe tragen. Einatmen oder Hautberührung kann ebenso tödlich sein wie die Aufnahme über die Nahrung. Mit dem Zeug hier ist nicht zu spaßen ... Detective Sergeant.«

»Warum lagern Sie dann überhaupt welches?«

Renaud zuckte die Achseln. »Alle naselang droht mal einer mit 'nem Zwergenaufstand und will das Zyanidlabor endgültig schließen. Mir wär's schnuppe, so oder so.«

»Die übrigen Profs ihrer Fakultät – steht einer von denen in letzter Zeit besonders unter Stress?«

Renaud lächelte. »Sie kennen doch den Klischeespruch. Publizieren oder krepieren. Unter Druck stehen wir alle.« Sein

Lächeln verflog. »Aber dermaßen, dass einer durchdreht und zehn Menschen umlegt? Nee. Das kann ich mir bei keinem von denen vorstellen.« Er verstummte und hielt zum ersten Mal Petes Blick längere Zeit stand. »Stehe ich etwa unter Verdacht, Detective?«

»Schließen Sie lieber den Schrank da gut ab«, gab Pete zurück. »Zum gegenwärtigen Zeitpunkt, Professor, müsste ich sogar meine Großmutter selig verdächtigen – wenn die noch unter uns weilen würde. Ich halte mich an eines der bewährtesten Prinzipien der Verbrechensbekämpfung.«

»Und das wäre?«

Pete wartete ab, bis das Giftschrankschloss hörbar einrastete, und fixierte den Wissenschaftler seinerseits mit einem Blick. »Traue niemandem.«

## 26. KAPITEL

*The Daily Sentinel, Dienstag, 24. August 2004 – Seite 1*
REQUIESCANT IN PACE – Sie ruhen in Frieden:

> Angela Amato, Rona Brickell, Gunilla Holm, Filip Kocyk,
> Lloyd McCulloh, Anke Metzger, Rolf Metzger,
> Glenn Rooney, Seamus Rooney, Graeme Thomas

Wir gedenken derer, die wir geliebt und verloren haben, anlässlich eines Gedenkgottesdienstes am Samstag, dem 11. September, 20.00 Uhr im Matheson Park.

»Claire?«

Claire Marshall trat in die Küche und folgte dem Blick ihres Mannes. Auf der rostfreien Stahltür des Kühlschranks prangte ein Zeitungsausschnitt, gehalten von einem Reklame-Magneten, einem Werbegeschenk ihres Versicherungsmaklers.

»Was hängt das immer noch da? Muss ich mich jedes Mal, wenn ich den Kühlschrank aufmache, an das Fiasko erinnern lassen?«

Nicht Tragödie! Fiasko!

»Deine Hand sieht nicht aus, als wäre sie gebrochen«, fauchte sie. »Wenn's dir nicht passt, nimm's weg!«

Donovan riss den Ausschnitt mitsamt dem Magneten vom Kühlschrank herunter, pfefferte beides in den unter der Spüle befindlichen Mülleimer und knallte vernehmlich die Klappe zu. »Wäre wahrscheinlich zu viel verlangt, von dir ein bisschen Unterstützung zu erwarten. Als hätte ich nicht schon genug am Hals!«

Sie unterdrückte ein Stöhnen. »Wir alle müssen da durch, Donovan. Ich, die Kinder, die ganze Stadt und, jawohl, die Angehörigen der Opfer. Also – es dreht sich nicht alles nur um dich!«

»Hab ich auch nie behauptet. Ich …«

Mit erhobener Hand brachte sie ihn zum Schweigen. Donovan lallte schon leicht und hatte eine deutliche Fahne – und das, obwohl es kaum Mittag war.

»Ach, komm, geschenkt! Ich weiß, es sieht zappenduster aus. Ob das Lokal nun draufgeht oder nicht – einiges muss anders werden. Hast du noch mal drüber nachgedacht, ob wir die Kinder aus der Privatschule nehmen sollen?«

»Nachgedacht? Wozu? Kommt nicht infrage!«

Am liebsten hätte sie ihm eins mit der Whiskeyflasche über den Schädel gegeben. Draußen schubste Liam Alexander gerade Kristen in den Pool.

»Liam!«, schrie Claire durch die Fliegengittertür. »Nicht so grob!« Sie behielt die Rangen im Auge, wusste sie doch, ihr Ältester wartete nur darauf, dass sie nicht Acht gab, damit er seine Geschwister weiter triezen konnte.

»Donovan, das Schuljahr fängt erst in anderthalb Wochen an. Wir können die Kinder hier in der Schule anmelden und 55.000 Dollar sparen.«

Davon wollte Donovan nichts wissen. »Die Leute sollen nicht denken, wir könnten uns die Privatschule nicht mehr leisten«, beschied er kopfschüttelnd. »Die meinen doch dann erst recht, ich wäre endgültig pleite. Außerdem macht Liam sich prima da drüben an der Academy.«

Vorübergehend schweiften Claires Gedanken hin zu dem Messerblock aus Zedernholz, der auf der Küchenarbeitsplatte stand. Würde ihr Göttergatte wohl Vernunft annehmen, wenn man ihm eine scharfe Schneide an die Kehle drückte? »Nun, irgendwo *müssen* wir sparen, und ich hoffe, du entscheidest dich, worauf du verzichten kannst, ehe deine Familie in ernste finanzielle Schwierigkeiten schlittert. Wie viele Kunden waren gestern Abend im Restaurant?«

Sein Zögern war schon eine Vorwarnung, dass er ihr eine Lüge auftischen würde. »Besser als zu Wochenbeginn.«

»Wie viel besser, Donovan? Wie viele Kunden? Und kein dummes Gelaber, bitte!«

Angesichts ihres Tons hob er eine Augenbraue, aber Claire starrte ihn an, bis er den Blick abwandte. »Sieben.«

»Also, bei sieben zahlenden Gästen kannst du dir die Privatschule für deine Sprösslinge abschminken. Denk mal drüber nach! Und statt dir schon wieder das Glas vollzumachen, pass lieber wie versprochen auf die Kinder auf, solange sie im Pool rumtoben!«

Donovan Marshall war es eigentlich nicht gewohnt, Befehle entgegenzunehmen, erst recht nicht von seiner Frau. Trotzdem tat er wie geheißen und hockte schmollend den größten Teil des Nachmittags am Rande des Swimmingpools, derweil Claire die unangenehme Aufgabe übernahm, ihre Putzfrau sowie den Gärtner zu entlassen. Anschließend gab sie telefonisch beim *Sentinel* ein Inserat für den Verkauf ihres Luxus-Jeeps auf und rief die Schulleiterin der Locust Elementary an, der Schule für ihren Einzugsbereich. Wenn schon Donovan die Realitäten nicht akzeptieren konnte, dann, so Claire, wollte zumindest sie selbst einiges in Bewegung setzen, und zwar auch ohne seine Erlaubnis!

Als es Zeit fürs Abendbrot wurde, hatte sich Donovans Miene ausgesprochen bedrohlich verfinstert. Er wies das Essen zurück, gönnte den Kleinen kaum ein Wort und behandelte Claire wie Luft. Er duschte, warf sich in eine sandfarbene Sommerhose und einen schwarzen Blazer und stapfte wortlos zur Tür hinaus. Claire wusste, dass er sein übliches Lächeln im Lokal aufsetzen würde, nämlich für seine Handvoll Gäste, die mutig genug waren, auswärts zu speisen. In der Mehrzahl handelte es sich vermutlich um neugierige Auswärtige, die wahrscheinlich den Schauplatz des grässlichen Geschehens einmal in Augenschein nehmen wollten. Spät in der Nacht würde er schließlich ins Haus geschlichen kommen, eine leichte Senke auf seiner Seite des Bettes machen und seiner Frau das ganze Wochenende aus dem Weg gehen. Allmählich gewöhnte Claire sich daran.

Bereits in ihren Schlafanzügen und ausgerüstet mit DVD und Knabberzeug, bezogen die Kinder ihre Schlafsäcke auf dem Teppichboden des Familienzimmers. Sie liebten dieses Freitagabendritual, insbesondere Zoe, die ihren gesamten Plüschtierzoo auf den »Campingplatz« mitschleppte. Oftmals kuschelte Claire sich noch dazu in eine Sofaecke, und so schliefen sie alle fünf ein, um dann am folgenden Morgen von Donovan mit Rührei und Würstchen geweckt zu werden.

Claire seufzte. Schon seit Urzeiten hatte Donovan nichts mehr für sie gebrutzelt. Ein verstohlener Blick ins Wohnzimmer verriet ihr, dass ihre vier »Camper« nach wie vor dort vor dem Großbildfernseher lagerten, wie gebannt von den computerisierten Spezialeffekten. Wenig erpicht auf das aus der Flimmerkiste dröhnende Getöse, schlich sie die Treppe hinauf nach oben, ließ die Wanne volllaufen und richtete sich auf ein schönes, ausgiebiges Duftbad ein. An sich für zwei gedacht, war die große Wanne inzwischen ein ebensolch überflüssiger Luxus wie das überdimensionale Doppelbett. Auf einmal erschien Claire alles, was sie besaßen, zu groß.

Nach dem Bad trocknete sie sich mit einem riesigen, flauschigen Badetuch ab, doch statt nach ihrem Bademantel zu greifen, tappte sie nackt in den angrenzenden begehbaren Kleiderschrank und öffnete ihre Wäschekommode. Sie wählte einen Body in einem tiefen Weinrot, schlüpfte hinein und fühlte die kühle, glatte Seide auf ihrer parfümierten Haut.

Ohne das Licht einzuschalten, setzte sie sich auf ein prall gepolstertes Zweiersofa neben dem palladianischen Fenster und starrte von dort in den illuminierten Garten. In der vorigen Nacht war ihr keine Bewegung aufgefallen, kein schemenhafter Besucher, doch heute, so ihre Vermutung, konnte sich das durchaus ändern.

Das Wasser im Swimmingpool schimmerte einladend an dem stillen Sommerabend. Sie stellte sich vor, wie sie nackt durch die Fluten glitt, sämtliche Sinne prickelnd lebendig. Als Schwimmerin besser und eleganter als Donovan, ruhte sie in sich selbst, wenn sie im Wasser war, besonders nachts. Im Wasser fühlte sie sich als Herrin der Lage.

Sie verlor jegliches Gefühl dafür, wie lange sie dort am Fenster saß; eventuell war sie sogar eingenickt, doch als sie den Blick erneut auf den Garten richtete, stellte sie keine Veränderung fest. Nach wie vor war sie allein.

Sie kam sich vor wie eine selten dumme Gans, wie ein Möchtegern-Rapunzel, das auf den Ritter wartet, der es aus dem engen Turmverlies des Bösewichtes errettet und es im Nu in eine schönere Freiheit entführt, und sei es nur für fünf Minuten. Donovan hatte ganz recht. Man war nicht mehr auf der Highschool; manch einem spielte die Lebenswirklichkeit erheblich übler mit als ihnen. Endlich eine Gemeinsamkeit mit ihrem Mann: Sie mussten sich am Riemen reißen, und zwar beide. Das war das Problem, wenn man in einer Scheinwelt lebte. Früher oder später folgte das böse Erwachen.

Für einen Moment stockte ihr der Atem. Ein Zittern durchlief das Buschwerk neben dem Gartenschuppen. Claire zuckte hoch, beugte sich zum Fenster und wartete, die Atemzüge hastig und unregelmäßig.

Unter ausgelassenem Gequietsche tollte ein Rudel Waschbären über den Rasen. Claire blies die Luft aus und schickte einen Kraftausdruck hinterdrein, weniger an die Waschbärenfamilie gerichtet als an sie selbst. *Du hast sie nicht alle!* Durch die Dunkelheit blinzelte sie hinüber zum beleuchteten Ziffernblatt des Weckers neben dem Bett. Halb eins. Schluss für heute.

Sie erhob sich, tappte ins Badezimmer und hüllte sich in ihren Bademantel. Im Spiegel erblickte sie zufällig ihr Gesicht, gerötet wie nach dem Joggen. Oder wie nach dem Sex. Oder nach Sex in Gedanken. Auf Zehenspitzen huschte sie rasch nach unten. Als sie auf dem Weg zum Arbeitsraum an der Tür zum Familienzimmer vorbeischlich, sah sie die Kinder tief und fest schlummern, derweil auf dem Monitor noch ein Zeichentrickfilm flimmerte. Wohl wissend, dass sie nicht würde einschlafen können, fuhr sie ihren Computer hoch, rief ihren Internetbrowser auf und klickte nach alter Gewohnheit die Chronik an, um sich zu vergewissern, welche Internetseiten ihr Nachwuchs besucht hatte.

Halbwegs harmlose. Überwiegend. Rockstar-Websites. Informationen über die Mayas für Kristens Schulprojekt. Bis Claire die zuletzt besuchte Seite anklickte. Da stieß sie nämlich auf eine Schar von Männlein und Weiblein in Ketten, schwarzen Ledermasken und anderem sadomasochistischen Schmuddelkram, abstoßende Fotomontagen, allesamt überaus deutlich. Obwohl sie nur kurz dort verweilte, merkte Claire doch, wie ihr das Glas Milch, das sie zum Abendbrot zu sich genommen hatte, sauer aufstieß. Was hatte das alles bloß zu bedeuten? Sie klickte auf das schwarze X rechts oben in der Menüleiste, und die Bilder verschwanden.

Ohne dass sie es wollte, flammte eine Erinnerung an früher vor ihrem geistigen Auge auf. Es war schon Jahre her. Sie und Donovan hatten sich ein Wochenende ohne die Kinder gegönnt und einen Aufenthalt in einem exklusiven Ferienhotel nur für Erwachsene gebucht, weiter nördlich, wo sie einmal erleben wollten, wie die Bäume ihre herbstliche Farbenpracht entfalten. Sie schlürften Edelsekt, viel zu viel davon, und im Hochgefühl ihrer champagnertrunkenen Euphorie regte Donovan ein kleines Rollenspiel an. Sie entsann sich noch an die Klapse auf den Po, an ihre Scham und Verlegenheit, an Donovans Erregung. Auf der Heimreise hatte sie ihm unmissverständlich klargemacht, das sei das erste und letzte Mal gewesen. Schmerzen, und mochten sie angeblich noch so gut gemeint sein, entsprachen ihrer Vorstellung von Liebeswonnen nicht im Geringsten.

So also sah Donovans neues Märchenland aus, was? Ein Jungbrunnen eigener Art, der ihm jene Machtfülle wiedergab, die ihm angesichts des geschäftlichen Scheiterns entglitt. Angeekelt stieß Claire eine Verwünschung aus, sah sich im Zimmer um und ließ gleich noch einen Kraftausdruck folgen.

Der Wohn- und Arbeitsbereich stellte ein weiteres Beispiel für Donovania dar, eine aufdringlich auf männlich getrimmte Trophäenkammer voller gerahmter englischer Jagdszenen, klotziger Möbelstücke und penibel platzierter Nippesfiguren, die eine Atmosphäre von Kultiviertheit und gehobenem Stil verbreiten sollten. Ironischerweise gehörten sämtliche Bücher auf den Regalen Claire.

Was für eine Farce. Das ganze Haus diente gleichsam als Kulisse, als Fassade für das gekünstelte Leben, in dem sie sich eingerichtet hatten. Schlagartig wurde es Claire klar: Je länger sie blieb, desto schlimmer würde sie hier untergebuttert werden – von diesem riesenhaften Haus, von Donovan und seinen unaufhaltsam abwärtstrudelnden Launen, von dem Druck, den Mummenschanz aufrechtzuerhalten.

Abspecken war angesagt. Schon schwebten Claires Finger über der Tastatur ihres Heimcomputers, und dann begann sie zu tippen: »Natrium-Zyanid«.

## 27. KAPITEL

»Für mich? Johnny, du bist ein Schatz!«
Yvonne Stasiuk nahm die Ohrringe, die ihr Sohn ihr auf der flachen Hand hinhielt, und legte sie rasch an. Um den Sitz zu überprüfen, stürzte sie hinüber zum Spiegel, der gleich hinter der Haustür im Korridor hing. Sie kollidierte dabei um ein Haar mit Jesse, der gerade von der Arbeit nach Hause kam.

»Mensch, Ma, wo brennt's?«

»Guck mal!«, sagte sie, wobei sie sich das Haar zurückstrich. »Perlen. Von Johnny. Sind die nicht schön?«

»Das will ich meinen«, gab Jesse zurück und wandte sich an seinen Bruder. »Wo hast du die her?«

»Na, woher schon?«

»Kein Plan. Deshalb ja meine Frage.«

»Scher dich um deinen eigenen Kram!« Johnny trat einen Schritt auf Jesse zu. Der wich zurück.

»Schluss damit, ihr zwei!«, befahl Yvonne. Sie ging wieder ins Wohnzimmer und nahm Johnny kräftig in den Arm. »Mein Johnnychen«, gurrte sie dabei. »Ach, was bist du ein lieber Junge! Für dich würde ich alles tun, das weißt du doch, oder?«

Er zerzauste ihr neckisch die Frisur und zwinkerte seinem Bruder zu. »Danke, Ma. Merke ich mir.«

Den ganzen Rest des Tages spazierte Johnny mit einem Lächeln herum, nicht so sehr wegen der Verzückung seiner

Stiefmutter angesichts des kleinen Präsents, sondern weil sein Hirn bereits auf Hochtouren tickte. Eine Idee nahm allmählich Gestalt an, eine gute, und schlagartig traf ihn ein Geistesblitz, wie seine Stiefmutter dabei eventuell von Nutzen sein konnte. Sein Glück, dass sie so gern shoppen ging.

Am Samstagmorgen verließ Pete schon früh das Haus, einen Sesambagel zwischen die Zähne geklemmt, wodurch sein allgemeines »Tschüss allerseits« in einem nuschelnden Gurgeln erstickte. Lorraine folgte nur wenig später, beladen mit Aktenkoffer und Sporttasche, vor sich einen weiteren Tag an der Uni, um liegen gebliebene Arbeit zu erledigen, ausgiebig im Fitnessstudio zu schwitzen und anschließend noch einige Stadionrunden zu drehen. Kaum war Lorraine aus dem Haus, da folgte Tony Olivia in die neben der Küche gelegene Wäschekammer und zwängte sie gegen die Waschmaschine.

»Meine Güte, Tony! Was soll das?«

Sie spürte, wie sich seine Erektion gegen ihre Pobacken quetschte, während seine Hände gleichzeitig unter ihr T-Shirt glitten. »Du warst doch immer schon ein Morgenmensch«, raunte er ihr ins Ohr.

»Und wenn einer von den beiden zurückkommt?« Ihr Protest wirkte eher halbherzig, derweil seine Fingerspitzen um ihre Brustwarzen kreisten und sie selbst über Tonys Schultern Richtung Haustür blickte.

»Die sind weg!«, flüsterte er drängend und zupfte jetzt sacht. Mit einer raschen Drehung kehrte er Olivia zu sich herum, rammte sie rücklings gegen den Wäschetrockner und ließ, die Lippen auf ihren Mund gepresst, seine Zunge gierig forschen. Die Finger setzten derweil ihre lockende Massage fort, zwickend, dann innehaltend und wieder sanft kneifend, bis ihr war, als würden sich ihre sämtlichen Nervenenden kurzschließen. Er löste sich von ihr, gerade so lang, um ihr den Baumwollslip abzustreifen, und schon glitten seine Finger zwischen ihre Schenkel, wo sie sich kosend und forschend den Weg ins Innere bahnten.

»Hmm«, stöhnte er, die Lippen noch auf den ihren, »fühl mal!« Dabei nahm er ihre Hand und führte einen Finger dorthin, wo sich seiner gerade befunden hatte.

Sie war wie geschmolzenes Wachs. Geschwollen. Pulsierend. Als Tony in sie eindrang, rammte sie ihm den Unterleib entgegen, halb wahnsinnig vor Wollust, aber er ließ sich nicht aus der Ruhe bringen. Er wiegte sie in entspannten, gemessenen Stößen, quälend gemächlich und lustvoll zugleich. Sie fühlte die erste Welle heranrollen und stöhnte erstickt auf.

Er stieß zu. Wieder ein keuchendes Atemholen. Ein weiterer Stoß. Sie biss sich auf die Unterlippe. Er sah sie an. Lächelte. Wartete. »Liv?«

»Ja ...«

Krampfendes, pulsendes Zucken, dann Hitzewellen, dann Tonys verzücktes Stöhnen, und beide sanken sie hin auf die Keramikfliesen, umgeben von Plastikkörben mit weißer und dunkler Wäsche.

Dass Lorraine und Pete den überwiegenden Teil des Wochenendes außer Haus waren, nutzte Tony weidlich aus, und Olivia war's recht. Sie trieben es auf dem Rücksitz von Tonys geparktem Wagen, allerdings in der Garage, wo Olivia eigentlich nach ihren Ohrsteckern suchte, und dann in dem engen Gäste-WC gleich neben dem Windfang, wenngleich beiden durchaus bewusst war, dass Pete und Lorraine unvermutet heimkommen konnten und sie in flagranti ertappen würden, ohne Hemd und ohne Höschen, nackt, wie Gott sie geschaffen hatte.

»Stell dir vor, wenn wir erst unsere eigenen vier Wände haben«, betonte Tony, wobei er seine Klamotten vom Toilettendeckel fischte. »Denk mal an die vielen Gelegenheiten!«

Das tat Olivia auch, und ihr wurde ganz warm dabei. In Liebesdingen war ihre Ehe bisher konservativ verlaufen; wenn sie miteinander schliefen, dann abends, vorwiegend am Wochenende, wobei ihnen ein Repertoire von zwei Stellungen reichte, verbunden gelegentlich mit oralem Sex, nur so zum Spaß. Überschaubar, behaglich – nicht eben langweilig, aber auch nicht gerade der Stoff, aus dem Männermagazine Profit schlagen. Die erotischen Schnitzeljagden quer durchs Haus glichen schwindelerregenden Entdeckungsreisen in unbekannte Gefilde, für die Olivia mit ihrem ausgeprägten Ordnungsfimmel eine gewisse Anlaufzeit brauchte. Zwanzig Sekunden etwa.

Als Olivia am Montagmorgen ihr Kabuff in der Redaktion bezog, war sie von ihrem ausschweifenden Wochenende noch sichtlich gezeichnet. Ihre Brüste waren wund, und als sie die Toilette aufsuchte, musste sie sich nach dem Pipimachen sehr vorsichtig abtupfen. Diese intimen Souvenirs wurden anscheinend von einem versonnenen, deutlich wahrnehmbaren Lächeln begleitet, denn kaum war sie vom stillen Örtchen zurück, da kam auch schon Iris Ruck angeschwirrt – Madame Iris, in der Redaktion für die Horoskope zuständig.

»Gottchen, was ist denn in dich gefahren? Oder sollte ich lieber fragen, wer?«

Olivia merkte, wie ihr das Gesicht heiß anlief. »Aber, aber, Iris! Damen reden nicht über so etwas!«

»Ach ja, aber wir beiden schon! Los, raus mit der Sprache!«

Iris wuchtete ihr ausladendes Hinterteil auf eine Ecke von Olivias Schreibtisch. Dabei rutschte der Rocksaum hoch und enthüllte fleischige Schenkel sowie ein paar verirrte Härchen, die dem Rasierer entkommen waren.

»Also wirklich, Iris! Ich habe zu arbeiten. Ich erwarte einen Anruf von ...«

»Aber echt, Iris! Was fällt dir denn ein? Siehst du nicht, dass unsere Starreporterin beschäftigt ist?« Wie eine Gewitterwolke ragte der Kopf von Andy Kodaly drohend über Iris' Schulter auf.

»Morgen, Andy«, grüßte Olivia.

Er würdigte sie keines Blickes, sondern sagte, an Iris gewandt: »Das gute, alte Pleasant Bay. Nie richtig was los. Jahrelang kein Stoff für gescheite Storys. Und jetzt kippen die Leute um wie die Fliegen, und eigentlich wäre ich dran, darüber zu berichten. Ich! Zwanzig Jahre bin ich jetzt bei diesem Blatt hier ...«

Iris ließ ihn nicht ausreden, sondern unterbrach sein Genörgel, indem sie Andy den violett lackierten Fingernagel in die Schulter piekste. »Rate mal, was mein Horoskop heute für mich auf Lager hat!«

»Hä? Was denn?«

»Vertändele nicht deine kostbare Zeit, indem du dir von Flachpfeifen was vom Pferd erzählen lässt.«

»Waffenstillstand!«, rief Olivia dazwischen. »An die Arbeit!«

Schimpfend zog Andy Leine, allerdings ohne daran zu denken, dass Olivia ob ihrer ungarischen Herkunft verstand, was sein »Dugd a seggedbe!« bedeutete.

»Na super«, knurrte sie. »Warum musstest du den auch provozieren, Iris? Schlimm genug, dass ich den ganzen Tag seine fiesen Blicke ertragen muss. Jetzt sagt er mir auch noch, ich soll mir was wohin stecken, wo's gar nicht hingehört.«

»Dieser Kodaly!«, schnaubte Iris, wobei sie vom Schreibtisch rutschte. »Ich wette, der hat noch nie 'nem weiblichen Wesen den Kopf verdreht!«

Olivia lud Bridget Rooney zum Lunch ein und hörte sich dann erschüttert an, wie die gramgebeugte Frau die Geschichte ihres doppelten Verlustes erzählte. Ihr Mann Seamus, so Bridget, sei unverwüstlich wie die Rocky Mountains gewesen und mehr als fürsorglich. Als sie in der Stadt zur Frau des Jahres gewählt werden sollte, habe er sie angespornt. Als sie wegen zwei Fehlgeburten und einer Totaloperation im Krankenhaus lag, sei er ihr nicht von der Seite gewichen, und als sie im fortgeschrittenen Alter von 40 Jahren noch ein Jurastudium beginnen wollte, da habe er diese Entscheidung voll mitgetragen. Jetzt, nur Monate vor ihrer Zulassung als Anwältin, war sie allein. Von aller Welt verlassen.

Obwohl um journalistische Sachlichkeit bemüht, musste Olivia sich regelrecht zwingen, die Frau nicht in die Arme zu nehmen. Vor lauter Rührung war ihr, als säße ihr ein Kloß in der Kehle, und wenn sie sich nicht mit Schlucken aus ihrem Wasserglas, mit Kuli-Klicken und anderen Dingen abgelenkt hätte, wäre sie glatt in Tränen ausgebrochen. Alles Dinge, bei denen ein Andy Kodaly sicher liebend gern Augenzeuge gewesen wäre.

Was Bridget Rooney über ihren verstorbenen Gatten und ihren Sohn zu berichten hatte, fand Olivia hochinteressant. Abgesehen von kurzen Momenten, in denen sie um Fassung ringen musste, war die attraktive Rothaarige eine gute Geschichtenerzählerin. Olivia hoffte indes, die Frau werde eventuell beleuchten können, was ihr Mann wohl damals mit Donovan Marshall zu tun hatte, als der Gastronom noch als Börsenmakler arbeitete. Zu diesem Thema hatte Bridget aber nur wenig beizutragen.

»Ich weiß zwar, dass Donovan sich Seamus als Anwalt genommen hatte ... warten Sie mal, wann war das noch? 1989, glaube ich ... Aber was Einzelheiten angeht, war ich leider nicht eingeweiht.« Man sah ihr an, dass sie wie auf heißen Kohlen saß. Das Essen rührte sie kaum an, weil ihr laut eigener Aussage nichts mehr richtig schmeckte. Sie lehnte Kaffee ab, wollte nicht einmal einen Blick auf die Dessertkarte werfen und guckte dauernd mit panischer Hektik auf ihre Uhr. Zu alledem ging ihr Atem schnell und flach. Olivia wusste, lange würde die Frau nicht mehr durchhalten. Also bedankte sie sich, dass sie sich die Zeit genommen hatte, sagte ihr, sie brauche sich um die Rechung nicht zu kümmern, und gab ihr so zu verstehen, dass sie nicht länger warten müsse. Mit einem Lächeln auf den bebenden Lippen stand Bridget Rooney auf und verließ eilig das Lokal.

Kaum saß Olivia allein am Tisch, da wurde sie das ungute Gefühl nicht los, gelinkt worden zu sein. War Bridget tatsächlich den Tränen nahe gewesen? Oder floh sie bloß vor den Fragen, die Olivia ihr über den verstorbenen Ehemann und über Donovan gestellt hatte? Was hatte sie zu verbergen?

Als Olivia um halb zwei nachmittags wieder zu ihrem Arbeitsplatz zurückkehrte, wartete Iris schon auf sie.

»Was ist denn nun schon wieder?«

»Guck mal!« Iris wies auf ein Päckchen, das auf Olivias Schreibtisch stand. Vom Umfang etwa Toastergröße, war es in mit Sommerblumen bedrucktes Geschenkpapier eingeschlagen und verschnürt mit gelbem Zierband nebst üppiger

Schleife aus einem Schwall von korkenzieherartig geringelten Spiralen. »Von deinem Latin Lover?«

Olivia zuckte die Schultern. »Wer hat das gebracht? Wann ist das angekommen?«

»Hab keinen gesehen. Muss wohl während der Mittagspause geliefert worden sein. Als ich zurückkam, lag es schon hier.«

Olivia hob das Ding an. »Schwer.«

Unter der Schleife steckte ein verziertes Namensschild mit demselben Blumenmuster wie auf dem Geschenkpapier. »Alles Gute« stand darauf in Schönschrift aufgedruckt, darunter, offenbar mit Schreibmaschine getippt, der Name »Olivia Laszlo«, wobei das »z« aus der Reihe tanzte und die anderen Buchstaben in der Zeile überragte.

»Mach's auf! Ich sterbe schon vor Spannung!« Auf Olivias Drehstuhl sitzend, rollte Iris näher heran und reichte ihr eine Schere, die sie aus einem ramponierten Kaffeebecher voller Büro-Utensilien genommen hatte.

Erst fiel das Zierband, dann das Geschenkpapier. Olivia hob den Deckel von der schlichten Pappschachtel und schielte unter die Füllung aus minzgrünen Papiertüchern.

»Was?« Kein richtiger Ton, ein Wimmern nur. »Nein ...«

Iris stand auf und warf einen Blick in die Box. Ein antikes Telefon, schwarz, Modell Western Electric, die Bodenplatte blutverklebt.

Drei Büroviereicke weiter weg spähte Andy Kodaly kurz über die Trennwand, tauchte sofort wieder ab und steckte den Kopf tief in einen Aktenschrank.

## 28. KAPITEL

»Schweineblut, Livvie.« Pete legte ihr fest die Hand auf die Schulter, um ihr Zittern zu unterdrücken. »Keinerlei brauchbare Fingerabdrücke. Ich habe außerdem sämtliche Antikläden und Flohmärkte in der Gegend angerufen. Kein Verkauf dieses Typs in jüngster Zeit, so die Rückmeldung.«

Das Gerät thronte auf der Küchenarbeitsplatte. Obwohl es nicht angeschlossen war, erwartete Olivia fast, dass es gleich losschrillen würde und sie womöglich vernahm, wie am anderen Ende der Mörder ihrer Eltern hämisch kicherte.

»Ich kann mich auch noch im weiteren Umkreis umhören, vielleicht in Hamilton oder Toronto ...«

»Ach, lass gut sein, Onkel Pete«, seufzte Olivia, der ein zögernder Unterton in Petes Stimme nicht entging. »Du hast Wichtigeres zu tun und herzlich wenig Zeit. Aber könntest du noch eben das Ding aus meinem Blickfeld verschwinden lassen?«

Rasch steckte Pete das Telefon in die Schachtel zurück und konzentrierte sich auf das Auftragen der Edelpizza, die er aus dem dringend auf Umsatz angewiesenen neuen Bistro im Stadtzentrum mitgebracht hatte. Er legte auf jeden Teller zwei Stücke, Keile aus dünnem, krossem Pizzateig mit geräuchertem Lachs, Kapern und geriebenem Ziegenkäse.

Nun kam auch Tony zum Tisch, beladen mit einer Flasche Mineralwasser, drei langstieligen Gläsern und einem Schälchen mit Zitronenscheiben. »Was geht in unserer Stadt bloß vor, zum Henker? Erst 'n Amok laufender Zyanid-Freak, und jetzt auch noch so was! Und wo steckt Lorraine, verflixt noch mal? In Zeiten wie diesen sollte man doch zusammenhalten in der Familie!« Er tauschte seine Pizzaportion gegen zwei schmalere Keile aus, räumte die leere Packung fort und kehrte an den Tisch zurück, um die Gläser zu füllen.

»Ganz meine Meinung, Tony«, unterstrich Pete. »Lorraine könnte sich ruhig öfter sehen lassen. Besonders jetzt!« Seine Anspannung war mit Händen zu greifen. Die vielen Überstunden und sein Frust angesichts des Zyanid-Falls setzten ihm schwer zu. Dass er sich nicht einmal bei seiner Frau aussprechen konnte, machte die Sache bestimmt nicht leichter. Olivia war fest entschlossen, ihrem Onkel nicht noch zusätzliche Probleme aufzubürden, zumal er ohnehin einen Riesenhaufen zu bewältigen hatte.

Sie saß an ihrem Stammplatz, von dem aus man ins Wohnzimmer und zur dahinter liegenden Haustür sehen konnte. Ob als Gast in einem Lokal oder irgendwo in jemandes Haus – stets wählte sie einen Platz mit Blick zum Eingang, als erwarte sie, dass eines Tages der makabre Schabernack vorbei sein würde und ihre Eltern auf einmal quietschfidel durch die Tür treten würden. Sie kamen aber nie.

Pete und Tony bedienten sie, was ihr nur recht war, denn auf ihren noch immer wackligen Beinen konnte sie gar nicht stehen. Sie stocherte in der Pizza herum und verzog das Gesicht, als sie einen Bissen nahm. »Bridget Rooney hat recht. Nichts schmeckt mehr so, wie's eigentlich schmecken müsste. Besteht vielleicht rein zufällig die entfernte Möglichkeit, dass der Zyanid-Killer und der Widerling, der mir das Telefon geschickt hat, ein- und dieselbe Person sind? Vermutlich nicht, was?«

Petes Miene wurde nachdenklich. »So furchtbar das auch für dich war, dieses Paket zu erhalten – dass der Strolch, der das geschickt hat, gleichzeitig fast ein Dutzend Leute umlegt, das schließe ich aus. Der Zyanid-Killer verfolgt eine umfassende Zielsetzung. Hat vermutlich eine komplexbehaftete Persönlichkeitsstruktur, fühlt sich missverstanden, ergo wendet er sich mit einem spektakulären Rundumschlag an die Massen. Du kennst ja das Profil, Liv.«

»Profile? Da pfeife ich drauf«, schimpfte Tony. »Ich will wissen, wer Olivia so etwas antun konnte. Und wer könnte wissen, was für ein Telefongerät damals benutzt wurde, als ... also, in den Zeitungen stand davon doch gar nichts!«

»Na ja, zuallererst mal wir.« Olivia schob ihren Teller von sich. »Tante Lorraine. Die ermittelnden Polizisten. Vielleicht die Stasiuks und die Hortons, je nachdem, wie gut sich Johnny und Skip noch an jene Nacht erinnern und wie umfassend sie ausgesagt haben. Sonst kann ich mir keinen anderen vor ... Augenblick mal!«

Sowohl Tony als auch Pete hielten beim Essen inne.

»Andy Kodaly! Onkel Pete, das ist vielleicht des Pudels Kern! Andy stand damals vorm Haus und hat wie wild geknipst. Vielleicht ist er auch reingekommen. Oder er hat irgendwie die Fotografien vom Tatort gesehen. Keine Ahnung. Aber er hat eine Stinkwut auf mich, weil er die Zyanid-Story an mich abgeben musste. Was, wenn er mich aus dem Konzept bringen will? Vor allem beruflich, damit mein Chefredakteur mitkriegt, wie ich ins Schwimmen gerate?«

Pete richtete seine Gabel auf sie. »Aber du wirst dich doch nicht etwa ...«

»... beirren lassen? Keine Sorge.«

Zufrieden mit ihrer Antwort, langten die beiden Männer

mit Appetit zu, derweil Olivia über Kodaly nachgrübelte. Sie stellte sich vor, wie er in seinem Arbeitswinkel saß und sich angesichts ihrer Reaktion auf das Päckchen eins ins Fäustchen lachte. Freilich, Andy konnte ein Ekel sein, ein Chauvinist, ein dämlicher Furzknoten, aber für grausam hätte sie ihn vorher nie gehalten. Von nun an, so ihr Vorsatz, würde sie ihn genau unter die Lupe nehmen. Was hätte sie auch sonst tun sollen?

Obwohl vom Anblick des Telefons und dem schrecklichen Erlebnis an sich zutiefst verstört, gehörte Olivia nicht zu jenen weiblichen Wesen, die wegen jeder Kleinigkeit zum Psychotherapeuten rennen. Sie war nie recht davon überzeugt gewesen, dass es ihr etwas bringen würde, wenn sie ihre Gefühle und intimsten Gedanken irgendeinem promovierten Seelenklempner offenbarte, der dazu wie eine Marionette mit dem Kopf nickte. Selbst von Mittagessen mit schwatzhaften Freundinnen hielt sie nicht sonderlich viel. Für sie hatten Gespräche keine läuternde Wirkung. Du hast ein Problem? Pack's an. Weg damit. Weiter im Text.

Es gibt nichts Gutes, außer man tut es.

Das immerhin hatte sie von Pete gelernt und seine Fähigkeit, sich nicht aus der Ruhe bringen zu lassen, schon immer bewundert. Es war zwar noch ein weiter Weg, bis sie so kaltschnäuzig sein würde wie er, aber sie gab sich Mühe. Falls sie ein Viertel von Petes Selbstbeherrschung aufbringen konnte, würde sie diesem Problem begegnen und es auch lösen. Klein beigeben? Kontraproduktiv. Wollte sie dieses Schwein erwischen, das sie terrorisierte, dann musste sie ihre sieben Sinne beisammenhalten.

Sie merkte, wie Tony und Pete sie anstarrten. »Sorry, Jungs«, brummte sie. »War wohl geistig 'n bisschen weggetreten. Aber jetzt bin ich wieder voll da und zu allen Schandtaten bereit.«

»Na, wer sagt's denn!«, riefen die beiden Männer wie aus einem Munde. »Braves Mädchen!«

»Her mit der Pizza!«, tönte Olivia und zog ihren Teller wieder heran. »Um den Kotzbrocken zu kriegen, brauche ich Kraftnahrung!«

Als Olivia in einem kurzärmeligen Pyjama-Top und dazu passenden Shorts aus dem ans Schlafzimmer grenzenden Bad kam, rollte ihr Mann gerade ein paar Hanteln unters Bett.

»Sind wir unter uns, wir zwei?«, wollte sie wissen.

Tony stand auf und wandte sich ihr zu, dehnte den Trizeps, rollte den Nacken und lockerte die Schultern. »Ja.«

»Du, meine ganze Aufschneiderei von vorhin ... von wegen zu allen Schandtaten bereit und so ...«

Er trat mit ausgebreiteten Armen auf sie zu.

»Alles bloß heiße Luft«, murmelte sie, die Lippen an seiner bloßen Brust. »Ich habe Angst.«

Er glättete ihr das feuchte Haar und drückte sie an sich. »Schon gut. Das Telefon zu schicken, das war 'ne Riesensauerei. Und deinem Onkel brauchst du nichts zu beweisen. Jeder, der so was zugeschickt bekommt, hätte Schiss.«

»Aber ich kann ja nicht beides haben, Tony! Siehst du das nicht? Pete betrachtet mich nach wie vor als banges kleines Mädchen, das vor der bösen Welt behütet werden muss. Wenn ich schon bei so einem anonymen Geschenk das Flattern kriege, wird er diese Einstellung nie ändern. Dann nennt er mich noch ›Kleines‹, wenn ich schon alt und grau bin. Meinen Kampf muss ich selber ausfechten.«

»Mit so 'nem fiesen Typen wie dem, der dir das angetan

hat, darfst du dich nicht einlassen. Der ist abartig, der Dreckskerl, und gefährlich dazu.«

Olivia biss sich auf die Lippe. Jetzt fing auch noch Tony an, sich als Beschützer aufzuspielen. Sie versuchte, sich in seiner Umarmung zu entspannen, aber ihre Gedanken rasten im Überschalltempo. Wer mochte ihr das Telefon geschickt haben? Wer hatte sich die Mühe gemacht, diesen Gerätetyp aufzutreiben und mit Blut zu beschmieren? Dazu bedurfte es Planung und List. Und eines tief sitzenden Grolls, der auch durch einen einzigen Terrorakt nicht zu dämpfen war. Also – was würde als Nächstes folgen? Und wann? Schließlich sagte sie: »Nicht zu fassen, dass einer zu so etwas Schrecklichem fähig ist. Das ist ja ... teuflisch!«

»Liv«, flüsterte Tony, »du bist das cleverste Mädchen, das ich kenne. Und das schärfste, das niedlichste auch, und später können wir meinetwegen noch deine hervorstechenden körperlichen Eigenschaften detailliert lobpreisen. Aber eins wirst du nie begreifen: was Niedertracht bedeutet.«

Da war was dran. Als Kind hatte sie mal miterlebt, wie Denny Steeves einer Hausfliege die Flügel und Beine ausriss. Bevor sie das arme Viech mit dem Mathebuch zerklatschte, um es von seiner Qual zu erlösen, hatte Olivia sich bei ihm entschuldigt. Als sie dann Denny das Buch über den Schädel zog, tat ihr das kein bisschen leid. »Was soll das bloß?«, fragte sie Tony nun. »Das ist einfach nur grausam!«

»Wie du schon vorhin sagtest. Der macht sich einen Spaß daraus. Ist bei jedem anders. Aber pass mal auf: Ich habe da was, das treibt dir die Gedanken an dieses Schwein vielleicht aus.«

Er löste sich aus der Umarmung, und als er sich zu seinem Nachttisch umwandte, erhaschte Olivia einen flüchtigen Blick auf seine Erektion.

In der Schachtel, die er ihr reichte, lagen zwei nagelneue Ohrringe, größer als das verloren gegangene Paar. Und unter jeder Perle schimmerte ein winziger Brillant.

»Die nächsten sind dann nur aus Brillanten«, bemerkte er. »Dieselbe Größe. Okay?«

»Die sind wunderschön, Tony. Echt. Das war doch nicht nötig ...«

»Weiß ich. Und jetzt komm, ab in die Heia.« Er knipste die Nachttischleuchte aus, und gemeinsam schlüpften sie unter die Decke. Olivia kuschelte sich in seine Armbeuge, die Hand leicht auf seinem dumpf klopfenden Herzen.

»Tony?«

»Hm?«

»Sind schön, die Ohrstecker. Ganz wunderbar. Und ich liebe dich.«

»Aber ...«

»Aber trotzdem hat mir einer das verdammte Telefon geschickt. Und das geht mir einfach nicht aus dem Kopf.«

Er drehte sich auf die Seite und küsste sie auf den Scheitel. »Vielleicht brauchst du etwas Ablenkung. Schauen wir mal, ob ich dir helfen kann ...«

Tony hatte recht. Jeder sah Spaß anders.

## 29. KAPITEL

Ich hab schon fröhlichere Gesichter gesehen, sogar bei Jagdhunden kurz vorm Einschläfern.«

Mit diesen Worten begrüßte Pete Szilagyi seine Sonderkommission am Freitagmorgen. Dass man die ganze Woche über mit dem Kopf wie gegen Beton anrannte, wirkte sich auf die Moral seiner Truppe verheerend aus. Gerade hatte Pete sich wieder einmal einen Bericht über einen im Sande verlaufenen Ermittlungsstrang anhören müssen. Da hätten sie wahrlich Grund zum Nörgeln, so die Klage der Kollegen.

Die Polizei war von der Annahme ausgegangen, dass bei Giftmorden die Hauptverdächtigen oftmals unter den Angehörigen zu suchen sind. Weil das aber ins Leere führte, dehnte die Kommission ihre Ermittlungen aus, und zwar auf den Bekanntenkreis, auf Geschäftspartner oder deren Freunde.

So hatte man auch einige der eher dubiosen Mandanten von Seamus Rooney vernommen, darunter Cyril Taft, den Geschäftsführer eines Seniorenpflegeheims namens »Residenz Schattiges Tal«, das wiederholt in die Schlagzeilen geriet, weil die älteren Herrschaften überaus häufig von allerlei Gebrechen heimgesucht wurden. Taft war allerdings aus dem Schneider; zum Zeitpunkt von Rooneys Vergiftung weilte der Heimleiter in Schottland, um seine sieche Mutter zu besuchen. Über jeden Verdacht erhaben war auch Anton Myers, den Rooney fünf Jahre zuvor erfolglos in einem Verfahren wegen eines Geldwäsche-Skandals vertreten hatte. Myers, der seinen Ruf zerstört sah, attackierte Rooney nach dem Prozess in aller Öffentlichkeit wegen der angeblich zu laschen Verteidigung. Obwohl er durchaus ein Motiv gehabt hätte, konnte Myers den Anwalt aber nicht umgebracht haben, denn bei dem Versuch, seine Würde auf den Bahamas wiederherzustellen, war er mit seinem Rennboot voll gegen ein Riff gedonnert und seinen massiven Kopfverletzungen erlegen. Ein solideres Alibi als den Tod konnte man nicht verlangen.

Blieben die Gerüchte um Alfonso Ciccones Verbindungen zu führenden Köpfen des organisierten Verbrechens im US-Bundesstaat New York. Es fand sich aber kein Hinweis, der die Zyanidmorde mit irgendeiner neuartigen Form der Blutrache in Zusammenhang gebracht hätte. Wenn Mafiabosse Vergeltung übten, dann ganz bewusst so, dass es bekannt wurde. Dann sandten die Dons eine Botschaft, und zwar in einer unverwechselbaren Handschrift, wie die Angehörigen von Flavio Ragazzi, der im Juni vergangenen Jahres bei einem Autobombenanschlag ums Leben gekommen war, aus leidvoller Erfahrung wussten. Nur um ihre miesen Machenschaften zu tarnen, legte die Mafia nicht zehn Leute um, und mit Gift schon gar nicht.

Auf Petes Drängen hin hatten sich seine Ermittler das Personal im Donovan's besonders unnachgiebig zur Brust genommen, inklusive des entlassenen Ulli Alphabet. Nach Einschätzung von Sergeant Don Pyke, einem der Besten in der Truppe, gab es aber keinen, der ein ausreichend starkes Motiv oder eine dermaßen abartige Persönlichkeitsstruktur gehabt hätte, um sich auf eine solch kalte, berechnende Weise zu rächen.

Somit blieb nur noch der fotografische Aspekt, doch auch diese Spur führte ins Leere. Pete prüfte die Liste der befragten

Hobbyfotografen und fragte Pyke, ob ihm einer von denen merkwürdig vorgekommen sei, aber alle waren sauber. Dennoch behielt Pete einen der Namen im Blick: Nick Wheeler. Dass der auf der Liste stand, überraschte ihn.

Nick, der Sohn von Audrey und Ian Wheeler, war 29 und machte einen sympathischen Eindruck, wenngleich der Pferdeschwanz störte, zumindest nach Petes Ansicht. Wenn Pete in Wheelers Feinkostladen einkaufte, verhielt Nick sich stets korrekt, wenn auch ein wenig verschlossen und einzelgängerisch. Zwar hatte sich Nick nie groß mit jemandem angelegt, aber Pete war der Bursche dennoch nicht geheuer, wahrscheinlich deshalb, so seine Vermutung, weil der junge Mann Lorraine stets unverhohlen anstarrte und dabei seinen bewundernden Blick über ihren Körper gleiten ließ, besonders über die weiblichen Rundungen. Im Laufe der Jahre war seine Frau häufig Gegenstand von bewundernden Männerblicken gewesen; diesen Preis zahlte man, wenn man mit einer attraktiven Ehefrau verheiratet war. Was Pete allerdings hochgradig störte, war die Art und Weise, wie der Bursche reagierte, wenn man ihn beim Gaffen quasi auf frischer Tat ertappte: keinerlei Verlegenheit, kein Erröten, kein gesenkter Blick. Er wandte sich einfach Pete zu, nahm die Fleischbestellung entgegen und fuhr danach ungeniert fort, Lorraine anzugaffen.

Mit dem Gesetz war Nick nie in Konflikt geraten. Seine schulischen Leistungen entsprachen dem Durchschnitt, doch anstatt aufs College zu gehen, blieb er in der Heimatstadt und trat eine Vollzeitstelle bei seinen Eltern an. Auch das war nicht allzu ungewöhnlich. Dennoch gab Pete seinem Team den Auftrag, Wheeler genauer unter die Lupe zu nehmen. Der Kerl, so seine Begründung, habe was an sich, da sträubten sich ihm die Nackenhaare. Das sei zwar nicht allzu viel, so räumte er ein, aber immerhin besser als das, was sie schon hätten, nämlich gar nichts.

Nach dieser aufmunternden Rede informierte er seine Truppe noch über den neuesten Stand der Massenmordforschung. Dazu hatte er sich mit Dr. Ralph Benjamin kurzgeschlossen, Professor für Kriminologie an der Simon Fraser University und Autor von sieben allgemein anerkannten Fachbüchern über Serienkiller und Massenmörder, darunter sein wegweisendes und in neun Sprachen übersetztes Werk »Blutspur«. Der Professor, der zurzeit auf einer Büchertournee im Ausland unterwegs war, hatte sich bereit erklärt, Pete telefonisch Auskunft zu geben.

»In einer überbevölkerten, industrialisierten und urbanisierten Gesellschaft«, so hob Pete an, »beginnt der Kitt, der die Menschen zusammenhält, zu bröckeln. Professor Benjamin zufolge ist diese Ausdünnung zwischenmenschlicher Beziehungen ein Grund dafür, dass sich eine schwärende Kultur der Grausamkeit breitmacht. Wenn wir in einer anonymen, abgeschotteten Welt leben, entwickeln wir uns zum Nährboden für jenen unerbittlichen heimischen Terrorismus, mit dem wir uns gegenwärtig auseinandersetzen. Unterstützt von Film und Fernsehen, wird massenhafte Brutalität zu einer als angemessen betrachteten Antwort auf Frustration und inneren Aufruhr.«

Beifälliges Nicken war die Antwort, doch gleichzeitig sah Pete die unausgesprochenen Fragen in den Augen seiner Beamten. *Ja, ja, aber wir können die Welt auch nur scheibchenweise retten. Sag uns lieber, wie wir diesen Scheißkerl packen sollen!*

Dann ließ Pete die Bombe platzen: eine Meldung, die er kurz vor Einberufung der Besprechung erhalten hatte. Noch ein Mord, diesmal in Moncton. Drei Tote. Ein Nachahmungstäter. Mit einer langen Krankheitsgeschichte infolge Persönlichkeitsstörungen.

»Der Unterschied zwischen dem Mörder in Moncton und unserem?«, fragte Pete, nachdem alle die Nachricht verdaut hatten. »Ersterer ist hinter Gittern. Nun, was lehrt uns das? Im Augenblick trösten die Leute sich mit dem Glauben, unser Killer hätte 'ne Schraube locker. Weil ein normaler Mensch zu solchen Taten nicht fähig sei, klar? In Moncton traf das zu. Warum nicht auch bei uns? Also, wenn die Öffentlichkeit meint, da treibe ein Verrückter sein Unwesen – knöpfen wir uns die Ausgeflippten vor! Übergangsheime, Heime für schwer Erziehbare, psychiatrische Kliniken, die Knalltüten und Penner, jugendliche Straftäter. Widmen wir uns den Schattenseiten der Gesellschaft, und warten wir ab, was dabei herauskommt.

Ich weiß, das ist frustrierend. Ich weiß, keiner von uns kann richtig schlafen. Dazu kommt der Fahrstuhleffekt bei unseren Lieben.« Pete sah, wie die seit Neuestem verlobte Sergeantin Sally Ride ihm ein verkniffenes Lächeln schenkte. »Versucht nach Möglichkeit, euch zu regenerieren. Meditieren, Joggen, Zeit mit Angehörigen und Bekannten verbringen. Und macht halblang mit dem Alkohol!«

»Wir sind cool, Sir«, bekundete Don Pyke. »Wir schaffen das schon.«

»Das weiß ich. Ihr seid gute Polizisten. Und wenn überhaupt einer diesen Schweinehund kriegt, dann ihr.«

Nach kurzem »Hurra« setzte allgemeines Gemurmel ein. Dann leerte sich das Besprechungszimmer, bis nur noch Don Pyke übrig blieb.

»Wir kriegen den, Sir. Ganz bestimmt.«

»Das wollen wir schwer hoffen. Die Sache da in Moncton –

Mensch, daran bin ich doch nicht ganz schuldlos! Hätten wir unseren Killer gefasst, würden die Medien uns in Ruhe lassen, die Hysterie würde sich legen, und diese Trittbrett fahrenden Idioten sähen sich nicht veranlasst, diese Scheiße ... Sorry, Don. Geht mir an die Nieren, der Fall.«

»Wir kriegen ihn«, versicherte Pyke nochmals. »Wenn er nicht unter den Pappnasen ist, dann bestimmt unter den Trauernden bei der Gedenkfeier. Wir werden ihn ausräuchern.«

»Da setze ich schwer drauf, Don. Da setze ich drauf.«

## 30. KAPITEL

Blutiger Amateur! In der *Toronto Sun* las der Gaukler den Bericht über die kurze Schreckensherrschaft des Giftmörders von Moncton. Der Mann mit dem bezeichnenden Namen Mortimer Funk – mit anderen Worten also »Bammel«, »Schiss« oder auch »Drückeberger« – hatte eine Fährte von Hinweisen hinterlassen, deren Länge gut und gern an die Ausdehnung der Chinesischen Mauer heranreichte. Ein Regal voller Literatur über Giftpflanzen. Drohbriefe in Form von E-Mails an seine Angehörigen, Ärzte, Kollegen. Eine Liste besuchter Internetseiten, aufgespürt nach Eingabe von Suchbegriffen wie »nicht nachweisbare Gifte« und »Völkermord«, einer sogar mit dem Titel »Der letzte Countdown«. Da fanden sich genaueste Anleitungen zum Selbstmord – was man dafür braucht, wie schmerzhaft es sein und wie lange es dauern würde. Ein Leitfaden fürs Sterben.

Darüber hinaus hatte Funk einen ganzen Ordner voller Unheilslyrik auf dem Rechner gespeichert, genaue Angaben zur Vernichtung einer verderbten Welt, eines verschmutzten Planeten. Zur Reinheit und Einfachheit des Lebens danach.

Alles verdächtig, klar. Genauen Hinschauens durchaus wert, gewiss. Trotzdem riefen all diese Anhaltspunkte noch nicht die Bundespolizei auf den Plan. Die wurde vielmehr durch etwas ganz anderes auf Funk aufmerksam, nämlich durch dreitausend Rizinussamen, die er bei einem Saatgutvertrieb in Baltimore geordert hatte. Ein solcher Riesenauftrag kam der Geschäftsleitung verdächtig vor, sodass man die Polizei verständigte, überzeugt davon, Funk brauche die Samen zur Herstellung von Rizin, einem hochwirksamen Gift, gegen das es noch keinen Impfstoff gibt.

Über das, was die Polizei als »Funks Frankenstein-Labor« bezeichnet hatte, konnte der Gaukler bloß spöttisch die Nase rümpfen. Die Küche des Typen sei praktisch ein dem *Ricinus communis* geweihter Schrein gewesen, hieß es. Die zerkleinerten Rizinussamen lagerten in einheitlichen Marmeladengläsern, akkurat aufgereiht in einem Hochschrank über der Küchenspüle. Weiterhin wurden Reste der Samen in Funks Kaffeemühle sichergestellt sowie in einer Sauciere, wie man sie zum Beträufeln eines Truthahnbratens benutzt. Im Handumdrehen beschlagnahmten die Ermittlungsbehörden den gesamten Vorrat, wohl wissend, dass ganze 240 Mikrogramm ausreichen, um einen Menschen zu töten. Der Tod in Stecknadelkopfgröße.

Inzwischen saß Funk hinter Gittern. Der Zugriff eines Einsatzkommandos der Bundespolizei war zwar zügig erfolgt, doch hatte Funk da bereits bei einem Wohltätigkeitsbankett, wo er als Kellner arbeitete, eine Rizinlösung heimlich in drei Wassergläser gefüllt. Die drei Todesopfer litten unter Halluzinationen und Koliken, bis sie schließlich an Milz-, Leber- und Nierenversagen starben.

Pfuscharbeit, Funk. Stumm tadelte der Gaukler den Mörder von Moncton für dessen Mangel an Geduld. Gute Idee, schludrige Ausführung. Solche Riesenmengen an Samen zu bestellen, wenngleich die meisten Kunden sich mit einem Zwölferpäckchen zufriedengegeben hätten, war grotesk und eine Torheit sondergleichen. Da hätte er sich ebenso gut ein selbst gemaltes Schild über die Haustür hängen können:

Kommt und nehmt mich fest, ich bin dermaßen schuldig, dass nur ein Idiot es übersehen könnte.

Funk war nicht ganz richtig im Kopf. Funk hatte nicht geplant, nicht recherchiert.

Funk wurde geschnappt.

In Pleasant Bay würde es nicht zu solchen Schnitzern kommen. Der Gaukler schaute in den Spiegel und bleckte die Zähne zu einem perfekten Showman-Lächeln.

## 31. KAPITEL

Von der Veranda vor dem Haus winkte Claire ihren Kindern zum Abschied zu. Für Kristen war dies ein so denkwürdiges Ereignis, dass sie es zum Melodram hochstilisierte und ihrer Mutter alle paar Schritte eine Kusshand zuhauchte. Als Letzter kam Liam Alexander, bekleidet mit einer so übergroßen Schlabberjeans, dass drei Leute von beträchtlichem Umfang wohl darin Platz gefunden hätten. Gerade verschwand der nagelneue Rucksack seines Ältesten durch die Tür, da betrat Donovan das Wohnzimmer.

»Wo wollen die denn hin?«, erkundigte er sich.

Claire trat von der Veranda ins Haus und schloss die Tür hinter sich. Ihr Mann war frisch geduscht und hatte sich in Schale geworfen – gebügelte Leinenhosen, gestärktes Oberhemd, blitzblank gewienertes Schuhwerk sowie, falls ihr Sehvermögen sie nicht trog, das geföhnte Haar einen Tick weniger grau als am Vortag. Eine berühmte Zeile aus dem Filmklassiker *Boulevard der Dämmerung* fiel ihr ein: »Fertig für die Nahaufnahme, Mr. DeMille.«

»Heute ist der siebte September.«

»Und was sollte ich dem entnehmen?«

»Schulbeginn.«

»Ich dachte, die fangen erst am dreizehnten wieder an. Und was ist eigentlich mit Liams Hose los? Hat die Academy ihre Anzugsordnung gelockert? Wieso fährst du sie nicht?«

»Liegt nur 'n paar Häuserzeilen entfernt, die Schule. Sie können hinlaufen.« Ruhig wartete Claire ab.

»Ach, du liebe Zeit! Nein. Du hast doch nicht ... Ohne mich zu fragen?«

»Einer von uns muss praktische Entscheidungen treffen, Donovan. Da fiel die Wahl auf mich.«

»Ich werd verrückt!« Kopfschüttelnd und mit großen Augen starrte er sie an, immer noch fassungslos. »Unsere Kinder in 'ner staatlichen Schule?«, ächzte er, wobei ihm die Worte »staatliche Schule« über die Lippen kamen, als wären sie mit etwas Klebrigem und Ranzigem überzogen. »Das ist doch nicht dein Ernst!«

Sie blieb stumm.

»Was machst du bloß aus dieser Familie?«

»Ich rette sie. Sorge für sie.«

»Einen Scheißdreck tust du! Blamieren tust du mich! Womit habe ich das verdient? Dass diese Leute umgekommen sind – dafür kann ich doch nichts!«

»Wirft dir auch keiner vor, Donovan.«

»Sag mal, bist du noch ganz bei Trost? Alle Welt wirft mir das vor! Und du am allermeisten! Nachtreten, wo ich sowieso schon am Boden bin!«

»Davon kann keine Rede sein. Wir müssen den Realitäten ins Auge sehen. Du hast selber gesagt, dass die Restaurants in den USA sich nie erholt haben. Und für diesen Fall aller Fälle sorge ich vor. Außerdem möchte ich auch noch was vom Leben haben.«

»Hast du das etwa nicht? Guck dich doch um!« Mit weihevoller Geste ließ er die Hand durch das Wohnzimmer schweifen, durch diese erhabenen heiligen Hallen in Weiß, reserviert für besondere Gäste, die nie kamen.

»Du hast mir wohl nicht zugehört. Ich sagte, ich will etwas vom Leben haben, nicht so 'n dämliches Museum!«

Donovan legte die Stirn in Falten. Sein Mund verzog sich zu einem Strich. Offenbar hatte er das Gefühl, seine Frau sei soeben von Englisch auf Urdu umgeschwenkt.

Er schaute auf seine Designeruhr. »Vielleicht ist ja noch Zeit zur Schadensbegrenzung. Ich rufe in der Academy an und gehe dann rüber zu diesem Backsteinhaufen da drüben, der sich Schule nennt ...«

Claire unterbrach ihn mit der Hiobsbotschaft. Die Aufnahmekapazität der Privatschule für das bevorstehende Schuljahr war erschöpft. Bei ihrem jüngsten Termin mit dem Direktor hatte man ihr mitgeteilt, ihre Entscheidung sei endgültig. Einmal von der Schule genommen, könnten die Marshall-Kinder erst wieder im übernächsten Schuljahr für eine Neuaufnahme berücksichtigt werden, allerdings ganz unten auf der Warteliste. Außerdem hatte Claire ein freimütiges Gespräch mit Ms. Kincaid geführt, der Leiterin der örtlichen Schule, einer schlanken, grauhaarigen Dame, die für Claires finanzielle Sorgen volles Verständnis äußerte. Mitfühlend und unterstützend zugleich versicherte sie Claire, ihre Kinder würden gut ausgebildet, denn die Schule verfüge über einige der besten Lehrkräfte im ganzen Schulbezirk. Sie wirkte auch nicht im Mindesten überrascht, als Claire ihr vorsorglich anvertraute, dass Donovan ihr womöglich mit seiner eigenen Sicht der Dinge auf den Pelz rücken würde.

»Mensch, Scheiße, Claire, du bist das Allerletzte!« Donovan beäugte den auf dem Sideboard stehenden Whiskey. Bernsteingelb schimmerte die Flüssigkeit in einer edlen Dekantierkaraffe, die er sich vor drei Jahren angeschafft hatte.

»Unsere schmutzige Wäsche im ganzen Kaff auszubreiten! Zum Teufel mit dir!«

Weder schrie er sie an, noch würde er sie schlagen, aber Donovan war so in Rage, dass Claire in diesem Moment merkte, wie sehr er sie hasste. Ein blitzartiger Schwenk mit dem Arm, und der kristallene Dekanter sauste über die Anrichte und krachte auf den Parkettfußboden, wo er in Dutzende diamantenförmiger Scherben zerschellte. Der Scotch verteilte sich in sämtlichen Senken und Rinnen des Fischgrätenparketts, staute sich stellenweise zu Pfützen und Tümpeln und bildete auf dem Boden allmählich so etwas wie eine Erwachsenenversion von Fingermalerei. Donovan betrachtete es irgendwie konsterniert, als müsse er bloß lange genug starren, und schon würde sich die Karaffe wie von Zauberhand wieder zusammenfügen, mitsamt dem Whiskey, den man bloß noch in ein Cocktailglas einzuschenken brauchte.

Dann blickte er seine Frau an, als erwarte er eine Reaktion. Umso mehr zwang sie sich dazu, die Muskeln um Augen und Mund nicht verkrampfen zu lassen. Sein Zeigefinger fuhr auf sie zu und stoppte nur wenige Zentimeter vor ihrem Gesicht. »Die Sache ist noch nicht ausgestanden!«, blaffte er. »Noch lange nicht!«

»Das stimmt, da hast du verdammt noch mal recht!«, konterte sie. »Erstens: Du hast die Sauerei hier angerichtet, also glaub bloß nicht, dass ich die wegmache. Zweitens: Zeige ja nicht mehr mit dem Finger auf mich! Und drittens ...« Sie hielt inne, damit er sich etwas erholen konnte. »... falls du noch in die Garage gehen solltest – sag mir doch mal, was du von meinem neuen Wagen hältst.«

Später am selben Morgen fuhr Claire in ihrem gebrauchten Pontiac in die Stadt. Die hellrote Lackierung sagte ihr zwar nicht sonderlich zu, aber der Wagen an sich schnurrte astrein; sie war froh, dass sie sich zu der Entscheidung durchgerungen hatte. Ein Rechtsanwalt aus Sand Point hatte ihr einen guten Preis für ihren Lexus SUV gegeben, sodass nun sogar etwas Geld auf dem Konto lag. Genug zum Leben. Für ein Weilchen.

Da Donovan mit seiner verbiestertsten Miene schmollend durch die Gegend lief, hatte Claire nach dem Frühstück rasch eine Ladung Handtücher in die Waschmaschine gesteckt und dann fluchtartig das Haus verlassen.

Es war ein warmer, heller Morgen – nach ihrem Gefühl ein gutes Omen, und sie hoffte, dass der erste Schultag ihrer Kleinen an der Locust Elementary glücklich verlaufen möge. Die Innenstadt war zwar nicht so voll wie an den Wochenenden, doch die Bürgersteige wimmelten trotzdem von Spaziergängern, die einen Schaufensterbummel machten und den Sonnenschein genossen. Claire musste einmal ums Karree gondeln, bis sie einen Parkplatz vor dem Regal Grille ergatterte. Dabei fiel ihr Lorraine Szilagyi auf, die gerade in einem flotten Leinenkostüm den Diner betrat. Einer plötzlichen Eingebung folgend, ging Claire ihr nach.

»Lorraine? Was dagegen, wenn ich mich zu dir setze?«

Lorraine fuhr abrupt herum, guckte zunächst verwirrt, lächelte dann aber. »Claire! Wie schön, dich zu treffen!«

»Wie wär's mit 'nem Kaffee? Es sei denn, du bist mit jemandem verabredet...«

»Nein, nein, ich bin mit niemandem verabredet«, gab Lorraine zurück, wobei ihre Stimme von den schwarzweißen Fliesen des Lokals widerhallte. Weiter hinten am Gang sah ein tief gebräunter Mann in einem schicken Hawaii-Hemd kurz auf, vertiefte sich dann aber wieder in seine Zeitung. »Auf einen Kaffee könnte ich jetzt. Komm, setzen wir uns an einen der hinteren Tische!«

Die beiden Frauen fanden problemlos einen Platz. Wie die anderen Lokalitäten der Stadt lechzte auch das Regal Grille regelrecht nach Kundschaft. Nachdem sie sich gesetzt hatten, reichte man ihnen die Speisekarten, doch beide begnügten sich mit Kaffee. »Ist das nicht komisch?«, fragte Claire. »Da wohnt man sich jahrelang gegenüber und kommt nicht ein Mal zu so was wie jetzt!«

»Die Zeit läuft uns davon, was?«

»Wir hätten euch längst mal einladen sollen. Zum Schwimmen oder auf 'nen Drink.«

»Ach, mach dir keinen Kopf, Claire. Donovan hat ja so einen verrückten Tagesablauf mit seinem Lokal und allem. Und deine Sprösslinge, die halten dich sicher auf Trab.«

Claire warf einen Blick auf ihre Armbanduhr. 10.30 Uhr. Wahrscheinlich war gerade Pause. Hoffentlich triezte Liam Alexander nicht schon seine neuen Klassenkameraden. »Nach Lage der Dinge wird es bald nicht mehr drauf ankommen, wie lange Donovan im Lokal ist.«

»Ach?«

»Na ja, Lorraine, mal ehrlich – kannst du denn an das Restaurant denken, ohne dass dir gleich die Menschen durch den Kopf gehen, die da umgekommen sind?«

Lorraine senkte den Blick auf das Platzdeckchen, ein Papierviereck mit muschelförmigen Ecken. Nach einer verlegenen Pause, in der sie die Logos einheimischer Firmen studierte, versicherte sie: »Es geht bestimmt bald wieder aufwärts, Claire. Kopf hoch. Jeder leidet unter den Folgen der Ereignisse.«

»Würdet ihr denn wiederkommen?«

»Pardon?«

»Im Ernst, Lorraine: Mal angenommen, ich würde euch heute Abend auf ein kostenloses Essen im Restaurant einladen, plus einer Flasche Wein, ebenfalls aufs Haus – würdet ihr bei Donovan essen?«

»Na selbstverständlich«, erwiderte Lorraine, und es hörte sich so an, als sei es ernst gemeint. »Aber in letzter Zeit gehen Pete und ich eher selten aus. Unser Arbeitstag hat's ebenfalls in sich.«

»In den vergangenen Monaten habe ich auch dein Auto kaum in der Einfahrt stehen sehen«, bemerkte Claire, um gleich danach die Augen verlegen gen Himmel zu schlagen. »Ach Gottchen, jetzt klinge ich so wie die neugierigen Tucken, die den ganzen Tag hinter der Gardine liegen und die Nachbarn beäugen und das Gras wachsen hören.«

»Ach Quatsch! Das würde ich nie von dir denken. Und du hast ja recht, ich war nicht oft zu Hause. Meine Sommerseminare haben mich ziemlich in Anspruch genommen, und außerdem nutze ich die Sportstätten der Uni voll aus. Zudem trage ich mich mit dem Gedanken, meinen Doktor zu machen. Und das bedeutet, dass ich mich noch öfter in der Bibliothek der medizinischen Fakultät in die Bücher vergrabe.«

»Was sagt denn Pete dazu?«

»Um ehrlich zu sein – mit dem habe ich noch gar nicht darüber gesprochen.«

»Der stärkt dir bestimmt den Rücken. Der betet dich ja förmlich an, da kann man geradezu grün werden vor Neid.«

»Ach komm, das ist doch wohl nicht dein ...«

»Doch, doch! Du hast es gut mit deinem Mann, der dich

auf Händen trägt, und mein Donovan lässt mich nicht mal zu so einem Abendkurs!«

An sich hatte es gar nicht in Claires Absicht gelegen, doch plötzlich brach alles aus ihr heraus: der morgendliche Krach mit Donovan wegen der Kinder und ihrer Schulbildung, der Verkauf von Claires Auto. Donovans kalte Gleichgültigkeit gegenüber den Gefühlen seiner Frau, sein Egoismus, sein häufiger Griff zur Flasche. »Ach herrje, Lorraine, entschuldige! Ich hätte dir das nicht aufbürden dürfen, aber meine Ehe ist ein einziges Chaos. Hab nicht gewusst, wie dringend ich mir das mal von der Seele reden musste.«

Mit einer überraschenden Geste fasste Lorraine quer über den Tisch nach Claires Händen. »Jeder muss sich mal bei jemandem ausquatschen. Untersteh dich, Gewissensbisse zu haben, nur weil du mir deine Probleme erzählt hast! Wenn ich dir irgendwie helfen kann …«

Claire schüttelte den Kopf. »Ich stehe das durch. Muss ich ja. Irgendwie. Weißt du, ich traue mich kaum, es zuzugeben, aber diese Zyanidgeschichte … die Leute, die da gestorben sind … manchmal, wenn ich alleine bin, dann wünsche ich mir …«

»… dass Donovan … ich weiß.«

»Ach, ich bin ein schreckliches Weib!«

»Nein, bist du nicht!«

»Wie kannst du das sagen? Ich habe dir doch gerade gestanden …«

»Wenn uns etwas über den Kopf wächst, wenn ein Problem uns bedrückt, dann ist es nur natürlich, sich eine schnelle Lösung herbeizuwünschen. Das bedeutet indes keine Sekunde lang, dass man sich dann zu irgendwelchen Schnellschüssen hinreißen lässt. Du bist ein guter Mensch, Claire, und deinen vier großartigen Kindern eine fantastische Mutter.« Sie drückte Claires Hände. »Und dein Mann denkt bestimmt genauso.«

»Der ist im Augenblick viel zu sehr mit sich selbst beschäftigt.«

»Vielleicht kann er zu diesem Zeitpunkt gar nicht anders. Das Restaurant bedeutet ihm sehr viel, und er muss sich ja Sorgen machen darüber, wie er für seine Familie aufkommen soll, falls irgendetwas mit dem Lokal passiert. Ich könnte mir vorstellen, dass ihm das den Schlaf raubt.«

Es war Claire zwar klar, dass Lorraine recht hatte, aber dass ihre Nachbarin so objektiv blieb, das wurmte sie denn doch. Viel lieber wäre es ihr gewesen, Lorraine hätte Donovan als absolute Niete hingestellt, als den armseligen Abklatsch eines Ehemanns, als egoistische Witzfigur.

»Pete wird diesen Killer zur Strecke bringen, Claire, und das Lokal kommt wieder auf die Beine, stärker denn je. Deine Ehe auch. Was im Augenblick passiert, ist ein Punkt auf dem Radarschirm – ein riesiger, dramatischer, hässlicher Punkt, zugegeben, aber sei's drum … du wirst es überleben. Du bist aus robustem Holz geschnitzt.«

Sie hätte Lorraine gern erklärt, dass es nicht allein um das Restaurant ging, sondern dass es in ihrer Ehe schon kriselte, bevor überhaupt der Zyanid-Killer sich auf seine grässliche Weise bemerkbar gemacht hatte. Sie stand sogar kurz davor, ihre Fantastereien bezüglich Nick Wheeler zu enthüllen. *Verstehst du jetzt, dass ich weder aus noch ein weiß, Lorraine? Begreifst du, wie verlassen ich mir vorkam? So schlimm, dass ich mich vor dem Ladenburschen entblöße!*

Sie hielt sich zurück. Das durfte sie nicht verraten, schon gar nicht Lorraine Szilagyi, die seit 25 Jahren mit demselben

Mann verheiratet war. Für Claire war Lorraine ein besserer Mensch, als sie es selbst je von sich hoffen konnte. Lorraine war voll berufstätig und würde dem Universitätsabschluss bald noch den Doktortitel hinzufügen. Ferner hatte sie ihre verwaiste Nichte aufgenommen und dann sogar deren Mann. Ihre Konfektionsgröße war noch dieselbe wie auf der Highschool, weil sie größten Wert auf Fitness und gesunde Lebensweise legte. Bei alledem fand sie die Zeit, sich um Billy Coombs zu kümmern, damit der sein Leben in den Griff bekam, und ging jeden Sonntag zur Kirche, derweil Claire noch im Pyjama durchs Haus geisterte. Wenn Pete Überstunden machte, nörgelte Lorraine ganz bestimmt nicht deswegen herum.

Nein, Lorraine hätte gewiss kein Verständnis für diese Geschichte mit Nick Wheeler, für den sinnlichen Kitzel an der ganzen Sache, für diesen erregenden Rausch. Dafür war Lorraine zu bodenständig, zu vernünftig. *Wenn sie's wüsste, würdest du in ihrer Achtung sinken*. Und irgendwie war das Claire nicht gleichgültig.

Als die Rechnung kam, nahm Lorraine sie gleich an sich und lehnte einen zweiten Kaffee dankend ab. »Friss nicht alles in dich hinein, Claire. Pass auf dich auf! Und was ich da eben sagte, das war ernst gemeint. Jeder muss sich mal was von der Seele reden können.«

»Mir geht's zwar nach dem Gespräch nicht besser, aber ich fühle mich schon weniger ... einsam.«

Noch einmal drückte Lorraine Claires Hände und ließ sie dann los. »Tu das, was das Beste für dich und deine Kinder ist.«

»Wenn ich nur wüsste, was das ist!«

Im Fleischerladen zog Claire eine Nummer und wartete dann, während Ian Wheeler für die Kundin vor ihr in der Reihe ein paar Steaks einpackte. Dabei versicherte er der Dame mit den aufgemalten Augenbrauen, er habe das Tier eigenhändig geschlachtet und da die Ware auch in seiner Schlachterei abgehangen sei, gebe es keine Zwischenhändler, ergo auch niemanden, der sich daran zu schaffen machen könne. Claire tat so, als interessiere sie sich für das Sonderangebot – Hähnchenbrust von freilaufenden Hühnern. Gleichzeitig aber reckte sie den Hals und spähte in Richtung Fischtheke, wo Wheelers Ehefrau Audrey Muscheln in eine Plastikschachtel füllte. Diese reichte sie dann der anderen noch im Laden anwesenden Kundin, einer gehetzt wirkenden jungen Mutter mit ihrem quengeligen Filius.

Nur Sekunden darauf streckte der Knirps mit dem widerspenstigen Haarwirbel die Hand hinauf zum Tresen, auf dem verlockend eine Schale mit knallbunten Weingummibonbons thronte. Claire vernahm ein lautes Klatschen, gefolgt von einem noch lauteren Geheule.

»Kyle! Was habe ich dir gesagt! Du sollst doch nichts essen, ehe Mommy es dir erlaubt! Und jetzt heißt das Nein!«

Mrs. Wheeler guckte pikiert. »Mit den Fruchtgummis ist nichts, Ma'am. Die habe ich erst vor 'ner Stunde aus der Packung genommen.«

Der Bengel krakeelte weiter. Die geplagte Mutter schien drauf und dran, ihm noch einen Klaps zu verpassen, beherrschte sich aber. »Ja, sicher, glaube ich gerne. Ich will nur nicht, dass er zu viel Zuckerzeug isst.«

Allzu überzeugt wirkte die Ladenbesitzerin nicht.

»Schon gut, Kyle. Mommy hat dich ja lieb. Deshalb muss sie manchmal böse werden.« Hastig bezahlte die Frau ihre

Einkäufe und zerrte den plärrenden Sprössling aus dem Laden.

Ian Wheeler warf seiner Frau einen traurigen Blick zu. »Da darf so 'n Kerlchen nicht mal 'n Fruchtgummi lutschen«, brummte er. »Was ist bloß in die Leute gefahren?«

Claire genehmigte sich ein paar von den bunten Dingern und sagte: »Die rosafarbenen mag ich am liebsten. So, jetzt noch sechs gefüllte Schweinekoteletts, bitte.«

Ian Wheeler nickte ihr dankbar zu und humpelte dann in die Richtung, in die Claire wies. Dass er so lahmte wie ein gebrechlicher Opa, lag an seinem linken Bein, das gut sieben Zentimeter kürzer war als das rechte. Seine weiße Schürze war voller Blutspritzer – ein Anblick, bei dem Claire stets bedrohlich nahe davor stand, ins Lager der Vegetarier überzulaufen. Sie hatte es schon mal probiert, vor ein paar Jahren, im Sommer, eine ganze Woche lang, aber Donovan hatte sich über sie lustig gemacht und sie als »Öko-Tussi in Gesundheitslatschen« bezeichnet. Am Ende sprang bei dem ganzen Aufwand nichts heraus. Deshalb nun die Koteletts, sechs an der Zahl, nur für den Fall, dass Donovan sich herabließ, die Familie beim Dinner mit seiner Anwesenheit zu beglücken. Anderenfalls würde Liam eben zwei verputzen.

Sie nahm sich vor, ihren Kindern eine deftige Mahlzeit zu kochen: gegrillte Koteletts mit Maiskolben, dazu als Nachspeise Erdbeertörtchen mit richtiger Schlagsahne. Sie würden draußen auf der Terrasse essen, und dabei gedachte Claire sich anzuhören, was der Nachwuchs so über den ersten Schultag zu berichten hatte. Nach so viel frischer Luft und eventuell einem Bad im Whirlpool würden die Kleinen gut schlafen und angenehm träumen.

Aus den Augenwinkeln konnte sie beobachten, wie Nick

die Regale rechts und links vom Mittelgang bestückte, wobei er mit seinen muskelbepackten Armen bis weit nach oben reichte.

»Pro Seite nur einige Minuten braten«, riet Ian Wheeler, der dadurch Claires Aufmerksamkeit wieder auf sich lenkte. »Sonst überbrät man sie.«

Claire nahm ihr Fleischpaket, bedankte sich und wechselte hinüber in den Mittelgang der Feinkostabteilung, wo sie von Flaschen mit diversen Grillsaucen sowie allerlei Töpfchen mit Marinaden umgeben war. Dort verlangsamte sie ihren Schritt und inhalierte tief, wobei sie demonstrativ so tat, als studiere sie angestrengt die Zutatenangaben hinten auf einer großen Flasche mit aromatisiertem Öl. Eigentlich Allerweltswaren in einem stinknormalen Laden, klar, aber an diesem Tag knisterte die Luft vor erotischer Spannung.

Claire Marshall!, so mahnte sie sich stumm, du bist nicht bei Trost! Dennoch, es war ein herrliches Gefühl.

»Tag, Nick.«

Eine Hand stützend am Regal, kletterte Nick Wheeler behutsam von einer robusten Trittleiter herunter. »Hi, Mrs. M-Marshall.«

Claire bemerkte, wie sich Nicks Hals mit einem rosafarbenen Hauch überzog. Der junge Wheeler war ein nett aussehender Bursche, kein Schönling wie Donovan, sondern eher als kerniges Model für Sportklamotten geeignet denn als Beau für ein Lifestyle-Magazin. Er hatte ein kräftiges Kinn, eine markante Adlernase und einen sinnlich geschwungenen Mund. Jeans und T-Shirt saßen gut. Der einzige Makel war sein Sprachfehler, der Nachklang eines Stotterns, das trotz jahrelanger Sprachtherapie immer noch hörbar war. Unter psychischer Belastung verschlimmerte sich dieses Manko, sodass Nick mitunter ganze Sätze auf ein lang gedehntes Stakkato aus Konsonanten reduzierte, ähnlich einer MG-Salve. Manchen Leuten war seine Gegenwart deshalb unangenehm. Die Wohlmeinenden sprachen den Satz für ihn zu Ende; die weniger Geduldigen zogen es vor, sich gar nicht erst auf ein Gespräch mit ihm einzulassen. Hänseleien aus Kindertagen, genervte Seufzer, das alles hatte Narben bei Nick hinterlassen und dazu geführt, dass er sich in sich selbst verkroch. Oft murmelte er halblaut Unverständliches vor sich hin.

»Super W-Wetter heute.«

»Perfekt.«

»Soll die ganze W-Woche warm bleiben, sogar n-nachts.«

»So? Na, dann sollte ich heute noch schwimmen gehen. Was Tolleres als einen mitternächtlichen Sprung in den Pool gibt's gar nicht. Da vergisst man alle Sorgen. Nicht wahr? Denn wenn Donovan im Lokal ist und die Kinder schlafen, hocke ich sowieso nur in dem Riesenkasten rum. Da kann man auch ein bisschen Sport treiben, stimmt's?«

»Dann v-viel Spaß beim Schwimmen, Mrs. M-Marshall«, nuschelte er, Claires Namen kaum hörbar flüsternd.

»Werde ich sicher haben, Nick. Also, man sieht sich!«

## 32. KAPITEL

Liam Alexander Marshall verdrückte zwei Schweinekoteletts, wobei er verkündete, als gute Hirnnahrung taugten die erheblich besser als Fisch. Was seine Mutter koche, so sein Urteil, das könne man glatt den Royals vorsetzen. Dass ihr Sohn sich zu einem derart überschwänglichen Lob verstieg, ließ nach Claires Vermutung wohl den Schluss zu, dass sein erster Schultag ohne besondere Vorkommnisse verlaufen war. Entweder das, oder er schmierte ihr schon vorsorglich Honig um den Mund, bis die wahre Geschichte ans Licht kam, und zwar eventuell in ein, zwei Tagen durch den Anruf seiner entnervten Lehrerin.

Dennoch hielt er mit seiner Meinung über die Locust Elementary nicht hinter dem Berg. »Wie lange müssen wir denn zu der doofen Schule gehen, Mom? Da gibt's echt uncoolen Sportunterricht, und meinen Klassenraum, den müsstest du mal sehen! Der ist so was von alt, dass man meint, jeden Moment käme so 'n oller Planwagen angerollt und die Pioniere kletterten runter.«

»So schlimm wird's schon nicht sein. Und neue Freunde hast du doch auch kennengelernt, oder?«

»Einen einzigen.«

»Und morgen kommt noch einer dazu.«

Zoe nörgelte über einen neuen Schüler, der in der Bank vor ihr sitze und komisch rieche, irgendwie stinkig-käsig, ein bisschen nach Schweißfüßen. Von Kristen bekam Claire den gesamten Tratsch aus dem sechsten Schuljahr zu hören – welche Mädchen sich schon schminken durften, wer während der Sommerferien das Rauchen probiert hatte, welche Pärchen miteinander gingen und welche Schluss gemacht hatten. Patrick Kevin hüllte sich überwiegend in Schweigen und zuckte auf die Frage, wie denn sein Tag gelaufen sei, bloß die Schultern. »Och, es ging. Isst Dad denn nicht wenigstens den Nachtisch mit uns?«

Claire reagierte mit einer der Standardausreden, die sie häufig zu Donovans Verteidigung vorbrachte. »Dein Vater macht sich zur Arbeit fertig, das weißt du«, antwortete sie. Ihr Mann duschte bereits zum zweiten Mal – weshalb, war ihr ein Rätsel. Den ganzen Tag hatte er nicht einen einzigen Schweißtropfen vergossen. Seine anstrengendste Tätigkeit erschöpfte sich darin, die Computermaus über den Schreibtisch zu bewegen, stets auf der Suche nach neuen Rezepten, Werbeideen oder sonstigen Dingen, mit denen sich das ramponierte Image seines Lokals versuchsweise wiederherstellen ließ. Verbittert fragte sich Claire, ob er wohl auch ein paar geheime Momente mit seinen Internet-Dominas verbracht hatte. Sie redete sich aber ein, dass es ihr einerlei war.

»Daddy hatte den ganzen Tag Zeit, sich fertig zu machen«, moserte P. K. »Der braucht doch nur 'n frisches Hemd anzuziehen. Will er nicht hören, was mit uns ist?«

Volltreffer, kleiner Mann!, dachte Claire.

»Dad hat im Augenblick 'ne Menge am Hals!«, rief Liam Alexander, urplötzlich ganz der erwachsene Hausherr. »Der kann keinen gebrauchen, der rumstänkert!« Dabei sah er seine Mutter an. *Dich eingeschlossen, Mom!* Das blieb zwar ungesagt, aber Claire hörte es trotzdem.

Die Kinder verputzten sämtliche Erdbeertörtchen, auch

wenn Zoe mahnend forderte, sie sollten ihrem Vater doch welche übrig lassen. Da das Wasser im Pool mittlerweile 26 Grad warm war, einigten sich alle auf eine halbe Stunde Schwimmen und gingen ins Haus, um sich die Badesachen anzuziehen. Vom großen Fenster oben auf dem Treppenabsatz beobachtete Claire, wie Donovan seinen Wagen rückwärts aus der Einfahrt bugsierte. Er hatte sich nicht einmal von den Kindern verabschiedet. Sauer auf seine Frau zu sein war eins – an sich empfand sie das sogar als angenehmer als seine in jüngster Zeit zur Schau gestellte Gleichgültigkeit –, doch die Kinder mit einem derart infantilen Gehabe zu strafen, hielt sie nicht nur für ungerecht, sondern zudem für unverzeihlich egoistisch. Es erinnerte sie an etwas, das sie an einem Abend vor acht Tagen auf ihrem Computer-Monitor gelesen hatte. Danach trat der Tod durch Zyanid im Allgemeinen schnell ein, je nach Stärke der Dosis innerhalb von nur fünfzehn Minuten, allerdings unter entsetzlichen Qualen.

»Mommy? Wird eigentlich die ganze Stadt vergiftet?«

Claire drehte sich um. Die achtjährige Zoe turnte über den Flur und mühte sich dabei mit einem verdrehten Träger ihres Badeanzuges ab. Claire trat auf sie zu, um ihr zu helfen. »Natürlich nicht, Mäuschen«, sagte sie, indem sie in die Hocke ging. »Wie kommst du denn auf so eine Frage?«

»Durch Jason Binkley. Das ist der Neue. Der sagt, auf Pleasant Bay liegt ein Fluch, und danach müssen alle Menschen sterben, die länger als zwei Jahre hier wohnen. Und dass Miss Haist uns gesagt hat, wir sollen unsere eigenen Butterbrote essen und sie nicht tauschen, das hätte nix mit falscher Ernährung zu tun, sondern dann wüssten wir, wer die Brote gemacht hat und wem wir trauen können.«

»Miss Haist hat recht. Ihr solltet eure Pausenbrote nicht tauschen, und zwar aus verschiedenen Gründen, aber nicht wegen irgend 'nem Gift.«

»Jason will nicht mal seinen Brotbeutel an die Haken im Flur hängen. Der tut seine Sandwiches unter seine Schulbank, denn da kann er drauf aufpassen, meint er.«

»Und wie steht Miss Haist dazu?«

»Ich glaube, heute hat sie ihn noch in Ruhe gelassen, weil er ja neu ist. Aber morgen muss er sich an die Regeln halten. So wie alle.«

»Das scheint mir ziemlich vernünftig von Miss Haist. Und in ein paar Tagen wird dieser Jason bestimmt kapieren, dass sich in Pleasant Bay ganz gut leben lässt.« Claire packte die Enden von Zoes Zöpfen und zupfte sacht daran. »Gibt's noch mehr solche grauslichen Giftgeschichten, die wir besprechen müssten?«

Zoe schüttelte den Kopf, dass die Zöpfe tanzten. »Nur dass einige in der Schule meinen, die Leute in Daddys Restaurant, die wären nur deshalb krank geworden und gestorben, weil Daddy ein böser Mensch ist und der liebe Gott ihn straft. Das ist doch alles nur erfunden, nicht, Mommy? Wie bei Legenden, oder? Daddy ist doch nicht böse, stimmt's?«

»Ach, Mäuschen, natürlich nicht! Dein Vater ist ein sehr guter Mensch.« Energisch legte Claire ihrer Tochter die Hand um die winzige Taille und schaute ihr tief in die großen blauen Augen – Augen, die forschend zurückstarrten, nach der Wahrheit suchend. *Hast du sie überzeugen können? Glaubst du das eigentlich selber, was du da sagst?*

»Okay, Mommy«, sagte Zoe, offenbar zufrieden.

Claire nahm ihre Tochter bei der Hand und ging mit ihr die Treppe hinunter. Bevor sie mit ihren Geschwistern in den

Swimmingpool hopste, bekundete Zoe noch: »In Pleasant Bay ist es wirklich schön!«

Claire plantschte nicht mit ihren Kindern im Pool herum. Sobald die vier aber tief und fest schlummernd in ihren Betten lagen, schlüpfte sie in einen stahlblauen Badeanzug und ging, eng in einen Frotteebademantel gewickelt, zurück auf die Terrasse. Wacholderduft lag in der kühlen Luft. Hoch am südlichen Himmel konnte Claire Kassiopeia ausmachen. Liam, ihr Astronomieexperte, hatte ihr einst gezeigt, wo sich dieses ausgeprägte, w-förmige Sternbild erkennen ließ und wie man mit seiner Hilfe die Andromeda und eine ganze Reihe anderer Konstellationen, deren Namen ihr entfallen waren, orten konnte. Obwohl ein ungewöhnlich heller Kopf, langweilte Liam sich in der Schule und verwendete seine Energie darauf, Mitschüler zu piesacken und seine Lehrkräfte zu nerven. Dazu hatte er auch noch Augen wie sein Vater. Claire seufzte.

Sie ließ den flauschigen Bademantel auf den Betonboden gleiten, schlenkerte sich die Sandalen von den Füßen und reckte dehnend die Arme himmelwärts. So, als erwache er zum Leben, überzog sich ihr Körper mit einer Gänsehaut; jeder Zoll ihrer Haut kribbelte in der abendlichen Brise. Claire bückte sich und tauchte die Hand ins Wasser. Perfekt.

Sie entzündete jasminduftende Schwimmkerzen und ließ sie vorsichtig ins Wasser, bevor sie selbst in den Pool glitt. Zunächst schwamm sie ein paar Bahnen im Bruststil, die Züge geschmeidig und selbstbewusst. In Rückenlage wechselnd, zog sie dann einige weitere Längen, wobei ihr kräftiger Körper wie ein Torpedo die Fluten durchschnitt. Jasminaroma parfümierte die Luft; die Kerzenflammen spiegelten sich in den Wellen, als glitzerten Dutzende von Sternen. Im tiefen Abschnitt des Beckens tauchte sie bis zum Boden und zog ihren Badeanzug aus. Wieder an der Oberfläche, schwamm sie in den flachen Teil, wo sie den Anzug auf den Betonrand warf. Dann pflügte sie wieder durchs Wasser, diesmal in eleganten Kraulzügen, ehe sie sich auf den Rücken drehte und sich treiben ließ, die Brüste über die Wasseroberfläche gereckt, die Knospen straff in der kühlen Luft. Ausgepumpt, aber belebt, löschte sie dann schließlich die Kerzen, watete langsam aus dem Pool und blieb aufrecht am Beckenrand stehen, wo sie sich einige Minuten lang das Wasser vom nackten Körper rinnen ließ, ehe sie sich sanft abrubbelte. Zuletzt hüllte sie sich in ihren Bademantel, hob ihren nassen Badeanzug vom Boden auf und schlüpfte in ihre Sandalen.

Bevor sie sich zum Gehen wandte, drehte sie sich zur Senke hinüber. Die Luft war still und voller Jasminduft. Mit rauchiger Stimme, die wie ein Flüstern über den Rasen wehte bis weit nach hinten zu den Bäumen, raunte Claire: »Gute Nacht, Nick!«

## 33. KAPITEL

Seit seinem 21. Lebensjahr spielte sich Otto. J. Sparks Leben teils innerhalb, teils außerhalb von Anstaltsmauern ab. Otto litt an ausgeprägter paranoider Schizophrenie und hörte Stimmen aus seinem Toaster, seinem Teekessel oder dem elektrischen Dosenöffner. So hatte ihm etwa die ins Fenster eingebaute Klimaanlage den Befehl erteilt, den schwarzen Labrador des Nachbarn zu vergiften. Der Vierbeiner, so Otto, sei bloß der Geist einer Hexe, eigens dazu ausgesandt, die Gesellschaft zu unterwandern. Vom Elektrorasierer kam der Warnhinweis, sein kleiner Neffe sei der Antichrist; ließe man ihn zum Erwachsenen heranreifen, so werde er seinen teuflischen Samen im ganzen Lande verbreiten und die Welt mit Speichelleckern bevölkern, die ihm willfährig zu Dienste sein würden. Allein dem glücklichen Zufall, dass Ottos Schwester verfrüht von einem fehlgeschlagenen Blind Date zurückkam, war es zu verdanken, dass der grausige Plan aufgedeckt wurde. Otto hatte einen Eintopf aus Karotten, Rindfleisch, Kartoffeln und einem giftigen Häubling-Pilz zusammengemixt, eine tödliche Mischung, von welcher der kleine Casey bereits drei Löffel voll geschluckt hatte, ehe seine Mutter den Notarzt alarmieren konnte. Nur der prompte Einsatz einer Magenpumpe rettete dem Knirps das Leben. Von Stund an sorgte eine tägliche Dosis von einhundertfünfzig Milligramm Thorazin dafür, dass Otto dem in seinem Kopfe tönenden Stimmenchor nicht länger Gefolgschaft leistete.

Wenngleich die Küche inzwischen nahezu frei war von Kleingeräten, war Ottos im ersten Stock gelegene Wohnung noch lange nicht aller Stimmen ledig. Der 36-Jährige schlug sich auch weiterhin mit der Zwangsvorstellung herum, er müsse Pleasant Bay von den Dämonen befreien, die inmitten der Stadt ihr Unwesen trieben. Für die Gesetzeshüter war Otto J. Sparks kein Unbekannter. Wenn er sich nicht gerade in Therapie befand, sah man ihn oft an der Ecke Main Street und Stafford Street, wo er die Passanten vor dem Kommen des Großen Gehörnten warnte. Der, so Otto, erscheine womöglich in Gestalt eines engelsgleichen Kindes mit blondem Haar und einer Zahnlücke oder einer gut gebauten Rothaarigen. Oder als bärtiger Mann mit fremdländischem Akzent. Kurzum, das Böse sei überall, so Otto, weshalb er alle Welt zu höchster Wachsamkeit aufrief.

Pete erspähte ihn im Beans 'n Bags, einem schicken Coffee-Shop, wo er in aller Ruhe einen Kaffee schlürfte, allem Anschein nach gesund und munter, die Wangen leuchtend von einem sonnigen Glühen. Er trug eine schwarze Jeans und ein T-Shirt mit dem Bild der Rockgruppe The Psychedelic Furs. Mit zwei Bechern kolumbianischen Röstkaffees in den Händen schlenderte Pete zu Ottos Tisch hinüber und angelte sich mit dem Fuß einen Stuhl.

»Hallo, Otto J.«, grüßte er ihn und setzte sich. »Wie ist die Lage?«

Der Angesprochene schüttelte pathetisch das Haupt. »Nicht gut, Detective Szilagyi. Man spürt es, was?«

»Allerdings, die Zeiten sind finster.«

»Finsterer geht's nicht. Übeltäter werden bestraft, das Urteil ist nahe.«

»So siehst du das, Otto? Die Geschichte im Donovan's? Die vergifteten Mandeln?«

»Ist erst der Anfang, Detective. Spitze des Eisbergs. Nur die Gerechten werden das Königreich schauen.«

»Selig die Sanftmütigen, denn sie werden die Erde erben, hm?«

»Und es gibt nicht viele von uns.« Sparks hob seinen Kaffeebecher und stieß mit Pete an.

Pete nahm einen gemächlichen Schluck und gab Otto Gelegenheit zur Darstellung seiner persönlichen Weltsicht, wobei er ihn eingehend musterte. Sparks war hellwach, seine Gesichtsmuskulatur ruhig, ohne das krampfhafte Zucken um den Mund, das Pete noch Anfang des Jahres beobachtet hatte. Obendrein hatte er abgenommen und bekam offenbar in letzter Zeit auch etwas Sonne ab. In ihrer Gesamtheit ließen diese Äußerlichkeiten nur einen Schluss zu: Sparks stand nicht unter Medikamenten.

»Wir haben zehn Tote, Otto«, hob Pete behutsam an. »Was kommt wohl als Nächstes?«

Otto setzte zu einer detaillierten Saga an, in der er das Armageddon heraufbeschwor, den Untergang der Welt. Die Wasserspeicher der Erde, so seine Sicht, seien erschöpft, die noch vorhandenen dürftigen Reserven mit hochgiftigem Natrium-Zyanid vergiftet. Nur die Rechtschaffenen dürften unbesorgt aus den verseuchten Brunnen trinken; alle anderen müssten hingegen verderben, und ihre Leichen würden zu grauen Staubwolken zerfallen. Sparks Geschichte war ein faszinierender Mix aus Bibel und Steven Spielberg mit einem gerüttelt Maß Hanna-Barbera-Comic als Zugabe. Während der gesamten Darstellung blieb seine Miene ernst und getragen, die Stimme gedämpft, die Sprache artikuliert und förmlich. Er fabulierte sich ein überzeugendes Abenteuer zusammen und erzählte dieses so fesselnd und anschaulich, dass Pete beinahe vergessen hätte, dass Otto J. Sparks nicht ganz richtig tickte, gleichgültig, ob er gerade Medikamente nahm oder nicht.

»Sonst nix?«, fragte Pete, als Otto fertig war. »'ne vergiftete Wasserversorgung? Ich hab mir immer vorgestellt, das Ende käme mit Posaunenschall und Donnergetöse. Schwärende Wunden, Ströme von Blut, ein gewaltiges Erdbeben – wie die sieben Schalen des göttlichen Zorns aus der Offenbarung des Johannes.«

»Das sind Metaphern.«

Pete verkniff sich ein Grinsen. »Also – die Giftmorde hier in Pleasant Bay findest du nicht weiter tragisch?«

»Die Toten werden gerichtet nach ihren Taten.«

»Aha. Demnach hatten die zehn den Tod verdient?«

»Und viele andere desgleichen.«

»Innerhalb welchen Zeitrahmens? Was meinst du?«

»Vor dem nächsten Vollmond werden noch weitere den geballten Zorn des Herrn erfahren.«

»Und was man uns über Gott beigebracht hat, dass er alle liebt und alles vergibt, das ist also gar nicht ...«

»Die Zeiten sind vorbei, Detective. Er hat einen Fußsoldaten ernannt, Seinen Willen zu erfüllen und allem Übel ein Ende zu setzen – der Tyrannei, der Profitgier, der Drogensucht, des Alkoholismus, der Fleischeslust ...«

»... indem er das Wasser verseucht?«

Sparks nickte.

»Mit Zyanid.«

Wieder ein Nicken. »Das Meer gibt die Toten heraus, die es birgt.« Sparks hob die Hände, die Handflächen in stummer

Ergebenheit himmelwärts gekehrt. Die Wahrheit, wie Otto sie kannte, machte ihn frei.

»Woher kriegt denn der Fußsoldat das Zyanid?«

Petes Frage riss Otto in die irdische Wirklichkeit zurück. »Aus der Quelle vielerlei Unheils«, erwiderte Otto, was Pete Gelegenheit gab, sich selbst einen Reim zu machen.

»Aus dem Internet?«

Sparks kippte den Rest seines Kaffees.

»Und dieser Fußsoldat«, fuhr Pete fort, »du hast nicht zufällig 'ne Ahnung, wer das sein könnte?«

»Liegt das nicht auf der Hand?«

»Vorsicht mit dem, was du jetzt sagst, Otto!«

»Vorsicht? Wieso? Stolz bin ich. Begehrt. Ich wurde auserwählt.«

Pete wartete, wohl wissend, was kommen würde.

»Detective Szilagyi: Ich habe die Leute umgebracht.«

# 34. KAPITEL

*The Daily Sentinel, Dienstag, 9. September 2004 – Seite 1*
**MANN AUS PLEASANT BAY IN ZUSAMMENHANG MIT ZYANID-MORDEN VON POLIZEI VERNOMMEN**
**Geständnis enthüllt abstruse Gedankengänge**
**Von Olivia Laszlo**

*Otto J. Sparks, 36, wohnhaft in Pleasant Bay, Steele Street Nr. 796, gestand am gestrigen Spätnachmittag gegenüber der Polizei, er sei der Zyanid-Killer. Sparks, in Pleasant Bay eine stadtbekannte Größe, leidet seit Langem an psychischen Störungen. Wie aus nicht näher bezeichneten Polizeikreisen verlautete, gab er im Laufe einer Befragung zu Protokoll, die Verurteilung der Übeltäter sei nahe und weitere Todesfälle stünden unmittelbar bevor. Detective Sergeant Szilagyi, Leiter der Sonderkommission »Bittermandel«, wollte Sparks Verwicklung in die Morde weder bestätigen noch dementieren. Seiner Aussage zufolge unterziehe man die Hintergründe des Falles im Lichte neu gewonnener Erkenntnisse einer Neubewertung. Sparks Verhalten entspreche dem Täterprofil eines Massenmörders ...*

Olivias Artikel enthielt eine detaillierte Darstellung der Symptome paranoider Schizophrenie, wie etwa akustische Halluzinationen, diffuse Angstzustände, Schübe von Größen- oder Verfolgungswahn – allesamt Aspekte, die zu jenem verwirrten Denken beitrugen, das der Krankheit den Namen gab.

Im Weiteren stellte Olivia dar, dass Sparks mehrmals zuvor in Polizeigewahrsam gesessen hatte, einmal nach einem tödlichen Giftanschlag auf einen Hund. Zwei Fotografien vervollständigten den Artikel. Die kleinere zeigte den Wohnblock, in dem Sparks Wohnung lag, in einem dreistöckigen, heruntergekommenen Kasten zwischen einer Tankstelle und einem Gebrauchtwagenhandel. Auf dem doppelt so großen zweiten Bild war zu sehen, wie Sparks gerade an irgendeiner Straßenecke seine Weltuntergangsszenarien zum Besten gab.

Otto J. Sparks passte als Täter wie die Faust aufs Auge. Wäre er verknackt worden, hätte kein Mensch mit der Wimper gezuckt oder erschrockene Kommentare wie »Hat mich glatt umgehauen« von sich gegeben. Und dass Sparks gar in irgendeiner Weise einen positiven Beitrag zum Gemeinwesen geleistet hätte – dieser Hinweis wäre mit Sicherheit nicht gekommen. Der Fall schien wasserdicht. Die Bürger hatten den irren Mörder, den sie sich wünschten. Otto J. Sparks war gleichsam ein Täter nach Maß.

Olivia fühlte sich ausgelaugt bis ins Mark. Sie hatte ihren Artikel fertig getippt und dafür einmal mehr ein anerkennendes Nicken ihres Chefredakteurs eingeheimst. An und für sich hätte sie also mit sich zufrieden sein können. Daheim angekommen, wollte sie indes nur noch ihre Ruhe und sich in einem übergroßen Schlafanzug vor ein anspruchsloses Fernsehprogramm setzen. Irgendetwas ging nicht mit rechten Dingen zu, wobei zwei Dinge zu ihrer körperlichen, geistigen und spirituellen Erschöpfung beitrugen: das Bild eines blutbeschmierten Telefons sowie die Tatsache, täglich von einem allgegenwärtigen Andy Kodaly angefeindet zu werden.

Mit der flachen Hand schlug Tony ein paarmal auf ihre Bettseite. »Ganz schön aufregend, mit so 'nem Genie verheiratet zu sein«, raunte er heiser. »Los, komm her! Damit ich dir demonstrieren kann, wie stolz ich auf dich bin.«

Sie winkte ab und vertröstete ihn auf ein anderes Mal. Tonys Angebot würde ihre miese Laune nicht bessern, und außerdem wusste sie, dass sie beim besten Willen nicht in der richtigen Stimmung war. »Ich glaube, ich mache mir 'nen Tee«, murmelte sie und tappte in ihrem mit rosa und roten Herzen gesprenkelten Pyjama nach unten.

In der Küche angekommen, vernahm sie direkt über sich das Rauschen von Wasser. Auch Lorraine hatte müde gewirkt; wahrscheinlich würde sie bei Petes Heimkehr schon tief und fest schlafen. In letzter Zeit hatte es den Anschein, als begegneten sich ihr Onkel und ihre Tante gleichsam wie in einer schnell rotierenden Drehtür, als sähen sie sich bloß ganz flüchtig, um anschließend wieder in entgegengesetzte Richtungen davonzueilen. Gemeinsam hatte Olivia die beiden zuletzt in Donovan's Restaurant gesehen, an jenem Abend, an dem Mama Angela und die anderen starben. Das war inzwischen einen Monat her. Sie zerbrach sich den Kopf, konnte sich aber nicht erinnern, wann sie alle vier das letzte Mal zu ihren sonst so häufigen Doppel-Dates aufgebrochen waren – ins Kino, soweit sie sich erinnerte. *Roter Drache* hieß der Film. Wann war der noch in den Kinos erschienen? Selbst das wusste Olivia nicht mehr.

Vorhin noch hatte Olivia ihre Tante auf genau dieses Thema angesprochen, kurz bevor Lorraine eilig nach oben verschwand. »Irgendwie müssen wir in unseren normalen Trott zurückfinden«, hatte Olivia gemeint. »Wieder 'ne Familie sein.«

»Pete ist so mit diesem Fall beschäftigt, Liv«, hatte Lorraine erwidert, sichtlich darauf erpicht, sich schnell zu verdrücken.

Nach einem forschenden Blick in die Runde fügte sie noch hinzu: »Wenn er sich dermaßen auf etwas Bestimmtes fixiert, versuche ich, ihn möglichst nicht unter Druck zu setzen. Im Übrigen ist uns ja allen daran gelegen, dass der Killer gefasst wird. Dafür muss Pete in Bestform sein. Keine Ablenkungen.«

»So schlimm kann's ihn doch nicht ablenken, wenn wir vier mal gemeinsam essen! Oder uns 'nen Film reinziehen. Wir hatten sonst immer so viel Spaß. Der fehlt mir.«

Lorraine kniff den Mund zusammen. Ihre Miene nahm einen Ausdruck an, den Olivia nicht recht zu ergründen vermochte. War's Traurigkeit? Bedauern? Reue?

»Ich hatte ebenfalls 'ne Menge zu tun«, gestand ihre Tante. »War nicht oft hier, ich weiß. Wie wär's, wenn wir zwei beiden einen Frauentag einlegen würden? Lass uns doch Samstag nach Toronto fahren; bisschen shoppen und einen Happen essen.«

»Das wäre schön«, betonte Olivia. Es war zwar nicht ganz die Familienrunde, die sie sich vorgestellt hatte, aber eine akzeptable Alternative allemal. Außerdem merkte sie, wie sehr sie die Gesellschaft ihrer Tante vermisste, was sie Lorraine bei der Gelegenheit gestand.

»Ich ... du fehlst mir auch, Liv«, erwiderte Lorraine mit brüchiger Stimme. Beide umarmten sich und kicherten nervös angesichts der rührseligen Szene, die sie da boten.

»Kannst du dir vorstellen, was wir zu hören kriegen würden, wenn die beiden Kerle uns sähen?« Noch einmal drückte Olivia ihre Tante und löste sich von ihr.

»Wir sind schon tolle Frauenzimmer, wir zwei!« Lorraine küsste sie auf die Wange und ging nach oben.

Ihr Onkel hatte recht mit seiner Party. Sie brauchten mal

wieder einen Grund zum Feiern; Olivia hoffte, dass die geplante Festivität für einen Stimmungsumschwung sorgen würde. Auf einem Barhocker sitzend, wartete sie darauf, dass das Teewasser kochte. Eigentlich, so grübelte sie, bist du viel zu jung, um dich wehmütig nach den guten alten Zeiten zu verzehren. Aber nichts war mehr so wie früher – weder in Pleasant Bay noch zu Hause.

Wer außerdem ihr seelisches Gleichgewicht aus den Fugen geraten ließ, war Tony. Plötzlich kam ihr alles an ihm fremd vor. Er trieb Sport wie ein Irrsinniger, achtete fanatisch auf das, was er aß, und zeigte schon die Ansätze eines welligen Waschbrettbauchs, sodass er trotz der unvermutet gesunkenen Temperaturen demonstrativ mit bloßem Oberkörper im Garten herumstolzierte. Heißblütig, genussorientiert und lüstern, benahm er sich plötzlich wie ein Teenager, der nichts als Sex im Kopf hat. An sich nichts Verwerfliches, wohlgemerkt, aber des Öfteren ertappte sie sich dabei, wie sie sich den alten Tony zurückwünschte. Den lustigen. Den molligen Kuschelmops.

Sie rätselte über die Frage nach, ob die Energie ihres Mannes auf die Befreiung von seiner Mutter zurückzuführen war oder auf den warmen Regen von 800.000 Dollar. Das Schrillen des Teekessels schreckte sie jäh aus diesen Gedanken auf. Sie rutschte vom Hocker, zog den Teekesselstecker und ließ den Darjeeling-Sud einige Minuten ziehen, wobei sie hoffte, die Flimmerkiste habe vielleicht ein paar doofe Komödien zu bieten. Etwas Unkompliziertes, Seichtes brauchte sie jetzt – am liebsten irgendeine alberne Comedy. *Gilligans Insel* beispielsweise.

»Na, wenn das nicht das schöne Mädchen von Seite eins ist!«

Sie wirbelte herum. »Oje, hast du mich erschreckt!« Nachdem sie sich einigermaßen erholt hatte, fügte sie hinzu: »Und Mädel bin ich schon lange nicht mehr.« Sie trat auf ihn zu. »Und wenn schon, dann sehe ich müde aus!«

Petes Augen waren halb geschlossen, die Haare zerzaust. Seine Gesichtszüge wirkten erschlafft, als zöge die Last der Tagesereignisse sie nach unten. »Hab ein wahres Spießrutenlaufen hinter mir«, erzählte er Olivia. »Konnte nicht mal an den Bankautomaten, ohne dass mir einer auf die Schulter tippte, um mir zu sagen, das würde aber auch Zeit, dass dieser Trollo von Sparks weggesperrt wird. Kein Wort des Dankes, weit gefehlt! Nur immer die Frage: Wieso habt ihr so lange gebraucht?«

»Da kannst du's bestimmt kaum erwarten, endlich wieder deine Ruhe zu haben.«

»Wenn das überhaupt geht. Muss mir vielleicht 'nen Bart wachsen lassen, das Haar färben oder Plateautreter kaufen. Und 'ne nicht registrierte Telefonnummer zulegen.« Mit den geballten Fäusten massierte er sich die Augen. »Aber dein Leitartikel war klasse, Liv«, fügte er lobend hinzu, die Stimme munter, trotz seiner äußeren Erschöpfung. »Wird deinen Chef sicher freuen.«

»Sollte man annehmen.«

»Halt«, gebot er und hob die Hand. »Ich setze mich lieber erst, ehe du mich vor Begeisterung über den Haufen kegelst.«

Sie rang sich ein kurzes Lachen ab.

»Kapier ich nicht«, sagte er. »Hast du dir das nicht immer gewünscht?«

Sicher, das schon. Ihr oblag die Berichterstattung über den bedeutsamsten Vorgang im ganzen Land. Tony hatte abgenommen und legte nun mehr Wert auf sein Äußeres, was sie ebenfalls immer verlangt hatte. Nicht zu vergessen das Geld. Das von Mama Angela. Darauf war sie zwar nie scharf gewesen, aber es zu haben, konnte trotzdem so übel nicht sein. Hoffte sie jedenfalls.

»Oh doch, ich bin ein Glückspilz, klar«, bemerkte sie, wobei am Ende ihrer Bemerkung der Hauch eines Fragezeichens mitschwang. »Wahrscheinlich nur 'n bisschen kaputt. Hat sich die Spurensicherung denn Sparks Bude vorgenommen?«

Pete nickte. »Sind noch dabei, die Jungs. Meine Güte, was ein Saustall! Fünfundsiebzig Quadratmeter, rammelvoll mit allem möglichen Krempel, mehr als wir beide zusammen im ganzen Leben sammeln könnten. Der Haftrichter gibt uns drei Tage, um was Sachdienliches rauszuholen. Als ich abhaute, hatten die Hanseln von der Spurensicherung noch keinen einzigen brauchbaren Beweis ausgegraben, dafür aber allerlei düstere Weltuntergangspamphlete. Stapelweise Artikel über den Massenmord '78 in Jonestown, ein Haufen Zeitungsausschnitte über die Trinkwasserepidemie von Walkerton vor vier Jahren. Das sage ich dir natürlich alles inoffiziell.«

Pete ging zum Kühlschrank und räumte zerstreut darin herum. Olivia sah, wie er eine Schale mit übrig gebliebenen Spaghetti, eine halbleere Dose Thunfisch, eine Flasche Cola light und diverse Gewürze beiseiteschob, als würde sich wie von Zauberhand etwas Genießbares irgendwo hinter dem ganzen Plunder finden.

»Lass mich raten. Keine Spur von Zyanid.«
Die Kühlschranktür flog zu. »Du hast es erfasst.«
»Wundert mich auch nicht.«
Pete drehte sich zu ihr um. »So? Wieso nicht?«
»Weil Sparks nicht der Zyanid-Killer ist.«

## 35. KAPITEL

Pete starrte seine Nichte an. Sie hatte nicht gesagt: »Ich *glaube nicht,* dass Sparks der Killer ist.« Nein, sie war sicher. Überzeugt. Otto *war nicht* der Mörder. Pete konnte erkennen, dass Olivia zwar vor Müdigkeit beinahe umfiel, dass ihre Rädchen sich aber immer noch drehten. »Du scheinst dir ja deiner Sache ziemlich gewiss zu sein.«

»Ach komm, Onkel Pete! Du glaubst doch nicht ernsthaft, dass Sparks dafür in den Knast geht.«

»Ich hege, was ihn angeht, erhebliche Zweifel, klar«, gestand er. »Wie schon gesagt, wir haben seine Behausung auf den Kopf gestellt, aber kein Zyanid gefunden. Nicht einmal ein Buch über Gift. Aber apokalyptischer Hokuspokus und hellseherischer Mumpitz hin oder her – ein komischer Heiliger ist Otto allemal. Seine Kunstsammlung sagt alles. Über seinem Küchentisch dräut ein riesengroßes Poster von Munchs *Der Schrei*. Da vergeht einem der Appetit, wenn einem das vor der Nase hängt. Der ist eine gepeinigte Seele, Livvie.«

»Gepeinigt schon, aber hinterhältig? Gerissen? Einer, der 'ne Verschwörung anzettelt? Wie sollte Sparks denn rational denken und 'nen Plan für Massenmord aushecken? Dazu fehlt ihm die gedankliche Stetigkeit! Der wechselt doch zwischen Realität und Wahn hin und her, so wie der Wind sich dreht.«

»Vergiss eins nicht: Als er noch in der Carroll Avenue wohnte, hat er den schwarzen Labrador tatsächlich getötet.«

»Nur war das vermutlich nicht geplant, Onkel Pete. Das geschah im Affekt. Damals arbeitete Otto noch Nachtschicht. Der Fiffi von dem Nachbarn bellt, Otto kann nicht schlafen, also – keine langen Fisimatenten. Vergifte das Hundevieh. Problem erledigt.«

Pete nickte. »Hast natürlich recht. Ich habe nur mal des Teufels Advokat gespielt. Aber sein Geständnis liegt uns nun einmal vor, also müssen wir der Sache auf den Grund gehen.«

»Eins wissen wir doch beide: Gib Otto zehn Minuten, und er beichtet dir, er wäre der Würger von Boston. Der Mann hat einen an der Waffel! Der Zyanid-Mörder hingegen ist schlau. Der hat womöglich einen überdurchschnittlich hohen IQ.«

Olivia hatte ihre Hausaufgaben gemacht.

»Du hältst den Burschen also echt für intelligent?«, fragte Pete.

»Aber hallo! Innerlich haben sich allerdings wohl ein paar Schrauben gelockert. Irgendein Stressfaktor hat dafür gesorgt, dass der Typ ausgerastet ist. Könnten wir bloß rauskriegen, welche Botschaft er uns übermitteln will! Was er mit der ganzen Sache bezweckt! Dann stünden unsere Chancen, den Kerl zu packen, besser.«

»Du weißt das, und ich weiß es auch. Die Geschichte lehrt uns allerdings eins: Solange wir den Halunken nicht haben, entschlüsseln wir weder seine Botschaft, noch finden wir raus, was ihn zu den Morden trieb. Dass es anders herum kommt, ist selten. Und noch etwas: Sämtliche Theorien und alle Psychologie der Welt erhellen nicht den wirklichen Grund, wieso der das tut …«

»Und der wäre?«

»Es macht ihm Spaß!« Pete hörte, wie ihm bei diesen Worten die Luft aus den Lungen wich.

Olivia tätschelte ihm die Hand. »Kopf hoch, Onkel Pete. Dein Durchbruch kommt noch. Ihr schnappt den Kerl – genauso wie die Polizei Marina Tomich vor zehn Jahren fasste. Aber hör mal, willst du nicht lieber versuchen, es für heute Abend gut sein zu lassen? Du bist zu Hause, Tante Lorraine ist zu Hause, und im Kühlschrank steht eine Flasche Sauvignon Blanc, gut gekühlt.«

Pete lächelte. Noch blieb ihm reichlich Zeit, einen langen, fruchtlosen Tag in eine ereignisreichere Nacht zu verwandeln. Er öffnete den Kühlschrank und holte den Wein heraus, kramte dann in der Schublade, bis er den Korkenzieher fand und spürte, als er zwei Weingläser aus dem Schrank nahm, wie seine Erschöpfung verflog. »Und du? Legst du dich jetzt aufs Ohr?«, fragte er seine Nichte.

Olivia schüttelte den Kopf. »Schon mal zu müde zum Schlafen gewesen? Ich glaube, ich werde 'ne Weile TV-Androide spielen.«

Er sah seiner Nichte nach, die mit über den Boden schleifender Pyjamahose in den Wohnbereich schlurfte. Über sich hörte er, wie Wasser durch den Wannenabfluss gurgelte. Er lächelte noch einmal und eilte, zwei Stufen auf einmal nehmend, die Treppe hinauf.


Die nackten Zehen unter ein Kissen gesteckt, kuschelte sich Olivia auf die Couch und surfte durch die Fernsehkanäle. Ein bisschen Talkshow-Gequatsche von Jay Leno, der Schluss einer Sitcom, überschwängliche Lobhudeleien begeisterter Anwender eines revolutionären Hautpflegemittels. Es war regelrecht abstrus, wie die Leute über ihre angeblich reineren Teints plapperten und einem weismachen wollten, ein paar Wattebäuschchen und einige Fläschchen eines Wunder-Elixiers hätten ihr Leben verändert. Auch in Pleasant Bay war einiges anders geworden, nur wäre kein Mensch deswegen ins Schwärmen geraten. Zusätzlich zu all den vielen Dingen, die Olivias Welt mit einem Schlage total umgekrempelt hatten, musste sie sich nun auch noch Sorgen machen um Onkel Pete.

Was sie vor einigen Minuten in der Küche erlebt hatte, gefiel ihr gar nicht. Der Blick in den Augen ihres Onkels zeigte mehr als bloße Erschöpfung, spiegelte weit mehr als den Tribut, den die Ermittlungen in einem stressigen Fall forderten. In seinen Augen lag die Niederlage, als sehe er schon den Tag voraus, an dem Otto J. Sparks auf freien Fuß gesetzt werden und Pete wieder bei null anfangen musste. Die Bürger von Pleasant Bay wollten zurück zu einem normalen Dasein, und ihnen das zu ermöglichen oblag dem leitenden Ermittler in den Mordfällen. Sobald Pete keinen Tatverdächtigen mehr in Gewahrsam hatte, würde das Rädern und Vierteilen von vorn losgehen. Die hängenden Schultern, die Olivia vorhin gesehen hatte, wirkten nicht stark genug, um die Verantwortung zu stemmen. Irgendwie, so Olivia zu sich selbst, musst du ihm doch helfen können!

Obwohl im Grunde Lorraines Nichte, verspürte Olivia doch eine Seelenverwandtschaft mit Pete. Er war einer, der das Heft des Handelns in die Hand nahm. Seine Welt verlief in geordneten Bahnen. Keine Überraschungen, kein Auf-die-lange-Bank-Geschiebe. Er war der Ideengeber, der Anführer, der Organisator. Es war Pete gewesen, der Olivia zu ihrer Wuschelfrisur überredete. Hör auf, dein hübsches Gesicht hinter so einer Mähne zu verstecken, hatte er ihr gesagt. Anfangs hatte sie sich gesperrt und sich gefragt, was ihn ihre Haartracht überhaupt anginge. Schließlich gab sie nach, um kurz darauf festzustellen, dass Pete recht gehabt hatte. Inzwischen liebte sie ihr wuschelköpfiges Markenzeichen.

In den Monaten nach der Ermordung ihrer Eltern hatte Pete sich als der Stoiker gezeigt, als die stille Kraft. Er kam ihr nicht mit wohlmeinendem Rat, trivialen Plattitüden und mitleidigen Umarmungen, sondern er nahm sie mit auf Kajak-Tour, ging mit ihr inlineskaten und auf Schneeschuhwanderungen. Sie bauten einen Steingarten hinter dem Haus, strichen den Zaun an und reparierten die Terrasse. Als sie über Weihnachten in Cancún Urlaub machten, überredete Pete sie zum Parasegeln. Aus hundert Metern Höhe bot sich Olivia eine ganz andere Welt, die gar nicht so übel aussah.

Diese hektischen Aktivitäten konnten zwar den Verlust nicht vergessen machen, vertrieben ihr aber das Grübeln, und mit der Zeit merkte sie, dass ihr das Leben wieder Spaß machte, ohne schlechtes Gewissen und ohne die Frage: »Warum ich?« Sie wünschte sich auch nicht mehr, dass Johnny Stasiuk sie am besten gleich mit umgebracht hätte. Pete Szilagyi, ihr angeheirateter Onkel, hatte ihr das Leben zurückgegeben. Er hatte sie geheilt. Dafür stand sie in seiner Schuld.

Dass man den Zyanid-Killer fasste, daran lag Olivia viel, vielleicht sogar mehr als Pete. Falls sie dazu beitragen konnte, den Strolch zur Strecke zu bringen – an ihr sollte es nicht liegen. So konnte sie etwa Texte formulieren und drucken, mit denen sich die Schlinge zuziehen und der Druck langsam steigern ließ. Als Team würde sie gemeinsam mit Pete den Verbrecher in die Falle locken, und ihr Onkel würde von seiner dankbaren Nichte voll profitieren. Sie würde dafür Sorge tragen, dass seine Unterstützung von jemandem stammte, bei dem sämtliche Neuronen feuerten – nicht etwa von einem furchtsamen kleinen Mädchen, das schon beim Anblick eines altertümlichen schwarzen Telefonapparats vor Angst erstarrte.

Dreißig Minuten später waren die Schiffbrüchigen in der Uralt-Robinsonade *Gilligans Insel* gestrandet.

## 36. KAPITEL

»Oh Mist, verdammter! Scheiße!«

Tony steckte den Kopf durch die Badezimmertür. »Auch dir einen guten Morgen, Schatz. Ist dir beim Frühstück etwas in die falsche Kehle gerutscht?«

Olivia knallte die Tür des Medizinschranks zu und drehte sich zu ihrem Mann um. »Nirgendwo Aspirin? Wo mir jeden Moment der Schädel platzt?«

»Wahrscheinlich deshalb, weil du die ganze Nacht auf der Couch geschlafen hast.«

»Na, hör mal! Statt auf mir herumzuhacken, sag mir lieber, wieso wir kein Aspirin haben!«

»Meine Schuld!«, bekannte Tony, wobei er auf sie zutrat, um ihr die Schläfen zu massieren. »Ich habe die letzten nach Moms Beerdigung verbraucht und vergessen, neue zu kaufen. Wenn's dir hilft, darfst du mich hauen!«

»Mach ich vielleicht auch!« Olivia bettete die Stirn an Tonys Brust und versuchte, sich zu entspannen, während er in langsamen, kreisenden Bewegungen knetete, um den Druck hinter ihren Augen zu lindern. »Nein!«, befand sie abrupt und löste sich von ihm. »Das funktioniert nicht. Ich brauche etwas zum Einnehmen.«

»Irgendetwas, das hilft, müssen wir doch haben.« Tony hob den Arm, um den Medikamentenschrank wieder zu öffnen.

»Ich habe nur die Wahl zwischen Insektenspray und Hämorridensalbe. Glaub mir Tony, ich habe nachgeguckt!«

»Vielleicht hat deine Tante etwas.«

»Wenn ja, lasse ich dich am Leben.« Olivia ging zur Trennwand zwischen Schlaf- und Badezimmer und drückte den Knopf der Gegensprechanlage. »Tante Lorraine? Hilfe, ich sterbe!«

Im selben Moment, als Olivia in den Flur hinaustrat, kam Lorraine auch schon aus der Schlafzimmersuite. Sie trug ein Outfit, in dem Olivia sie noch nie gesehen hatte – ein hahnenfußgelbes Kleid mit passender Jacke. »Du siehst ja fabelhaft aus. Heißes Date nach Dienstschluss?«

»Sei nicht albern!«, mahnte Lorraine mit einer Spur von Verärgerung in der Stimme. »Was ist mit deinen Augen?«

»Hab Kopfschmerzen. Kannst du mich retten?«

»Im Badezimmer hab ich was extra Starkes. Bedien dich.«

Olivia eilte in die Badezimmersuite und guckte nach, was dort an Medikamenten lagerte. Im Schrank unter dem Handwaschbecken stieß sie auf ein Fläschchen mit Schmerz- und Fiebertabletten und wollte gerade danach greifen, als sie zögernd innehielt. Ihr Blick fiel auf die unter dem großen Eckfenster eingelassene Whirlpool-Wanne. Auf den Keramikfliesen neben der Wanne, auf einem Tablett, stand die Weinflasche vom Abend zuvor, noch ungeöffnet, nebst Korkenzieher und Gläsern. Offenbar waren nicht nur Tonys Gelüste unerfüllt geblieben.

Olivia schnappte sich die Pillen und ging in ihr eigenes Bad zurück, wo Tony sich soeben rasierte. Während sie Wasser in ein Glas laufen ließ, fiel ihr Blick auf den Sicherheitsverschluss der Flasche, wobei sie absurderweise einen Hauch von Erleichterung verspürte. Sie schluckte drei der Kapseln und küsste ihren Mann auf die nackte Schulter. »Tut mir leid, dass ich eben so zickig war. Und gestern

Abend auch. Ich mach's dir später wieder gut. Versprochen.«

Tony hob philosophierend den Zeigefinger. »Dies sind schwirige und denkwürdige Zeiten«, dozierte er. »Sie stellen selbst die Besten unter uns auf die Probe. Es sei dir vergeben. Spätestens dann, wenn das mit der Wiedergutmachung hinter uns liegt. Gibt's die eigentlich wirklich, die Gedenkfeier für die Opfer des Zyanid-Mörders?«

»Steht im *Sentinel,* also wird's wohl stimmen«, bekundete sie. »Großartige Idee, meinst du nicht auch?«

»Nee. Zumindest nicht für mich. Ich gehe nicht hin.«

»Tony, du musst! Deine Mutter …«

»… war eine alte Dame, Liv. Sie ist tot. Tragisch, ja. Aber ich reiße nicht vor der ganzen Stadt das Maul auf, um schließlich mit einem markigen Spruch im Fernsehen zu landen. Von mir aus geh hin, aber mein Ding ist das nicht.«

Olivia verbiss sich eine Bemerkung. Der Augenblick war ungünstig. Bis zum Abend würde Tony es sich bestimmt anders überlegt haben. »Wie wär's denn, wenn wir nach der Arbeit zum Friedhof gehen würden? Wir könnten einen Topf roter Geranien zum Grab bringen. Die hat deine Mom immer gemocht. Und inzwischen müsste ihr Name auf dem Grabstein stehen.«

Tony zuckte die Achseln. »Mal sehen.«

»Okay.« Nochmals küsste Olivia ihn auf die Schulter, machte dann das Bett und faltete die Schlafanzüge zusammen, derweil Tony sich zur Arbeit anzog.

Seine Haltung gegenüber seiner gerade gestorbenen Mutter beunruhigte sie. Wenngleich Mama Angela in ihrem Leben Schürzenzipfel so dick wie Aufzugskabel gehabt hatte, bereitete es Tony offenbar nicht die geringste Mühe, sich nach ihrem Tod von ihr zu lösen. Es war fast, als versuche er zu vergessen, dass es sie überhaupt gegeben hatte.

»Tony?« Olivia klopfte die Kissen aus, bestrebt, ihre Stimme leichthin klingen zu lassen. »Wegen des Geldes von deiner Mutter – hast du geahnt, dass das so viel ist?«

Tony stopfte sich die Hemdschöße in den Hosenbund, schloss den Gürtel und setzte sich auf die Bettkante, um sich die Schuhe zu schnüren. »Na ja, dass das alte Mädchen anspruchslos lebte, wusste ich. Ständig jammerte sie über die hohen Preise. Kaufte möglichst im Schlussverkauf. Aber Mangel musste ich nie leiden, Liv. Dauernd schien sie irgendwo noch Barreserven zu haben – 'ne Keksdose, der lose Ziegel am Kamin, sogar oben im Strumpf hatte sie was. Du hast es ja selber gesehen, als wir das Haus aufräumten. Überall Geld versteckt.«

Das stimmte. Olivia hatte einen zusammengerollten Fünfzigdollarschein im Finger eines Lederhandschuhs gefunden, einen zweiten in einem Bratentopf. »Aber achthunderttausend Dollar! So eine Summe kommt nicht von Barreserven, die man im Haus verteilt. Deine Mutter hat investiert. Wusstest du das?«

Tony stand auf, überprüfte sein Äußeres im Spiegel und klopfte sich mit der flachen Hand auf den Bauch. »Dad war der Investment-Experte. Er muss dem alten Mädchen einiges beigebracht haben. Aber ich hatte keine Ahnung.«

»Nicht mal annähernd?«

»Nicht mal halb. So, wie ist es nun – nimmst du mich mit zur Arbeit, oder lässt du mich zu Fuß laufen?«

»Heute ist dein Glückstag. Wir treffen uns in der Einfahrt.«

Olivia ging nach unten, während Tony noch nach seiner

Armbanduhr suchte. Seine hektische Schatzsuche erinnerte sie wieder einmal an ihre verschwundenen perlenverzierten Ohrstecker.

Als sie die Garage betrat, sah sie, dass Lorraine schon fort war. Offenbar fing ihr Arbeitstag immer früher an. Olivia drückte den Wandschalter, und die Doppeltür öffnete sich, wobei die Stützräder quietschend über die Metallführung rollten. Auch Pete, der seinen Wagen stets in der Einfahrt abstellte, war bereits aufgebrochen. Sonnenlicht strömte in die Garage – Aussicht auf einen schönen Tag.

Ihr Zehngangfahrrad lehnte an der hinteren Wand unter einem Regal mit einem Sammelsurium aus Polierwachsdosen, Rasensprinklern und Gartengeräten. Vielleicht, so nahm sie sich vor, würde sie nach Feierabend eine Radtour machen.

Als sie um den Wagen bog und die Beifahrertür aufschließen wollte, stockte ihr der Atem. Erstarrt blieb sie stehen, in den Ohren ein klägliches »Nein!«, das von irgendwo zu kommen schien, und dann wich sie zurück. Ihr war, als pumpe ihr Herz Eiswasser. Für einige Augenblicke kauerte sie so in gebückter Haltung, das Gesäß gegen die Wagentür gepresst, den Kopf so weit es ging von dem Ding weg, als könne es plötzlich blinzelnd zum Leben erwachen und sie höhnisch und bösartig angrinsen. In Wirklichkeit ging das natürlich nicht, und eines war Olivia völlig klar: Ein unbeteiligter Zeuge hätte in diesem Augenblick angenommen, sie habe nicht alle Tassen im Schrank. Diese Erkenntnis indes nützte ihr weder etwas gegen das heftige Zittern, von dem sie nun geschüttelt wurde, noch gegen den Schwächeanfall, der ihr den Estrich unter den Füßen wegzuziehen drohte.

Es war nur ein Bär. Das wusste sie. Ein brauner Plüschteddybär, ganz ähnlich wie Coco, ihr geliebtes Kuscheltier, das sie als Kind überallhin mitgenommen hatte. Der Teddy, den sie an dem Morgen, an dem sie ihre Eltern fand, an die Brust gepresst hielt.

Dieser war aber nicht der echte Coco. Auch das war ihr klar. Ihr Lieblingsspielzeug hatte nämlich, als Tante Lorraine es nicht mehr auszubessern vermochte und das Füllmaterial überall im Haus herumfusselte, in einer Schuhschachtel seine letzte Ruhestätte gefunden. Dieser Bär hingegen war neu und größer als Coco. Aber er steckte in einem aus Weiden geflochtenen Fahrradkorb, um Olivia an Coco zu erinnern sowie an jene schreckenserfüllte Zeit, als Worte, Tränen und Schreie sich in ihrem Körper aufstauten. Außerdem hatte sich derjenige, der für dieses Tun verantwortlich war, die Zeit genommen, den Teddybären von oben bis unten der Länge nach aufzuschlitzen. Und am Fell klebte geronnenes Blut.

Ein grausiges Geschenk, hierhergelegt von jemandem, der sie quälen, der ihren Lebensmut zersetzen wollte, bis sie – ja, was? – nur noch ein zitterndes Häuflein Elend aus Furcht und Verfolgungswahn war?

Die verschwundenen Ohrstecker. Das Telefon. Jetzt dies. Irgendjemand verfolgte sie wie der Javert aus *Les Misérables,* lauerte ihr auf und ergötzte sich an einer Terrorkampagne. Warum?

Sie würde es ergründen. Sie musste. Und sie nahm sich vor, sich zusammenzureißen. Niemand sollte ihre Angst sehen.

Olivia löste sich vom Wagen und bewegte sich hin zu dem Stofftier, bemüht, dem Drang zu widerstehen, sich wie eine Furie darauf zu stürzen, ihm die Glieder zu zerfetzen, die Augen auszureißen. Sie wurde regelrecht angezogen von ihm, von dem Halsband mit seinem ländlichen Charme, und instinktiv, noch bevor sie das Papierröllchen überhaupt glättete, ahnte sie schon, was unter der Schleife steckte: eine Kopie der Todesanzeige für ihre Eltern.

## 37. KAPITEL

Wie eine Sternendecke wölbte sich der Abendhimmel über dem Matheson Park. Am Ende der sogenannten Senke, einem natürlichen, in der Parkmitte gelegenen Amphitheater, war eine Bühne errichtet. Weiße Votivkerzen glühten in der Dunkelheit. Stimmen flüsterten. Ein bittersüßer Abend – eine Zeit, einen Verlust zu betrauern, eine Zeit, das Leben zu ehren. Überall lautete die schlichte Botschaft: Gedenket ihrer!

Aus dem Hintergrund beobachtete Olivia stumm die Szene, wodurch die Bilder, Gerüche und Geräusche des Abends sich ungehindert in ihr Gedächtnis einbrennen konnten. Ihre Eindrücke füllten bereits ganze Seiten ihres Notizbuches, und dabei gab es noch so viel mehr zu tun. Rechts von der Bühne stand eine einzelne Frau, die hellblaue Strickjacke gegen die Abendbrise eng um den Körper geschlungen. Olivia hatte sie angesprochen, weil sie wissen wollte, weshalb sie an der Veranstaltung teilnahm. »Graeme Thomas war genauso alt wie mein Enkelsohn«, hatte die Frau geantwortet und sich dabei mit welker Hand eine einsame Träne fortgewischt. »Da musste ich einfach kommen.«

Auch Familien waren da, Eltern, die darauf hofften, ihren Kindern näherbringen zu können, worin der Wert des Lebens und einer geliebten Person bestand. Ein Grüppchen halbwüchsiger Mädchen drängte sich unter einem riesigen Ahorn, weinend und eng umschlungen. In seiner Ansprache gab Inspector Shane Newell der Hoffnung Ausdruck, die Feier möge sowohl den Angehörigen der Opfer als auch der ganzen Stadt so etwas wie einen Abschluss bringen, auch wenn der eigentliche Heilungsprozess erst nach der Verhaftung des Täters beginnen werde. Ein paar uniformierte Beamte zeigten Flagge, indem sie zwischen den Liegestühlen und Decken patrouillierten. Viele andere waren in Zivil unterwegs, mischten sich ins Gedränge und hielten Ausschau nach etwaigen Anzeichen eines Problems, stets auf der Jagd nach einem Mörder.

Unter den Jägern befand sich auch Olivia. Ob sich das Schwein, das ihr den Teddybär in den Fahrradkorb getan hatte, wohl hier unter den Anwesenden aufhielt? Stellte der Kerl sich ihren weit aufgeschlitzten Körper vor, ähnlich dem des Plüschbären? Durchaus möglich, dass er sie in diesem Moment beobachtete. Amüsiert. Erregt.

Forschend ließ sie den Blick durch den Park schweifen. Da! Gleich bei der Bühne! Weder Presse noch Polizei. Er sah direkt zu ihr herüber. Dann weg, wobei er ganz lässig tat. Sie prägte sich den Mann ins Bewusstsein ein. Groß. Schlank. Blonder Igelschnitt. Um die 30.

Noch einer starrte herüber, drüben, beim Felsengarten. Dieser war älter, dickbäuchig, das Gesicht teilweise verdeckt von einem breitkrempigen Hut. Freizeithose mit Kordelzug. Golfhemd. Rote Weste.

Sie musste damit aufhören. Sie strahlte ihre Angst regelrecht aus und zog damit die Aufmerksamkeit anderer auf sich. Sie fühlte sich wund, entblößt, gelähmt wie ein Opfer vor dem Angriff der Kobra. Konzentrier dich, mahnte sie sich. Vergiss nicht, warum du hier bist!

Olivia war fest entschlossen, eine Story zu schreiben, die

den Angehörigen der Opfer gerecht wurde. Danny O'Neill, einer der Fotografen der Zeitung, hatte aufmerksam zugehört, als sie ihm darlegte, wie der Artikel, den sie zu schreiben gedachte, aussehen sollte. Nunmehr fing er Olivias Idee mit seiner Leica ein, wobei er sich auf Gesichter konzentrierte – junge als auch alte, unbewegte ebenso wie gramgebeugte.

Auf der Bühne stand inzwischen ein Trio, bestehend aus der örtlichen Geistlichkeit, das zum Gebet aufrief: Father Fekete von der katholischen Gemeinde St. Teresa, flankiert von Reverend Davies und Rabbi Saperstein. Köpfe neigten sich. Kerzenlicht flackerte im Rund der Mulde.

Ganz vorn in der Menschenmenge, auf eine Freundin gestützt, stand Bridget Rooney, das Gesicht vor Ergriffenheit gerötet. Zuvor hatte Olivia mit ihr gesprochen. »Ich sehe ein, dass die Stadt diese Gedenkfeier für uns möchte«, hatte Bridget ihr gegenüber erklärt. »Man möchte das Gefühl haben, dass etwas getan wird. Aber ob es hilft? Wie sollte es?« Momentan wehrten die trauernde rothaarige Witwe und ihre Begleiterin die Reporter der größeren Blätter ab. Nicht einmal den Fernsehjournalisten von CNN mit seinem enormen Renommee ließen sie an sich heran.

Auch Tony, der neben der Witwe stand, war von den Medien regelrecht bombardiert worden. Wahrscheinlich, so Olivia bei sich, würde er ihr später die bittersten Vorwürfe machen, weil sie auf seinem Kommen bestanden hatte. Zuvor hatten sie noch in gespannter, unbehaglicher Atmosphäre mit Lorraine und Pete zu Abend gegessen, seit Wochen mal wieder ein Dinner, das sie zu viert einnahmen. Als Tony sich allen Appellen seiner Frau zum Trotz weiter kategorisch geweigert hatte, an der Gedenkfeier teilzunehmen, hatte Lorraine alle diplomatische Zurückhaltung fahren lassen und ihn wie einen bockigen Schuljungen zurechtgewiesen.

»Verdammt noch mal, Tony!«, hatte sie ihn ermahnt und die Hand auf den Tisch geknallt, »wir alle geben uns seit Angelas Tod Mühe, dich in Ruhe zu lassen, und wir unterstützen dich auch nach Kräften, aber diese Anstellerei von dir, die ist dummes Zeug und maßlos überzogen!«

Tony wirkte wie vom Donner gerührt, und Pete guckte verlegen, aber Lorraine war noch nicht fertig. »Du willst also nicht hin? Du, vielleicht geht's heute Abend mehr ums Sollen als ums Wollen! Überleg es dir gut, Tony, und frag dich mal, ob dein Verhalten angemessen ist!«

Pete hüstelte zwar, stärkte seiner Frau aber den Rücken. »Lorraine hat nicht ganz unrecht. Zuweilen müssen wir Dinge tun, die uns schwerfallen, egal, ob's uns passt oder nicht.«

Verdrießlich war Tony aufgestanden, und da Olivia kurz darauf das Haus verlassen hatte, bekam sie nicht mit, was danach vorgefallen war. Anscheinend aber war der Bruch gekittet, denn nunmehr standen Lorraine und Tony untergehakt nebeneinander. Zuvor war Billy Coombs noch bei den beiden gewesen, doch offenbar hatten sie ihn irgendwie abschütteln können. Genau, da drüben stand er, am Tisch, wo es Kaffee und Donuts gab.

Von ihrem Standpunkt auf der Böschung erblickte Olivia einen hoch gewachsenen, gebräunten Mann, der Tennispullover mit V-Ausschnitt, Jeans und lederne Segelschuhe trug und auf Tony und Lorraine zuging. Vermutlich war es einer von Tonys Arbeitskollegen, möglicherweise ein Sportkamerad aus der Fußballmannschaft, wenngleich ihr sein Gesicht nicht bekannt vorkam. Nachdem er ihrem Mann die Hand geschüttelt und einige Worte mit ihrer Tante gewechselt hatte, entfernte er sich.

Danny O'Neill legte eine neue Filmrolle ein. Sein drahtiges Kraushaar bewegte sich kaum in der Brise. »Ich glaube, ich sehe mich mal 'n bisschen um«, bemerkte er, indem er ein Zoom-Objektiv auf die Kamera aufsetzte und durch den Sucher blickte. »Sieht mir ganz so aus, als täte sich da unten bei den Bäumen etwas Interessantes.«

Sie sah ihm nach, wie er die Böschung hinunterging und sich in Richtung auf einen kleinen Ulmenhain bewegte, der linkerhand von der Bühne stand. Im verlöschenden Licht konnte sie jetzt erkennen, was das Interesse des Fotografen erregt hatte. Deshalb folgte sie ihm. Mitten in der Menge hatte man einen langen Tisch aufgestellt, an dem gerade einige Angestellte der Raststätte Route 66 Kaffee aus riesigen Kaffeespendern einschenkten. In der Schlange wartete auch Donovan Marshall, der allem Anschein nach tatsächlich einen Schluck Kaffee vertragen konnte. Olivia bemerkte sein leichtes Schwanken, seinen Kampf mit dem Gleichgewicht. Vermutlich hatte sich der Gastronom vor dem Kommen schon ein paar Drinks gegönnt. Seine Frau und die vier Kinder kauerten eng beisammen auf einer grell gemusterten Decke, ein gutes Stück von der übrigen Menge entfernt.

Danny gelang ein rascher Schnappschuss von einem übernächtigt und abwesend wirkenden Marshall. Danach machte der Fotograf ein paar Schritte in Richtung Ulmen. Über die Schulter raunte er Olivia, die ihm gefolgt war, zu: »Siehst du? Dort drüben!«

Olivia blinzelte durch die Dunkelheit hinüber zu den Bäumen, unter denen sie drei Schatten ausmachen konnte. Zwei der Stasiuk-Brüder, beide mit Plastikbechern in der Hand, unterhielten sich gerade mit Billy Coombs. Schlagartig spürte sie, wie ihr das Blut in den Adern gefror, trotz Dannys Begleitung und trotz des Abstandes von gut 30 Metern. »Was haben die denn wohl mit Billy zu bereden, zum Kuckuck?«

»Was Gutes ganz bestimmt nicht«, brummte Danny kopfschüttelnd. Die Leica klickte.

Olivia schlug eine neue Seite ihres Notizbüchleins auf und begann zu schreiben. Auf der Bühne kündigte der Öffentlichkeitsbeauftragte der Polizei derweilen den Bürgermeister an. Dessen Botschaft lautete: Die feige, abscheuliche Tat dürfe nicht dazu führen, dass das Leben in einer friedlichen, eng zusammengewachsenen Gemeinde zerstört würde. »Wir haben uns heute Abend hier versammelt, weil uns das alles nicht kalt lässt!«, rief Bürgermeister Hazlitt, wobei sich ganz in der Nähe ein Trupp junger Bengel kichernd über sein Lispeln amüsierte. »Unseren trauernden Mitbürgerinnen und Mitbürgern bieten wir unsere Unterstützung an. Wir zeigen unsere zahlenmäßige Stärke, wir schultern einen Teil der Last, wir haken uns gegenseitig unter und schreiten voran.«

Plötzlich stand Pete neben ihr. Er grüßte Danny mit einem Klaps auf den Rücken. »Na, was haltet ihr davon?«

»Ein schöner Abend«, meinte Olivia. »War sicher nicht leicht zu planen, aber nach allem, was ich höre, sind die Leute ganz angetan. Respekt, meine Herren Polizisten!« Leiser fügte sie dann hinzu: »Und? Was gibt's sonst Neues?«

»Bis jetzt Fehlanzeige«, erwiderte Pete mit gesenktem Kopf. »Falls der Schweinehund hier sein sollte, können wir ihn nicht entdecken. Scheiße!«

»Mist! Ich war sicher, die Feier würde ihn anlocken.«

»War ich auch, Liv. Na ja, ist ja noch Zeit. Noch ist der Abend nicht vorbei.«

Pete ging weiter, sodass Olivia und Danny sich wie zuvor auf die Bühne konzentrieren konnten. Dort saß Nick Wheeler auf einem Barhocker, den Tragegurt seiner Gitarre über der Schulter. Mit weicher, klarer Stimme und ohne auch nur den Ansatz eines Stotterns sang er eine bewegende Version von *That's what friends are for*. In der Menge hoben einige die verschränkten Hände und wiegten die Arme hin und her.

»Abmarsch, Danny!«, sagte Olivia, bei der die den ganzen Abend aufgestaute Rührung sich gefährlich Luft zu machen drohte. »Zurück zur Redaktion. Ich muss noch 'ne Story schreiben.«

Sie warf einen letzten Blick in die Runde. Irgendwo in dem Meer aus Jeans, aus Kapuzensweatshirts und Joggingschuhen befand sich ein Mörder, vermutlich auf einer Decke sitzend oder inmitten der Menge stehend. Wahrscheinlich hielt auch er eine Kerze, stimmte mit ein in Gesang und Gebet, musterte die Gesichter ringsum, schaute hinauf zu den Sternen, spürte die Brise kühl im Nacken.

Und gratulierte sich zu seiner sauberen Arbeit.

# 38. KAPITEL

Am Montag, dem 13. September erschien der *Daily Sentinel* mit zwei Lokalartikeln auf der Titelseite. Der erste, verfasst von Olivia, war überschrieben »Tausende bei Gedenkfeier im Matheson Park« und schilderte die Chronik der Ereignisse vom Vorabend – die Musik, die Tränen, die Unterstützung einer Stadt in Trauer. Danny O'Neill hatte dazu die Stimmung mit seiner Kamera eingefangen. Das Blatt brachte drei seiner Fotografien: eine Totalaufnahme der Menge, eine weitere von den drei Geistlichen auf der Bühne, darüber das Spruchband mit dem Schriftzug »GEDENKET IHRER«, und dann noch eine von einer einsamen Frau mit ernstem Gesicht und einer Kerze in der gichtgeplagten, rheumatischen Hand.

Der zweite Artikel, geschrieben von Andy Kodaly, musste zwar ohne Fotos auskommen, sorgte stattdessen jedoch für helle Aufregung in der Redaktion.

*NACHAHMUNGSTÄTER FACHT FURCHT VOR*
*ZYANIDMÖRDER NEU AN*
*Beinahe ein Dutzend Menschen drängelten sich gestern Abend in der Notaufnahme des Krankenhauses. Alle litten an unterschiedlichen Symptomen wie Koordinierungsstörungen, Lethargie oder untypischer und unangemessener Euphorie. Alle hatten an der Gedenkfeier im Matheson Park teilgenommen und dabei von dem durch das Rasthaus Route 66 gespendeten Gratis-Kaffee getrunken. Ein Sprecher des Esslokals zeigte sich angesichts der Möglichkeit, dass der Kaffee eventuell manipuliert worden sein könnte, überrascht und geschockt.*

*»Den ganzen Abend hindurch war einer unserer Mitarbeiter am Tisch zugegen«, betonte Geschäftsinhaber George Zapotek. »Die Kaffeemaschinen waren zu keinem Zeitpunkt unbeaufsichtigt.«*

*Nach Einschätzung von Dr. Harold Blaisdell, dem Dienst habenden Arzt in der Notaufnahme, litten die Patienten an den Auswirkungen einer Überdosis von einer der sogenannten ›Partydrogen‹, möglicherweise Gamma-Hydroxybuttersäure, kurz GHB. Hierbei handelt es sich um ein Sedativum, das als ›Liquid Ecstasy‹ bekannt ist und häufig in der Techno-Szene sowie in Nachtclubs und Diskotheken eingenommen wird.*

*»Es hätte erheblich schlimmer kommen können«, so Dr. Blaisdell. »Nur einer der von uns behandelten Erkrankten hatte Alkohol zu sich genommen, wodurch sich die Wirkung der Droge bei diesem bewusstlos eingelieferten Patienten noch verstärkte. Bei einer extremen Überdosis kann es zu komatösen Zuständen kommen; tritt noch Erbrechen hinzu, so kann Blockade der Atemwege und Erstickungstod die Folge sein. Zum Glück konnten wir den Patienten rechtzeitig intubieren.«*

*GHB baut sich relativ rasch ab. Laut Aussage des Notaufnahme-Personals lagen bei den meisten Eingelieferten innerhalb weniger Stunden keine Symptome mehr vor, sodass sie entlassen werden konnten. Ein Patient verbleibt zur Beobachtung im Krankenhaus, bis er ohne Befund ist. Die Ärzte zeigen sich zuversichtlich, dass die Überdosis keine bleibenden Schäden hinterlassen wird.*

*Joan Harmon, Ehefrau eines der von dem gepantschten Kaffee Betroffenen, machte aus ihrer Empörung keinen Hehl. »Die Stadt hatte sich heute Abend versammelt, um den trauernden Angehörigen die Last zu erleichtern und im Angesicht der Tragödie Einigkeit zu demonstrieren. Dieser neuerliche Anschlag, der zweifellos auf den geschmacklosen Scherz eines Trittbrettfahrers zurückgeht, erinnert uns daran, dass keiner von uns seines Lebens sicher ist. Nirgends.«*

Genau so war's. In Parks, in Geschäften, in Gaststätten – überall war man angreifbar, selbst im Hause eines Gesetzeshüters. Allmählich stellte Olivia sich die Frage, ob die gesamte Stadt den Verstand verloren hatte.

Hektik herrschte auch in der Redaktion des *Sentinel,* wenngleich auf andere Art. Das ballsaalgroße Riesenbüro mit seinem Labyrinth aus Arbeitsnischen, welche die Mitarbeiter voneinander trennten wie die Mäuse in einem Versuchslabor, vibrierte von der Aufregung und der Furcht, die das jüngste Desaster von Pleasant Bay hervorgerufen hatte. Olivia hatte einmal ihrem Onkel gegenüber erwähnt, ihr Arbeitsplatz böte in etwa so viel Grad an Privatsphäre wie eine öffentliche Bedürfnisanstalt in Marokko, wo jeder sein Geschäft in aller Öffentlichkeit erledigte. In dieser Ansicht wurde sie nunmehr um das Zehnfache bestärkt, da Andy Kodalys Kopf über ihrem Monitor auftauchte, offenbar darauf aus, sich von ihr beweihräuchern zu lassen.

Olivia war stolz auf ihren Artikel. Sie hatte auf angenehme Weise mit Danny zusammengearbeitet, dankbar dafür, einen solch einfühlsamen, kreativen Fotografen zu haben, der die Sorgen und Ängste der Bürgerinnen und Bürger der Stadt so trefflich einzufangen wusste. Bridget Rooney hatte sogar gleich am Morgen angerufen, um ihr für ihre sensible Darstellung zu danken. Dennoch war's Andy Kodaly, der mit seiner Story *nach* der Story den Clou gelandet hatte und dafür anerkennend von den Kollegen abgeklatscht wurde.

»Was meinst du?«, fragte Olivia ihn. »Wo hat diese Schweinebacke wohl das GHB her?«

»Soll das 'n Witz sein? Da brauchst du nur in ein x-beliebiges Fitnessstudio zu latschen und dich an den Bodybuilder mit den dicksten Muskeln zu wenden. Oder spazier 'ne halbe

Stunde übers Uni-Gelände. Du kannst es dir auch online besorgen. Oder wenn du eher der häusliche Typ bist, ziehst du dir das Rezept aus dem Internet und mischst dir selber 'ne Ladung zusammen.«

»So einfach geht das?«

»Ein Klacks! Außerdem wird das Zeug ganz legal in Ungarn, Österreich und Italien verkauft. In Europa wird es zur Behandlung bei Äthanol-Entzug angewandt. Mensch, GHB hat gerade erst Rohypnol als angesagte Modedroge abgelöst, mit der Vergewaltiger Frauen willenlos machen, und zwar schon beim ersten Date.«

Olivia seufzte. »Mama Angela hat immer behauptet, die Welt wäre aus den Fugen geraten. Offenbar lag sie damit richtig. Alle Achtung, Andy! Astreine Faktenrecherche.«

»Das ist eben Journalismus, Ms. Laszlo-Amato«, tönte er. »Kalte, knallharte Fakten. Nicht auf die Tränendrüse drücken, sondern den Leser bei der Kehle packen. An welchen Artikel werden sich die Leute heute in einer Woche noch erinnern – an deinen oder an meinen?«

In ihrem Kopf formierte sich prompt ein halbes Dutzend Antworten, von denen selbst der liberale *Sentinel* wohl nur die wenigsten abgedruckt hätte. Also behielt sie die gleich für sich. Da außerdem fast die halbe Redaktion zuhörte, zog sie sich aus der Affäre, indem sie auf Nummer sicher ging. »Wirklich geiler Artikel, Andy. Super gemacht.«

»Na ja«, stammelte er sichtlich verdattert, »also, vielleicht musst du doch noch das eine oder andere lernen. Erfahrung ist halt der beste Lehrmeister.«

»Da sagst du was. Werde ich mir merken.«

Er starrte sie abwartend an, so als müsse jeden Moment noch irgendein Knalleffekt folgen, doch was Olivia wirklich dachte – *Verpiss dich, du Saftsack!* –, blieb ungesagt. Stattdessen bedachte sie ihn mit einem spröden Lächeln.

Von diesem so unverblümt dargestellten Entgegenkommen aus dem Konzept gebracht, räumte Andy die Bühne und verzog sich schlurfend in seine Arbeitsnische. Ende der Vorstellung. Madame Iris, die Olivia gegenübersaß, lupfte verdutzt die Augenbraue.

Mit den Lippen formierte Olivia die Worte: »Lohnt sich nicht!«

Iris nickte.

Nach einiger Zeit ebbte das Tamtam um den Vorfall im Matheson Park und um Kodalys Artikel ab, und alles begab sich zurück an die Arbeit. Wieder allein vor ihrem Computer, addierte Olivia die Opferzahlen zusammen. Zyanid-Killer: 10. Trittbrettfahrer Matheson Park: 11. Dazu noch eins: Olivia selbst. Von dem am Vortag in der Garage entdeckten Andenken hatte sie keiner Menschenseele etwas erzählt. Pete hatte alle Hände voll zu tun, sowohl mit letzten Details zur Vorbereitung der Gedenkfeier als auch mit der Aufgabenkoordinierung für seine Sonderkommission. Tony war wegen der Zeremonie in mieser Laune gewesen, und die Chance, ihn in einem günstigeren Moment zu erwischen, hatte sich nicht ergeben. Und bei Lorraine hatte sie sich bezüglich des aufgeschlitzten Stofftieres zurückgehalten, obwohl sie bei drei verschiedenen Gelegenheiten schon vergeblich angesetzt hatte, sich ihrer Tante anzuvertrauen. Lorraine wirkte zerstreut und grüblerisch; der Stress durch ihre viele Mehrarbeit oder durch Petes Beruf oder wer weiß was sonst noch schlug sich bereits deutlich in ihrem sonst so faltenlosen Gesicht nieder. Folglich war Olivia auf sich allein gestellt.

Bisher drehte sich vieles in ihrem Leben um ein Thema,

das sie allmählich satthatte: sich ständig beweisen zu müssen. Pete und Lorraine gegenüber musste sie sich als liebes Mädchen zeigen, damit die zwei sie nicht im Stich ließen. Mama Angela hatte sie stets demonstrieren müssen, dass sie des einzigen Sohnes würdig war. In der Redaktion musste sie permanent rotieren und besonderen Eifer an den Tag legen. Nun galt es zu zeigen, dass sie sich nicht ins Bockshorn jagen und sich nicht unterkriegen ließ – nicht von einem gespenstischen, gesichtslosen Irren, der es offenbar darauf anlegte, sie zu zermürben. Oder in den Zusammenbruch zu treiben.

So weit würde sie es nicht kommen lassen. Irgendwann mussten die Guten einfach gewinnen. Beginnen, so ihr Vorsatz, wollte sie mit der Frage, wie der Halunke ins Haus gelangen konnte.

## 39. KAPITEL

Nur Minuten, nachdem Andy Kodaly wie ein Pfau durch die Redaktion stolziert war, tippte Danny O'Neill Olivia auf die Schulter. »Kaffeepause!«, raunte er ihr zu. »Sofort! Ich gebe einen aus. Tu so, als ob nichts wäre!«

Angesichts seines verschwörerisch albernen Tons spielte Olivia nur zu gern mit. »Alles klar«, flüsterte sie zurück, indem sie aufstand. »Uhrzeitvergleich!«

O'Neill konnte darüber nicht lächeln. Er gab ihr mit einer Handbewegung zu verstehen, sie möge ihm durch das Großraumbüro vorausgehen, und blieb auch dann noch stumm, als sie durch das Treppenhaus zur Cafeteria hinunterstiegen. Die Kantine war ein heller, moderner Saal mit riesigen Fenstern und Blick auf die Rosengärten des Matheson Park. Erst als die zwei sich mit zwei Bechern entkoffeiniertem Schweizer Kaffee an einen Tisch gesetzt hatten, erfuhr Olivia, warum Dannys normalerweise rotbäckiges Gesicht die Farbe von Pergament angenommen hatte.

»Die musst du dir unbedingt angucken«, sagte er, wobei er sich argwöhnisch umsah. Die Cafeteria war so gut wie menschenleer. Es war elf Uhr morgens – zu früh fürs Mittagessen, zu spät für die Kaffeepause. »Von links nach rechts«, fügte er hinzu, wobei er eine Fotoserie waagerecht vor ihr aufreihte. »Sieh genau hin!«

Olivia erkannte die Bilder wieder. Sie gehörten zu denen, die Danny bei der Gedenkfeier aufgenommen hatte. Angestrengt betrachtete sie die Sequenz, sechs Aufnahmen insgesamt. Alle zeigten den langen Tisch und darauf die drei großen Kaffeespender aus Edelstahl.

»Von wegen ständige Aufsicht beim Kaffeeausschank!«, brummte Oliva. »Guck dir mal den da an. Der passt doch überhaupt nicht auf!«

»Ulli heißt der. Nachnamen kann kein Mensch aussprechen. Hält sich für 'nen tollen Hecht bei den Damen. Bekannter Disko-Aufreißer.«

Olivia sah sich die Fotos nochmals an. Ulli stand rechts vom Tisch und flirtete offenbar mit einer Schar hochtoupierter Mädel. Auf seinem Gesicht lag ein großspuriges Grinsen.

»Vor ihm stand der Spender mit dem Bleifreien«, erklärte Danny. »Die anderen beiden sind der Kaffee mit hoher Oktanzahl. Fällt dir was auf?«

Olivia beugte sich über die Fotos, starrte, blinzelte und sah dann zu Danny auf. »Großer Gott!«

Er nickte.

Die ersten beiden Fotos zeigten die Kaffeemaschine ganz links, wo sie auch hingehörte. Auf dem dritten Bild aber fehlte der Deckel. Ulli und die Mädchen lachten und sahen sich dabei an. Auf der sechsten Aufnahme war der Deckel wieder an Ort und Stelle. Die ganze Zeit über hatte niemand aus Ullis Grüppchen auch nur einmal zu dem Spender hingesehen.

Und dann war da noch etwas. Auf Bild Nummer sechs. Der Rand eines Hemdärmels. Von einem karierten Baumwollhemd.

»Mein Gott!«, wiederholte Olivia. »Das muss ich unbedingt Onkel Pete zeigen.«

»Jawohl«, unterstrich Danny. »Hab ich mir gedacht, dass

du das sagst. Aber vergiss nicht: Was augenfällig ist, muss nicht unbedingt der Wirklichkeit entsprechen.«

Detective Sergeant Pete Szilagyi befand sich in einer Besprechung mit seinem Vorgesetzten, dem Superintendent. Die Sergeantin vom Dienst wusste nicht, wann er frei sein würde, aber ihr Ton deutete an, dass Olivia wohl so schnell keine Chance haben würde, zu ihm durchzukommen. Olivia legte den Hörer auf und knurrte frustriert. Sie musste ihm unbedingt die Bilder vorlegen! Mit seinem Fotoapparat hatte Danny etwas eingefangen, das eigentlich nicht sein durfte. Im Grunde ein Ding der Unmöglichkeit, aber es war da. Ein Kaffeespender. Ein kariertes Baumwollhemd.

Es musste eine logische Erklärung dafür geben. Doch zunächst musste Olivia wohl warten, bis Pete nach Hause kam.

## 40. KAPITEL

»Wärst du am Samstag nicht angetrunken gewesen, hättest du zur selben Zeit wie die anderen nach Hause gehen können.« Claire Marshall blickte hinüber zu ihrem Mann, der mit immer noch käsigem, verzerrtem Gesicht zusammengesunken auf dem Beifahrersitz des Pontiac hockte.

Er raffte sich gerade so weit auf, um mit den Augen zu rollen. »Toll, hinterher ist man immer schlauer.«

Das Gaspedal durchgedrückt, hielt Claire geradewegs auf ein Schlagloch des Krankenhausparkplatzes zu. Der Wagen machte einen Satz. Ebenso Donovans Magen, so ihre Hoffnung. »Natürlich hättest du prompt die Finger vom Fusel gelassen, wenn ich dich drum gebeten hätte.« Der Pontiac bockte ein zweites Mal, als Claire über eine Erhebung donnerte.

»Mein Gott, ist das eine Kiste!«, stöhnte Donovan. »Und hier drin stinkt es nach nassem Stroh. Weißt du, Claire – statt mir die Schuld für den Schlamassel in die Schuhe zu schieben, hilf mir lieber herauszufinden, wer's da auf mich abgesehen hat. Ich hätte glatt ins Koma fallen können. Vielleicht sogar sterben!«

Aha, dachte Claire. Wieder die Hauptrolle spielen, was? Mit zusammengebissenen Zähnen fauchte sie: »Du bist nicht der Einzige, der was von dem Kaffee getrunken hat! Zehn weitere Leute mussten behandelt werden! Wer immer die Droge in den Kaffeeautomaten getan hat, konnte unmöglich wissen, dass du Alkohol getrunken hattest oder dass das so ernste Folgen nach sich ziehen könnte. Das war nicht auf dich gemünzt. Sondern Zufall. Ein Dummer-Jungen-Streich.«

»Und dass in meinem Laden zehn Leute den Löffel abgeben, was war das? Wohl mein persönliches Pech, wie? Von wegen Zufall! Da ist einer hinter mir her, das sage ich dir! Nur für den Fall, dass es dich interessiert.«

Claire setzte den Blinker und fädelte in die Third Avenue ein, direkt hinter einem Müllwagen, womit sie ihrem Mann Gelegenheit gab, abermals die Nase zu rümpfen. »Ach, apropos interessieren: Den Kindern geht's gut.«

»Klar geht's denen gut! Wenn nicht, hättest du's mir doch schon längst unter die Nase gerieben. Ziemlich lahmer Versuch, mich als Rabenvater hinzustellen, nur weil ich die Kinder nicht erwähnt habe! Dabei weißt du genau, dass ich ganz närrisch auf die bin. Und sie wissen es auch!«

Claire hüllte sich in Schweigen. Als sie vorhin in Donovans Krankenzimmer gekommen war, hatte er gleich als Erstes gefragt: »War das Lokal gestern Abend geöffnet?«, und direkt danach »Wie viele Gäste?«.

Ja, das Restaurant hatte geöffnet. Vier Gäste waren bedient worden.

An der Ecke Main Street und Howard Street, gleich hinter dem durchgestylten Bereich der Innenstadt, tigerte Otto J. Sparks vor einem Spielsalon auf und ab. Er hatte sich den Bart abrasiert, die Haare gewaschen und seinen sumpfgrünen Regenmantel gegen ein knallgelbes T-Shirt eingetauscht. Und diesmal tönte er nicht herum. Er ließ vielmehr ein Sandwichplakat für sich sprechen: DER TAG DER ERLÖSUNG IST NAHE.

Claire hätte gern gewusst, was wohl aus den Menschen werden sollte, bei denen Hopfen und Malz verloren waren.

»Wann haben sie denn den Pflaumenaugust rausgelassen?«

»Kannst du zu Hause im *Sentinel* nachlesen.«

Am Abend zuvor, sobald die Kinder zu Bett gegangen waren, hatte Claire den Artikel von Olivia Laszlo überflogen. Aus nachvollziehbaren Gründen war Sparks von Detective Sergeant Szilagyi in Gewahrsam genommen worden, denn Otto hatte gestanden, der Zyanid-Killer zu sein. Sein Antrag auf Haftverschonung gegen Kaution war jedoch abgelehnt worden. Polizeibeamte mit einem Durchsuchungsbeschluss hatten die Wohnung in der Steel Street auf den Kopf gestellt und nach Giften, Waffen, Beweisspuren an Ottos Kleidung geforscht, kurz nach allem, was den Verhafteten auch nur annähernd mit den Zyanid-Morden in Verbindung bringen konnte. Als notorischer Sammler hamsterte Sparks Krempel aller Art. Nichts wurde weggeworfen. Inmitten der Berge von Gerümpel stieß die Spurensicherung auf einen zerknüllten Zettel – eine Gaststättenrechnung, an der noch ein Kaugummi und ein paar Fusseln aus der Hosentasche klebten. Der Fetzen Papier wurde für Otto zum Entlassungsschein aus dem Knast, denn er bewies, dass Otto seine Schwester zum Essen eingeladen hatte, und zwar in einem Schweizer Chalet in Fort Erie. Im Juli hatte er acht Tage bei ihr gewohnt, genau in der Woche, in der die Mandeln in Ciccones Markt vergiftet worden waren. So gern er's auch gewesen wäre – der Zyanid-Killer war Otto nicht, sondern vielmehr exakt das, wofür ihn alle Welt schon immer hielt: ein Spinner. Allein für den Besitz von Machwerken wie *Die Apokalypse: Bist du bereit?* und *Die vier Reiter der Apokalypse auf dem Ritt ins Jahrtausend* war ein solcher Wirrkopf eigentlich reif für den Psychiater.

»Ich hau mich direkt ins Bett«, brummte Donovan. »Das

Scheißzeug in dem Kaffee hat mich echt fertiggemacht. Muss mich für heute Abend erst mal ausruhen.«

Aus den Augenwinkeln sah Claire, wie ihr Mann den Kopf in den Nacken legte und versuchte, möglichst entspannt zu sitzen. Dabei waren es nur noch zwei Minuten bis nach Hause. Eine lange und wieder einmal einsame Nacht stand ihr bevor.

Urplötzlich zuckte ihr durch den Sinn, dass die Situation nicht einer gewissen Ironie entbehrte: Ihr Mann und Otto J. Sparks waren sich gar nicht so unähnlich. Beide wollten unbedingt im Rampenlicht stehen, egal, ob an einer Straßenecke oder sonst wo. Es war dermaßen grotesk, dass Claire verhalten glucksen musste.

Im Sitz neben ihr muckte Donovan auf. »Was findest du denn daran so verdammt witzig?«

Das altmodische Straßenschild der Hemlock Lane kam in Sicht, und Claire setzte erneut den Blinker. »Nichts«, gab sie zurück, wobei ihr aber die Frage durch den Kopf schoss, inwieweit Donovan sich möglicherweise klammheimlich über das Martyrium von Pleasant Bay amüsierte. »Gar nichts.«

## 41. KAPITEL

In ihrem abgedunkelten Schlafzimmer führte Olivia einen aussichtslosen Kampf gegen Tonys wild herumfuhrwerkende Extremitäten. Der Schlaf wollte sich nicht einstellen, was indes nicht nur an ihrem Mann lag. Auf der Suche nach Informationen über GHB sowie die Verfügbarkeit und die Nebenwirkungen dieser Droge hatte sie bis spät in die Nacht gearbeitet und dazu mit Sue Green von der Bundespolizei Kontakt aufgenommen, da sie hoffte, dadurch eventuell an das Persönlichkeitsprofil eines typischen Nachahmungstäters zu gelangen. Ihrem Onkel hatte sie drei Nachrichten hinterlassen, die bislang alle unbeantwortet geblieben waren. Sie hatte auch noch zu Hause gewartet, dann aber aufgegeben und sich zuletzt mehr tot als lebendig die Treppe hinauf und ins Bett geschleppt.

Tony hingegen war richtig aufgedreht gewesen. Sein Gesicht war gerötet, zum einen vom Joggen im Park, zum anderen vor freudiger Erregung. Er hatte ein Haus gefunden, das Olivia sich angucken sollte. Für Sonntagnachmittag war ein Termin mit dem Makler angesetzt. Tonys rastlose Energieschübe setzten sich unter der Bettdecke fort; mittlerweile schnaufte er zufrieden, als glühe er im Schlaf noch nach.

Olivia ließ sich aus dem Bett gleiten, schlüpfte in ihre Frotteeschläppchen, die immer neben dem Nachttisch bereitstanden, und tappte die Treppe hinunter. Bevor sie weiter hinunterstieg in den Keller, drückte sie auf den Lichtschalter oben hinter der Kellertür.

Verglichen mit anderen Abstellkellern war der von Pete und Lorraine einigermaßen sauber und aufgeräumt. Wenig benutzte Gegenstände wie eine gläserne Bowle-Schale sowie eine Tortenplatte lagerten in ihren Originalverpackungen auf Regalen, welche auf Winkelträgern ruhten. An einer weiteren Wand lehnten die Skiausrüstungen. Ein mit einem Tuch abgedeckter Sessel, der dringend einer Neupolsterung bedurfte, duckte sich in eine Ecke wie ein buckliger Geist. Rechterhand lag eine kleine Kammer, die ursprünglich als Obstkeller gedacht war, nun aber als Werkzeugdepot diente. Als Olivia seinerzeit von Tante und Onkel aufgenommen worden war, hatte Pete den Boden der Kammer mit einem Flokati ausgelegt, die Wände neu geweißelt und eine Leuchtstoffröhre mit einer langen Zugkette montiert, sodass Olivia auch den Lichtschalter betätigen konnte. Keller müssten durchaus nichts Unheimliches ausstrahlen, so Pete damals. Geraume Zeit hatte Olivia samstagnachmittags in dem Kämmerchen gespielt, im Schneidersitz mit ihren Puppen auf dem Teppich kauernd und umgeben von Fuchsschwänzen, Wasserwaagen und Beilen.

Im Keller befanden sich fünf Schiebefenster – zwei zur Hofeinfahrt, zwei an der entgegengesetzten Hauswand und eines nach hinten zum Garten.

*Durch welches bist du eingestiegen, du Lump?*

Bei allen fünf Gleitfenstern war die innere der beiden Scheiben hochgeschoben. Damit sie nicht wieder nach unten rutschen konnte, wurde sie von einem auf den Fensterrahmen geschraubten Metallbügel gehalten. Dieser wiederum war in eine unter einem Deckenbalken angebrachte Öse eingehakt. Durch die vor die Fenster montierten Fliegengitter wehte eine frühherbstliche Brise herein, die für reinigenden Durchzug sorgte und muffige Kellergerüche gar nicht erst aufkommen ließ.

Olivia trat direkt auf das zum Garten hinausgehende Fenster zu und stellte sofort fest, dass das Fliegengitter vollständig entfernt worden war. Die flexible Verfalzung, die das Gitter zuvor gesichert hatte, lag noch am Fuße des Fensterschachts, verkrümmt wie eine betäubte Schlange.

Tagsüber, während sie alle bei der Arbeit waren, hatte sich jemand in den Garten gestohlen und mittels eines Taschenmessers das Fliegengitter zerschnitten. Dann musste der Kerl durch die Fensteröffnung geklettert, die Treppe hinauf und durch die Küche in Olivias Schlafzimmer geschlichen sein. Oder in die Garage. So was von berechnend! So …

»He!«

Mit dumpf pochendem Herzen schnellte Olivia herum. »Onkel Pete!«, stieß sie hervor, dabei scharf ausatmend.

Oben auf der Kellertreppe stand Pete Szilagyi und spähte vornübergebeugt in den Keller hinunter. »Ich wollte dich nicht erschrecken, Livvie. Aber was treibst du denn da unten? Es ist schon nach Mitternacht. Ich dachte, da steigt einer ins Haus ein.«

»Ist offenbar schon passiert. Komm und sieh's dir an.«

Pete stieg die Treppe hinunter und kam auf Olivia zu. »Jesus! Was ist denn hier los?« Er zog einen Tritthocker heran, stellte sich darauf, steckte die Hand durch die klaffende Fensteröffnung und tastete den Fensterschacht und das darüber liegende Mauerwerk ab. »Wo ist das verdammte Fliegengitter geblieben?«

»Liegt vielleicht auf dem Rasen. Lässt sich wegen der Dunkelheit schlecht sagen.«

»Was treibt dich überhaupt hier runter?«

»Erzähle ich dir oben. Kann man die Kellertür richtig verriegeln?«

Pete nickte. »Was du mir da verklickern willst – ist das 'ne Tee-und-Plätzchen-Story, oder wäre da was Stärkeres angebracht?«

»Zwei Scotch on the Rocks. Kommen sofort.«

Pete schloss sämtliche Kellerfenster, und bis er dann mit der Montage des Riegels an der Kellertür fertig war, hatte Olivia bereits zwei großzügig bemessene Drinks auf der Kücheninsel bereitgestellt. Anschließend setzte sie sich ihrem Onkel gegenüber auf einen Barhocker und erzählte ihm von den verschwundenen Ohrsteckern. »Die sind nicht wieder aufgetaucht. Und du weißt, wie sorgfältig ich bin.«

»Aber, Liv, …«

»Warte. Ehe du einwendest, ich hätte in letzter Zeit 'ne Menge Stress gehabt – da ist noch etwas. Gestern Morgen hat mir jemand ein Plüschtier in den Fahrradkorb gesteckt. Einen braunen Teddybären.«

Es dauerte etwas, aber dann sah man ihm am Gesicht an, dass es ihm dämmerte. »Du meinst so einen, wie du ihn als kleines Mädchen hattest?«

Sie nippte an ihrem Whiskey und nickte. »Nur war dieser der Länge nach aufgeschlitzt. Wie ein grober Sezierschnitt. Um den Hals trug er eine blutbeschmierte Schleife, und dahinter war die Todesanzeige für Mom and Dad geklemmt. Derjenige, der das Ding in den Fahrradkorb getan hat, muss durchs Kellerfenster reingekommen sein. Also ist er schon zwei Mal hier gewesen.« Nach kurzem Überlegen fügte sie hinzu: »Soweit wir bisher wissen, wohlgemerkt. Und vergiss nicht das Paket, das mir einer ins Büro geliefert hat.«

»Warum hast du mir das alles verschwiegen?«

Olivia seufzte. »Onkel Pete, seit meinem zehnten Lebensjahr nimmst du mir meine Probleme ab. Ich bin jetzt erwachsen, und außerdem hast du einen Mörder zur Strecke zu bringen. Ich weiß, dass du das nicht vergessen hast.«

»Als ob das ginge! Nur, das ist 'ne ernste Sache. Die darfst du nicht auf die leichte Schulter nehmen.«

»Tu ich auch nicht. Aber sieh mal, jetzt ist ja ein Riegel an der Kellertür, und da du nun umfassend informiert bist, geht's mir schon besser. Da will mich einer aus der Fassung bringen, und ich werde mein Bestes tun, um mich nicht irre machen zu lassen.«

»Bist du doch schon. Irritiert. Stimmt's?«

Sie nickte. »Aber ich komme schon klar. So, wie ich die Dinge sehe, sind wir alle beide auf der Pirsch. Wenn wir das Wild erst zur Strecke gebracht haben, kann ich zwei richtige Knüller schreiben.«

»Das allerdings.«

Sie dachte, es sei ihr gelungen, ihrem Onkel die Angst zu verbergen, die ihr tief in den Knochen saß. Der Fund des zerschnittenen Fliegengitters bewies mit absoluter Sicherheit, dass ihr der unbekannte Peiniger dicht im Nacken saß. Er wusste, wie er an sie herankam und wo sie verwundbar war. Der Riegel an der Kellertür würde ihn nicht abschrecken. Nur hatte Pete weiß Gott seine eigenen Sorgen, und zwar mehr als genug. Da konnte er nicht auch noch ihre gebrauchen.

Sie stießen mit ihren Gläsern an, tranken aus, und dann ließ sich Olivia von ihrem Hocker heruntergleiten, ging hinüber zu Pete und nahm ihn in den Arm. »Du bist der Größte«, sagte sie, um dann die Küche zu verlassen.

»Und du die Doppelgrößte!«, rief er ihr nach – genau wie damals, als sie noch jünger war.

Wie angewurzelt blieb sie stehen und drehte sich zu ihm um. »Augenblick mal! Bei all dem Herumwursteln im Keller hätte ich das beinahe vergessen. Ich habe etwas für dich. Du wirst es nicht glauben.«

Am Fuße der Treppe erspähte sie ihre Handtasche, die direkt neben Lorraines auf der Korridorbank lag. Sie nahm sie an sich und eilte zurück in die Küche, wo Pete sich gerade noch einen Drink einschenkte. Olivia holte die sechs Fotografien aus dem mittleren Fach der Handtasche und hielt sie Pete hin.

»Ich werd verrückt!«, stieß Pete hervor, wobei zum ersten Mal so etwas wie triumphierendes Leuchten in seinen Augen aufflackerte. »Ich brauche dir wohl nicht groß zu erklären, wonach das hier aussieht.«

»Aber das gibt's doch gar nicht. Billy Coombs kann nicht an dem Kaffee herumgepfuscht haben. Dazu hat er nicht genug in der Birne. Wo sollte sich einer wie er 'ne Ladung GHB besorgen?«

»Das werden wir sehen, wenn ich ihn morgen vernehme.«

»Na, dann frag ihn aber auch gleich nach seiner wieder aufgeflammten Freundschaft mit den Stasiuk-Zwillingen. Danny und ich haben gesehen, wie er gestern Abend mit denen gelabert hat. Falls Billy es tatsächlich hingekriegt haben sollte, irgendwas in den Kaffeeautomaten zu schmeißen, dann mit Sicherheit nur unter tatkräftiger Mithilfe seiner neuen Spezis Jesse und Jimmy.«

»Menschenskinder! Habe ich letztens mal erwähnt, dass ich die Guillotine gar nicht mehr für eine so barbarische Strafmethode halte?«

Lächelnd gab Olivia ihrem Onkel einen Kuss auf die Wange. »Pass auf, bald wird sich alles fügen. Wie dem auch sei – behalte die Fotos, und versuch, etwas zu schlafen. Was ich nämlich jetzt auch tun werde.«

Zurück im Schlafzimmer, schüttelte sie ihre Pantoffeln von den Füßen und kletterte ins Bett. Tony schlief still und ruhig, das Gesicht zur Decke gekehrt. Der Anflug eines Lächelns umspielte seine Lippen. Sie beugte sich über ihn, um ihn zu küssen, und hielt urplötzlich inne.

Auch Tony hatte sich am Abend zuvor mit Billy Coombs unterhalten. Tony arbeitete im Krankenhaus. Er hatte Zugang zu den Medikamenten.

*Sag mal, hast du sie noch alle?*

Sie führte den unterbrochenen Kuss zu Ende. Kliniken benutzten kein GHB. Oder Zyanid. Oder? Keine der beiden Substanzen hatten irgendwelchen therapeutischen Wert.

Ebenso wenig war es therapeutisch, sich überhaupt mit solch schwachsinnigen Hirngespinsten zu beschäftigen. Tony war harmlos. Tony war liebevoll. Herrgott noch mal, Tony war ihr Mann!

Vorhin war er so lieb gewesen, so freudig erregt wegen des Hauses, das er aufgetrieben hatte. Das Haus, das sie sich jetzt leisten konnten – mit Mama Angelas Geld.

Sie knüllte ihr Kopfkissen zusammen und kuschelte sich fest daran. Tatsächlich, sie war verunsichert. Und übermüdet.

Und zu Tode erschrocken.

## 42. KAPITEL

In fliegender Hast rannte Claire Marshall die Treppe hinauf und folgte den schrillen Schreien, die aus dem Kinderzimmer von Patrick Kevin drangen. Es war wieder der Albtraum, nur dass der schwarze Mann diesmal nicht bloß durch das Gebüsch am Rande der Senke lugte, sondern aus der Finsternis auf P. K. zusprang, um ihn zu packen und ihm einen Sack überzustülpen, der schlimmer stank als Kacke. Auf dem Teppichboden zusammengekauert, stammelte ihr Sohn in ihren Armen schluchzend etwas von einem Keller voller Spinnweben und einem Lehmfußboden, der nach seiner festen Überzeugung von allerlei Gewürm nur so wimmelte. Auf einen knarrenden alten Schaukelstuhl gefesselt, habe er versucht, sich zu befreien, derweil der schwarze Mann keckernd wie ein böser Kobold in einem Winkel auf einem Stapel Holzkisten hockte. Wenn er sprach, zischelte er gehässig. Er hätte »wass ganz Bessssonderessss für Patrick Kevin zu esssen« mitgebracht, einen Nachtischsch, so einen, wie die Leute im »Resstaurant ihn gegesssssen« hätten. Dann sei der schwarze Mann von den Kisten runtergeklettert und auf ihn zugehüpft und habe ihm auf der flachen Hand ein Stück Schokoladenkuchen vor die Nase gehalten. Und das Kuchenstück, das hätte auf einmal gezappelt, ganz von selbst.

Und da hatte Patrick Kevin ins Bett gemacht.

Claire fand ihren Sechsjährigen auf dem Fußboden vor, wo er auf seine Füße einschlug, offenbar noch verzweifelt bemüht, sich die imaginären Würmer von den nackten Zehen zu wischen. Es hatte fast eine ganze Stunde gedauert, bis sie ihn einigermaßen beruhigen und den Geschwistern versichern konnte, ihrem Bruder sei nichts passiert; niemand sei vergiftet worden und sterben müsse auch keiner.

Inzwischen war wieder Ruhe im großen Hause eingekehrt, abgesehen vom sonoren Brummen der Waschmaschine. Erschöpft stieg Claire die Stufen zu ihrem Schlafzimmer hinauf, wobei sie hoffte, dass ihr Sohn den Hang zu nächtlichen Schreckensbildern nicht von ihr geerbt hatte. Als Kind war sie regelmäßig völlig verängstigt aus dem Schlaf aufgeschreckt und hatte in Schweiß gebadet und mit rasendem Herzen versucht, ihren Eltern den Albtraum zu schildern. Nur konnte sie sich nie genau an etwas erinnern; bloß an ein überwältigendes Gefühl des Ausgeliefertseins, an ein verzweifeltes Atemringen, da ihr etwas Dickes, Undefinierbares in der Kehle saß und ihr die Luft abschnürte. Sie zogen sich über Jahre hin, diese nächtlichen Angstattacken, ebenso wie die Verzweiflung ihrer Eltern. Claire hatte jedes Mal dermaßen um sich getreten, dass sie sogar den einen oder anderen verletzte. Beim Frühstück am folgenden Morgen war alles wie fortgeblasen gewesen, wenngleich sie in ihrem verwirrten und desorientierten Zustand weiterhin von einer allgegenwärtigen Angst heimgesucht wurde. Einmal bekam sie mit, wie Angela Amato Claires Mutter weismachen wollte, auf Claires Brust hocke nächtens ein böser Geist. Dagegen helfe nur Beten, sonst nichts.

Dennoch waren die Eltern bemüht, ihrer Tochter ein Gefühl der Geborgenheit zu geben. Sie ließen nachts das Licht in Claires Zimmer brennen, saßen lange an ihrem Bett, sangen ihr etwas vor. Sie versicherten ihr, dass es das, was ihr im Schlafe Angst machte, nicht gebe. Erst als sie neun Jahre alt wurde, flauten die Angstzustände ab – eine unerklärliche Gesundung, nachdem die Eltern auf den Gedanken gekommen waren, Claires Füße in eine Schüssel mit kaltem Wasser zu halten.

Ach, könnte man sämtliche Übel so leicht kurieren!, fuhr es Claire durch den Kopf. Bei dem Ausmaß an grausigen Ereignissen, die Pleasant Bay heimgesucht hatten, war's ein Wunder, dass Albträume nicht noch verbreiteter vorkamen.

Im Badezimmer angekommen, zog Claire sich aus und stieg in die Wanne, in die sie zuvor ein nach Jasmin duftendes Schaumbad eingelassen hatte. »Für ein sinnliches Vollbad«, hieß es vielversprechend auf dem Flaschenetikett. Ein Jammer, dass ein Badezusatz aus dem Drugstore herhalten musste, um für einen Schuss Sinnlichkeit in ihrem Leben zu sorgen. So weit war es gekommen.

Sie ließ sich tiefer in den Duftschaum sinken, lehnte den Kopf in den Nacken und schloss die Augen. Wann hatten sie's eigentlich das letzte Mal richtig gut gehabt, sie und Donovan? Es dauerte ziemlich lange, bis sich etwas in ihrer Erinnerung regte. Einmal hatten die Kinder ein Wochenende bei Claires Schwiegereltern verbracht, oben im Norden, in deren Skihütte. Damals hatte Donovan ihr Engelhaarnudeln gekocht, dazu eine Flasche Pinot Noir entkorkt und eine CD eingelegt. Sie hatten sogar ein wenig getanzt, ehe sie dann nach oben gingen und miteinander schliefen. Danach, noch immer etwas schwindlig vor Glück, hatten sie sich mit einer zweiten Flasche Wein in den warmen Whirlpool gesetzt und sich unter dem Sternenzelt aneinandergekuschelt.

Halt, Augenblick! Das konnte nicht stimmen. Das Skiwochenende der Kinder bei den Großeltern, das war im Januar gewesen. Jetzt war es September. So lange konnte das unmöglich her sein!

Weitere Erinnerungen stellten sich nicht ein. Acht Monate! Es war also volle acht Monate her, seit sie und Donovan das letzte Mal glücklich gewesen waren.

Sie spürte, wie etwas ihr die Kehle zuschnürte, nahm sich jedoch fest vor, nicht zu weinen. Ihre Gedanken wanderten zum Samstagabend zurück, zu jenen Stunden, bevor sie Donovan ins Krankenhaus gefahren hatte. Auch gestern im Park waren die Sterne zu sehen gewesen, und auf der kühlen Brise schwebte eine Melodie dahin, ein Lied wie Balsam für eine gebrochene Stadt. Nick Wheelers Stimme war tröstlich und rein und hatte den Menschen Hoffnung eingeflößt. *That's what friends are for* ... Ja, wirklich. Claire hatte ihm zugesehen, wie er die Gitarrensaiten zupfte, feste, kräftige Finger, die doch so anmutig griffen. Einmal, so glaubte sie, hatte er zu ihr herübergeschaut.

*Immer lächeln, weiterstrahlen ...*

Gar nicht so übel, wenn man sich über einen jüngeren Mann Gedanken machen konnte – nur so zum Zeitvertreib. Um die langen, einsamen Stunden zu überbrücken. Harmlose Fantasterei. Claire dachte an jenen Abend im Pool, als sie gespürt hatte, dass Nick ihr aus der Deckung der Bäume zuschaute. Was war das für ein Gefühl gewesen! Lebendig. Kribbelnd. Machtvoll.

Sie hatte alles im Griff. Er durfte zwar zuschauen, sie anhimmeln und begehren, aber sonst nichts. Welche Fantasien mochten ihm durch den Kopf spuken, wenn er tagsüber an sie dachte? Malte er sich wohl aus, dass sie zusammen waren? Hinter gesenkten Lidern sah sie vor ihrem geistigen Auge, wie seine Hände sie berührten, ihre nackte Haut liebkosten, ihre Sinne erweckten. Sein Mund, der zwischen Küssen Liebesworte raunte, Lippen, die zart dem Schwung ihres Halses folgten. Nick hatte sie schon immer begehrt. Donovan war ein Idiot.

Ihre Hand glitt ins Wasser, massierend, streichelnd.

Von irgendwo hinter sich vernahm Claire einen Ton. Sie schlug die Augen auf. Hatte Patrick Kevin etwa schon wieder einen bösen Traum?

Vorsichtig erhob sie sich aus dem Vollbad, zog an der Stöpselkette und griff nach einem Badetuch, angestrengt bemüht, den Laut zu identifizieren. Kinderweinen war's nicht, dafür war das Geräusch zu nah. Auch keine Tür, die zuschlug. War Donovan wieder zu Hause? War er schon ins Schlafzimmer gegangen, ohne es für nötig zu halten, ihr Bescheid zu sagen?

Während des Abtrocknens hörte sie das Geräusch wieder. Ein Stöhnen. Sie stieg aus der Wanne und drehte sich um. Im Türrahmen stand Nick Wheeler.

# 43. KAPITEL

Claire stand da, das Handtuch krampfhaft vor die Brust gepresst. Ihr Bademantel hing außer Reichweite, und Nick blockierte die Tür. Sie saß in der Falle. Nackt. Eine Gänsehaut kroch ihr über die Arme und sandte ihr kalte Schauer über die Schultern. Wassertropfen perlten an den Innenseiten ihrer Schenkel herunter.

»Was tust du hier?« Ihre Stimme war ein Flüstern. Das Zimmer von Patrick Kevin befand sich direkt unter ihnen. War der Junge wirklich eingeschlafen? Oder kam er gerade die Treppe hinauf, wieder mal auf der Suche nach einem schwarzen Mann?

»Was meinst du wohl?« Nick lehnte am Türpfosten – entspannt, selbstsicher, das Raubtiergrinsen auf seinem Gesicht allmählich breiter werdend.

»Ich habe nie ...« Aber natürlich hatte sie! Die Botschaft war unmissverständlich gewesen. Claire hatte sich auf ein gefährliches Spiel eingelassen und verloren. Für Nick war dieses Spiel Wirklichkeit. »Wie bist du hereingekommen?«

»Hintertür. Danke, dass du sie für mich offen gelassen hast. Oder hattest du vor, später 'ne Runde zu schwimmen?«

Liam Alexander! Weil Claire nicht locker ließ, hatte er am Abend widerwillig den Müll nach draußen gebracht und dann, vermutlich noch schmollend und aus einer seiner eigensüchtigen Trotzanwandlungen heraus, beim Hereinkommen versäumt, die Tür zu verriegeln.

Irgendwo in den Tiefen ihrer selbst fand Claire ihre Sprache wieder. »Ich habe sie nicht für dich aufgelassen«, stieß sie mit größter Mühe flüsternd hervor. »Du musst gehen! Sofort!«

»Wieso?«

»Psst!«

»Wieso?«, wiederholte Nick, etwas leiser diesmal. »Dein Alter ist doch noch in seinem Lokal und lässt sich mit dem Koch volllaufen. Wir haben massenhaft Zeit.«

Er hatte es bewusst drauf abgesehen! Hinter ihrem Handtuch begann Claire zu zittern. Nicks Sprache, so fiel ihr auf, kam flüssig und ohne den Ansatz eines Stotterns. Aber der Mann da vor ihr, der war auch nicht derselbe wie der, den sie am Samstag auf der Bühne gesehen hatte. Der Sänger im Park war romantischer gewesen. Gefühlvoll. Ein Künstler. Das alles traf auf den Eindringling, der da nun in ihrem Haus vor ihr stand, nicht zu. Jetzt erst bemerkte Claire eine zu groß geratene Nase, eng zusammenstehende Augen, Lippen, die zu wulstig waren, um männlich zu wirken.

»Die Kinder ... die sind direkt unter uns.«

»Macht's vielleicht erst richtig spannend.«

»Raus!«, zischte sie bestimmt, leise, die Zähne gereizt zusammengepresst. »Die Chose läuft nicht!«

Der letzte Liter Wasser gurgelte durch den Abfluss. Claire bewegte sich auf Nick zu, wobei die kalten Bodenfliesen ihr abermals einen Schauer durch den Körper jagten. »Hast du was an den Ohren?« Ihr barsches Wispern durchschnitt das kleine Badezimmer. »Los, verschwinde!«

Nick rührte sich keinen Millimeter und versperrte weiter den Durchgang. »Das ist nicht dein Ernst.«

»Und ob!« Die Worte zuckten wie eisige Dolche.

Mit einer blitzschnellen Bewegung langte sie an Nick vorbei und riss den Bademantel von dem an der Türrückseite angeschraubten Haken. Als sie das Handtuch fallen ließ, war ihr Körper für den Bruchteil einer Sekunde entblößt – lange genug für Nick, um sich auf sie zu stürzen, sie mit den Armen zu umschlingen und seine Lippen auf ihre Brust zu pressen.

»Nicht!« Die Handwurzeln gegen seine Brust gestemmt, stieß sie ihn von sich. »Ich habe doch gesagt, meine Kinder schlafen direkt unter uns! Was fällt dir ein?«

Sie zwang seinen Kopf von ihrem Körper fort und bearbeitete seine Schultern mit den Fäusten, bis er sie losließ. Unter Aufbietung aller Kräfte schubste sie ihn beiseite, zog sich den Bademantel über und zurrte den Gürtel eng um die Hüften. Nick stand da und starrte sie an, die Miene ein Spiegelbild seiner Verwirrung.

»Ich habe dich gebeten zu gehen!«, fauchte sie und kämpfte dabei mit den Tränen, die ihr heiß in die Augen traten. »Bitte geh!«

»N-neulich, d-die anderen M-male ...«, stammelte Nick, wobei er einen Schritt zurückwich. »Ich d-dachte ...«

»Dann hast du falsch gedacht!«

Mit dem Ärmelbündchen seiner Jacke wischte er sich über den Mund und starrte Claire stirnrunzelnd an, als habe er sich verhört. »D-das war's aber noch nicht!«

»Doch, Nick, das war's. Definitiv!«

Er starrte sie an, und sie stellte sich vor, dass sie wahrscheinlich so erbärmlich aussah, wie sie sich fühlte – tropfnass, zwergenhaft in ihrem viel zu großen Bademantel und mit vor Kälte klappernden Zähnen. Dann tat Nick Wheeler genau das, was sie hatte kommen sehen – er lachte. Und ehe er sich zum Gehen wandte, knurrte er noch zum Abschied: »Du hast echt einen Knall!«

Was danach folgte, nahm Claire nur noch verschwommen wahr. Wie sie nach unten rannte, um sich zu vergewissern, ob Nick das Haus wirklich verlassen hatte und die Hintertür verschlossen war. Wie er in Richtung der Senke rannte; wie sie selbst dann die Treppe hinaufhastete und in letzter Sekunde das Badezimmer erreichte. Liam Alexander kam herein, als sie sich gerade die Zähne putzte und der säuerliche Geschmack des Erbrochenen sich mit dem Minzearoma der Zahnpasta vermischte.

»Ich rufe den Notarzt an.«

Claire packte ihn beim Arm. »Nicht! Mir geht's gut.«

»Gut? Ich konnte dein Gewürge bis unten hören!«

Claire ging mit ihrem Ältesten ins Elternschlafzimmer und hieß ihn sich auf die Bettkante setzen. Sie versicherte ihm, sie habe seit dem Abendessen nichts zu sich genommen und sei auch nicht vergiftet worden. »Nur ein leichter Anflug eines Infekts«, beteuerte sie. »Erbrechen war womöglich das Beste. Ich fühle mich schon besser.« Eine unverschämte Lüge. »Ehrlich!«, fügte sie vorsichtshalber hinzu. »Marsch, zurück ins Bett mit dir, Schätzchen!«

Liam schielte sie verlegen und zerknirscht an. »Mom? Ich glaube, ich habe vorhin vergessen, die Hintertür abzuschließen. Ich gucke lieber nach.«

»Schon erledigt«, gab Claire eilig zurück, wobei sie fühlte, wie ihr Gesicht heiß anlief. »Keine Bange. Los, ab dafür!«

Beruhigt schlurfte der Junge aus dem Schlafzimmer. »Mann, was 'ne Nacht«, brummte er dabei. »Mom kotzt, P. K. brüllt rum. Wie soll da einer pennen?«

In ein langes Nachthemd gehüllt, schlüpfte Claire ins Bett und zog sich die Decke bis unters Kinn. Die Knie dicht an die Brust gezogen, kniff sie fest die Augen zusammen, als ließe sich im Dunkeln besser nach schönen Erinnerungen forschen, um das Geschehene auszublenden.

Dinner mit Donovan unter Mückenlaternen.

Tanzen zu Soulmusik von Percy Sledge.

Bauen einer Familie aus Schneeengeln hinten im Garten.

Gemeinsam im Whirlpool; zärtliche Finger, liebkosend und streichelnd.

Nick Wheeler, der grinsend im Türrahmen steht.

Sein Mund auf ihrer nackten Haut.

Sie kämpfte gegen den Brechreiz an, der ihr wieder in der Kehle aufstieg, doch trotz der geschlossenen Augenlider zwängten sich die Tränen hervor, benetzten ihr die Wangen und sickerten ihr in den Mund. Kurz nach eins kam Donovan nach Hause, umgeben von einer Schnapswolke. Stocksteif lag Claire da, während ihr Mann sich ins Bett fallen ließ. Mit einem Lakenzipfel wischte sie sich die Tränen aus den Augen und drehte sich zu Donovan um. Zögernd bettete sie die Stirn an seine Schulter, wobei ihr ein Hauch seines Rasierwassers in die Nase stieg. Binnen weniger Minuten fing er an zu schnarchen, Mund und Kinnpartie schlaff herbhängend, der Atem sauer. Sie kuschelte sich dichter an ihn heran.

In dieser Nacht hatte sie dreierlei gelernt.

Bisweilen hat man Albträume, obwohl man hellwach ist.

Den schwarzen Mann, den gibt es wirklich ...

... und sie, sie hatte tatsächlich einen Knall.

## 44. KAPITEL

Vernehmungsraum 1C sah genauso aus wie die Räume 1A und 1B: schmutzige, beige gestrichene Wände, fleckige Fliesenböden, drei Plastikstühle mit Chromgestell, ein langer Tisch, eine Stahltür, lackiert in einem Erbsensuppengrün. Auf einem der Stühle hockte Billy Coombs, schaukelte vor und zurück und kaute dabei an den Nägeln. Er trug ein gestreiftes Hemd mit Button-down-Kragen, das Pete als eines von seinen eigenen erkannte. Augenscheinlich war es Lorraines Devise zum Opfer gefallen: Ein Jahr nicht getragen – raus damit!

»Also, Billy – falls du nichts verbrochen hast, musst du auch nichts befürchten, okay?« Wären auf diesen Spruch Aktien ausgegeben worden, hätte Pete sich schon mit 30 zur Ruhe setzen können.

Billy wechselte den Finger und nagte nun am kleinen herum statt am Zeigefingernagel. »Filme gesehen.«

»Was soll das heißen – ›Filme gesehen‹?«

»Die Bullen drehen einem das Wort im Munde rum. Rechtsanwälte noch schlimmer. Schon sitzt man im Knast.«

»Meinst du denn, du brauchst 'nen Anwalt, Billy?«

»Im Fernsehen ham sie immer einen.«

»Das ist Hollywood. Hier ist Pleasant Bay. Du bist doch 'ne ehrliche Haut, oder?«

»Ich tu nich lügen.«

»Auf keinen Fall. Also – warum hast du Samstagabend die Drogen in den Kaffee getan?«

»Hab ich nicht.« Billy ließ von seinem Nagelbett ab und zwirbelte einen Hemdenknopf.

»Hörst du mir eigentlich genau zu?«

Für einen Sekundenbruchteil fixierte er Pete; dann irrte sein unsteter Blick ab – hoch zur Decke, nach rechts zur Wand, dann zu der Tür.

»Wir haben ein Bild, Billy. Wir wissen, dass du's warst. Wir wissen aber auch, dass du nichts Schlimmes anrichten wolltest. War nur so aus Jux, stimmt's?«

Billy gab keine Antwort, sondern drehte den Knopf zwischen Daumen und Zeigefinger.

»Das Dumme ist nur: Du musst das Zeug ja irgendwoher haben. Also, lass hören!«

Übertriebenes Schulterzucken, gefolgt von Seufzen. Der Knopf löste sich vom Hemd und kullerte unter den Tisch. Billys Gesicht lief rot an. Dort, wo der Knopf gesessen hatte, enthüllte die Lücke in der Knopfleiste ein Stück unbehaarte Brust. Immer noch Schweigen.

»Na schön«, sagte Pete freundlich, »Wir müssen ja nicht sofort darüber reden. Sprechen wir lieber stattdessen über deine Freunde. Freunde zu haben gefällt dir, was?«

Billy nickte. »Solche wie Lorraine.«

»Klar, die ist deine Freundin. Und ich bin ebenfalls dein Freund. Aber soll ich dir mal sagen, was mich wundert? Dass du auch mit den Stasiuk-Zwillingen befreundet bist.«

Coombs wurde so blass, als ob man ihm einen Kanister Bleichmittel über dem Kopf ausgekippt hätte. Er fingerte nach dem nächsten Knopf, um den ebenfalls zu zwirbeln, aber Pete packte ihn bei der fleischigen Hand.

»Locker bleiben, Billy. Freunde sind toll, was? Nur, manche von denen tun bloß so, als mögen sie einen, und dann kann's Ärger geben. Wäre ja nicht deine Schuld, wenn dich einer in was reingetrickst hätte.«

»Kenne keine Stasiuks«, keuchte Billy mit geweiteten Augen und nach Luft schnappend. »Hab ich allein gemacht, Detective Pete. Aus Spaß. Wie Sie schon sagten.« Mit jedem heftigen Atemzug blitzte die Brusthaut durch die Lücke in der Knopfleiste.

»Woher hast du dann das Drogenzeugs?«

»Von so 'nem Typen«, gab er hastig zurück, dabei so heftig schluckend, dass sein Adamsapfel hüpfte.

»So? Wie sah der denn aus?«

»Weiß ich nicht mehr. Ging alles echt schnell.«

»Sieht mir ganz so aus. Dann hast du also selber beschlossen, das Zeug in den Kaffee zu pantschen?«

Coombs nickte. »Ich dachte, das würde lustig.«

»Weil du mal was von LSD gehört hast. Du weißt, wenn welche auf LSD sind, bringen sie die verrücktesten Klopse, also wolltest du das mal mit eigenen Augen sehen und was zum Lachen haben. Und dir war auch klar, dass der Kerl dir LSD gab.«

»Hat er jedenfalls gesagt.«

Pete lehnte sich zurück und warf seinem Gegenüber einen befriedigten Blick zu. Billys Gesichtsmuskeln erschlafften; seine zusammengezogenen Brauen schnellten wieder an Ort und Stelle zurück. Der Druck fiel von ihm ab. Detective Pete war ja doch sein Freund.

Mit dem Anflug eines Lächelns um die Mundwinkel setzte Pete weiterhin eine freundliche Miene auf und nickte rhythmisch. *Siehst du, Billy? Ich habe Verständnis für dich.* Er wartete, bis Coombs einen tiefen Seufzer der Erleichterung ausstieß, beugte sich über den Tisch und brachte sein Gesicht so nahe an Billys Nase, wie's eben ging. »Billy, das ist Quatsch mit Sauce.«

Coombs wurde wieder blass.

»Für so 'n Stuss fehlt mir die Zeit. Zehn Menschen tot, und ein ganzer Schwung musste ins Krankenhaus. Du hast das Rauschmittel in den Kaffee getan. War gar kein LSD, nebenbei bemerkt. Außerdem weiß ich, dass die Stasiuks in der Geschichte mit drinstecken, und zwar bis Oberkante Unterlippe. Hier, guck! Ich hab auch ein Foto, und darauf laberst du gerade mit denen.«

Coombs ließ den Kopf hängen. Die Tränen traten ihm in die Augen.

»Du steckst schon in ernsten Schwierigkeiten, Billy, gar keine Frage. Erzählst du mir was von den Stasiuks, kann das für dich nur gut sein. Letzten Endes nagele ich die zwei sowieso fest – mit oder ohne deine Hilfe.«

Schlagartig zuckte Billy hoch, sodass sein Stuhl polternd nach hinten kippte. »Das dürfen Sie nicht!«

Pete erhob sich ebenfalls. Die zwei standen sich Auge in Auge gegenüber. »Ich bin Polizist, Billy. Ich kann tun, was ich will. Die Zwillinge wandern hinter Gitter.«

»Ich war's ganz allein, Detective Pete! Ehrlich!«

»Nehme ich dir nicht ab, mein Freund. Was haben die gemacht, die Stinkstiefel? Dich bedroht? Das ist es, was? Sie haben dir gesagt, sie polieren dir ...«

»Nein!« Vehement schüttelte er den Kopf, wobei seine Schultern vor lauter Erregung ins Schwingen gerieten. »Das ... wäre ... ja gar nicht ... so schlimm ...« Seine Worte wurden von lauten, abgehackten Schluchzern unterbrochen.

»Was dann? Was wäre denn dann schlimm?«

Billy bohrte die Fäuste in die tränenumflorten Augen und

jaulte los. Pete wartete. Nach einiger Zeit stammelte Coombs stockend und nach Atem ringend: »Sie haben gesagt, sie machen Lorraine alle!«

## 45. KAPITEL

Leo Strahan, Inhaber des Regal Grille, stand hinter dem Tresen und stellte ein Clubhouse-Sandwich zusammen. Geistesabwesend durch seinen Diner blickend, nahm er seine Umgebung zwar wahr, konnte es aber immer noch nicht fassen. Es war Freitagabend, 22 Uhr. Eigentlich hätte der Laden voll sein müssen von Theaterbesuchern, die sonst immer noch nach Ende der Vorstellung im Park Street Theater hereinschauten. Das aber war vor der Zyanid-Geschichte gewesen. An diesem Abend saß ein einsamer Gast an der Theke und guckte argwöhnisch zu, wie sein Sandwich zubereitet wurde. Olivia beobachtete die traurige Szene aus einer ganz in der Nähe liegenden Sitznische. Jenny, eine der lang gedienten Kellnerinnen, war zuvor schon in den Feierabend geschickt worden.

Die altmodische Ladenglocke über der Eingangstür bimmelte, und Pete kam hereinspaziert. Fünf Schritte, und schon stand er am Tresen. Olivia hörte, wie er ein Käse-Omelett bestellte. Dann ließ er sich ihr gegenüber auf die Sitzbank gleiten.

»Hast du etwa auch das Abendbrot verpasst?«, fragte er mit einem Blick auf ihr Sandwich mit heißem Hühnchen.

Olivia nickte. »Hab durchgearbeitet. Bis zu deinem Anruf hatte ich aber das Essen sowieso schon total vergessen. Plötzlich knurrte mir der Magen, quasi wie auf ein Stichwort. Da dachte ich, warum nicht Leos Umsatz mal ein bisschen ankurbeln. Hör zu, wie gefällt dir folgende Schlagzeile: ›Zwillinge aus Pleasant Bay mit vergiftetem Kaffee in Verbindung gebracht‹.«

»Verdammtes Stasiuk-Gesocks! Die haben den Coombs ganz schön in die Mangel genommen.«

»Verprügelt?«

»War gar nicht nötig. Jesse hat ihm gesagt, wenn er nicht mitzieht, würden sie ihn dermaßen durch den Wolf drehen, da wäre die Sache damals mit Donovan ein Schaukampf dagegen. Sie drohten ihm an, sie würden ihm die Beine brechen, die Zunge rausschneiden, ihm kochendes Wasser in die Ohren schütten – die ganze Palette.«

»Du lieber Himmel!«

»Das gab aber nicht den Ausschlag. Sobald sie mit ihm fertig wären, würden sie Lorraine umbringen, haben sie ihm gesagt.«

»Was?«

»Im Ernst! Und dass Lorraine sein Schutzengel ist, das weiß wahrscheinlich alle Welt, die beiden Schweinebacken eingeschlossen.«

Olivia legte die Gabel nieder. »Das sieht den Stasiuks ähnlich, jemanden wie Billy auszunutzen, damit er für sie die Drecksarbeit erledigt.«

»Verkommener als diese Mischpoke geht's nicht mehr. Keiner weiß das so gut wie du, klar.«

Schweigend stocherte Olivia wieder in ihrem Sandwich, das durch die Sauce allmählich aufweichte, exakt nach ihrem Geschmack. Einige Bilder kamen ihr in den Sinn, ehe sie sagte: »Weißt du, ich wäre die Letzte, die jemanden namens Stasiuk verteidigen würde. Was die Zwillingsbrüder da angerichtet haben, war hundsgemein – aber als Zyanid-Killer kann ich keinen von den beiden sehen.«

»Sprich ruhig weiter.«

»Das ist Gesindel, klar, niederträchtiges Lumpenpack. Kleinkriminelle. Trittbrettfahrer. Aber Mörder? Nee, nee. Keiner von denen hat das Kaliber des älteren Bruders.«

»Du sagst es. Johnny gibt's nur ein Mal.«

»Dem Himmel sei Dank. Ich hoffe, der Kerl holt sich in irgend 'ner Zeche 'ne Staublunge. Weit weg vom Schuss!«

»In Timmins, wie man hört. Wahrscheinlich wäre uns allen wohler, wenn mindestens ein ganzer Ozean zwischen uns und diesem Verbrecher läge. Bis dahin müssen wir uns leider Gottes mit dem Rest seiner schäbigen Bagage herumärgern. Seine Brüder werden 'ne Weile sitzen – Verstoß gegen das Betäubungsmittelgesetz, grobe Gefährdung der öffentlichen Sicherheit.«

»Und was wird aus Billy? Der wird doch nicht etwa haftbar gemacht, oder? Der arme Kerl kann sich ja kaum selber ernähren!«

»Er ist vorläufig festgenommen. Ließ sich nicht umgehen. Eine Anhörung wird feststellen, ob er überhaupt strafmündig ist. Nach meiner festen Überzeugung wird dabei herauskommen, dass Coombs die Tragweite der Tat überhaupt nicht erfassen konnte.«

»Armer Billy!«

»Tja, der arme Billy muss eben lernen, dass man nicht automatisch tut, was andere einem sagen. Was bei der Feier passiert ist, war schlimm genug, aber es hätte erheblich schlimmer ausgehen können. Vielleicht läuft irgendwann ein Projekt zur Vermittlung von Sozialkompetenz, in das wir ihn stecken können. Im Augenblick habe ich keinen Bedarf an noch mehr Knalltüten, die aus der Versenkung auftauchen. Mir scheint ohnehin, dass unsere Stadt mehr als reichlich damit geschlagen ist.«

Er wies auf den Inhaber des Diners, der soeben eine eingelegte Gurke aus einem riesigen Glas angelte. Pete beugte sich über den Tisch und raunte: »Leo hat heute 'nen Anruf gekriegt. Irgendwer behauptet, sein Hackfleisch wäre vergiftet. Wie sich herausstellt, war's der Bengel von Susan Philpot, der sich nach der Schule mit seiner Clique 'nen Scherz erlaubt hatte. Die Mutter hat sich telefonisch bei Leo entschuldigt, aber da hatte er uns schon alarmiert und das Fleisch abholen lassen. Zum Testen.«

»Verflixte Lausebande!«

»Keine Bange, wir haben den Jugendbeauftragten hingeschickt, damit der denen mal gehörig Angst macht, und zwar mit Mrs. Philpots Segen. Allem Anschein nach steht der Sohnemann kurz vorm zwölften Geburtstag. Damit fiele er in Kanada unters Jugendstrafrecht und könnte belangt werden. Insofern kannst du davon ausgehen, dass der zu hören kriegt, wie haarscharf er an 'ner Anzeige wegen Belästigung vorbeigeschrammt ist. Außerdem muss der Flegel die Kosten für das Fleisch abarbeiten.«

»Aber das Kind ist nun mal in den Brunnen gefallen. Bei all dem, was im Augenblick ohnehin schon läuft, kann so ein Dummer-Jungen-Streich einen Menschen zum Austicken treiben. Guck dir den Ärmsten da drüben doch an!«

Mit zitternder Hand tat Leo Strahan den Deckel wieder aufs Gurkenglas und stellte den Teller mit dem Sandwich vor seinen einzigen Thekengast hin. Dann faltete er Petes Omelette mit einem Kunststoffwender, schnappte sich einen Teller und griff nach einem Petersilienstängel. Sonst sang Leo immer beim Kochen. An diesem Abend stand ihm wohl nicht der Sinn nach Singen.

»Sieht lecker aus, Leo«, lobte Pete. »Du bist der beste Koch in der Stadt. Hab ich immer schon gesagt.«

»Stimmt«, unterstrich Olivia, die Mühe hatte, ihre Portion aufzuessen. »Das hier ist 'ne Wucht.«

Leo nickte ihr dankbar zu und rang sich ein gequältes Lächeln ab, aber Olivia wusste, dass es mehr als nur ein paar Komplimente brauchte, um Leo vor der Pleite zu retten. Er hatte den Diner vor etwa zehn Jahren von seinem Vater übernommen, liebte sein Geschäft, mochte die Kunden. Was jetzt mit seinem und jedem anderen Speiselokal in Pleasant Bay passierte, war eine Schande. Der Zyanid-Killer hatte den Nerv der Stadt getroffen und ihr das Herzblut ausgesaugt. Auch wenn die Zahl der Toten bei zehn lag, stieg die der verlorenen Seelen weitaus höher.

Am Handgelenk, dort, wo bei anderen die Armbanduhr saß, trug Leo einen Pager, ein Funk-Alarmsystem extra für alleinstehende Senioren. Ein Knopfdruck, und der Empfänger am anderen Ende der Frequenz konnte zurückrufen. Hob der Patient nicht ab, wurde der Rettungswagen in Marsch gesetzt. »Zyanid?«, hatte Leo vorhin noch zu Olivia gesagt. »Bis ich zum Telefon käme und den Notruf betätigt hätte, könnte ich tot sein.«

Das Beste hoffen, auf das Schlimmste gefasst sein. Pleasant Bay bereitete sich auf den Tod vor.

»Unter uns, Livvie ...« Pete beugte sich über den Tisch. »Aber allmählich fürchte ich, wir kriegen den Kerl nicht zu fassen.«

»Ach komm, Onkel Pete ...«

»Nee, echt. Es liegt nicht nur daran, dass der Bursche so gerissen ist. Es liegt an dem Dominoeffekt, den er auslöst. Der wirkt sich jetzt landesweit aus.«

»Was ist denn passiert?«

»Irgend so 'n Arsch am Fließband einer Konservenfabrik

in Penticton wurde dabei geschnappt, wie er versuchte, Rattengift in Gläser mit Babynahrung zu tun.«

»Mein Gott! Das ist ja furchtbar!«

»Aber beileibe noch nicht alles. Ein Mitglied des Provinzparlaments in Toronto hat 'nen Brief gekriegt mit dem Inhalt, das sei erst der Anfang und es würde Dutzende Tote geben, wenn er seine Haltung zu gleichgeschlechtlicher Ehe nicht ändert.«

»Hab ich gehört. Andy ist an der Geschichte dran.«

»Wie geht's Kodaly übrigens dieser Tage so?«

»Abgesehen davon, dass er nach wie vor der alte, blasierte, unausstehliche Macho ist? Ich habe ein Auge auf ihn, aber mir scheint, er beobachtet mich seinerseits auch. Kaum gucke ich hoch, sehe ich diese Blinzelaugen, die zu mir rüberspähen. Aber vielleicht leide ich auch nur wie alle anderen an Verfolgungswahn, und wenn mir einer auf der Straße zulächelt, rätsele ich darüber nach, ob das womöglich ein kaltblütiger Killer ist.«

»Das Gefühl macht sich überall breit, Kleines. Nicht mal die Kollegen lassen ihre Kaffeetassen unbeaufsichtigt. Aber es ist richtig, dass du deiner Eingebung vertraust. Pass mir auf diesen Kodaly auf! Mit Habichtsaugen!«

»Der mag mir zwar unheimlich sein, Onkel Pete, aber ich kann mir nicht vorstellen, dass der unser Fliegengitter zerschnippelt hat, um mir den Plüschteddy unterzujubeln oder die Ohrstecker zu klauen. Tony hat das Fliegennetz übrigens ausgewechselt. Eher traue ich Andy das antiquierte Telefon zu, obwohl das ziemliche Mühe macht. Aber Einbruch? Glaube ich nicht. Das sieht mir mehr nach Stasiuks Handschrift aus.«

Pete machte sich über sein Omelette her. »Ganz deiner Meinung. Nur habe ich sowohl Jimmy als auch Jesse vernommen und deren Alibis überprüft – für die vergangene Woche so in etwa. Die mischen überall mit, die beiden Zwillingsbrüder. In jüngster Zeit hat die jeder mal irgendwo gesehen. Ich habe auch versucht, ihnen wegen des Teddybären und wegen des Telefons auf den Zahn zu fühlen, aber die beiden stellten sich dumm, was ihnen ebenfalls nicht sonderlich schwerfällt. Hab sogar mit der Schwester und der Stiefmutter gesprochen. Mit dieser Yvonne ist nicht gut Kirschen essen. Sie behauptet allerdings, ihre Familie wolle mit uns nichts zu schaffen haben und sie würden nicht mal auf Spuckweite an unser Haus rankommen.«

»Was ist mit den Ohrringen?«

»Das Thema habe ich gar nicht angesprochen. Außerdem können die sich noch wiederfinden, Liv. Lorraine lässt auch immer ihre Klunkern überall herumliegen. Eher mache ich mir Sorgen, dass dich da jemand terrorisieren will. Ein paar verlegte Ohrringe jagen mir keinen kalten Schauer über den Rücken.«

Olivia blieb stumm. Sie hatte die Ohrstecker nicht verlegt. Sie wusste, sie konnte das Haus getrost auf den Kopf stellen und die Dinger würden trotzdem nicht wieder auftauchen. Bis Pete ermittelt hatte, wer es hier auf sie abgesehen hatte, würde sie, so ihr Vorsatz, dunkle Zimmer, dunkle Straßen und generell dunkle Ecken vermeiden.

Als fühle er, dass er ihr zu nahegetreten war, wechselte Pete das Thema. »Hatte heute ein verspätetes Lunch mit Lorraine. Haben wir schon 'ne Ewigkeit nicht mehr gemacht. War wie Schule schwänzen.«

»Finde ich toll. Ihr müsst mehr zusammen unternehmen.«

»Da ist was Wahres dran. Jedenfalls hatten wir ein langes Gespräch. In dem kleinen Bistro, unten bei der Uni.«

Während Pete sich den Rest seines Omelettes schmecken ließ, berichtete Olivia ihm, dass die Einladungen zur Silberhochzeit am Montag zur Post gegangen seien. Sie habe jeden Empfänger strikt angewiesen: Rückmeldung auf keinen Fall bei Pete und Lorraine, sondern bei ihr in der Redaktion. »Falls dir noch jemand einfällt, den du einladen möchtest – in der Tischschublade im Wohnzimmer sind noch ein paar Einladungen in Reserve versteckt.«

Petes Gesicht verdüsterte sich. »Inzwischen bin ich nicht ganz sicher, ob's nicht besser gewesen wäre, einfach zu verreisen. Vielleicht hattest du recht. Was ist, wenn keiner kommt? Wenn keiner die Traute hat?«

»Nein, Onkel Pete. Fast alle, die sich bisher telefonisch gemeldet haben, kommen auch, und wie's scheint, freuen die sich alle darauf. Du wirst sehen, es wird eine super Party.«

»Ja, du hast recht. Ich mache mir umsonst Sorgen.«

»Du sagst es«, versicherte sie, wobei sie ihm wie eine weise alte Tante die Hand tätschelte. Nächsten Samstag!, dachte sie. Die Woche würde schnell vergehen, vielleicht zu schnell. *Hoffentlich hast du nichts vergessen! Es wird bestimmt ein tolles Fest. Es muss!*

Noch lange hallte der Satz in ihren Gedanken wider.

## 46. KAPITEL

**Es soll eine Überraschung werden!
Wir laden ein zur Silbernen Hochzeit von
Lorraine und Pete Szilagyi am
Samstag, dem 25. September 2004, um 20:00 Uhr**

*Rückantworten ausschließlich an Olivia Laszlo-Amato
unter Telefon 905/555-6283-426
Anstelle von Geschenken bitten wir um Spenden an das
Frauenhaus Ravenswood.*

Der Gaukler fuhr mit der Hand über die Prägung der Einladungskarte und ließ die Fingerkuppe spielerisch über die leicht gewellten Kanten gleiten. Der Einfaltspinsel, der die Karte im Restaurant liegen gelassen hatte, war verdammt fahrlässig gewesen.

Eine Überraschung? Die würde es werden, wahrhaftig! Und bis dahin war's bloß noch eine Woche. Vor freudiger Erregung juckte es ihn bereits in den Fingerspitzen.

Die Gäste werden wachsam sein und weise Vorsicht walten lassen. Unauffällig, um die Gastgeber nicht vor den Kopf zu stoßen, werden sie vor dem Probieren misstrauisch an den Vorspeisen schnüffeln, um zu prüfen, ob nicht etwas verräterisch nach Bittermandeln riecht. Sie werden ihre Drinks nicht aus den Augen lassen und sich diskret nach dem Partyservice und dem Bedienungspersonal erkundigen.

Die Party indes wird ihren Lauf nehmen; nach und nach werden die Gäste sich lockerer geben und auf das glückliche Jubelpaar anstoßen. Musik wird ertönen, Alkohol fließen, der eine oder andere anzügliche Witz die Runde machen. Die Damen werden zwar pikiert tun, aber wie immer mitlachen.

Lachen werde auch ich. Darüber, wie leicht die Menschen sich für dumm verkaufen lassen, wie mühelos man eine Gästeschar mit ein paar Nettigkeiten und einigen starken Cocktails dermaßen einlullen kann, bis sie von ihrer eigenen Selbstgefälligkeit wie betäubt ist.

Als Meistermagier werde ich meinen ganz persönlichen Taschenspielertrick schon ausgespielt haben. Hinterher werden die unausweichlichen Fragen aufkommen: Wann wurde es gemacht? Wie war es möglich? Wer hatte die Gelegenheit?

Man wird sich gegenseitig mit Vorwürfen überschütten und mit Fingern aufeinander zeigen. Latente, jahrelang brodelnde Ressentiments werden offen zutage treten.

*Ich habe gesehen, wie der und der an der Bar herumlungerte.*

*XY hat die ganze Zeit nichts angerührt. Jetzt weiß ich auch, warum!*

*Der war nicht ganz bei sich.*

Und trauern werden sie. Am offenen Grabe stehen, die verweinten Augen von der schwarzen Grube unter dem Sarg abgewandt. Einige werden von Schluchzern geschüttelt sein, andere sich die Tränen verbeißen, Stärke und Haltung beweisen. Feste Umarmungen rundum, letzte Abschiedsworte. Zerbröckelnde Erde auf dem Sarg. Alle werden sich abwenden, und dann die Parade in Schwarz, weil alle nach Hause eilen.

*Es muss ja weitergehen.* Blablabla ...

25. September. Mit einem Male scheint dieser Tag ganz weit weg. Ich zerreiße die Karte und werfe sie fort, damit die Überraschung nicht vorweggenommen wird. In sieben Tagen werde ich auftrumpfen und mit einem einzigen eleganten Schwenk ein wahres Wunder wirken.

## 47. KAPITEL

Das Haus lag auf der Spitze der Landzunge von Gull Point. Im Westen sah man den Leuchtturm von Miller's Bay, im Osten reichte der Blick bis zu den Sanddünen von Bryce Beach. Es war eine Nachbildung der alten Walfang-Villen von Nantucket mit einem Dach aus verwitterten Holzschindeln, einer ums ganze Gebäude laufenden Veranda, Fußböden aus breiten Holzbohlen und einem sogenannten Witwensteg oben auf dem Dachfirst. Tony und Olivia strapazierten die Geduld des Maklers, indem sie gut und gern zwei Stunden lang in Wandschränke lugten, die Wasserhähne aufdrehten sowie sämtliche Flügelfenster öffneten und wieder schlossen.

»Bei diesem Preis geht das im Nu weg«, versicherte der Makler naserümpfend.

Olivia, die schon zum zweiten Mal die wacklige Treppe zum Witwensteg hinaufstieg, sagte: »Es wirkt nur ... ach, ich weiß nicht – so einsam, Tony!«

»Weil's leer steht. Warte ab, bis wir unsere Klamotten drin haben. Und deine Tante kann beim Renovieren helfen.«

»Hast du 'ne Ahnung, was das kostet, den ganzen Kasten mit Möbeln auszustatten? Und wie sollen wir im Winter zur Arbeit kommen? Wenn's schneit, fährt hier doch tagelang kein Räumdienst. Lass uns mal praktisch überlegen!«

»Ach, Liv, eben nicht! Warum denkst du nicht an Strandspaziergänge mit ein, zwei Hunden, Frühstück auf der fliegengeschützten Veranda, unsere erste Grillparty ...«

Knarrend öffnete sich die Tür zum Witwensteg, und ein frischer Luftzug strich Olivia übers Gesicht.

»Guck dir bloß mal die Aussicht an!«, schwärmte Tony, wobei er auf den Leuchtturm wies, einen weiß getünchten, achteckigen Obelisken – ein herrlicher Anblick, wie Olivia insgeheim gestehen musste. »Das hier kann uns gehören, Schatz!« Er holte tief Luft und fügte hinzu: »Hier draußen fühle ich mich richtig frei. Lebendig. Schwer zu erklären. Hier zu wohnen, das könnte die ganzen elenden Jahre mit Mama vergessen machen. Kapierst du das denn nicht?«

Olivia wusste, sie hatte ihm den Spaß verdorben. Von schlechtem Gewissen geplagt, kehrte sie einige Tage später mit einem Sachverständigen zurück. Dessen Gutachten zufolge war der Keller trocken und das Dach hielt sicher noch gut weitere zehn Jahre; Heizung und Elektroinstallation waren kürzlich erst modernisiert worden. Keine Termiten, kein Asbest. Nur einige Räume streichen und einziehen, mehr war nicht nötig. Am selben Abend erstattete sie Pete Bericht, als er sich um zehn mit geröteten Augen durch die Tür schleppte.

»Ist zwar 'ne Stange Geld, Liv«, nuschelte er herzhaft gähnend. »Aber gut investiert. Hört sich nach 'nem soliden, gut gebauten Haus an.«

Das alles wusste sie wohl, ehe ihr Onkel es sagte, und doch ging das Ganze nach ihrem Gefühl zu überstürzt und war ihr eine Nummer zu groß. Sie hatte sich immer vorgestellt, sie würden mit einem kleinen, sanierungsbedürftigen Altbau anfangen – lagenweise alte Tapeten abziehen, verfilztes Gesträuch ausreißen und dann gemeinsam mit Tony das gute Stück nach und nach in ein gemütliches Nest verwandeln. Es erschien ihr wie ein sentimentales, romantisches Initiationsritual, das erste Eigenheim zu renovieren und Jahre später noch erzählen zu können, welch hartes Stück Arbeit dieser Umbau von baufällig zu malerisch gewesen war.

»Dann überspringt ihr eben diese Phase in eurer Ehe«, hatte Onkel Pete gesagt. »Zuweilen kommt etwas dazwischen, und unsere Träume ändern sich. Das steckt man weg. Neues Spiel, neues Glück.«

Er versuchte, humorvoll zu sein, lächelte aber nicht. Auf seinem Gesicht sah Olivia den Frust ob der vergeblichen Jagd nach einem Mörder, der sich ihm stets entzog. Die Ringe um seine Augen waren wie mit Kohle gezogen. Es gab Momente, in denen Olivia bemerkte, wie seine Hand oder auch die Lippe zitterte. Außerdem, so ihr Eindruck, verlor er an Gewicht.

»Und davon abgesehen«, fuhr er fort, »will Tony das Haus unbedingt. Hier bei uns zu wohnen war sicher nicht leicht für ihn. Arm zu sein, das drückt aufs männliche Ego. Wir Männer haben so ein Höhlenmenschen-Syndrom. Jäger und Sammler. Hast bestimmt schon davon gehört, oder? Also, lass ihn doch den Ernährer spielen!«

Wie üblich hatte Pete recht. Trotzdem widerstrebte es ihr, dass Mama Angelas Geld ihnen einen dramatischen Sprung im Lebensstandard ermöglichte. Für einen reumütigen Moment bedauerte sie es, den Schwächen ihrer Schwiegermutter nicht mit mehr Nachsicht begegnet zu sein. Dann aber wischte sie den Gedanken beiseite. Sie hatte ihr Bestes getan. Auch Tony, der es mehr als jeder andere verdiente, dass er sich seiner Erbschaft erfreuen konnte. Oder war ihr genau das ein Dorn im Auge? Dass ihr Mann es sich zu gut gehen ließ?

Sie hatte keinen Grund, ihm seinen Spaß zu verderben. Menschen trauern unterschiedlich, mahnte sie sich. Nur hatte es den Anschein, als trauere Tony überhaupt nicht. Daheim angekommen, fand sie ihn im Wohnzimmer vor, wo er lesend auf dem Sofa lag, die bestrumpften Füße auf die Lehne gestützt.

»Tony, ich hab's mir überlegt. Von wegen Grillfeten und Strandspaziergängen. Klingt eigentlich toll. Mach dem Makler ein Angebot. Falls du's noch willst, wohlgemerkt.«

»Wirklich?«, fragte er und klappte das Buch zu. Er setzte sich auf und musterte forschend Olivias Gesicht, als suche er dort einen Haken an der Sache. »Ich möchte dich nicht nötigen.«

»Tust du auch nicht. Es ist ein traumhaftes Haus.«

Er seufzte erleichtert und lächelte. »Du wirst schon sehen, wir werden ein wunderbares Leben haben. Du sollst es nicht bereuen. Komm her!«

Ich habe meinen Tony wieder!, dachte Olivia, als sie sich in seine Arme kuschelte. Sie genoss seine Nähe und hörte voller Entzücken zu, wie er ihr weiter von dem Haus vorschwärmte, von den Antiquitäten, nach denen sie jagen würden, vom Kochen in der riesigen Bauernküche.

»Apropos essen – ich könnte uns was brutzeln«, schlug sie schließlich vor und löste sich aus seiner Umarmung. Als sie aufstand, fiel ihr das Buch auf, das Tony gelesen hatte – eine ledergebundene Ausgabe von *Schuld und Sühne*.

»Dostojewski? Seit wann bist du denn so ein Literaturfan?« In der Regel bevorzugte Tony Lektüren in Richtung Thriller von Elmore Leonard und Robert B. Parker.

»Für 'ne Prise klassische Bildung ist es nie zu spät. Ich bin im Bücherregal drauf gestoßen und dachte, ich trau mich mal ran.«

»Und?«

Er zuckte die Achseln. »Bin noch nicht allzu weit gekommen, aber wer weiß? Wenn's mir zusagt, ist *Krieg und Frieden* vielleicht nicht mehr weit. Dein Onkel hat eine beachtliche Sammlung.«

Olivia bückte sich, hob das Buch vom Sofa und schlug die Seite auf, die Tony mit einem Lesezeichen markiert hatte.

*»Oh Gott, wie widerlich ist das alles! Und werde ich es denn wirklich, wirklich ... nein, das ist ja Unsinn, ein unmöglicher Gedanke. Wie konnte mir so etwas Entsetzliches in den Sinn kommen! Da sieht man, zu welchem Schmutz mein Herz fähig ist!«*

»Fängt mit 'nem Knaller an, was?«, fragte Tony, der ihr über die Schulter lugte. »Raskolnikoff, die Hauptfigur, plant den Mord an einer alten Pfandleiherin.«

Olivia legte das Lesezeichen wieder ein und klappte den Roman zu. Überall Mord und Totschlag. Nicht einmal in stillen Momenten mit ihrem Mann war sie davon verschont. Anders als Dostojewskis Protagonist wusste sie schon, zu welch schmutzigen Dingen manche Menschen fähig waren.

In der Woche vor der Silberhochzeitsparty vertiefte Olivia sich noch mehr in das Thema Mord. Sie setzte sich mit dem Leiter des regionalen Giftinformationszentrums in Verbindung. Dieser wiederum verwies sie an Dr. Marv Edelstein, den medizinischen Leiter der Vergiftungszentrale für die Provinz Ontario. Seine Hinweise versetzten sie in die Lage, einen Artikel über die begrenzte Verwendung von Zyanid zu verfassen und darzustellen, wie skrupellose Geschäftemacher das Gift übers Internet verkauften und wie verhältnismäßig einfach es aus dem Ausland eingeschmuggelt werden konnte. Dafür musste sie ihr Quantum an Prügel einstecken.

Der erste geharnischte Anruf erreichte sie morgens um

halb zehn. »Hat unsere Stadt nicht genug durchgemacht? Wieso geben Sie nicht endlich Ruhe?« Viele warfen ihr vor, sie stachele bloß die Panik an und vermittle dem Täter durch das Aufsehen, das sie erregte, einen gewaltigen Schub für sein Ego.

Etliche beklagten sich aus einem ganz anderen Grund. »Alle Achtung, Amato«, sagte ein Anrufer. »Damit geben Sie Ihren Lesern einen prima Leitfaden fürs Vergiften an die Hand. Schön zu wissen, dass es so einfach ist, sich das Zeug zu besorgen. Nur werden Sie nicht mehr viele Leser zum Aufklären haben, wenn wir erst alle tot sind.« Klick.

Olivia war bemüht, ihre Antworten möglichst diplomatisch und emotionslos zu formulieren. »Danke für Ihren Anruf. Sie sprechen interessante Punkte an. Der *Sentinel* ist stets sehr an der Ansicht seiner Leserinnen und Leser interessiert. Am liebsten würde ich den Artikel drucken, in welchem steht, dass der Mörder gefasst ist.«

Sie besänftigte die einen, brachte andere in Rage, und gegen halb zwölf ging ihr Vorrat an Takt allmählich zur Neige. Spence, ihr Chefredakteur, lehnte sich lächelnd gegen ihren Aktenschrank. »Na, wie ist das, wenn man mit den großen Jungen spielt?«

»Schauen Sie sich mal dieses dicke Fell an«, erwiderte Olivia, wobei sie sich in den Unterarm kniff. »Hart wie 'n Nashornpanzer. Sie könnten mich in den Hintern treten, und ich würde es nicht mal merken.«

»Vielleicht später«, murmelte Spence, wobei er einen imaginären Hut zog, derweil Olivias Telefon schon wieder klingelte.

Die Mehrzahl der Bürger von Pleasant Bay wollte vom Zyanid-Mörder einfach nichts mehr wissen. Für die meisten war das Kapitel Trauer nach der Gedenkfeier abgeschlossen. Weitere Manipulationen waren ausgeblieben. Der Killer lief zwar noch frei herum, aber allmählich setzte sich bei den Leuten die Meinung durch, das Leben müsse weitergehen. Sie hatten es satt, sich fortdauernd über die Schulter zu gucken und wegen der ständigen Vorsicht nur halbe Leben zu führen. Beim Frühstück vorhin im Regal Grille hatte Olivia mit Verwunderung festgestellt, dass das Imbissrestaurant beinahe voll war. Leo sang wieder hinter dem Tresen.

Zurück an ihrem Arbeitsplatz, hatte Olivia zunächst einen Blick auf die Liste derer geworfen, die sich auf ihre Einladung hin gemeldet hatten. Der letzten Zählung zufolge lief es wohl auf gut 70 Gäste hinaus, die es sich nicht nehmen lassen wollten, Lorraine und Pete beim Feiern ihrer Silberhochzeit zu helfen. Sogar Andy Kodaly, der gegenwärtig mit saurem Blick auf seinen Computermonitor starrte, hatte sein Kommen angekündigt.

Letzte Details für die Feier waren fertig. Fürs Essen war typische Rasthausküche vorgesehen, gestellt vom Route 66, angesichts des gepantschten Kaffees bei der Gedenkfeier ein kühner Vorschlag von Pete. Ulli sowie drei weitere Helfer erhielten strikte Servieranweisungen. Die Küche durfte zu keinem Zeitpunkt unbesetzt sein; Gäste mussten vom Betreten abgehalten werden. Andere Helfer sollten mit Tabletts herumgehen, von denen sich die Gäste bedienen konnten; Selbstbedienung an irgendwelchen herumstehenden Speisen war nicht vorgesehen. Als Barkeeper sollten Greg Hawley und Don Pyke fungieren, zwei Freunde und Kollegen von Pete. Weitere Polizisten standen auf der Gästeliste. Angesichts dieser Sicherheitsmaßnahmen, so Olivia im Stillen, würde es ihr womöglich gar gelingen, die Party entspannt zu genießen, und ihrer Tante hoffentlich auch, was ja noch viel entscheidender war. In den letzten Tagen lagen bei Lorraine nämlich anscheinend die Nerven blank. Sie lehnte es aber kategorisch ab, sich über den Grund dafür auszulassen, und rannte ziemlich gereizt durch die Gegend. Hilflos musste Olivia mit ansehen, wie ihre Tante die alltäglichsten Arbeiten verrichtete, als seien es regelrechte Angriffshandlungen. Schranktüren wurden zugeknallt, welke Blätter mit der Harke geradezu vom Rasen gerissen. Auch ihre Joggingdistanzen wurden immer länger, an manchen Abenden bis an die 15 Kilometer, ehe sie völlig durchgeschwitzt und mit hochrotem Kopf zu Hause ankam. Sie strahlte eine Aggressivität aus, die Olivia nie zuvor an ihr bemerkt hatte.

Schließlich sprach sie Lorraine doch darauf an. »Tante Lorraine, ist alles okay mit dir? Du scheinst mir ein bisschen … na ja, neben der Spur. Haben Tony oder ich etwas angestellt, dass du …«

»Himmel, Olivia!« Lorraine setzte sich auf die Bank im Foyer und löste die Schnürsenkel ihrer Schuhe. »Darf man nicht mal ungestört ein bisschen Dampf ablassen? Muss alles, was ich tue, gleich unters Mikroskop, verdammt noch mal?«

Olivia schluckte heftig. »Nein … ich … ich wollte nicht … Ich hab's nur gut gemeint. In letzter Zeit wirkst du so gestresst.«

»Mir geht's bestens«, raunzte Lorraine, wobei sie ihre Laufschuhe mit einem Zehendruck gegen die Ferse abstreifte und mit einem Tritt zum offenen Wandschrank beförderte. »Zumindest solange man mich in Ruhe lässt.« Sprach's, erhob sich und hastete an ihrer Nichte vorbei die Treppe hinauf.

Olivia hörte, wie die Tür zur Schlafzimmersuite laut ins Schloss fiel. Die Kehle war ihr wie zugeschnürt. In diesem

Ton hatte Lorraine noch nie mit ihr gesprochen. Schlagartig wurde ihr klar, dass Tonys Bestreben, schnellstmöglich in eigene vier Wände umzuziehen, die beste Idee des Jahres war. Ganz offenbar war Lorraine es allmählich leid, mit ihnen beiden ständig unter einem Dach zu leben. Und für Pete galt das vermutlich genauso.

Als ihr Onkel zur Tür hereinkam, hatte Olivia ihm schon einen Drink bereitgestellt. Sie versuchte gleich, ihm den Vorfall zu erklären.

»Du kennst sie doch«, meinte er beschwichtigend und folgte ihr ins Wohnzimmer. »Sie lädt sich immer zu viel auf und will alles hundertprozentig machen. Da bist du ihr halt in die Schusslinie geraten. Mit dir und Tony hat ihre Laune nichts zu tun, da bin ich sicher.«

»Wir überstrapazieren eure Gastfreundschaft. Wir hätten längst ausziehen sollen.«

»Denk doch so etwas nicht! Lorraine macht es einen Riesenspaß, dass ihr hier wohnt. Mir auch!«

Pete setzte sich in eine Sofaecke, während Olivia sich auf dem Ledersessel in der Ecke niederließ, umgeben von der riesigen Klassikersammlung ihres Onkels. »Aber irgendwie muss man doch was für sie tun können! So habe ich sie noch nie erlebt.«

»Lass sie einfach gewähren, Livvie. Deine Tante ist hart im Nehmen, und solange sie weiß, dass wir sie lieb haben, hält sie schon durch.«

»Liebe meistert alles, hm?«

»Sagt der Volksmund.«

»Hoffentlich ist es so einfach.« Sich machtlos zu fühlen behagte Olivia ganz und gar nicht. Pete und Lorraine hatten ihr ein neues Leben ermöglicht. Sie verdankte den beiden alles, und doch konnte sie nur zuschauen, während ihre Tante durch eine private Hölle ging und Pete einem Mörder nachstellte, der sich anscheinend in der Herbstluft aufgelöst hatte und einfach nicht zu fassen war.

Am Dienstag – bis zur Party waren es nur noch drei Tage – fand sie ihren Onkel in der Küche vor. Zur Abwechslung einmal früher als sonst zu Hause, lud er gerade mürrisch den Geschirrspüler aus. »Lass nur, das übernehme ich«, bot sie an. »Du kannst inzwischen die Liste hier überprüfen. Wir haben doch niemanden vergessen, oder?«

Sie schob ihm die Gästeliste über die Arbeitsplatte zu, damit er sie begutachten konnte. Dann warf sie klirrend und scheppernd das Besteck in die dafür vorgesehenen Schubladenfächer.

Pete rang sich ein Lächeln ab. »Sieht prima aus, Livvie. Wird bestimmt 'ne superfidele Fete.«

»Onkel Pete, als Marina Tomitsch damals verhaftet wurde – warst du da schon bei der Mordkommission?«

»Marina Tomitsch?« Sein Lächeln erlosch. »Wie kommst du denn auf die?«

»Ob du's glaubst oder nicht – durch Madame Iris. Sie erwähnte die Tomitsch neulich zufällig, und da dachte ich, es könnte vielleicht interessant sein, den Fall aufzurollen und ihn mit dem zu vergleichen, was im Augenblick hier in Pleasant Bay abläuft. Trotz ihrer Tat hatte die Tomitsch sich hier in der Gegend doch Sympathien erworben. Der Zyanid-Mörder hingegen ...« Olivia hatte sich schon in Gedanken zurechtgelegt, wie sie die Story angehen wollte: als Doppelporträt. Die Geschichte einer Mörderin, der man verziehen hatte, verglichen mit der eines Mörders, den man am liebsten lynchen würde.

Pete schüttelte den Kopf. »Hört sich fast so an, als würde Kodaly auf dich abfärben.«

»Wie meinst du?«

»Irgendwie sensationslüstern, die Idee, oder? Ist an sich nicht deine Kragenweite, diese Art Story. Zumal sich die Wogen allmählich glätten. Wozu die alten Geschichten aufwärmen?«

Olivia packte einen Stapel Teller in den Oberschrank. »Vielleicht hast du recht. Trotzdem, war 'ne Riesensache, als diese Marina damals ihren Mann umbrachte. Ich war noch ziemlich jung. Und sensationell müsste meine Story ja nicht unbedingt sein. Ich könnte ihr einen hoffnungsvollen Touch verpassen. Die Tomitsch wurde überführt. Der Zyanid-Killer wird ebenfalls gestellt. Oder?«

»Wollen wir's hoffen. Ich meine nur, du solltest dich nicht zu tief in die Sache vergraben. Es fällt nicht immer leicht, den nötigen Abstand zu wahren, besonders wenn man tagtäglich über das Böse schreiben muss.«

»Das geht schon, Onkel Pete. Ich habe mit dem Anwalt der Tomitsch gesprochen. Marina war einverstanden mit einem Treffen, Ende der Woche. Selbst wenn sonst nichts dabei herauskommt, kann sie mir vielleicht zumindest erzählen, wie sie zu dem Zyanid-Killer steht.«

»Behagt mir trotzdem nicht«, brummte er. »Bin sogar strikt dagegen, Kleines, aber ich nehme an, du weißt selbst am besten, was deine Leser wollen. Da wirst du dich von mir wohl nicht umstimmen lassen, was?«

Olivia schüttelte den Kopf. Wieder einmal sah Pete in ihr die Zehnjährige und sich selbst als Retter in höchster Not. Sie brauchte nur einmal kurz zu wimmern, und schon würde er auf dem Schimmel angaloppiert kommen. »Ich freue mich auf das Interview«, betonte sie mit fester Stimme.

Pete faltete die Gästeliste zusammen und reichte sie ihr. »Tu die irgendwohin, wo deine Tante sie nicht findet. Und geh sparsam um mit deiner Energie, Livvie. Wir haben immer noch nicht das miese Schwein gepackt, das dir die Geschenke geschickt hat.«

Bisher hatte Olivia immer geglaubt, die Wendung »sinkender Mut« sei metaphorisch und nicht konkret. Jetzt aber, bei Erwähnung der absonderlichen Geschenke, die sie erhalten hatte, merkte sie, wie ihr doch bang ums Herz wurde. Mochte ja sein, dass das Leben der Einwohner von Pleasant Bay sich allmählich normalisierte. Sie selbst aber musste weiterhin auf der Hut sein.

## 48. KAPITEL

Die Justizvollzugsanstalt in Kitchener war eine von vier regionalen Haftanstalten, die man 1997 nach Schließung des Frauengefängnisses in Kingston eingerichtet hatte. Ein drei Meter hoher Sicherheitszaun umgab das gesamte Gelände; die eigentlichen Zellenblocks wurden durch eine ein Meter zwanzig hohe Einzäunung mit elektronischer Alarmanlage gesichert. Aus Rücksicht auf die in unmittelbarer Nähe wohnenden Anlieger war die Außenbeleuchtung der Anstalt so gestaltet, dass für größtmögliche Sicherheit gesorgt war, ohne an die Flutlichtanlage eines Fußballstadions zu erinnern. Auch in baulicher Hinsicht sollte sich das Gefängnis unauffällig in die Landschaft einfügen. Nach Olivias Geschmack war das nicht ganz gelungen. Trotzdem strahlte die Einrichtung nicht jene beklemmende, festungsähnliche Atmosphäre aus, von der sie in der Nacht zuvor geträumt hatte.

Darauf bedacht, sich den Anstrich von Erfahrung zu geben, atmete sie tief durch und folgte einer sauertöpfisch wirkenden Schließerin, der man die Abscheu vor Journalisten an der Nasenspitze ansah. Sie war erleichtert, als die Frau ihr einen Stuhl zuwies, sich etwas Unverständliches in den Bart brummelte und sie dann allein ließ. Kaum eine Minute später sah sich Olivia der stadtbekannten Mörderin gegenüber.

Marina Tomitsch war ein zartgliedriges Persönchen, kaum einen Meter sechzig groß und von der stolzen, aufrechten Haltung einer Ballerina. Ein einzelner brauner Zopf fiel ihr über den Rücken bis hinunter zur Taille. Um den Mund kräuselten sich Raucherfältchen. Dunkle, ausdruckslose Augen beherrschten das Gesicht.

Eine bärbeißig dreinschauende Justizvollzugsbeamtin postierte sich hinter der Gefangenen in einem Winkel des Zimmers. Die Tomitsch setzte sich hin, flüchtig abgelenkt von verschmierten Fingerabdrücken an der Scheibe, die sie von Olivia trennte. Dann nahm sie den Telefonhörer ab.

»Vermutlich fragen Sie mich jetzt nach der hier«, begann sie und fuhr sich dabei mit dem Finger über eine schmale, weißliche Narbe, die sich quer über die Wange bis hinunter zum Kinn zog. »Macht jeder.«

Olivia nickte, erstaunt über das akzentfreie Englisch der Gefangenen. Ihre Stimme klang flüssig, ganz ohne den verbitterten, zynischen Unterton, mit dem Olivia an sich gerechnet hatte. Sie zog Ringblock und Stift aus ihrer Handtasche und kritzelte Datum und Zeit auf das erste Blatt.

»Ein Andenken an Wassilij«, bemerkte die Tomitsch. »Ich hatte es gewagt, meine Meinung zu äußern. Ein einziges Mal. Er tätschelte mir lächelnd die Hand, sagte mir, er respektiere meine Wünsche, und tat mir eine Schlaftablette in meinen Kaffee. Als ich aufwachte, war ich an einen Küchenstuhl gefesselt, und Wassilij schärfte bereits das Messer. Langsam, ganz langsam schälte er sich einen Apfel und aß ihn. Und die ganze Zeit hielt er mir vor, was für ein undankbares Luder ich sei und dass ich hier ein viel besseres Leben hätte als in Russland.

Dann schlitzte er mir die Wange auf. Sollte ich mich, so seine Mahnung, seinen Wünschen noch einmal widersetzen, so würde ihm die Klinge womöglich ausrutschen, was mich ein Auge kosten könnte. Beim dritten Widerwort würde er mir mit Sicherheit die Kehle durchschneiden und meine Körperteile einzeln nach Hause schicken, zu meiner Mutter. Wie Sie sehen ...« – Marina strich sich mit der flachen Hand über die narbenlose rechte Wange – »... habe ich mich kein zweites Mal aufgelehnt.«

Sie dachte an Petes Worte. »Mörder lügen!« So hatte er gewarnt. »Lass dich nicht von dem Weibsbild einwickeln.«

»Ihr Mann zwang Sie zur Prostitution ...«

»›Wie sollen wir sonst die Hypothek abstottern?‹, fragte Wassilij. Er hatte ein Haus gekauft, das er sich gar nicht leisten konnte, und Fotos nach Russland geschickt, um mir zu zeigen, wie erfolgreich er war.«

Olivia kannte das Haus, in dem Marina Tomitsch während der kurzen Ehe mit Wassilij Tomitsch gewohnt hatte. Es lag in einer Mittelschichtsiedlung aus den 1960er-Jahren – ein unscheinbarer, aus gelben Klinkerziegeln gemauerter Winkelbungalow, dessen Wände Prügel, Hurerei und Mord erlebt hatten.

»Er hat Sie hierhergelockt«, sagte Olivia. »Mit der Aussicht auf ein besseres Leben.«

»Natürlich. In Russland herrscht Männermangel, und die Männer sterben jung. Viele sind Alkoholiker ohne jegliche Möglichkeit, eine Familie zu ernähren. Mit umgerechnet vier Dollar am Tag kommt man nicht weit. Ich wollte Kinder, ein schönes Heim, einen liebevollen Mann. Wassilij versprach mir, ich könne Kinder haben, so viele ich wolle; er würde mit uns Picknicks machen und Ausflüge nach Disneyland.«

»Und nichts deutete darauf hin, was für ein Mensch er in Wirklichkeit war?«

»Ich hielt mich nicht für ein dummes Ding, Ms. Laszlo. Ich war skeptisch. Vorsichtig. Es kursierten Geschichten über Russinnen und Ukrainerinnen, denen man Jobs im Ausland versprochen hatte – als Kindermädchen und Kellnerinnen. Am Ende wurden sie als Sexsklavinnen verkauft und wanderten von einem Zuhälter zum anderen. Damals aber berichteten die Medien nicht über das Schicksal dieser Frauen. Einmal verkauft, wurden sie namenlos, so viel war uns bekannt. Dann waren sie nur noch Nataschas.«

Der sogenannte Natascha-Handel stellte einen Sektor der Schattenwirtschaft dar. Nach dem Zusammenbruch der Sowjetunion entwickelte sich der Frauenhandel zu einem einträglichen Geschäft, oftmals unter Mitwirkung von Angehörigen der Strafverfolgungsbehörden und der Regierung. Nach Olivias Recherchen konnten Gangster an diesen Frauen in einer einzigen Woche Summen verdienen, die höher waren als das Budget, das die Ukraine jährlich für die Verbrechensbekämpfung aufbot. Im weltweiten Frauenhandel betrug der Jahresumsatz geschätzte sieben bis zwölf Milliarden Dollar.

»Und wie haben Sie Wassilij kennengelernt? Durch eine Zeitungsannonce?«

»Nein. Ich hatte einige von diesen Stellenangeboten in der Zeitung gesehen. Darin wurden Jobs versprochen, die zu toll waren, um wahr zu sein. Zweitausend Dollar Monatslohn fürs Geschirrspülen in einem Restaurant?«

In Marinas Gesicht spiegelten sich schmerzliche Erinnerungen, als suche sie nach jenem Zeitpunkt in ihrer Vergangenheit, zu dem ein harmloser Satz, möglicherweise bloß eine Geste, ihre Welt auf den Kopf gestellt hatte. Gelandet war sie in bodenlosen Tiefen, wo Wesen hausten, die Jagd auf Menschenfleisch machten.

»Ich lernte Wassilij durch eine Bekannte meiner Mutter kennen. Tatjana Lewtschenko.«

Olivia wartete und gab Marina mit einem ernsten Nicken zu verstehen, sie möge ruhig fortfahren. »Die kannte ich bereits seit meinen Kindertagen. Ihre Tochter und ich waren Spielkameradinnen. Eines Tages gab sie mir gegenüber mit ihrer Tochter an. Die lebe nun in Amerika in einem großen Haus, zusammen mit einem reichen Mann, den sie per Internet durch eine Vermittlungsagentur kennengelernt habe. Im Ausland, so Tatjana, gebe es massenweise brave Männer, einsame und gut situierte Herren, die auf der Suche seien nach Heiratskandidatinnen, und zwar noch nach solchen mit althergebrachten Wertvorstellungen, nicht mit den liberalen Flausen, wie sie die Frauen in ihren Heimatländern im Kopf haben.«

»Die Beziehung fing also mit Briefwechsel an ...«

»Wassilij und ich, wir schrieben uns über drei Monate. Seine Briefe waren wunderschön. Als er nach Tscheljabinsk kam, um mich zu besuchen, da fand ich ihn rücksichtsvoll und gebildet und wunderbar humorvoll. Meine Freundinnen beneideten mich ob meines Gentlemans aus dem Westen. Er schwärmte mir von unserem gemeinsamen Leben vor, und da stand mein Entschluss fest.«

»Und der Altersunterschied? Machte der Ihnen nichts aus?« Wassilij war 20 Jahre älter als Marina.

Marina zuckte mit den Schultern. »In Europa heiraten die Frauen oft ältere Männer. Wir wollen zuverlässige, gefestigte Ehegatten, die eine Familie versorgen können. Für alberne Jüngelchen hat mir immer die Geduld gefehlt. Besonders für die, wie ich sie kennengelernt hatte.«

Olivia war verblüfft über die Offenheit, mit der die Frau sprach. Es hatte keinerlei Vorgeplänkel gegeben, kein Geplauder, um das Eis zu brechen. Tausende Meilen von ihrer Heimat entfernt, empfing Marina Tomitsch vermutlich weder

Besucher, noch hatte sie wohl viel gemeinsam mit ihren kanadischen Mithäftlingen. Da war sie dankbar, dass ihr überhaupt jemand zuhörte.

»Folglich beschlossen Sie, nach Kanada zu kommen ...«

»Nach dem Treffen mit Wassilij erhielt ich ein Verlobtenvisum. Es dauerte ungefähr sieben Wochen, kam mir aber viel länger vor. Schließlich brach ich dann zu meiner ersten Flugreise auf, schon ganz gespannt, denn mir bot sich ein neues Leben in einem großartigen Land. Wassilij empfing mich in Toronto und führte mich zum Essen aus, im Restaurant des CN-Tower, dem höchsten frei stehenden Bauwerk der Welt. Zwei Wochen lang war ich glücklich wie nie zuvor, schrieb wunderbare Briefe nach Hause und ließ alle Welt von meinem Glück wissen.« Ein wehmütiger Ausdruck legte sich über ihr Gesicht; Erinnerungen an schönere Zeiten glätteten ihre Stirnfalten.

»Dann aber wurde einiges anders.«

Rasch verfinsterte sich ihre Miene wieder. »In unserer Hochzeitsnacht. Bis dahin war Wassilij ein rücksichtsvoller und sanfter Liebhaber gewesen. Ein Romantiker. Als wir nach der Trauung zu Hause ankamen, riss er mir das Brautkleid vom Leib, vergewaltigte mich und prügelte mich grün und blau. Zum Glück war alles schnell vorbei, doch dies war erst der Auftakt. Die Rechnungen trafen ein – von Restaurants, von einem Autohändler, vom Wasserwerk, und Wassilij hatte kein Geld. Selbst Brautkleid und Ehering mussten noch bezahlt werden. Er hätte sich meinetwegen hoch verschuldet, sagte er mir. Ob ich etwa glaubte, ich könne so mir nichts, dir nichts ein neues Leben anfangen, ohne mich an den Kosten zu beteiligen? In jener Nacht brachte mir mein liebender Gatte den ersten Freier.«

Olivia spürte, wie sich ihr der Magen umdrehte. Erinnerungen flackerten auf, Gedanken an jene Zeit, als sie 25 war. Damals waren Tony und sie bis über beide Ohren verliebt gewesen. Schwindlig vor Glück, hatten sie sich an den simpelsten Dingen erfreut – ein Leben voller Lachen, Freude und Zärtlichkeit. Marina Tomitsch hingegen war mit 25 wieder und wieder an Hunderte von Männern verkauft worden, und noch vor dem nächsten Geburtstag hatte sie ihren Mann vergiftet.

»Sie hielten also still bis …«

Marina nickte. »Wie Sie schon sagten, hielt ich still, und zwar ein halbes Jahr. Möglich, dass Ihnen das gar nicht so lang vorkommt. Aber die Männer, manchmal bis zwölf pro Tag, waren wie wilde Tiere, betrunkene Schweine meistens. Da hätte ich gleich in Russland bleiben können.

Allmählich merkte ich auch, wie ich mich veränderte – müde wurde, verbittert, mit Mitte zwanzig eine alte Frau ohne Hoffnung. Keine Sekunde der Freude, nicht einmal in meinen Tagträumen. Die wenigen Illusionen, die ich mir erlaubte, machten mich nur noch niedergeschlagener. Wassilij behielt das ganze Geld, das ich verdiente. Er nahm mir den Pass ab und machte mich zu seiner Gefangenen. Ich trug mich mit Fluchtgedanken und hoffte, die Einwanderungsbehörde würde mich aufgreifen und abschieben. Am meisten machte mir der Gedanke Angst, Wassilij könne mich vorher finden und mit dem Messer traktieren …«

»Und deshalb hieß es: töten oder getötet werden?«

Vehement schüttelte Marina den Kopf. »Wär's nur zu meinem eigenen Schutz gewesen, hätte ich einen anderen Ausweg gefunden.«

*Mörder lügen! Lass dich nicht einwickeln!* Olivia verdrängte die

Mahnung ihres Onkels in den hintersten Winkel ihres Denkens.

Marina schluckte und verzog dabei das Gesicht. »Ich habe eine Schwester. Ludmilla, sechs Jahre jünger als ich. Hübsch, so wie ich früher. Wassilij meinte, sie könne ihm einen Batzen Geld einbringen. Zu zweit könnten wir die Schulden schneller abarbeiten und anschließend nach Hause zurückkehren.«

Olivia hatte von der »zweiten Welle« gehört, einem Phänomen, bei dem illegal im Land lebende Frauen ihren Schuldverpflichtungen entrannen, indem sie ihrerseits Frauen rekrutierten und damit den Sprung vom Opfer zum Täter machten. Laut einem Bericht, den Olivia einmal gelesen hatte, waren 70 Prozent der im internationalen Frauenhandel tätigen Zuhälter weiblichen Geschlechts.

»Ludmilla war als Austauschstudentin schon einmal in Kanada gewesen, weshalb sie auch mühelos ein Visum erhielt. Wassilij schickte ihr ein Flugticket. Natürlich hatte ich meine Schwester mittels eines Briefes bereits gewarnt, und als sie in Kanada ankam, belog ich meinen Mann und sagte, sie sei nicht im Flugzeug gewesen. Meine Schwester blieb dann bei Bekannten, die sie während des ersten Aufenthalts kennengelernt hatte. Viel wichtiger aber war, dass sie mir das gewünschte Hochzeitsgeschenk mitgebracht hatte.«

»Gift.«

»Richtig. Achthundert Gramm Zyanid. Die ganze Menge, die sie hatte zusammenkratzen können. Tag für Tag lag Wassilij mir wegen meiner Schwester in den Ohren – wann sie denn endlich käme, es gebe weitere Rechnungen zu bezahlen; ich verdiene nicht genug.«

»Und Sie wollten endlich in Ruhe gelassen werden.«

»Mrs. Laszlo, sind Sie schon einmal auf ein aus dem Nest

gefallenes Ei von einem Rotkehlchen gestoßen? Es liegt am Boden in seinem vollkommenen Blau, als wär's ein Schatz, den man hegen und pflegen müsse, bis das winzige Wesen allein fliegen kann. Aber bei näherer Betrachtung stellen Sie einen großen Sprung in der Schale fest und sehen, dass das Ei leer ist. Es wird nie Leben enthalten.«

Olivia spürte, wie ihr etwas die Kehle zuschnürte. Trotzdem brachte sie ein klägliches »Ja« zustande, ständig bemüht, den Stift über die Seiten fliegen zu lassen. Am liebsten hätte sie die Frau durch die Plexiglasscheibe hindurch umarmt.

»Der Rest ist Ihnen bekannt«, sagte Marina Tomitsch. »Wassilij starb, und ich sitze hier.«

»Gestorben trifft es wohl nicht ganz. Sie haben ihn vergiftet.«

Die Gefangene biss sich auf die Lippe. In jüngeren Jahren, ehe ihre Wunden vernarbten, hätte sie Olivia vermutlich wutentbrannt angeblafft, sie möge sich zum Teufel scheren. Nach Lage der Dinge schien es jetzt so, als habe sie sich mit ihrer Situation abgefunden, weshalb es ihr nichts ausmachte, die Geschichte noch einmal zu erzählen.

»Es war ein Mittwoch, ein Tag wie jeder andere. Wassilij hatte gerade das Geld von einem der Freier entgegengenommen und verlangte sein Abendessen. Sie sehen, ich diente nicht nur als Hure, ich musste auch noch Ehefrau spielen. Ich bereitete ihm ein ganz besonderes Mahl zu, dazu Blinis als Nachspeise, sein Leibgericht. Nach dem Rezept seiner Mutter. Sehr passend, wie ich fand.«

»An jenem Abend mischten Sie aber eine besondere Zutat hinein.«

»Ja. Mir selber gestattete Wassilij nie ein Dessert, und deshalb tat ich Gift in die Kirschen und brachte sie ihm. Sie sahen perfekt aus, mit Puderzucker bestäubt, die warme Kirschsauce auf dem Teller. Offenbar schmeckte es ihm, denn er grunzte zufrieden, und dann brach er auch schon zusammen.«

Olivia setzte den Stift ab und musterte das Gesicht der Gefangenen. Es war verzerrt, so als rufe die Erinnerung an ihren Mann in seinen letzten Zuckungen so etwas wie Bedauern in ihr vor. Konnte es sein, dass sie es bereute, dieses Scheusal umgebracht zu haben? Diesen Unmenschen, der sie mit derselben Selbstverständlichkeit feilgeboten hatte wie ein Metzger sein Fleisch?

*Alles Mache!* Im Stillen vernahm sie Petes warnende Stimme. *Die Tomitsch hat zehn Jahre Zeit gehabt zum Üben und ihre Schmerzensmiene perfekt einstudiert. Mörder lügen!*

Mama Angela fiel ihr ein und die anderen, die einer tödlichen Dosis Zyanid erlegen waren, und das vor gar nicht so langer Zeit. »Wie lange dauerte es, bis er tot war?«

»Nicht mal eine halbe Stunde. Und die ganze Zeit über bemühte er sich erst gar nicht, den Rettungswagen zu rufen. Seine verbleibende Energie verwandte er darauf, mich ein verhätscheltes Miststück zu nennen, eine dreckige Hure. Mit letzter Kraft griff er nach einem Fleischermesser.«

»Verschaffte es Ihnen Genugtuung, dass er so qualvoll sterben musste?«

Wieder zuckte Marina die Achseln. »Eigentlich fühlte ich gar nichts. Ich wollte nur, dass er tot war. Damit meine Schwester vor ihm sicher war.«

»Warum ist Ludmilla nicht einfach in Tscheljabinsk geblieben?«

»Weil Wassilij behauptete, er habe da Freunde und könne Ludmilla mit einem einzigen Telefonanruf umbringen lassen. Die Freunde würden von dem Geld bezahlt, das ich als Prostituierte verdiente. Sie sehen also, mir blieb kein anderer Ausweg.«

Olivia schluckte heftig. »Ich weiß nicht, was ich sagen soll«, bemerkte sie lahm. »Keine perfekte Welt, was?«

»Nein. Wäre meine Welt perfekt gewesen, wäre ich nicht geschnappt worden. Oder besser noch: Ich hätte Wassilijs Briefe gar nicht erst geöffnet. Müsste ich aber noch einmal zwischen einem Leben mit diesem Scheusal und dem Dasein hinter Gittern wählen, würde ich mich abermals fürs Gefängnis entscheiden. Hier darf ich lesen, mein Englisch verbessern. Wenn ich entlassen werde, suche ich mir eine Arbeitsstelle.«

Olivia konnte den Optimismus der Frau nur bewundern. Sie wusste, dass Gefangene in einem Staatsgefängnis die Möglichkeit erhielten, berufliche Fähigkeiten zu erwerben, um ihnen den Weg zurück in die Gesellschaft zu ebnen. Diese Programme waren indes beklagenswert dürftig und glichen landauf, landab einem Spießrutenlaufen – von Putzen oder Gartenarbeiten bis hin zum Falten von Kartons oder dem Herstellen von Herrenunterwäsche.

Sie wollte von Marina wissen, wie sie nach den kurzen Ermittlungen in ihrem Mordfall von den Einwohnern von Pleasant behandelt worden war. Damals war Marina die ideale Vorzeigefrau für überzeugte Feministinnen gewesen, die den Fall für ihre Meinungsmache nutzen wollten. Nach der Verurteilung ließen sie Marina links liegen. Ihre Schwester Ludmilla kehrte nach Russland zurück und heiratete einen hochrangigen Regierungsbeamten, von dem Marina wusste, dass er korrupt war. In zwei Briefen hatte Ludmilla von dem schönen Haus berichtet, in dem sie nun lebe, von den Empfängen, von dem Schmuck, den ihr Mann ihr nach jedem Seitensprung schenkte. »Ironisch, was? Ich wurde zur Mörderin, um meine Schwester vor der Prostitution zu retten, und was ist aus ihr geworden?«

Marina Tomitsch war die erste Zyanid-Mörderin von Pleasant Bay. Dass sie einem Menschen das Leben genommen hatte, konnte Olivia aufgrund ihrer streng katholischen Erziehung nicht gutheißen. Wassilij Tomitsch mochte noch so verabscheuungswürdig sein – er musste weiterleben, und sei es auch nur, um für seine bösen Taten zu büßen. Dennoch hatte Olivia Verständnis dafür, dass jemand, der alle Hoffnung verloren hatte, zu einer solchen Verzweiflungstat getrieben worden war. Sie erinnerte sich an Tony, der im Alter von 20 auch kurz davor gestanden hatte, Schluss zu machen.

Sitzt der Bär in der Falle, beißt er sich selbst die Tatze ab.

»Ms. Tomitsch …«

»Saitzew. Ich habe wieder meinen Mädchennamen angenommen. Und Sie können ruhig Marina zu mir sagen.«

»Was Sie da alles haben durchmachen müssen, Marina – das bedaure ich zutiefst.«

Beide Frauen erhoben sich gleichzeitig, und Marina legte die Hände flach vor die Glasscheibe. Olivia tat es ihr nach.

»Ms. Laszlo, Sie sind die Erste, die das sagt.«

Auf der Heimfahrt versuchte Olivia, die erschütternde Wirkung des Treffens mit Marina Saitzew durch Musik aus dem Autoradio zu übertönen. Doch so viele Sendeknöpfe sie auch drückte – überall dudelten bloß die Stimmübungen irgendwelcher Diven, die in höchsten Tönen von ewiger, unvergänglicher, mächtiger Liebe trällerten.

Liebe! Auf der Suche nach Liebe war Marina Saitzew nach Kanada gekommen. Gefunden hatte sie nur eine acht Quadratmeter große Gefängniszelle.

Doch immerhin – Wassilij Tomitsch würde keine Frauen mehr ausbeuten.

Um einen Erwachsenen umzubringen, reichte eine Dosis von 200 Milligramm Zyanid. Marina hatte achthundert Gramm bekommen, ins Land geschmuggelt von ihrer Schwester Ludmilla in einem Glas mit Badesalz. Olivias Hirn arbeitete auf Hochtouren; das Adrenalin beflügelte raketenartig ihren Kreislauf, als habe ihr jemand einen Schuss Amphetamine verpasst. Ein Blick auf den Tacho zeigte ihr, dass die Nadel schon jenseits der 120 Stundenkilometer war. Olivia nahm den Fuß vom Gas, bemüht, bewusst langsam zu atmen. Dennoch kamen ihre Züge in unkontrollierten, schluckaufähnlichen Stößen. Ihr Körper war reglos und wie erstarrt, ihr Blick auf die vor ihr liegende Fahrbahn geheftet. Innerlich aber rumorte ihr Magen wie von Krämpfen geplagt und sandte schon Warnsignale nach oben.

Den ganzen Weg bis Pleasant Bay wurde sie das Gefühl nicht los, als presse ihr die Angst eine feuchtkalte Faust in den Nacken.

## 49. KAPITEL

Auch zwei Tage darauf ließ Olivia das Gespräch im Gefängnis noch immer keine Ruhe. Sie stellte sich Marina vor, an den Stuhl gefesselt, im Hause gefangen wie in der Falle, die blitzende Messerschneide ihres Mannes vor dem Gesicht. Seine Drohung, die Schwester umzubringen. Der Aufmarsch der Freier. 800 Milligramm Zyanid. Welche Wahl war der Frau da geblieben?

Vor diesem Interview mit Marina hatte Olivia keinerlei Sympathien für Straftäter gehegt. Sie ließen sich mit dem Teufel ein, und wenn sie in Teufels Küche kamen, hatten sie es nicht anders verdient. Mittlerweile indes machte sich in Olivias Denken eine Grauzone breit. Falls man tatsächlich mit dem Bösen konfrontiert war – was für Alternativen blieben einem da? Tomitsch hatte seiner jungen Frau alles genommen. Sie hatte nicht viel zu verlieren, selbst wenn sie einen Mord beging.

Pete merkte, dass Olivia verdrießlich und nicht recht bei der Sache war. Als er sie besorgt fragte, was denn los sei, tat sie es achselzuckend ab. Schlafstörungen, so ihre Erklärung. Außerdem geistere ihr die Party im Kopfe herum.

Neben ihr auf dem Beifahrersitz redete Lorraine in einer Tour, sodass Olivia sich schon fragte, warum. Die beiden hatten sich das Haus auf Gull Point angesehen und dabei Fenster sowie Wohnfläche vermessen. Um den Schein zu wahren, ließ Olivia sich auf die üblichen Debatten ein: ob Tapeten oder

Anstrich fürs Esszimmer, die Anordnung der Wohnzimmergarnitur vor dem Kamin. Der Makler zeigte sich hocherfreut über den Geschäftsabschluss mit Olivia und Tony. Olivias Begeisterung hielt sich an diesem Samstagabend hingegen in Grenzen, musste sie doch zwei Stunden lang von Zimmer zu Zimmer schleichen, wohl wissend, dass alles bloß eine raffinierte Finte war, um Lorraine bis zum Eintreffen der Gäste von der Hemlock Lane fernzuhalten.

»Ich freue mich so für euch«, hatte Lorraine gesagt, nachdem die Einrichtungsfragen abgehakt waren. »Jetzt habt ihr eure eigenen vier Wände. Wie Tony es sich immer schon gewünscht hat. Natürlich werde ich euch zwei vermissen.«

Verlegen und beschämt wegen des Ausrasters vom Anfang der Woche, hatte sie sich mehrmals bei Olivia entschuldigt und der Hoffnung Ausdruck gegeben, ihre Nichte werde die Sache vergessen. Das versuchte Olivia zwar, doch der Streit wirkte weiterhin nach, die Worte saßen tief. Außerdem blieb noch die Vermutung, dass ihre Tante etwas verbarg.

»Ihr wart großartig zu uns, du und Onkel Pete«, sagte Olivia, die erneut von einer nostalgischen Sehnsucht nach den guten alten Zeiten heimgesucht wurde. »Sobald wir eingezogen sind, werdet ihr die Ersten sein, die wir zum Essen einladen.«

Darauf sagte Lorraine nichts.

»Apropos essen – wieso lädt dein Geizkragen von Mann dich eigentlich an eurem Ehrentag nicht ein?«

Protestierend hob Lorraine die Hand. »Ehe du deinen Onkel bekrittelst – er hat mir durchaus angeboten, mich auszuführen, und zwar im ganz großen Stil. Ich war diejenige, die Einspruch erhob.«

»Wie kommst du denn auf so eine Torheit?«

»Ich bin in letzter Zeit andauernd aus gewesen – da hätte mir ein weiteres Mal gerade noch gefehlt. Ein ruhiger Abend daheim, ein Gläschen Wein … Im Übrigen: Weißt du noch, was passierte, als wir das letzte Mal essen waren?«

Im Donovan's. Menschliche Körper, die dumpf auf dem Boden aufprallten; blau angelaufene Lippen, verzweifeltes Ringen nach Luft.

»In letzter Zeit steht mir nicht recht der Sinn nach Ausgehen. Pete …«

»Ich weiß. Er ist dermaßen eingespannt in diese furchtbare Zyanid-Ermittlung – das nimmt ihn ziemlich mit. Euch beide!«

Es hatte den Anschein, als wollte Lorraine dazu noch etwas ergänzen, doch dann kräuselte sie die Lippen und richtete den Blick durchs Seitenfenster auf ein Liebespaar, das einen Abendspaziergang durch die Nachbarschaft machte.

Als Olivia in die Hemlock Lane einbog, schickte sie ein stummes Stoßgebet zum Himmel. *Hoffentlich läuft alles glatt bei der Feier!* Selbst die Tatsache, dass etliche von Petes Polizeikollegen anwesend sein würden, nahm ihr nicht das ungute Gefühl, dass sich tief in ihr regte.

*Mach, dass uns heute Abend nichts geschieht!*, betete sie. *Dass wir einmal Anlass zum Lachen haben! Nur ein einziges Mal!* Sie sah hinüber zu ihrer Tante. Wann hatte die eigentlich das letzte Mal gelächelt? Sie konnte sich nicht erinnern.

Einige der Gäste hatten ihre Autos in den benachbarten Einfahrten abgestellt. Weitere parkten ringsum an den Straßenrändern, sodass in der Hemlock Lane alles nach einem ganz normalen Samstagabend aussah. Onkel Pete und Tony machten ihre Sache gut. An keinem einzigen Fenster zeigte sich ein Gast, und kein Ton war zu hören, während Olivia ihrer Tante über den Gehweg zum Eingang folgte. Als der sodann beim Öffnen der Tür ein donnerndes »Überraschung!« entgegenschallte, sprang Olivia vor Schreck fast genauso hoch wie Lorraine.

»Himmel!«, japste Lorraine. »Was ist denn hier los?«

Pete nahm seine Frau in den Arm. »Glückwunsch zur Silberhochzeit, Schatz! Danke für fünfundzwanzig fantastische Jahre.«

Die Gäste applaudierten und ließen das Jubelpaar hochleben.

Bereits gut eine Stunde unter den Partygästen, war Claire Marshall von einem Grüppchen zum anderen gewechselt, krampfhaft um Konversation bemüht, obwohl sie genau merkte, wie ihr Auftauchen alle verlegen machte. Dass ihr Lokal in Schwierigkeiten steckte, wusste jeder der Anwesenden, und offenbar hatte auch jeder mitbekommen, wie ihr Mann mit diesen Widrigkeiten umging. Wie von Saugnäpfen fixiert, klebte Donovan an der provisorischen Bar, einem langen, mit weißem Tuch gedeckten Tisch, der sich über eine gesamte Wohnzimmerwand erstreckte. Dicht neben Marshall stand eine Brünette, die Claire noch nie gesehen hatte und Donovan ständig verzückte Blicke zuwarf, häufig begleitet von ausgiebigem Armtätscheln. Offenbar störte es Donovan nicht, dass ihm dieses Frauenzimmer mit dem sackförmigen Kleid so auf die Pelle rückte. Nun, ihr sollte es egal sein, so Claire insgeheim. Sie hatte sich fest vorgenommen, auf keinen Fall den Babysitter für ihren Herrn Gemahl zu spielen. Im Gegenteil, je seltener sie in seine Nähe kam, desto besser. In jüngster Zeit konnte sie sagen, was sie wollte, sie erntete nichts als gehässige Bemerkungen – wenn sie Glück hatte, wohlgemerkt. Wenn nicht, kam's noch schlimmer. Sogar mit dem gestrigen Abendessen – Steak aus der Flanke mit grüner Pfeffersauce, Donovans Leibgericht – hatte sie keinen Blumentopf gewinnen können. »Zäh wie meine Winterstiefel, das Fleisch«, hatte ihr Mann gemosert. »Wie lange hat Wheeler das reifen lassen? Drei Minuten?«

Weder hatte Claire die Steaks bei Wheeler erstanden, noch gedachte sie ihrem Mann zu erklären, warum sie zum Einkaufen extra nach Bryce Beach gefahren war, statt den örtlichen Metzger zu unterstützen. Nach dem Vorfall mit Nick fühlte sie sich beschämt und verängstigt zugleich. Dass sie mit ihrem Schamgefühl leben musste, war an sich übel genug, doch es hätte auch alles noch schlimmer kommen können. Zermürbende zehn Tage hindurch hatte sie mit Angst und Schrecken auf das Schrillen des Telefons gewartet und nicht gewagt, aus dem Fenster zu sehen – aus Angst vor dem, was sich womöglich da draußen ihrem Blick bot. Dazu kamen Dutzende von boshaften Seitenhieben ihres Mannes. Die Kinder mussten sich mit knapp der Hälfte der sonstigen Zuwendung begnügen; Claires verbliebene Energie floss in Grübeleien über die Frage, wie sie es geschafft haben mochte, sich einen Oscar für Dummheit zu verdienen.

Sie musste die unerfreuliche Begebenheit ad acta legen und darauf hoffen, dass Nick seines Stotterns wegen die Klappe hielt. Zum Glück waren weder seine Eltern noch er selbst bei dieser Party erschienen. Am besten, so Claire, er würde alles vergessen – wer sie war, wo sie wohnte und was sie tat, wenn die Nächte lang und einsam wurden.

Die Party verlief ruhig. Ein gewisser Rick aus Thunder Bay, Trauzeuge seinerzeit bei der Hochzeit von Pete und Lorraine, wartete mit einer Überraschung für das Jubelpaar auf.

Mit einem kurzen Kopfnicken bedeutete er Tony, den CD-Player in Gang zu setzen, worauf ein Song von Paul McCartney ertönte: *Maybe I'm amazed* – das Lied, so Ricks Ankündigung, das die beiden sich damals für den ersten Tanz als Ehepaar ausgesucht hatten. Claire sah, wie Pete seine Frau in die Arme schloss und sie in langsamen, schwingenden Schritten über die Tanzfläche führte, ihr Gesicht an seine Schulter gebettet.

Als Claire merkte, wie sich die feinen blonden Härchen an ihren Armen sträubten, begriff sie, wieso Lorraine ihr Gesicht nicht zeigte: Die ganze Feier war ihr ein Gräuel. Gewiss, den Gästen gegenüber war sie die Liebenswürdigkeit selbst; sie dankte ihnen für ihr Kommen und war des Lobes voll für das so clever ausgeführte Täuschungsmanöver, das sie als warmherzige Geste der Freundschaft wertete. Auch für die Geschenke, die Tony schon nach oben beförderte, drückte sie ihre Anerkennung aus. Bei allem entging Claire eines indes nicht: Einem ganz bestimmten Gast wich Lorraine geflissentlich aus. Claire hatte ihn schon einmal gesehen, und zwar im Regal Grille, an jenem Tag, als sie Lorraine in das Imbissrestaurant nachgegangen war und die Nachbarin ihr beteuerte, sie sei mit niemandem verabredet – viel zu laut, wie Claire jetzt einfiel, und daraufhin war der Mann hinter seiner Zeitung abgetaucht. Es war aber genau sein Augenpaar, auf das Lorraine ihren Blick geheftet hatte, direkt nach dem donnernden »Überraschung!« der versammelten Gäste, das sie ganz sprachlos und wie benommen zurückließ. Auch der Unbekannte hatte Lorraine nicht aus den Augen gelassen, und jetzt musterte er sie erneut mit einer Mischung aus Schmerz und Bewunderung.

Eine weitere Stunde verging, ehe Claire ihre Nachbarin

beiseitenehmen konnte. »Weißt du, Lorraine, dieses Angebot zum Gespräch, dass jeder sich mal aussprechen müsse – das gilt beiderseits!«

»Was meinst du denn damit, Claire?«

»Dein Gesicht spricht Bände. Ach, Lorraine, Pete ist vernarrt in dich. Schau dir doch den Ring an.« Sie fasste ihre Nachbarin bei der Hand, an der ein brillantenbesetzter Ring funkelte. »Aber mir geht's nicht um dieses Symbol. Ich habe Pete beobachtet, wenn du nicht zu Hause bist, wenn er rastlos und besorgt vor dem Wohnzimmerfenster auf und ab läuft. Er liebt dich abgöttisch, schon seit fünfundzwanzig Jahren. Überleg dir gut, was du da wegwerfen würdest.«

Lorraine errötete. »Du bist ein Schatz, Claire, und anscheinend machst du dir echte Sorgen um mich. Aber ich habe keinen Schimmer, von was du da eigentlich redest.«

»Du magst ja einiges prima können, aber Schauspielerei gehört nicht zu deinen starken Seiten. Ich wollte dich nur bitten, reiflich zu überlegen. Pete ist ein solch lieber Mensch.« Sie drückte ihrer Freundin den Arm. »Ich möchte verhindern, dass du in dein Unheil rennst.«

Lorraine blieb stur. »Du siehst Gespenster«, betonte sie, wobei Claire jedoch auffiel, wie sie erneut verstohlen zu dem am Kamin stehenden Gast hinüberguckte. Er starrte zurück. Dann wandte Lorraine sich wieder ihrer Nachbarin zu. »Das liegt bloß an der Party. An den vielen Leuten, den Geschenken. Im Mittelpunkt der Aufmerksamkeit zu stehen, das hat mir noch nie behagt. Ich hätte lieber ganz still und leise gefeiert.«

»Mir brauchst du nichts vorzumachen, Lorraine.«

»Schluss, Claire!« Lorraines Stimme wurde verzweifelt und flehend. »Das reicht!«

Plötzlich ertönte ein schriller Frauenschrei. »Großer Gott! Hilfe! Hierher!«

Auf dem Sofa krümmte sich Jack Ferguson, ein Nachbar, der ein Stück weiter die Straße hinauf wohnte. Ferguson, ein krankhaft übergewichtiger Brocken mit einem Kehllappen anstelle des Kinns, hatte normalerweise ein Gesicht von der Farbe und Konsistenz eines Erdbeerjoghurts. Jetzt lief es blau an.

»Er ist vergiftet worden!«

Mit vor Todesangst weit aufgerissenen Augen griff der Dicke sich krampfhaft an die Kehle, derweil seine Frau in den höchsten Tönen kreischte.

Zum Glück bewahrten einige kühlen Kopf. Sergeant Pyke rannte zum Telefon und alarmierte den Notarzt. Ein anderer Gast schaltete die Musik ab. Pete eilte auf Ferguson zu und riss den Schwergewichtigen mit einem einzigen schnellen Ruck auf die Füße. Vor Schreck wie gelähmt, schauten die im Halbkreis versammelten Gäste zu, wie Pete den sogenannten Heimlich-Griff anwandte, indem er hinter den Dicken trat und ihm die Arme um den Brustkorb schlang. Drei Mal musste er ihm die Faust in die Vertiefung unterhalb des Brustbeins pressen und fest zudrücken, aber schließlich flutschte ihm ein Bissen Rumaki aus dem Rachen. Und als sein Gesicht dann wieder den üblichen Farbton annahm, lief ein Raunen der Erleichterung durchs ganze Wohnzimmer.

»Mein lieber Schwan, das war knapp!«

»Ich dachte schon, der geht uns hops.«

»Alles paletti, Jack, alter Junge?«

»Hast mir 'ne Scheißangst eingejagt!«

»Wie oft habe ich's dir gesagt«, schimpfte Jeri Ferguson, die sich vor ihrem Mann aufbaute. »Iss nicht so hastig! Andauernd schlingst du alles nur so runter!«

Lorraine tätschelte Pete den Arm. »Hochachtung!«

»Ach, man tut, was man kann, Madam.«

In diesem Augenblick brachte ein Mitarbeiter des Partyservice die Hochzeitstorte herein, die über und über von sprühenden Wunderkerzen funkelte.

»Puh!«, ächzte Olivia, die gemeinsam mit Tony das Wohnzimmer aufräumte, indem sie die schmutzigen Gläser auf Tabletts packte und benutzte Servietten sowie Pappteller in einem Müllsack verschwinden ließ. »Was du da eben gehört hast, das war ein Mega-Seufzer der Erleichterung.«

»Super Party, Schatz. Ich glaube, alle haben sich prima amüsiert. Außer den Fergusons möglicherweise.«

»Zumindest ist keiner vergiftet worden. Sorry, ich weiß, das klingt vielleicht sarkastisch, aber ich war den ganzen Abend wie unter Strom.«

»Na, da kannst du dich jetzt entspannen. Alle Gäste auf den Beinen geblieben, auch wenn das für Donovan ein Kampf war. Mein lieber Scholli, der kann vielleicht einen Stiefel vertragen! Wer war eigentlich diese Frau in dem grünen Fummel? Die ihn so angehimmelt hat?«

»Sue Salvatore. Von dem bekannten Weingut selbigen Namens. Hab allerdings nicht mitbekommen, was die den halben Abend lang zu bereden hatten. Ich musste ja die ganze Zeit die Küchentür im Auge behalten und aufpassen, dass da keiner reingeht.«

»Und?«

»Andy Kodaly hat sich mal reingemogelt, wurde aber postwendend wieder rausgescheucht. Also ehrlich – als ob's im Wohnbereich nicht genug zu futtern gegeben hätte! Da muss der unbedingt noch in der Küche suchen!«

»Der hat ein Rad ab, der Typ. Kein Wunder, dass du dich jedes Mal nach der Arbeit wund kratzt. Aber was soll's, heute Abend hast du dich selbst übertroffen, und wir sind alle noch gesund und munter. Sehen wir zu, dass wir das Zeug hier los werden, und dann ab ins Bett. Ich bin fix und fertig.«

In der Küche war Lorraine gerade dabei, die Geschirrspülmaschine zu beladen, während Pete die Reste des Büfetts in Frischhaltefolie verpackte.

»Hoppla«, rief Tony, »was ist denn das? Die Ehrengäste müssen beim Aufräumen mithelfen?«

»Hab versucht, sie davon abzuhalten«, stellte Pete klar, »aber die Frauen lassen in diesen Dingen ja nicht mit sich reden. Sie hat den Partyservice schon früher entlassen.«

»Tony hat recht, Tante Lorraine. Es reicht. War ein toller Abend. Geh schlafen.« Und als es so aussah, als wolle Lorraine protestieren, setzte er noch hinzu: »Ab die Post, wie man hinter den Bergen sagt.« Er machte eine scheuchende Handbewegung.

Widerstrebend schloss Lorraine die Geschirrspülertür, umarmte die beiden und ging auf die Treppe zu, dicht gefolgt von Pete. Sobald sie außer Hörweite waren, fragte Tony: »Was meinst du, was wir nach fünfundzwanzig Ehejahren machen – erst die Geschenke auspacken oder gleich zur Neuauflage der Flitterwochen übergehen?«

Olivia zog ihm zum Spaß eins über. »Mach nur so weiter! Dann wirst du's nämlich gar nicht mehr erleben!«

Im Schlafzimmer zog Pete sich aus bis auf seine Boxershorts und sah zu, wie Lorraine den Haufen Geschenke sichtete, der sich vor ihrer Wäschekommode stapelte. Dabei saß sie auf dem Teppich, die langen, schlanken Beine ausgestreckt.

Selbst in ihrem simplen, an sich wenig erotisch wirkenden Flanellnachthemd ließ sie noch immer sein Herz schneller schlagen. »Guck dir das an«, ächzte sie klagend. »Was sollen wir bloß damit?«

»Aufessen, schätze ich mal.«

»Ach, Pete, das geht doch nicht. Wir können nicht einfach ...«

»Darüber zerbrechen wir uns später den Kopf, aber du hast recht, das wird ein ziemlicher Schlauch.«

»Wer hat denn den riesigen Käsekorb geschickt? Ohne Karte. Und belgische Trüffel mit einer Flasche Champagner, ebenfalls ohne Karte.«

»Der Korb ist von den Marshalls, glaube ich. Die Trüffel und der Champagner – keine Ahnung. Tony sagte, er hätte mächtig zu tun gehabt, den ganzen Kram nach oben zu schaffen, und dabei seien ein paar Karten runtergefallen. Insofern werden wir womöglich nie erfahren, was von wem stammt. Wir schicken einfach an alle dieselbe Danksagung und hoffen auf Verständnis.«

Ein einsame Träne kullerte über Lorraines Wange. Rasch wischte sie sie fort. »Die Party«, sagte sie mit stockender Stimme. »Das war doch nicht nötig ...« Er bemerkte, dass sie keine Ringe an den Fingern trug.

»Die Idee stammt von den Kindern. Als die sich das erst einmal in den Kopf gesetzt hatten, waren sie nicht mehr zu bremsen. Und hingekriegt haben sie's überragend.«

»Und die Gästeliste?«

»Die barg allerdings einige Überraschungen. Ich gehe davon aus, dass Olivia sich unser Adressbuch gekrallt hat.«

Lorraine stemmte sich von dem Teppich hoch, setzte sich auf ihre Seite des Bettes und knipste die Leseleuchte an. Sobald sie im Bett lag, richtete sie sich in sitzende Haltung auf, die Knie so angewinkelt, dass die Bettdecke eine Art Spitzzelt bildete, und packte sich ihren neuesten Thriller auf den Schoß. »Hattest du denn Gelegenheit, dich mal etwas länger mit Rick zu unterhalten?«

Pete nickte und ließ sich neben seiner Frau unter die Laken gleiten. »Er und Gail leben getrennt. Hast du sicher schon gehört. Sie ist ausgezogen und wohnt jetzt in Cabo San Lucas. Mit so 'nem Latino-Verschnitt namens Raoul.«

»Schade. Sie waren ein schönes Paar. Und jammerschade auch, dass Rick so weit weg wohnt. In der Schule wart ihr doch dicke Freunde.«

»Stimmt«, brummte Pete. »Dumm gelaufen, aber so was passiert nun mal.«

## 50. KAPITEL

Olivia trug ihren Orangensaft nach oben und stellte das Glas auf ihren Nachttisch. Unter der Dusche trällerte Tony gerade ein Potpourri aus Hits von U2. Pete und Lorraine waren bereits zur Arbeit aufgebrochen.

Montagmorgen – im Haus herrschte wieder Normalität, verschwunden waren der restliche Partymüll vom Samstag und mit ihm auch die Ausgelassenheit des Abends. Olivia stand vor ihrem Kleiderschrank, unschlüssig über ein passendes Outfit. Sie fühlte sich nicht recht wohl, was sie auf den Spannungsabfall nach der Party zurückführte. Nach all der Planerei und Vorfreude kehrte der graue Alltag wieder ein.

Abgesehen von der Schrecksekunde mit Ferguson war die Feier gut verlaufen, auch wenn Olivia glaubte, dass ihre Tante offenbar nicht den erhofften Gefallen daran gefunden hatte. Freilich, gelächelt hatte sie schon und alle dankend umarmt. Dennoch fehlte etwas – eine gewisse Lebenslust, die immer so typisch für Lorraine gewesen war. Olivia hatte die stets als selbstverständlich betrachtet, wie sie nun feststellte.

Nachdem seine Weinexpertin gegangen war, hatte Donovan sich hoffnungslos abgefüllt, sehr zu Olivias Unbehagen. Zu ihrer Erleichterung fiel er jedoch nicht aus der Rolle, sondern verkroch sich wie eine Schildkröte in eine Art geistige Höhle, aus der er sich erst hervorwagte, als Madame Iris sich anbot, den Gästen aus dem Kaffeesatz zu lesen. Für Donovan werde sich alles zum Guten wenden, versicherte sie ihm; noch im Laufe des Jahres werde er auf unternehmerischem Gebiet einen spannenden Neubeginn wagen. Diese Neuigkeit schien ihm zumindest vorübergehend Auftrieb zu geben, auch wenn es ihn weiterhin auf eine letzte Runde zur Bar drängte.

Bei Pete, so Madame Iris, gebe es eine Menge, was ihn umtreibe – eine so offensichtlich richtige Einschätzung, das die Gäste sie mit vergnügtem Kichern quittierten. Er quäle sich sehr und sei in letzter Zeit verständlicherweise immensem Druck ausgesetzt. Der Zyanid-Killer werde indes gefasst, auch wenn dies Pete selbst leider keine Genugtuung bereiten werde. Hinsichtlich Olivia vermochte Iris nur vorauszusagen, dass sie in Pleasant Bay für eine riesige Sensation sorgen werde. Mit näheren Einzelheiten konnte Iris jedoch nicht aufwarten.

Ungeachtet des Drängens der Gäste lehnte Lorraine es ab, sich die Zukunft voraussagen zu lassen. Ihr reichte es völlig, bevorstehende Überraschungen einfach abzuwarten.

Andy Kodaly hatte sich in selten guter Form gezeigt und seine persönliche Saure-Gurken-Zeit nach dem Verlust der Zyanid-Story anscheinend überwunden. Zu Olivia war er charmant gewesen, und Tony hatte er geholfen, ein paar der Geschenke nach oben zu tragen. Ja, er holte sogar sein Akkordeon aus dem Kofferraum seines Wagens und imitierte auf urkomische Weise den Polkameister bei einer polnischen Hochzeit. Die Beiträge von Madame Iris und Andy Kodaly sorgten für eine ausgelassene, alberne Stimmung.

Olivia zupfte eine sandfarbene Hose vom Bügel und suchte sich einen passenden Pullover mit Rundhalsausschnitt aus der Kommode. Übers Wochenende war die Temperatur gefallen, sodass Olivia überlegte, dass sie wahrscheinlich auch ihre Lederjacke brauchen würde. Ehe sie in ihre Socken schlüpfte, nippte sie an ihrem Orangensaft, in Gedanken bereits beim roten Faden für ihren Artikel über Marina Saitzew. Das Interview war ihr nicht aus dem Kopf gegangen, teilweise deshalb, weil sie hin und her gerissen war zwischen Mitgefühl für die Gefangene und Abscheu vor einem Mord. Und ein Hinweis der Frau ging ihr einfach nicht aus dem Sinn: dass deren Schwester Ludmilla 800 Milligramm Zyanid ins Land geschmuggelt hatte. Die Höhe der Dosis, an der Wassilij Tomitsch gestorben war, ließ sich zwar nicht mehr feststellen, konnte jedoch nach Olivias Überzeugung nicht annähernd der geschmuggelten Menge entsprechen. Was also war mit dem Rest des Giftes? Hatte Marina ihn ins Klo gespült? Oder befand er sich wieder in Russland, wo die Schwester bereits emsig dabei war, das Ableben ihres eigenen Scheusals in die Wege zu leiten?

Inzwischen hatte Tony U2 durch Van Morrison ersetzt und die Lautstärke seiner Stimmbänder entsprechend erhöht. Olivia lächelte, wusste sie doch, dass ihr Mann deswegen so ausgiebig duschte, weil er seiner Sangeslust frönen konnte, ohne unterbrochen zu werden. Er hatte zudem eine recht gute Stimme, wenngleich Olivia das ihm gegenüber nie zugegeben hätte.

Mit dem Ankleiden fertig, trank sie das Glas leer und stand auf, um ihre Sonnenbrille zu holen. Ihre schwarze Schultertasche baumelte am Knauf der Kleiderschranktür, innen so penibel geordnet und aufgeräumt wie ihre sonstigen Wirkungsbereiche. Die Sonnenbrille erspähte sie in einem Seitenfach, wo sich noch weitere Utensilien befanden: ein Lippenstift in silberfarbener Hülse, ein blauer Kuli, ein Paket Papiertaschentücher, ein kleiner Notizblock sowie Auto- und Haustürschlüssel.

Und schließlich etwas, das dort nicht hingehörte.

Als ihre Finger sich um den Gegenstand schlossen, hörte Olivia noch vage, wie das Rauschen im Badezimmer aufhörte, das Rutschen des Duschkopfes an der Duschstange, Tonys wohliges Bärengebrüll beim Abtrocknen.

Äußere Reize verflüchtigten sich rapide, lösten sich vollständig auf, und dann spürte sie bloß noch das raue Gewebe des Teppichs, auf dem sie zusammensackte.

## 51. KAPITEL

Noch tropfnass vom Duschen, stürzte Tony ins Schlafzimmer, ein Handtuch um die Hüften geschlungen. »Mein Gott, was ist passiert?«

Als sie die bange Sorge auf seinem Gesicht sah, brach Olivia in Tränen aus. Er sank vor ihr auf die Knie, und sie schmiegte sich in seine nasse Umarmung. Minuten vergingen, in denen ihre Erklärungsversuche in heftigen, stoßartigen Schluchzern zerflossen, denen ihr Mann hektisch einen Sinn abzuringen versuchte. »Bist du gestürzt? Ist dir nicht gut?«

Ein Eispickel durchs Herz hätte nicht qualvoller sein können. Tief verdrängte Bilder stürmten überfallartig auf sie ein – das gestreifte Hemd ihres Vaters, das flammend rote Haar ihrer Mutter, der goldscheckige Teppich im winzigen Wohnzimmer blutverklebt. Schließlich hielt Olivia ihrem Mann die bebende Hand hin. Auf der flach ausgestreckten Handfläche lag ein Ring, ein protziges Kleinod mit einem quadratisch geschliffenen, von verschnörkelten Goldflechten eingefassten Topas.

»Was ist das, Liv? Woher hast du den?«

Sie unterdrückte ihr Schluchzen, holte einige Male tief Luft und würgte schließlich erstickt hervor: »Der w-war in meiner H-Handtasche.«

»Ja, und?«

»Der gehörte meiner Mutter.«

Tony wiegte sie in den Armen. »Ist ja gut«, murmelte er

tröstend. »Ich bin ja da. Der sieht nur so aus wie der von deiner Mutter ...«

Vehement schüttelte sie den Kopf. »Nein, Tony, es ist ihrer! Daddy hat ihn ihr gekauft, als sie im Urlaub auf den Jungferninseln waren. Die Fassung war einzigartig. Mommy liebte den Ring heiß und innig. Sie trug ihn Tag und Nacht.« Auf einmal brach alles aus ihr heraus. Solange sie sprechen konnte, brauchte sie nicht zu weinen. »Als Horton und Stasiuk meinen Eltern ... das antaten, ließen sie auf der Flucht einiges aus dem Haus mitgehen – Daddys Armbanduhr, seine Kamera, glaube ich –, und Moms Ring war ebenfalls weg. Die beiden stritten kategorisch ab, ihn gestohlen zu haben. Die Polizei suchte danach, fand ihn aber nie. Mom war in dieser Zeit schlanker als sonst, weshalb ihr der Ring lockerer am Finger saß. Als er nicht wieder auftauchte, gingen wir einfach davon aus, dass er wohl abhandengekommen sein musste.«

Wieder schnürte ihr etwas die Kehle zu. Bis ins Mark fühlte sie, wie die entsetzliche Gewalttat jener Nacht, die sie so oft in ihren Träumen erlebt hatte, aufs Neue über sie hereinbrach, um sie zu peinigen, begleitetet diesmal von bislang ungekannten Ängsten: Wo war der Ring die ganze Zeit gewesen? Und wie war er in ihre Handtasche gelangt?

Auch Tonys Worte lösten einen ganz neuen Schrecken aus: »Das Wie werden wir irgendwann erfahren. Was mich viel mehr umtreibt, ist das Warum. Wozu dies alles? Um dir Angst einzujagen? Aus welchem Grund?« Er drückte sie an sich, als könne er sie, indem er sie noch fester in die Arme schloss, vor einem unsichtbaren Unheil bewahren. Er strich ihr übers Haar, beruhigte sie mit dem sanften Wiegen seines Körpers. »Kann nur derselbe Widerling sein, der dir das verdammte Telefon geschickt hat«, murmelte er. »Geht nicht anders.«

»Und der mir den Plüschbären in den Fahrradkorb getan hat«, schniefte sie, das Gesicht an seine Brust geschmiegt.

»Was?« Er zuckte zurück, fasste sie bei den Schultern und blickte sie an.

Sie berichtete ihm von dem Doppelgänger ihres Coco, den sie in der Garage gefunden hatte, von dem gezackten Sezierschnitt, von der Todesanzeige für ihre Eltern. »Ich habe dir extra nichts gesagt, Tony. Du warst zu sehr mit der Haussuche beschäftigt, hattest deine Mutter verloren und den Kopf mit anderen Dingen voll. Außerdem – ein Plüschtier? Das ist doch bloß albern, mehr nicht!«

»Aber die Absicht keineswegs! Und wenn dies der Ring deiner Mutter ist, dann hat ihn jemand zwanzig Jahre lang aufgehoben. Wozu? Und warum schmuggelt er ihn dir ausgerechnet jetzt in deine Handtasche?«

An ihren Mann gekuschelt, zermarterte Olivia sich minutenlang den Kopf über einen möglichen Grund für das Ganze. Dann wand sie sich aus Tonys Umarmung und raffte sich auf, den Blick wie gebannt auf den Ring geheftet, den sie nach wie vor in der Hand hielt. »Geh und trockne dich ab«, bat sie mit einer Stimme, die gedämpft und wie aus weiter Ferne klang. »Zieh dich an. Ich muss nachdenken.«

Nach kurzem Zögern stand er auf und ging wieder nach nebenan ins Badezimmer, während Olivia vor dem Fußende des Bettes hin und her stapfte. Als sie ihren Mann dann wieder zu Gesicht bekam, war er zur Arbeit angezogen.

»Die Party«, bemerkte sie und spürte dabei, wie ihr ein Grauen über den Rücken rann. »Bei dem Gewimmel und dem Gelächter und dem Krach wär's ein Leichtes gewesen, sich nach oben zu schleichen und mir den Ring in die Tasche zu mogeln. Selbst wenn jemand hier erwischt worden wäre, hätte der sich immer noch herausreden und behaupten können, er suche die Toilette oder so.«

Tony nickte beifällig. »Keine Frage, die Gelegenheit hätte bestanden. Wir waren dermaßen auf die Küche und die Bar fixiert und darauf, dass alle sich gut amüsierten – da kamen wir gar nicht auf die Idee, dass einer hier oben herumschnüffeln könnte.« Er zog einen Ledergürtel durch die Hosenbundschlaufen. »Dann war der Kerl also auf der Feier! Verdammt!«

Olivia spürte, wie sie wieder am ganzen Leibe zu zittern begann. Einer der Gäste! Nur wer? Es waren am Samstagabend gut 70 Leute im Hause gewesen, darunter ein Mann aus Eis, ein teuflisches, niederträchtiges Ekel, das mit der Gästeschar verschmolzen war, das Pete die Hand geschüttelt, Lorraine auf die Wange geküsst und dem Jubelpaar gratuliert hatte. Derselbe Kerl musste durchs Kellerfenster eingestiegen, in der Garage und mindestens zwei Mal in ihrem Schlafzimmer gewesen sein. Genau der hatte sich auch an ihrer Handtasche zu schaffen gemacht. Er rückte ihr näher, wurde persönlicher. Was hatte er wohl noch in den Fingern gehabt?

Fast war ihr, als spüre sie seinen Atem feucht und übel riechend im Nacken. Sie hörte ein scharfes Luftholen und merkte, dass es von ihr selbst stammte. Wieder drohten die Beine unter ihr nachzugeben, doch sie blinzelte einige Male heftig, raffte das Kinn und hielt sich aufrecht.

*Fast hättest du mich gekriegt, du Schwein, was?* Die Schultern gestrafft, verdrängte sie ihre Furcht in einen fernen dunklen Winkel und sah ihren Mann an. »Wie wär's, wenn wir uns heute Abend nach dem Essen zusammen mit Pete noch einmal die Gästeliste vornehmen? Mal gucken, ob uns einer verdächtig vorkommt. Im Augenblick muss ich diesen Fiesling erst mal hinter mir lassen, so schwer es mir auch fällt. Marina Saitzew hat vor zehn Jahren einen Albtraum über sich ergehen lassen müssen, der viel schlimmer war als meiner. Meine Energie muss in den Artikel fließen.«

Sie tat den Ring wieder in ihre Handtasche und gab Tony einen flüchtigen Kuss auf die Wange. Als sie die Treppe hinunterging, rätselte sie darüber nach, wie viele Überraschungen sie wohl noch aushalten würde.

## 52. KAPITEL

Johnny Stasiuk räkelte sich auf der Couch und blätterte in einer zerfledderten Ausgabe eines inzwischen eingestellten Wissenschaftsmagazin. Parfümduft drang ihm in die Nase, und zwar so aufdringlich, dass er den Blick von der Zeitschrift hob und hinüberschweifen ließ zu seiner Schwester, die er lange und gründlich musterte. Sie hatte das Haar auf dem Scheitel zu einem verworrenen Knäuel hochgesteckt und spazierte angesichts des Wetters viel zu leicht bekleidet herum, angetan mit einer hautengen Capri-Hose und einem unten abgeschnittenen T-Shirt. Mit einer zusammengerollten Illustrierten schlug sie auf ein Silberfischchen ein, das an der Fußbodenleiste entlanghuschte.

»Mann, verdammte Ekelviecher!« Sie schüttelte sich und untersuchte die Zeitschriftenrolle auf Reste des Getiers. »Und erwischt habe ich's auch nicht!«

»Ist nur ein Gliederfüßler«, erklärte Johnny. »Lepisma saccharina. Tut dir nichts. Sucht nach Kohlehydraten.«

»Wenn du deine Fressalien nicht in der ganzen Bude herumliegen lassen würdest, hätten wir auch keine Last mit Ungeziefer. Erst gestern habe ich deinen Abfall wegräumen müssen, aber das war das letzte Mal!« Sie warf einen demonstrativen Blick auf die offene Pralinenschachtel, die neben dem Sofa lag, und auf das überall auf dem Fußboden verstreute Bonbonpapier. »Mir wär's am liebsten, Mom würde das Zeug gar nicht erst anschleppen. Wir futtern hier wahrlich schon genug von dem ungesunden Mist!«

Joannie sah eben alles zu eng. Während ihre Altersgenossinnen um die Häuser zogen, büffelte sie in Abendkursen. Sie schmökerte ständig in Büchern, hörte klassische Musik und hielt alle, die sich über Slapstick-Komödien amüsierten, für Volltrottel. Die Hälfte ihres Gehalts als Tierarzthelferin legte sie auf die hohe Kante, um sich die Möbel für eine Wohnung zu kaufen, in die sie Ende des Monats ziehen wollte.

Barfuß stakste sie nun über eine zerknautschte Chips-Schachtel. Nach einem angewiderten Blick durchs Zimmer sah sie ihren Bruder an. »Willst du dich etwa wieder den ganzen Tag nur hier auf dem Sofa rumfläzen?«

»Hast du 'ne bessere Idee?«

»Menschenskind, Johnny! Warum suchst du dir nicht 'nen Job? Du kannst nicht dein Leben lang vor der Glotze kleben und Discovery Channel gucken!«

»Wieso denn nicht? Da gibt's hochinteressante Sachen zu sehen. Voll geil, was man da alles lernen kann.«

»Ach nee. Was denn?«

Johnny lächelte.

Seine Schwester schüttelte sich erneut. »Mom hat genug am Hals – bei dem Ärger, den ihr die Zwillinge machen. Da hat sie's gerade nötig, dass du auch noch hier rumgammelst und ihr auf der Tasche liegst.«

»Sag mal, wie redest du eigentlich mit mir? Drei Schritte, und ich ...«

»Was?«

Für 'n Mädchen teilte Joannie genauso gut aus, wie sie einsteckte, das musste Johnny ihr lassen. »Du könntest doch den

Mietvertrag für deine Wohnung wieder kündigen und hier bleiben, bisschen aushelfen ...«

»Aushelfen?« Joannie pfefferte ihm die Zeitschrift an den Kopf. »Seit fünf Jahren bleche ich die Wasserrechnung für die Bruchbude hier. Das ist mehr als das, was der Rest von euch zusammen beisteuert. Außerdem will ich hier raus, und ganz besonders weg von dir. Ich habe nämlich Pläne – im Gegensatz zu dir!«

Johnny hatte den leisen Verdacht, dass sich diese Pläne in erster Linie auf ein paar flotte Schäferstündchen mit ihrem frisch geschiedenen Chef bezogen. »Pläne hab ich auch«, raunzte er. »Und was für welche.«

»So? Deinem Bruder ein blaues Auge zu verpassen? War das auch geplant?«

»Jimmy hat's doch drauf angelegt.«

»Vielleicht ziehst du mal wieder ein hilfloses Ehepaar ab. Oder du knöpfst dir den Coombs vor und machst da weiter, wo Jesse und Jimmy aufgehört haben.«

»Herrje, Joannie, manchmal benimmst du dich wie 'ne alte Schachtel. Sagen wir mal so: Ich habe in der Stadt noch 'ne Rechnung offen. Sobald das erledigt ist, haue ich ab.«

Joannie beugte sich über eine Kombination aus Beistelltisch und Zeitschriftenständer, wobei der Stoff ihrer Shorts sich über ihrem festen, runden Po spannte. Kein Slipabdruck, wie Johnny feststellte. Sie nahm ein Taschenbuch und kuschelte sich in einen tweedbezogenen Fernsehsessel. »Und diese offene Rechnung – die beinhaltet wohl, dass du mit Jeremys Jacke und Baseballmütze durch die Gegend schleichst?«

»Zuweilen ist man gezwungen, inkognito zu bleiben.«

»Was führst du da im Schilde, Johnny?«

Johnny stand auf und schaltete den Fernseher ein. Getöse

dröhnte aus dem Gerät. »Manchmal«, knurrte er und fummelte am Programmwahlschalter herum, sodass der Ton wie eine Schluckaufserie klang, »ist es besser, man stellt nicht so viele Fragen.«

»Typisch. Klingt mir schwer nach Trouble.« Joannie hob sich das Buch vors Gesicht. »Ich will's gar nicht wissen. Von meiner Seite aus hat dies Gespräch nie stattgefunden.«

»Was für 'n Gespräch?«

Joannie legte die Beine überkreuz, und ihr Bruder konnte in aller Ruhe die schlanken Fesseln betrachten, den schwungvollen Bogen des Fußes, den beinahe weißen Nagellack auf den Zehen. All das erinnerte ihn urplötzlich an Violet Iverson und die pubertären Rendezvous am Strand, an das verschwitzte Gegrapsche, das Violet stets unterband, weil sie sich »für die Ehe aufsparen« wollte. Dem Vernehmen nach war sie inzwischen tatsächlich verheiratet und lebte mit Ehemann und drei Sprösslingen das typische Spießerleben mit Klinkerbungalow und weißem Gartenzaun. Der Knilch, für den sie sich aufgespart hatte, besaß angemackte Schneidezähne und sah aus, als würde er jeden Tag eine Badewanne voll Pflanzenfett zum Frühstück vertilgen.

Joannie wand sich in ihrem Sessel hin und her, wobei ihr das abgeschnittene T-Shirt immer höher rutschte. Ächzend stemmte Johnny sich vom Sofa hoch. Eine zunehmende Prallheit in der Hose gemahnte ihn an andere unerfüllte Gelüste. Einfach unmenschlich, die Warterei!

Als spüre sie seinen Blick, schaute Joannie auf. »Falls du nix in der Glotze sehen willst, stell die Kiste ab, ja? Wenn's dir nicht zu viel ausmacht, wohlgemerkt. Wenn ich dich nicht bei deinen großen Plänen unterbreche.«

Mit drei Schritten war Johnny am Fernsehapparat und

drückte auf »Power«, womit er einem TV-Anwalt mitten im Plädoyer das Wort abschnitt. »Zufrieden, Eure Scheißmajestät?«

»Noch zufriedener, wenn du abhaust«, brummte sie, wobei sie gereizt ihren Becher mit Pulverkaffee beäugte.

»Ganz meinerseits«, blaffte Johnny und trollte sich die Treppe hinauf nach oben.

Im Grunde, so Johnny insgeheim, konnte er seine Schwester gut leiden, trotz des aggressiven Hickhacks. Obwohl gut fünfzehn Jahre jünger als er und im selben Haus aufgewachsen, hatte sie's drauf. Merkwürdigerweise überkam ihn auf einmal der Drang, ihr zu beweisen, dass er mehr aus sich machen konnte als seine Brüder. Leider hatte er dank der Laszlo-Bagage eine Menge verloren, und er konnte nicht einfach sagen »Schwamm drüber«. Nix zu machen.

Er hatte tatsächlich Großes vor. Ihm juckten bereits die Finger.

## 53. KAPITEL

*The Daily Sentinel, Mittwoch, 29. September 2004 – Seite 3*
**MITGEFÜHL MIT MÖRDERIN**
Ausbruch von Zyanidmorden erinnert an den Fall Tomitsch
von Oliva Laszlo-Amato
*Ein junges Mädchen. Hübsch. Gescheit. Voller Hoffnung auf eine rosige Zukunft. Eine romantische junge Frau mit romantischen Träumen – das war Marina Saitzew, bevor sie Wassilij Tomitsch verfiel. Bevor er sie verprügelte, vergewaltigte, zur Prostitution zwang und sie ein für alle Mal aus ihren romantischen Träumen riss ...*

Aus dem CD-Spieler im Wohnzimmer der Szilagyis dröhnten Bruce Springsteens Greatest Hits. Momentan röhrte der Boss sein *Murder Incorporated* aus den Boxen. Olivia trat an die Anlage und drehte die Lautstärke um die Hälfte herunter. »Was hältst du davon?«

Pete faltete die Zeitung zusammen und sah seine Nichte an. »Deine Schreibe ist klasse wie immer, Kleines«, lobte er. »Trotzdem bin ich nicht begeistert darüber, dass du bei den Leuten Erinnerungen an den ollen Fall wachrufst. Zumal jetzt, da dieses Schwein von Zyanid-Mörder noch auf freiem Fuß ist. Von mir aus halt mich für 'nen alten Softie, aber ich glaube, im Augenblick kann man unserer Stadt nicht mehr zumuten.«

»Bist du tatsächlich«, bemerkte Olivia, wobei sie sich niederbeugte, um ihrem Onkel einen Kuss auf die Stirn zu geben. »Ein alter Softie, meine ich. Danke übrigens, dass du dich angeboten hast, die Gästeliste noch einmal mit uns durchzusehen. Vielleicht fällt dir was auf, das ein Licht auf den Widerling wirft, der mir den Ring in die Handtasche gesteckt hat. Rutsch mal 'n Stück!« Sie stupste ihn an, sodass er zur Sofaecke rückte und Olivia sich neben ihn setzen konnte. »Tony holt die gerade von oben.«

»Hat dich ziemlich mitgenommen, hm? Das mit dem Ring.«

»Bin schon den ganzen Tag kribbelig. Bescheuert, wenn man's recht überlegt. Dadurch gebe ich dem Dreckskerl genau das, was er will.«

Pete legte ihr den Arm um die Schulter und tätschelte sie. »Nimm's nicht so schwer. Du hast in deinem Leben mehr Mist erlebt als die meisten anderen Leute. Dafür hältst du dich nach meinem Gefühl bemerkenswert tapfer. Irgend 'ne Ahnung inzwischen, wer dahinterstecken könnte?«

Olivia zuckte mit den Schultern. »Ich habe Andy Kodaly in der Redaktion beobachtet und auf was Verräterisches gewartet – gehässiges Grinsen, boshaftes Kichern, nervöses Zucken ...«

»War aber nix mit Zucken, was?«

»Fehlanzeige. Ich glaube kaum, dass Andy dahintersteckt. Oh, das heißt zwar nicht, dass er mir nicht böse gesinnt wäre, aber er würde es anders äußern – eher auf die weinerliche Tour, als hätte ich ihm sein Spielzeug aus dem Sandkasten geklaut. Selbst wenn er irgendwie an Mamas Ring gelangt wäre – und ich wüsste nicht wie –, würde er ihn mir nicht unterjubeln. So eine infame Boshaftigkeit traue ich ihm denn doch nicht zu.«

»Aber er war auf der Party. Half Tony, die Geschenke nach oben zu schaffen. Gelegenheit hatte er also.«

»Die hatten auch die siebzig anderen Gäste.«

»Vielleicht war's ja gar keiner von denen. Nicht ausgeschlossen, dass sich jemand durch die Hintertür reingemogelt hat, als die vom Partyservice gerade nicht hinsahen. Dann husch, die Treppe rauf, den Ring deponiert und auf demselben Weg raus und verdünnisiert.«

»Insofern wären wir nicht mehr bei siebzig Verdächtigen, sondern bei wie vielen? Bei jedermann im ganzen verdammten Land?«

»Ich sage nur, dass Objektivität sich auszahlt.«

»Heda, Bulle!« Tony trat ins Wohnzimmer. »Pfoten von meiner Schnalle, sonst knallt's!«

Olivia zuckte die Achseln, worauf Pete gehorsam den Arm wegnahm. »Gucken wir uns die Liste an.«

Von Ehemann und Onkel flankiert, hielt Olivia das Blatt mit der Namensliste so, dass alle drei einen Blick darauf werfen konnten. Springsteen war mittlerweile abgelöst; an seiner Stelle war eine CD von den Eagles eingelegt. Am Ende der CD war Olivia keiner Lösung näher. Die drei hatten Theorien gewälzt, hin und her überlegt und standen nun trotzdem mit leeren Händen da. »Bringt alles nix«, stöhnte Olivia. »Von Kodaly abgesehen wüsste ich nicht, wer so was Gehässiges fertigbringen würde. Wobei – ein paar von den Namen sagen mir nichts.« Sie wies auf einen Eintrag. »Der hier zum Beispiel – wer ist das?«

Prüfend spähte Pete auf die Liste. »Marty Hines. Lebenslanger Freund von Lorraines Eltern. Erinnerst du dich an den grauhaarigen Herrn mit Plauze und Hosenträgern? Sieht aus wie der Typ in den Diabetes-Spots im Fernsehen.«

Olivia und Tony nickten im Gleichtakt.

»Könnte es einer von denen gewesen sein, die wir zum

Bedienen angeheuert hatten?«, fragte Olivia. »Obwohl mir nicht in den Kopf will, was die für 'n Motiv haben sollten. Ich kenne die nicht mal. Außer dem einen, den Danny bei der Gedenkfeier fotografiert hat. Der bei den Kaffeespendern stand.«

»Der berühmt-berüchtigte Ulli Alphabet«, erwiderte Pete. »Wenn der jemandem ans Leder wollte, dann Donovan Marshall. Überhaupt nicht einzusehen, warum der es auf dich abgesehen haben sollte. Oder auf sonst jemanden auf der Liste, nebenbei bemerkt.«

»Und der hier?«, erkundigte Tony sich. »Marc Renaud?«

»Lehrt an der Uni«, stellte Pete fest. »Professor für Ingenieurwissenschaften. Bekannter von Lorraine. Ich hab ihn übrigens mal über Zyanid ausgefragt. Er hat 'ne ganze Ladung davon in seinem Labor. Und würde es nicht mal merken, wenn etwas fehlt, sagt er.«

Olivia kramte in ihrem Gedächtnis. »Augenblick mal: groß? Grauer Rollkragenpullover, schwarzes Sportsakko? Hielt sich den ganzen Abend etwas am Rande und zog sich an 'nem Sodawasser mit Limone hoch?«

Pete nickte.

»Ach, der!«, rief Tony. »Der kam seinerzeit im Park angestiefelt, als ich mit Lorraine bei der Gedenkfeier war. Netter Kerl. Angenehme Erscheinung, würde man wohl sagen.«

»Durchaus«, betonte Pete. »Aber was sollte der mit Olivia zu schaffen haben?« Er riss ihr das Blatt aus der Hand und warf es auf den Couchtisch. »Da soll einer nicht aus der Haut fahren! Einerseits rauskriegen, wer dich belästigt, und gleichzeitig 'nen konturenlosen Killer stellen, der keine Spuren hinterlässt!« Abrupt stand er auf und fuhr sich aufgebracht mit der Hand durchs Haar. »Den kriege ich, Livvie, den Drecksack, der dich fertigmachen will – mal sehen, vielleicht kann ich einen Beamten aus meiner Sonderkommission darauf ansetzen. Jetzt kippe ich mir erst mal einen ein. Sonst noch jemand einen Drink?«

Olivia und Tony hoben die Hand. Sobald Pete das Zimmer verlassen hatte, raunte Tony: »Das habe ich kommen sehen. War zu erwarten, dass er über kurz oder lang Nerven zeigt.«

»Onkel Pete hat sich schon immer als mein Beschützer betrachtet, auch wenn mir das manchmal gewaltig auf die Nerven geht. Nicht nur, dass er die Stadt nicht vor einem Killer bewahren kann – nein, er kann mich auch nicht vor diesem Sadisten schützen, der mich in den Wahnsinn treiben will. Da ist ihm hundsmiserabel zumute, klar. Am besten hätte ich ihm gar nichts von dem Ring erzählt.«

Nun war's an Tony, ihr den Arm um die Schulter zu legen. »Ach was, Liv! Dafür sind Familien da. Es wäre noch schlimmer gewesen, wenn Pete von dem Ring erfahren und so gewusst hätte, dass du ihm diese Information verschweigen wolltest. Das hätte ja so ausgesehen, als trautest du ihm den Umgang damit nicht zu. Also, lass ihn doch ermitteln. Wenn er sich dabei wohler fühlt!«

Sie nickte. »Du hast recht. Er könnte wirklich ein wenig Auftrieb gebrauchen. Wir alle!«

»Pass auf: Du gehst und hilfst ihm mit den Drinks, und ich hänge mich an die Haussprechanlage und frage Lorraine, ob sie Lust hat auf 'ne Runde Karten.« Tony ging auf die Sprechanlage zu, die neben dem Durchgang zum Wohnbereich angebracht war. »Als ich vorhin an ihrem Zimmer vorbeikam, steckte sie bis zum Hals in ihren Danksagungskarten. Da kommt ihr ein Päuschen vielleicht gelegen.«

Im Wohnzimmer füllte Olivia Eiswürfel in vier Whiskeygläser. Pete schenkte den Scotch dazu ein. Sekunden später eilte Tony an ihr vorbei und polterte die Treppe hinauf. »Geht nicht ran. Muss wohl eingeschlafen sein.«

»Wundern würde es mich nicht«, sagte Olivia zu ihrem Onkel. »Und weißt du was? Eben hat Tony mir geraten, ich soll mir nicht alles so zu Herzen nehmen. Das gilt auch für dich, Onkel Pete. Du wirst deinen Zyanid-Killer fassen. Und das mit dem Ring war halb so wild. Unheimlich schon, aber gefährlich nicht.«

Pete legte ihr die Hand auf den Scheitel, die Finger dabei gespreizt, so wie er's früher getan hatte, als sie noch ein kleines Mädchen war – eine Geste, die ihr stets tröstlich erschienen war. Solide. Als flösse die Kraft seiner Hand so in sie hinein.

»Es liegt mir fern, dir Angst einzujagen, Kleines, aber dass es dem Täter allmählich langweilig wird, das hätte mir gerade noch gefehlt. Ich möchte auf keinen Fall, dass der auf seiner Terror-Skala einen Zacken zulegt, nur weil das Verschicken von Geschenken ihn nicht mehr reizt. Verstehst du, was ich meine?«

Sie begriff durchaus. Sie hatte selbst bereits daran gedacht. Was würde nach dem Ring als Nächstes folgen? »Keine Bange, Onkel Pete. Wir ...«

»Großer Gott! Nein!« Von oben drang Tonys Schrei, kehlig, gequält. »Kommt rauf! Schnell!«

## 54. KAPITEL

Es war ein kühler Herbstabend. Durch das Geäst der Bäume in der Senke pfiff eine steife Brise, die den beizenden Geruch eines holzbefeuerten Kamins von irgendwo in der Hemlock Lane mit sich trug. Claire atmete tief durch, als könne sie so den Augenblick stumm zum Verweilen zwingen. Der Umstand, dass sie und Donovan gemeinsam beinahe 20 Minuten im Whirlpool gesessen hatten, zumal ohne ein böses Wort, erforderte es umso mehr, diesen vollkommenen Moment zu genießen. Ihr Vater pflegte sie früher immer für ihren Idealismus zu tadeln, eine Eigenschaft, die er als infantil abtat. Er hatte sich bemüht, sie zu einem weltgewandten Menschen zu erziehen und ihr beizubringen, wie das brutale Spiel des Lebens gespielt wurde. Für Claire hingegen waren die Regeln einfach.

Teile Öl, Wasser und Land – und es gibt keine Kriege.

Rede ruhig, statt zu schreien – und Ehen halten.

Bete jeden Tag zu Gott – und Er wird dir zuhören.

Ach ja, und bewahre dir deinen Humor.

Inzwischen wusste Claire, dass Scheidungen oft auch darauf zurückzuführen waren, dass die Partner sich nichts mehr zu sagen hatten. Gut, es gab an manchen Tagen nicht viel für sie zu lachen, aber der Allmächtige wurde ganz bestimmt des Öfteren von Bittstellern in Anspruch genommen, die ernstere Probleme hatten als sie. Demnach funktionierte die Welt offenbar nicht ganz so einfach wie bisher gedacht. Trotzdem neigte sie überwiegend zu der Ansicht, dass es eigentlich einfache Regeln gab.

Bis also die Wirklichkeit wieder Einzug hielt, gedachte Claire die Zeit mit ihrem Mann zu genießen. Donovan, der an einem Sodawasser mit Limone nippte, betrachtete sie argwöhnisch.

»Was ist?«, fragte sie. Hoffentlich hatte er nicht schon wieder etwas an ihr auszusetzen! Sie trug den roten Badeanzug, den er besonders mochte. Ihr Haar war zu einem lockeren Knoten gewunden, der ihren feinen Zügen besonders schmeichelte, wie Donovan immer behauptete. Das Dinner hatte ihm geschmeckt; er hatte sich von allem einen Nachschlag genehmigt und P. K. sogar bei den Schularbeiten geholfen. Was sollte es also für ihn zu meckern geben?

»Den Ausdruck auf deinem Gesicht, den habe ich schon seit Ewigkeiten nicht mehr gesehen.«

»Welcher Ausdruck?«

»Dein Flitterwochengesicht.«

Die Wendung ging ihr nahe. Früher benutzte Donovan sie immer dann, wenn sie in Tagträumereien versunken war. Dann wirkte sie so, als wäre sie ganz weit weg, als hätte man sie auf einem fliegenden Teppich in ein tropisches Paradies versetzt. Einmal hatte er versucht, diesen Gesichtsausdruck auf Film zu bannen, doch bis er endlich mit seiner Kamera anrückte, war der Zauber bereits gebrochen.

»Ach, wenn ich nur dahin könnte, wo du gerade warst«, seufzte er melancholisch.

Claire war nicht in der Stimmung, um sich schon wieder einen von Donovans selbstmitleidigen Monologen anzuhören. Die Phase der Entspannung war vorbei, so angenehm sie auch gewesen sein mochte. Donovans Sinneswandel war Claire ein

Rätsel; insgeheim hegte sie den Verdacht, dass er bloße Tarnung war für eine böse Überraschung, die er für sie in petto hatte. Sie hatte sich bemüht, nicht zu misstrauisch zu sein und stattdessen mit dem Strom zu schwimmen, doch sobald Donovan ihr ein Kompliment machte oder sich mit besonderer Hingabe den Kindern widmete, sträubten sich ihr die Nackenhaare. Was hatte der Kerl zu verbergen? Und wieso schmierte er ihr Honig um den Bart? Schon war die Brise nicht mehr als Wind, das rauchige Aroma des Kaminfeuers bloßer Qualm. Sie wich seinem Blick aus und hüllte sich in Schweigen.

»Ich muss dir was sagen, Claire.«

Schlagartig merkte sie, wie ihre Muskulatur, die sie gerade mit den Massagedüsen des Whirlpools gelockert hatte, wieder verkrampfte. Sie setzte sich auf und wartete darauf, dass der Hammer fiel.

»Erinnerst du dich an die Party bei Lorraine und Pete am Samstagabend? An die Dame, mit der ich mich unterhielt?«

Claire nickte. War das alles erst zwei Tage her? Die Erinnerung an die Brünette in dem grünen Kleid war schon verblasst. An ihr Gesicht konnte sie sich nicht mehr erinnern. *Du hättest eben genauer hinsehen sollen!*

»Ums kurz zu machen – sie heißt Sue Salvatore, und ihre Familie möchte das Restaurant kaufen.«

»Wie bitte?«

»Ich weiß. Ich bin auch aus allen Wolken gefallen, aber allem Anschein nach sehen die eine Gelegenheit, den Laden in ein Weinlokal umzuwandeln – mit Weinproben im Turmstübchen, Weinkeller unten für Privatbanketts oder Firmenveranstaltungen. Sue erwähnte Jazzkonzerte im Sommer und Eisweinproduktion, und eventuell könnte man sogar eine Kochschule aufmachen.«

»Und?«

»Sie möchten bei der Feinschmeckerküche bleiben, die wir immer angeboten haben. Ich soll zuständig sein für die Leitung und Koordinierung der gastronomischen Seite, während sie sich auf die Weinproduktion konzentrieren.«

»Dann wäre das Restaurant also nicht mehr deins?«

Donovan ließ den Kopf hängen. »Genau deswegen habe ich mir gestern und heute die ganze Zeit das Hirn zermartert. Das Restaurant war mein Traum, Claire. Das weißt du. Und ich habe eimerweise Schweiß dafür vergossen, es zu einem erstklassigen Lokal zu machen. Die Vorstellung, dass ich es an jemanden abgeben soll ...«

»Aber reizen würde es dich schon?«

Donovan schüttelte sein Glas, dass die Eiswürfel klimperten. »Die Salvatores sind nicht durch Dummheit reich geworden. Die haben schon seit Langem ein Auge auf meinen Laden geworfen. Die wissen, wie das Geschäft läuft seit den Mordfällen, und sie wissen auch, dass mir ein Ausweg aus diesem Schlamassel gar nicht so ungelegen käme. Vermutlich bilden die sich ein, ich würde sogar bei 'nem niedrigen Angebot anbeißen ...«

»Wie niedrig?«

»Eins Komma fünf Millionen.«

Um ein Haar hätte Claire sich verschluckt. »Die bieten dir anderthalb Millionen für den Schuppen? Und einen Job obendrein?«

»Das Gehalt wäre nicht so doll, aber andererseits trüge ich ja auch nicht mehr die ganze Verantwortung.«

Claire schluckte. Als sie ihren Mann ansah, wurde ihr zum ersten Mal so recht bewusst, was er durchmachte. Vom Unternehmer zum Beschäftigten – ein Abstieg, zweifellos, zumindest für seine Begriffe. Aus Gründen, die er nicht zu vertreten hatte, war sein Geschäft zum Scheitern verurteilt, was auch sein persönliches Scheitern zur Folge hatte. Die Salvatores kreisten bereits wie Aasgeier über der Beute. In Claires Ohren indes klang der Deal süß wie Engelszungen. Donovan gehörten sowohl das Lokal als auch das dazugehörige Grundstück, unbelastet von Hypotheken. Sie würden eineinhalb Millionen dafür einsacken!

»Keine leichte Entscheidung für dich, Donovan.«

»Für uns! Die Sache betrifft uns ja beide.«

Er lächelte sie an, zögerlich und schüchtern, ganz gegen seine Gewohnheit. Sie erwiderte sein Lächeln. »Das kriegen wir schon hin. Was auch geschieht.«

Von einer Woge der Gefühle erfasst, verspürte Claire plötzlich den sehnlichen Wunsch, ihren Mann zu beschützen, ihm Kraft zu geben, ihm Partnerin und Geliebte zu sein. Sie zerbrach sich den Kopf nach einer Möglichkeit, ihm diese Anwandlungen zu vermitteln, aber er kam ihr zuvor.

»So habe ich dein Haar immer geliebt«, flüsterte er.

Sie spürte, wie sie schwach wurde. Auf wackeligen Beinen hievte sie sich hoch, um zu ihm hinüberzurutschen, als sich jähes Sirenengeheul näherte, das den Gesang des Windes übertönte und die abendliche Stille zerriss.

»Hört sich an, als wär's direkt über uns«, stellte Donovan fest, wobei er aus dem Whirlpool stieg und nach dem Handtuch griff.

Claire tat es ihm nach. Eingemummelt in einheitliche Frotteebademäntel, hasteten beide Hand in Hand in ihren Gummischlappen hinüber zum Nachbarhaus. Jenseits der Straße bogen gerade ein Notarztwagen und zwei Einsatzfahrzeuge der Polizei in die Einfahrt der Szilagyis.

## 55. KAPITEL

Um Olivia herum entfaltete sich die Szenerie genauso albtraumhaft, wie sie war. Tony stapfte auf dem Wohnzimmerteppich hin und her. »Was ist hier bloß los, zum Teufel? Was mag da passiert sein, verdammt noch mal? Wie soll ein Mensch das aushalten?«

Noch bibbernd in ihrem feuchten Badeanzug, kochte Claire Marshall in der Küche Kaffee und weinte dabei vernehmlich. Donovan war nach Hause geeilt, um sich umzuziehen und seiner Frau Jeans und Sweatshirt zu holen.

Reglos wie eine Schaufensterpuppe hockte Pete auf einem Hochlehnerstuhl. Sein Gesicht hatte die Farbe von Wachspolitur angenommen. Olivia und Tony hatten ihn mit Gewalt von Lorraines Leichnam wegzerren müssen, denn in dem vergeblichen Versuch, sie durch Mund-zu-Mund-Beatmung wiederzubeleben, klebte er gleichsam an ihren Lippen. Als die Polizei schließlich auf Tonys Notruf hin eintraf, stammelte er schon in wirren Satzfetzen, bis er schließlich sprachlos vor Entsetzen verstummte. Seine Augen starrten blicklos wie bei einem, der Zeuge eines furchtbaren Dramas geworden war, ein Soldat etwa, der bei Tagesanbruch vor einem Schlachtfeld mit Bergen von verwesenden Leichen steht. Nur zu gut wusste Olivia, welch leidvolles Spießrutenlaufen nun ihrem Onkel bevorstand: die herzzerreißende Seelenqual, die Stiche wie von hundert Nägeln, gefolgt vom dumpfen Schmerz der Einsamkeit. Er trat in unterschiedlichen Stufen auf, dieser

Schmerz, und Petes augenblickliche Benommenheit diente, wenn auch nur vorübergehend, als eine Art Schutzwall vor den Qualen, die sich vor ihm auftürmten.

Auf ähnliche Weise wie von einem Schutzschild umgeben, betrachtete Olivia die Vorgänge um sich herum mit einer eigenartigen Sachlichkeit, die ihr selbst Rätsel aufgab. Zunächst bildete sie sich ein, Lorraine sei gar nicht tot und alles müsse eine bloße Sinnestäuschung sein. *Da hat dir jemand ein Mittel in deinen Scotch getan!* Sobald die Wirkung nachließ, so ihre Annahme, würde sie verwundert ihre sehr irritierte, überaus lebendige Tante anstarren, und die wiederum würde erstaunt wissen wollen, was das Theater eigentlich solle. Alsbald begriff sie, dass das nicht stimmte, dass sie eben nicht wieder aufwachen würde, die Leiche, die oben im Obergeschoss lag, die Wangen kirschrot, die Lippen so bläulich wie ein Bluterguss.

Möglicherweise war es die Verzweiflung, mit der ihr Onkel neben seiner toten Frau zusammenbrach, die dafür sorgte, dass Olivia schließlich ihren letzten Rest an Kraft und Mut zusammenraffte. Pete war nach dem Tod ihrer Eltern gleichsam ihre Burg gewesen; sie schuldete ihm nun die gleiche Unterstützung. Claire Marshalls Schluchzen schnürte ihr zwar die Kehle zu, doch sie verbiss sich die Tränen, stand auf und ging, die bebenden Lippen fest zusammengekniffen, in stoischer Haltung zum Fuß der Treppe, wo sie neben ihrem Onkel und ihrem Mann Aufstellung nahm.

Die beiden wurden blass, als zwei Rettungssanitäter die Treppe hinunterkamen, zwischen sich die Tragbahre mit dem tintenschwarzen Leichensack, der schmal und flach auf der Trage lag. Olivia, die spürte, wie der Boden unter ihr nachgab, musste die Augen kurz fest zukneifen, sodass Tony sie stützend beim Arm fasste. Plötzlich verschwamm alles um sie herum, als sähe sie die Welt durch eine trübe Linse. Dann rollten die Tränen.

Pete streckte die Hand aus, legte sie auf den Stoff, der seine tote Frau einhüllte, und sagte: »Bitte – nehmt mir meine Lorraine nicht weg!«

Die beiden Rettungssanitäter stoppten und blickten sich geraume Zeit an. Nach kurzem Räuspern und einem dezenten Ruck setzten sie dann ihren Weg zur Haustür fort, während Pete sich nach und nach mit roboterhaften Bewegungen zurück zu seinem Stuhl tastete. Tony und Olivia nahmen derweil eng nebeneinander auf der Couch Platz. Genau in dem Moment, als Donovan wieder das Haus betrat, kam Inspector Shane Newell die Treppe herunter. »Würden Sie bitte einen Augenblick bleiben, Mr. Marshall?«, fragte er mit gedämpfter Stimme. »Könnte sein, dass ich einige Fragen an Sie habe.«

Nickend hielt Donovan ein paar Kleidungsstücke hoch. »Lassen Sie mich nur schnell die Sachen zu meiner Frau bringen.« Er ging in die Küche, wo er, wie Olivia sah, seine Frau umarmte.

Newell zog sich einen Fußhocker heran und ließ sich vor Pete darauf nieder. Olivia wischte sich mit dem langen Blusenärmel über die Augen. »Ich nehme an, Pete, Sie können sich denken, wonach die Sache aussieht«, begann Newell.

»Als ich versuchte, sie wiederzubeleben, da roch ich gleich die Bittermandeln«, antwortete er, wobei ihm die Worte in erstickten Stößen über die Lippen drangen. Die Augen lagen tief in den Höhlen. Der Kopf sackte nach vorn.

»Fangen wir mit dem an, was sie gegessen hat«, schlug der Inspektor vor.

»Dasselbe wie wir auch«, bekundete Olivia. »Salat, Grillhähnchen, Spaghetti alle vongole.«

»Um wie viel Uhr war das?«

»Gegen sieben.«

Newell guckte auf seine Armbanduhr. »Nachtisch? Getränke?«

»Wir haben zusammen eine Flasche Soave getrunken. Kein Dessert. Wir achten alle sehr auf unsere schlanke Linie, und einen süßen Zahn hatte meine Tante ohnehin nicht.«

»Schön. Was fällt Ihnen sonst noch ein? Wer hatte die Pasta zubereitet?«

Petes Kopf sackte noch tiefer. »Tony.«

»Aber gegessen haben wir die alle«, wandte Tony ein, und zwar zu schnell und zu laut. »Es steht sogar noch was davon im Kühlschrank. Ich kann's gerne für Sie holen.«

Der Inspector musterte ihn kurz mit hochgezogener Augenbraue und wandte sich dann wieder Pete zu. »Oben auf dem Schreibtisch, an dem Ihre Frau arbeitete, lag eine angebrochene Pralinenschachtel …«

»Die Trüffel?«, fragte Pete. »Die waren ein Geschenk. Hab gestern Abend selber drei davon gegessen. Das ist ja das Problem. Wenn ich erst mal anfange …«

»Wie viele waren in der Schachtel?«

Den Blick zur Decke gerichtet, wackelte er leicht mit dem Kopf. Olivia stellte sich vor, wie er die Box vor seinem geistigen Auge sah und die Trüffel durchzählte.

»Zwölf«, konstatierte er schließlich. »Sechs pro Lage. Jeweils in zwei Dreierreihen. Einige mit weißer Schokolade, andere mit dunkler.«

»Und wie viele, sagten Sie, hatten Sie gegessen?«

»Drei.«

Newell wandte sich an Tony und Olivia. »Und Sie?«

»Ich wusste nicht mal, dass welche im Hause waren«, versicherte Olivia.

»Und mir geht's wie ihm. Wenn ich eine nasche, werden es gleich zehn, also lasse ich die Finger davon. Außerdem war das ein Geschenk für Lorraine und Pete. Die sollten sich die schmecken ...«

Schlagartig geisterte ein Gedanke durch den Raum. Olivia sprach aus, was alle dachten. »War etwas nicht in Ordnung mit ... mit den Pralinen, Inspector?«

»Wir schicken Sie zur kriminaltechnischen Untersuchung und warten den Befund ab. Kann ein paar Wochen dauern, aber wir drücken natürlich aufs Tempo. Woher sind die Pralinen?«

Petes Energie ging zur Neige. Olivia ahnte, dass er nicht mehr lange durchhalten würde. Seine Augen waren glasig. Er sackte auf seinem Stuhl mehr und mehr in sich zusammen. »Wie schon gesagt«, murmelte er mit zittriger Stimme, »wir hatten sie geschenkt bekommen. Samstagabend.«

»Geschenkt bekommen? Von wem?«

»Das wüssten wir auch gern«, seufzte Pete. »Es war keine Karte dabei, was Lorraine störte, weil sie so penibel ihre Danksagungen schreibt, und zwar an jeden Einzelnen. Tony, du hast doch die Geschenke nach oben geschafft. Weißt du noch, ob 'ne Karte bei der Pralinenschachtel war?«

»Ich hab die nicht hochgebracht«, beteuerte Tony, erneut zu schnell. »Kodaly möglicherweise. Ich musste mich mit dem schweren Kram abplagen.«

»Sir«, ließ Pete sich vernehmen, wobei er sich auf staksigen Beinen hochstemmte. »Ich weiß, wir haben ein weites Feld zu beackern. Aber hat der Rest nicht Zeit bis morgen?«

Seine Stimme wurde brüchig. Der Schutzschild löste sich auf.

»Klar, Pete.« Newell erhob sich ebenfalls und wandte sich zur Haustür. »Vielleicht kommt das Ehepaar Marshall ja mit, und wir können uns drüben bei denen unterhalten.«

Wie auf ein Stichwort traten in diesem Moment Donovan und Claire aus der Küche, Claire mit einem Tablett, auf dem eine volle Kanne Kaffee und vier Becher standen. Ihre Augen waren verweint und geschwollen. Donovan tätschelte Pete und Tony den Rücken und schloss Olivia linkisch in die Arme. »Ich kann euch gar nicht sagen, wie leid mir das tut«, murmelte er dabei. »Lorraine war einzigartig.«

Als Donovan die Vergangenheitsform benutzte, verzog Pete gequält das Gesicht. Olivia bedankte sich schlicht.

Das Ehepaar ging dem Inspector voraus über den Fußweg, während Pete, Olivia und Tony ihnen von der Haustür aus nachsahen. Sekunden später war Newell wieder da. »Pete«, sagte er, »dass Sie vorsichtig sein müssen, das brauche ich Ihnen wahrscheinlich nicht eigens einzuschärfen. Aber ich tu's trotzdem.«

»Ich verstehe nicht ganz …«, begann Olivia.

»Wegen dem süßen Zahn«, erklärte der Inspector. »Sieht ganz danach aus, als hätte der Zyanid-Killer es diesmal auf ein bestimmtes Opfer abgesehen. Nur hat er sich vertan. Er hat die falsche Person umgebracht.«

## 56. KAPITEL

Tagelang herrschte in der Hemlock Lane Belagerungszustand. Übertragungswagen in Bataillonsstärke säumten die kurze Straße; Heerscharen von Pressevertretern bombardierten die Nachbarn mit Fragen zu den Szilagyis, zur Silberhochzeit, zur generellen Stimmung am Abend der Party. Jack Ferguson bauschte die Story von seinem Erstickungsanfall ordentlich auf, wobei die Fernsehkamera seine ohnehin beleibte Figur noch fünf Kilo schwerer erscheinen ließ. Es blieb zudem nicht unerwähnt, dass Pete Szilagyi und Marshall Donovan einander direkt gegenüber wohnten – ausgerechnet in einer Straße, die nach einer Giftpflanze benannt war, dem Schierling.

An Ruhe war nicht zu denken. Abwechselnd nahmen Tony und Olivia Anrufe für Pete entgegen, etliche von besorgten Freunden, die ihm Trost zusprechen wollten oder ihm eine warme Mahlzeit beziehungsweise eine vorübergehende Bleibe anboten. Weitere kamen von den parkenden Übertragungswagen, deren Besatzungen auf Interviews lauerten. Nur vorsichtig wurde die Haustür geöffnet, um die Floristin, den Priester, den Organisten sowie den Leiter des Bestattungsinstituts hereinzulassen. Sie alle nahmen das Spießrutenlaufen durch die Medienmeute auf sich, um den trauernden Angehörigen die Strapazen zu ersparen. Man besprach Lorraines Beisetzung bei herabgelassenen Rollos und ausgehängtem Telefon.

Später in der Kirche und auf dem Friedhof wimmelte es von Presseleuten. Kameralinsen schwenkten über die düsteren Mienen von Dutzenden uniformierter Polizisten, die angetreten waren, um Pete ihre Verbundenheit zu beweisen. Der Tag war wie geschaffen zum Trauern – wolkenverhangen und nasskalt bis auf die Knochen. Überall wurden dunkle Mantelkrägen hochgeschlagen und kalte Hände in den Manteltaschen vergraben, aus denen sie nur auftauchten, um verweinte Augen mit Papiertaschentüchern abzutupfen. Father Fekete übergab Pete das Kruzifix, das Lorraine getragen hatte. Kameras erfassten die Einsegnung und zoomten in Großaufnahme auf den letzten Gruß eines trauernden Gatten an seine tote Frau. Nachdem Pete eine einsame weiße Lilie auf den Sarg gelegt hatte, führte er seine Finger an die Lippen und berührte das hochglanzpolierte Holz mit den Fingerspitzen. Ausweglos eingekeilt, rang er sich zu der Erklärung durch, derentwegen die Pressemeute angerückt war. Flankiert von Olivia und Tony sagte er: »Ich bin ... wir sind untröstlich angesichts des Verlustes. Für mich war sie die Liebe meines Lebens, meine Seelengefährtin, für meine Nichte und meinen Neffe die über alles geliebte Tante. Wir brauchen Abstand, um zu begreifen, um in uns zu gehen, um uns zu erinnern, um zu trauern. Wir sind gewiss, dass Sie unseren Wunsch respektieren werden. Erweisen Sie Lorraine eine letzte Ehre, indem Sie sie in Frieden ruhen lassen.«

Petes Stimme zitterte. Olivia klammerte sich an seinen Arm. Die Presseleute nahmen es kaum zur Kenntnis.

Ein Mikrofon wurde Pete vor den Mund gehalten. »Was ist dran an den Spekulationen, Detective Sergeant, dass eigentlich Sie das Ziel des Zyanid-Mörders waren?«

»Kein Kommentar«, gab Pete zurück. Mit einem letzten

kummervollen Blick auf den Sarg fügte er hinzu: »Höchstens dies: Wenn der Täter es tatsächlich auf mich abgesehen hätte, wär's mir lieber gewesen, er hätte mich erwischt.«

Ihm versagte die Stimme. Ganze Salven von sich überschlagenden Reporterfragen prasselten auf ihn ein, als er, flankiert von Tony und Olivia, durch die Trauergemeinde zu der wartenden schwarzen Limousine schritt. Im Fernsehen machte sich das alles sehr eindrucksvoll.

In den Wochen nach Lorraines Tod und Beerdigung schleppte sich Olivia von einem Tag zum anderen, ausgelaugt von einer totalen Erschöpfung, die gleich einem tödlichen Gift ihren Körper durchsetzte. Zwar gab sie sich alle Mühe, so etwas wie einen Rest ihrer selbst wiederzuerlangen. Allein, es war, als habe man sie ihrer wesentlichen Persönlichkeitsmerkmale beraubt und eine bloße Hülle übrig gelassen. Ihre sonst übermäßig ungestüme Art, die unter den gegebenen Umständen sowieso nicht zu erwarten gewesen wäre, wich einer körperlichen Mattigkeit und geistigen Stumpfheit – erste Anzeichen einer klinischen Depression, die sie als Krankheit erkannte und zu überlisten versuchte. Sie aß zwar, aber spärlich. Gemüse schmeckte wie Fleisch, Fleisch wiederum wie Fisch, Fisch wie Pappe. Sie trieb Sport und holte sich bei ihren abendlichen Märschen in der kühlen Luft eine Gänsehaut auf den Armen. Innerlich jedoch fühlte sie nichts. In der Hoffnung, ihr Gleichgewicht werde sich wohl am ehesten in der Umgebung von fleißigen, motivierten Menschen zurückmelden, kehrte sie postwendend an ihren Redaktionsschreibtisch zurück. Allzu schnell musste sie feststellen, dass sie ihre Arbeit vernachlässigte. Ihre Artikel waren langweilig und strotzten von Redundanzen, Tippfehlern und abgedroschenen Phrasen. Ihr Chef übte sich in Geduld und half ihr, neuen Schwung in ihren Stil zu bringen, der, wie sie wusste, mittlerweile nur unwesentlich über dem Niveau einer Vorschulfibel lag.

Nachts mühte sie sich um Schlaf, der sich indes nicht einstellen wollte. Das Gesicht ins Kopfkissen gepresst, versuchte sie, die Wände auszublenden, die französischen Seidengardinen, die Kirschholzmöbel. Dennoch erschienen die Bilder, quälend und aufwühlend, drängten sich unerbittlich zwischen den Kissenbezug und Olivias Haut, wühlten sich einen Weg in ihr Hirn. Ein blutverschmiertes Telefon, ein Topasring, das im Todeskampf verzerrte Gesicht ihrer Tante – ineinander verschmelzende Schreckensvisionen aus Vergangenheit und Gegenwart.

Tony, der ahnte, wie sie sich quälte, tröstete sie nach besten Kräften. In der vergangenen Nacht jedoch war aus zärtlichem Streicheln Leidenschaft geworden. Während er in sie eindrang, spürte Olivia, wie ihr Körper sie betrog, wie er sein Sehnen nach Zärtlichkeit aufgab und stattdessen auf Tonys Begierde reagierte. Im Dunkeln tasteten ihre Hände nach etwas Vertrautem, stießen indes nur auf schwellende Oberarme, auf straffe Bauchmuskeln, auf pralle Hinterbacken.

Der Mann, den sie berührte, war ihr unbekannt. Ein heißblütiger, lusterfüllter Fremder. Lange nachdem Tony eingeschlafen war, lag Olivia noch reglos da, mit dem Rücken zu ihrem Mann, erstickt in ihr Kopfkissen schluchzend. Obwohl Tony den Arm um ihre Taille gelegt hatte und sein Gesicht zwischen ihre Schulterblätter schmiegte, fühlte Olivia sich von aller Welt verlassen.

Diese Verlassenheit umfasste plötzlich auch alles, was bisher zum Leben ihres Onkels gehörte. Selbst sein einsames Spiegelei zum Frühstück hatte auf dem viel zu großen Teller ganz und gar verloren gewirkt, das Eigelb hart wie Zement, das Weiße mit bräunlich verbrannten, spitzenartigen Rändern – wie jahrzehntealtes Papier. Zudem fiel Olivia auf, wie hohlwangig ihr Onkel inzwischen geworden war. Die Hemden schlotterten ihm am Körper wie billige Wischlappen. Wenn er sprach, was selten genug vorkam, war seine Stimme heiser, als hätte er tagelang aus Leibeskräften gebrüllt. Olivia gab sich alle erdenkliche Mühe und versuchte, ihm Trost zu spenden, so gut es ging, doch er winkte ab. Jetzt, da seine Lebensgefährtin nicht mehr war, ließ er niemanden an sich heran. Die Danksagungskarten, an denen Lorraine am Abend ihres Todes geschrieben hatte, lagen nach wie vor auf dem Schreibtisch in ihrem Schlafzimmer. Mittlerweile schlief Pete auf der Wohnzimmercouch. In die Schlafzimmersuite wagte er sich lediglich zum Duschen und Umziehen.

Olivia spürte, wie das Leben ohne Lorraine für sie und ihren Onkel zu einem Horror wurde, der sie beide wie ein Strudel erfasste und zu verschlingen drohte. Allmählich begann sie sich zu fragen, wer wohl als Erster nach einem Antidepressivum anstehen würde. Eventuell konnten Pillen ja das bewerkstelligen, was Pete und sie selbst aus eigener Kraft nicht schafften.

Tony entwickelte ein Gespür für die heikle, fragile Stimmung seiner Mitbewohner und tappte derart behutsam durchs Haus, als könne jedes jähe Geräusch oder eine plötzliche Bewegung das wenige, was noch intakt war, vollends zu Bruch gehen lassen. Er kochte, obgleich niemand Appetit verspürte; er putzte, auch wenn der Zustand des Hauses allen herzlich egal war. Er versuchte, die beiden zu Gesprächen zu animieren, doch unausweichlich schwenkte jede Unterhaltung über die üblichen Alltagshöhepunkte wieder zu Lorraine und zu immer neuen Spekulationen über die Gründe für dieses entsetzliche, unfassbare Ereignis.

Am vierten Oktobersamstag wachte Olivia früher auf als gewöhnlich. Leise schlich sie ins Badezimmer, drehte die Dusche auf und stellte sich unter den Wasserstrahl. Nach weniger als einer Minute verließ sie die Duschkabine wieder und trocknete sich ab, am ganzen Körper vibrierend und zitternd, als stünde sie unter Strom. Sie kritzelte Tony eine Nachricht auf einen Zettel, legte ihn neben die Leselampe und zog Jeans, einen Rollkragenpullover und ihre Laufschuhe an. Kurz darauf saß sie auf ihrem Zehngangrad und radelte gegen den Wind zur Kirche von St. Teresa.

Sie betrat das gotische Bauwerk durch das neben dem Glockenturm befindliche Seitenportal. Das Gotteshaus war leer bis auf eine einzelne, schwarz gekleidete Frau, die in der vordersten Bankreihe vor dem Nebenaltar saß. Als Olivia durch den Mittelgang näher kam, erkannte sie Silvana Bonelli, die knotigen Finger mit einem Rosenkranz umwunden. Die alte Frau nickte ihr zu, schlug dann in einer stummen Geste des Mitgefühls die Augen nieder und setzte ihre Gebete fort, wobei sich ihre rissigen Lippen im Halbdunkel der Kirche lautlos bewegten. Olivia ging an ihr vorbei, beugte das Knie vor dem Hauptaltar und schwenkte nach rechts zur Statue der heiligen Theresa von Avila. Dort klaubte sie Kleingeld und zusammengefaltete Geldscheine aus den Jeanstaschen und steckte den gesamten Betrag durch den Schlitz des kleinen Metallkastens am Verkaufsstand für die Votivkerzen. Als Nächstes nahm sie den dünnen Holzfidibus aus dem sandgefüllten Eimer, hielt ihn in die Flamme von einer der bereits brennenden Kerzen und entzündete dann zehn Votivkerzen, eine für jede Person, die dem Zyanid-Mörder zum Opfer gefallen war. Für ihre

Tante entfachte sie ein größeres Opferlicht und starrte in die aufzüngelnde Flamme, bis diese ein warmes Licht aus dem Inneren ihrer roten Glashülle warf.

Olivia schlug das Kreuzzeichen und kniete vor der Heiligenfigur nieder. Sancta Teresa, die Mystikerin, Schutzpatronin gegen Herz- und Knieleiden. Auch sie hatte in jungen Jahren die Mutter verloren, weshalb Olivia sich ihr besonders verbunden fühlte. Das Bildnis vor ihr stellte die Karmeliternonne mit Buch und Federkiel dar. Theresa war eine kundige Schriftstellerin und Buchliebhaberin gewesen – Grund genug für Olivia, um sich Theresa anlässlich ihrer Firmung als Schutzpatronin zu wählen.

*Nichts soll dich ängstigen, nichts dich erschrecken ... Je mehr du kämpfst, desto mehr wirst du deine Liebe zu Gott beweisen, und desto mehr wirst du dich eines Tages mit deinem Geliebten freuen in einem Glück und einem Entzücken, die nie enden können.* Diese der Heiligen zugesprochenen Worte erfüllten Olivia mit frischer Energie, gaben ihr Hoffnung und sorgten für einen klareren Kopf. Vielleicht lag's aber auch an der stillen, beruhigenden Atmosphäre im Inneren des Kirchenschiffs, oder es war der nahe Geist von Lorraine, der Olivia aus ihrer Lethargie aufweckte und sie zum Handeln anspornte.

Sie fühlte sich an ihren Besuch bei Marina Saitzew erinnert, der knappe fünf Wochen zurücklag. Sie sandte ein schnelles Gebet für die Gefangene zum Himmel, danach eins für ihren Onkel, und dann bat sie um Kraft. Um Weisheit. Um weitere Tugenden, wie der Herrgott sie mit frommer Fürbitte der heiligen Theresa für richtig erachten mochte. Sie war auf alle erdenkliche Hilfe angewiesen. Die Tage des Zyanid-Killers waren gezählt. Olivia war fest entschlossen, seiner Laufbahn ein jähes Ende zu setzen. Lorraine Szilagyi war ermordet worden, dazu zehn weitere Personen. Zum Trauern war später noch Zeit. Was Olivia jetzt brauchte, waren Antworten, und anfangen wollte sie bei Shane Newell.

Sie zuckte erschauernd zusammen, als sei ihr eine Maus über die Knöchel gehuscht. Ihr war bewusst, dass sie ein Geräusch von sich gegeben hatte, ein kurzes, erschrockenes Keuchen, und wandte sich mit einer entschuldigenden Geste an Silvana Bonelli. Die Frau in Schwarz war verschwunden.

## 57. KAPITEL

In der Redaktion des *Daily Sentinel* herrschte die an einem Montagmorgen übliche Geräuschkulisse. Computertastaturen klapperten, Telefone dudelten, beständiges Stimmengewirr erfüllte den Raum. Janey McManus, zuständig für die Kolumne über Essen und Ernährung, war schwanger. Ken Price war von der Riviera Maya zurück, zwar braun gebrannt und ausgeruht, aber fünf Kilo leichter; einmal mehr hatte Montezumas Rache einen mangelhaft gerüsteten Touristen ereilt. Olivia war bemüht, das Geplapper ringsum einfach auszublenden und sich auf ihre Arbeit zu konzentrieren. Von einem unguten Gefühl erfasst, schaute sie auf und sah, dass Andy Kodaly aus seiner Arbeitsnische zu ihr herüberstarrte. Er warf ihr einen gespannten Blick zu und ruckte das Kinn, als wolle er sagen: »Guck mal hinter dich!«

Olivia drehte sich auf ihrem Bürostuhl um. Vor ihr stand eine schlanke Blondine in schwarzen Jeans, klobigen Plateaustiefeln und einem dicken, gerippten Pullover, der flüchtig eine nabelfreie Bauchpartie aufblitzen ließ.

»Sie wissen, wer ich bin?« Die Stimme war verhalten und leise; die Blondine nagte an der Unterlippe wie ein nervöses Streifenhörnchen.

Olivia nickte Joannie Stasiuk zu.

»Können wir uns irgendwo unterhalten?«

»Ich wüsste nicht, was wir zu besprechen hätten. Und jetzt ist es sowieso ungünstig. Ich ...«

»Bitte! Es ist echt wichtig.«

Olivia holte angestrengt Luft. Ihre düstere Stimmung ging rasch in Frust über. »Na schön. Um was geht's?«

»Könnten wir nicht unter vier Augen ...?« Der jüngste Spross der Stasiuks ließ den Blick durch die Redaktion wandern.

Der Lärmpegel sackte schlagartig ab; aus ihren Nischen sahen die Kollegen verstohlen zu Olivia herüber. Wortlos stand sie auf und durchquerte das Büro. Als sie an Madame Iris vorbeikam, zog die ihre Augen zu schmalen Schlitzen zusammen, teils vor Verblüffung, teils aus Missfallen. Ungerührt setzte Olivia ihren Weg fort und ging in der Annahme, Joannie Stasiuk werde ihr schon folgen, durchs Treppenhaus hinunter zum Pausenraum. Dort angelangt, genehmigte sie sich einen Kaffee aus dem Automaten, machte allerdings keinerlei Anstalten, für den Becher von Joannie ebenfalls zu bezahlen. Nach wie vor stumm, steuerte sie einen Tisch in einer halbdunklen Ecke an, direkt neben der Mülltonne für wiederverwertbare Plastikbecher. Hier war man sicher vor spähenden Blicken und Journalistenohren.

Nachdem sie sich gesetzt hatten, sagte Olivia: »Ich geb's zu. Ich bin neugierig. Was soll das Ganze?«

Joannie ließ einen Schluck Kaffee über den Becherrand schwappen und guckte verlegen durch die Gegend, doch waren nirgends Servietten zum Aufwischen zu sehen. Sie blickte sich im Pausenraum um, räusperte sich und sagte dann: »Ich komme, um Sie zu warnen. Ich glaube ... Ganz sicher bin ich nicht, aber ... Wenn das einer erfährt, dass ich hier war, dann kriege ich mächtig Ärger.«

»Einer? Wer soll das sein? Und mich warnen? Wovor?«

»Vor meiner Familie!«, raunte Joannie, wobei sie sich vorbeugte. »Vor meinem Bruder. Sehen Sie, ich weiß, dass sich das komisch anhört, und Sie haben auch keinen Grund, mir zu trauen. Aber irgendwas ist im Busch. Irgendwas, das nicht koscher ist. Und ich glaube, dass es um Sie geht!«

Olivia machte keinen Hehl aus ihrer Gereiztheit. »Aha, ihr Bruder. Irgendwas im Busch. Bisschen präziser hätten Sie's wohl nicht, wie?«

Joannie Stasiuk zwirbelte eine Haarsträhne um ihren Finger. Die blonde Lockenspirale schraubte sich hinauf bis zur Kopfhaut, ehe Joannie merkte, dass da Schluss war mit Drehen. Sie ließ ihr Haar los, fing dann von vorn an und unterbrach sich plötzlich. »Fällt mir ganz schön schwer. Also, ich hab da was mitgehört. Zwar nur Gesprächsfetzen, aber doch so viel, dass es mich stutzig machte. Besorgt.« Sie senkte den Blick auf ihren Kaffeebecher, tippte mit den Fingerspitzen auf den Rand und musterte ihre Fingernägel, als fiele ihr erst jetzt auf, dass sie stahlblau lackiert waren. »Zwischen meinem Bruder und meiner Mutter. Die heckten da was aus. Lachten. Und dabei fiel Ihr Name.«

»Ihr Bruder? Welcher denn? Jimmy? Jesse?« Wie die anderen männlichen Stasiuks hießen, war ihr entfallen.

»Nee«, murmelte Joannie heftig schluckend. »Johnny.«

Olivia hörte, wie ihr eigener Atem schneller ging. Ihr war, als hülle die Angst sie ein wie ein Mantel. »Johnny?«, würgte sie mühsam hervor. »Der arbeitet doch irgendwo oben im Norden, oder?« Aber sie ahnte die Antwort schon, bevor Joannie sie äußerte.

Joannie schüttelte den blonden Schopf und wandte den Blick ab. »Er ist hier. Bei uns zu Hause. Schon einige Monate, aber er hat's geheim gehalten. Nur die Familie weiß Bescheid. Und Sie jetzt auch.«

Der Mörder ihrer Eltern! In Pleasant Bay! Untergekrochen in dem Haus in der State Street, schlappe dreieinhalb Kilometer Fußmarsch von hier. »Wieso ist er hier?«, wollte Olivia wissen. Wo war bloß ihre Stimme geblieben? »Was sucht er hier?«

»Das ist ja der Witz! Ich weiß es nicht. Andauernd faselt er was von 'ner offenen Rechnung. Und davon, wie Ihre Familie ihm das Leben versaut hat. Und noch 'ne ganze Menge anderes Zeug, das ich nicht schnalle. Irgendwas von 'nem Teddybären …«

Das also war des Rätsels Lösung! Eigentlich, so Olivia, hätte die Angst jetzt von ihr abfallen müssen. Stattdessen steigerte sich das, was vorhin als banger Schauder begonnen hatte, zu ausgewachsenem Entsetzen. Eiskalte Wellen rannen durch sie hindurch; Fingerspitzen und Zehen fühlten sich an, als wären sie blau gefroren. Johnny Stasiuk war untergetaucht und schickte ihr grausige Andenken an den schwärzesten aller schwarzen Tage, zerrte an ihren Nerven, zog eine unsichtbare Schlinge immer enger um ihren Hals. Warum? Um eine Rechnung zu begleichen, so hatte sie von Joannie erfahren. Der Täter als Opfer!

Was mochte nach Johnnys absurder Denkweise wohl erforderlich sein, damit die Scharte ausgewetzt war?

*Was hat er als Nächstes vor?*

»Ich weiß es nicht.«

Joannies Stimme ließ Olivia zusammenzucken. Erst jetzt merkte sie, dass sie die Frage nach Johnnys Plänen laut ausgesprochen hatte. Sie stellte gleich eine zweite. »Warum erzählen Sie mir das alles?«

Joannie hob die Schultern. »Vielleicht habe ich's ja satt, dass der Name Stasiuk andauernd in einem Atemzug mit kriminell fällt. Ich heiße nämlich auch so, wissen Sie?« An der Unterlippe nagend, dachte sie einen Moment nach. »Vielleicht meine ich ja, dass Sie noch nie jemandem etwas Böses getan haben. Freilich, Johnny ist zwar mein Bruder, aber ein Taugenichts. Und ein gerissener noch dazu. Könnte ja sein, dass ich meine, er müsste seinen Grips allmählich für was Gescheites einsetzen. Durch das Gespräch mit Ihnen lässt sich ja eventuell verhindern, dass alles noch mehr aus dem Ruder läuft.«

»Wenn er aber erfährt, dass wir uns unterhalten ...«

Wieder zuckte Joannie die Schultern. »Ich bin seine Schwester. Was kann er mir schon wollen?«

Der Begriff »Schwestermord« zuckte ihr durch den Sinn. Statistisch gesehen zwar nicht so häufig wie die Tötung der Eltern oder sogar des eigenen Kindes, aber es kam durchaus vor. »Ein ganzes Büro voller Journalisten hat mitgekriegt, wie Sie mich angesprochen haben ...«

»Sie verstehen sich doch aufs Schreiben!«, betonte Joannie philosophisch. »Saugen Sie sich 'ne Story aus den Fingern. Egal, was Sie sich ausdenken – ich bin dabei. Sie brauchen mich bloß anzurufen und mir mitzuteilen, was es ist.« Sie fingerte in ihrer Jeanstasche nach einem Zettel, angelte eine alte Biermarke heraus und kritzelte eine Telefonnummer darauf. »Ich wohne jetzt in meiner eigenen Wohnung«, bemerkte sie mit einem Anflug von Stolz.

Olivia nahm die Biermarke entgegen, steckte sie in die Hosentasche und starrte in ihren Kaffee, der noch schwarz und unangerührt vor ihr stand. Als sie ein Tütchen Kaffeeweißer in das Gebräu leerte, verklumpte das weißliche Pulver auf der Oberfläche wie Minibröckchen Hüttenkäse. Sie schob den Plastikbecher beiseite. »Ich weiß nicht recht, was ich von der Sache halten soll«, sagte sie schließlich. »Ich muss mir das erst durch den Kopf gehen lassen.«

Joannie nickte ernst. »Aber nicht zu lange.«

Auch Olivia konnte es spüren, das unerbittliche Ticken der Uhr, den Countdown zu einem Kehraus der Boshaftigkeit, der bereits in den finsteren Winkeln eines wahrhaft raffinierten Hirns ausgebrütet wurde. »Danke für Ihren Hinweis«, murmelte sie mit tonloser Stimme.

Die Schwester des Mörders von Olivias Eltern erhob sich. »Und das mit Ihrer Mom und Ihrem Dad ...«, sagte Joannie, »das tut mir wirklich leid.«

## 58. KAPITEL

Wie wild in die Pedale tretend, radelte Olivia die gesamte Strecke heim zur Hemlock Lane. Wenngleich sie wusste, dass Johnny Stasiuk sich in dem alten Haus in der State Street verkroch, konnte sie sich doch des Gefühls nicht erwehren, dass er sie beobachtete und seine gehässigen Pläne schmiedete. Bislang war sein Feldzug des Schreckens ein durchschlagender Erfolg.

Normalerweise fuhr sie auf dem Heimweg durch den Matheson Park. Heute hingegen hielt sie sich an die zwar längere, dafür aber übersichtlichere Route entlang der Maple Avenue. Hier fühlte sie sich sicherer, auch wenn um diese Zeit, gegen 18 Uhr, der Feierabendverkehr über die vierspurige Durchgangsstraße rauschte. Trotz alledem musterte Olivia die Gesichter der Fahrer im Gegenverkehr und spähte, wachsam bis in die letzten Nervenfasern, im Vorbeisausen die Seitenstraßen hinauf und hinunter.

Tony hatte bereits angerufen und ihr mitgeteilt, er bleibe im Krankenhaus, um für einen Kollegen einzuspringen, dessen Nachwuchs die Windpocken bekommen habe. Da könne er die Bitte um Hilfe nicht abschlagen. Pete war mit Freunden, die sich offiziell zu seinem Aufmunterungskommando ernannt hatten, auf ein paar Bier eingekehrt. Die Vorstellung, den ganzen Abend allein sein zu müssen, behagte Olivia ganz und gar nicht, insbesondere nach der aufwühlenden Begegnung mit Joannie Stasiuk.

*Irgendwas ist im Busch. Und ich glaube, es geht um Sie.*

Olivia schwenkte in die Garageneinfahrt und schwang sich vom Rad. Während sie ihre Zehngangmaschine in die Garage schob, merkte sie, wie sich ihr Puls normalisierte. Abendliche Laute ringsum. In der Ferne schlug ein Hund an, durch die Bäume in der Senke fuhr raschelnd der Wind. Von der Locust Lane her tönte das Quietschen von Autoreifen, wahrscheinlich ein Fahrer, der wegen eines Eichhörnchens oder einer Katze in die Bremse gestiegen war. Verstohlen blickte sie die Straße hinauf, überflog das dichte Buschwerk im Vorgarten der Marshalls und warf sogar einen Blick in Lorraines Toyota, ehe sie die Automatik bediente, die das Garagentor schloss.

Im Inneren des Hauses war es still wie in einer Höhle, der einzige Laut das unheimliche Hallen ihrer Schuhe auf den Küchenfliesen, das erst erstarb, als sie auf den dicken Teppich im Foyer trat. Sie wagte einen wehmütigen Blick auf die gepolsterte Bank, auf der Lorraine sonst immer beim Nachhausekommen ihre Handtasche abgelegt hatte. Auch pflegte sie ihrer Nichte, ehe sie sie zur Schule schickte, dort ein letztes Mal kurz mit der Bürste durchs Haar zu fahren. Viel später, anlässlich der Schulentlassung, hatte sie hier ein Foto von Olivia gemacht, aufgestylt und frisiert für die Abschlussfeier. Aufs Neue verspürte Olivia nun die kummervolle Leere, die ihr die Tränen in die Augen trieb. Heftig blinzelnd musste sie sich mit Macht von der Stelle losreißen.

An Abenden wie diesem, wenn Pete und Tony nicht da waren, ließen Olivia und ihre Tante sich des Öfteren eine Portion Sushi bringen und machten es sich im Wohnzimmer bei einer Flasche Wein und Duftkerzenschein vor einer Fernseh-Schmonzette gemütlich. Zuletzt hatten sie sich *Schlaflos in*

*Seattle* angesehen, in dem die beiden Hauptdarsteller sich bei einem Zufalls-Rendezvous auf dem Empire State Building um ein Haar verpassen. Wahre Liebe, die am seidenen Faden von bloßen Minuten hing. Lorraine hatte geweint.

Fröstelnd vom Schweiß, der auf der Haut abkühlte, hängte Olivia rasch ihren Anorak in die Einbaugarderobe. Eigentlich war's ein Abend wie geschaffen für flauschige Sweatshirts, Fellpantoffeln, eine Kanne Tee und ein gutes Buch. Und für Musik, auf jeden Fall. So viel Stille wie jetzt, das konnte nicht gesund sein. Dieselbe absolute Ruhe, die ihr am Samstagmorgen in der Kirche so willkommen friedvoll und heilsam vorgekommen war, erschien ihr nunmehr beunruhigend und störend. Was würde die heilige Theresa sagen? Geduld erlangt alles?

Geduld hatte nie zu Olivias starken Seiten gezählt. Nach dem Gespräch mit Joannie Stasiuk konnte sie sich wohl kaum den zeitlichen Luxus erlauben und sich noch eine Tugend aneignen.

*Warten Sie nicht zu lange.*

Der Krieg mit Johnny Stasiuk war zwar noch nicht offen ausgebrochen, aber Olivia hatte das Gefühl, als habe sie schon die ersten Blessuren davongetragen. Sie konnte keinen klaren Gedanken fassen, denn ihr Gehirn brodelte wie eine einzige schäumende See von Informationen.

Konzentrier dich!, befahl sie sich. Wenigstens lange genug, um nach oben zu gehen, dich umzuziehen, Tee zu kochen. Ein Schritt nach dem anderen. Rechter Fuß, linker Fuß. Nur so konnte sie der drohenden nervlichen Krise, auf die ihr Körper offenbar zusteuerte, gerecht werden.

Auf dem Boden des Foyers lagen diverse Briefumschläge, einige weiß, andere beige und einer pink. Vermutlich eine

Beileidskarte, so Olivia. Schon in der vergangenen Woche waren die dutzendweise eingetroffen. Sie ging auf die Post zu, wobei sie sich im Vorbeigehen den Brieföffner griff, der stets in der Schublade des Tischchens lag. Richtig, eine Beileidskarte. Von Andy Kodaly. Eine weitere in beigefarbenem Kuvert von den Wheelers. Die Wasserrechnung. Werbung von einem Wohnungsmakler. »Wer kann Ihr Haus besser verkaufen und seinen Wert besser einschätzen als Ihr Nachbar?« Das Gesicht des Maklers sagte Olivia absolut nichts.

Ein letzter Umschlag. An sie selbst adressiert. In schlichtem Weiß. Standardgröße. Keine Briefmarke, keine Absenderangabe, nur ihr Name in Druckbuchstaben auf der Vorderseite: Olivia Laszlo. Die Nachricht auf der Karte ebenfalls mit dem Computer geschrieben, Skalengröße 12 und in einer Schriftart, die Olivia bekannt und beklemmend ironisch vorkam: Braggadocio, sie lautete:

**Alt oder jung, wir alle befinden uns auf unserer letzten Reise. Lassen Sie's endlich gut sein, Ms. Laszlo, sonst stechen Sie eher in See, als Sie denken. Der Gaukler.**

»Zum Teufel mit dir!«, flüsterte Olivia in die Stille. »Scher dich zur Hölle!«

## 59. KAPITEL

Jetzt war Schluss. Kein ängstliches Wegducken mehr, kein Weglaufen vor Gespenstern. Schluss auch damit, dass Tony und ihr Onkel bei jedem Geräusch, das unvermittelt irgendwo aus dem Dunkel ertönte, gleich angerannt kamen.

Die Gegenwart war schlimm genug: Lorraine tot, ein geistesgestörter Killer auf freiem Fuß. Umso weniger lag Olivia daran, sich zur Krönung des Ganzen nun auch noch die Schrecken der Vergangenheit aufhalsen zu lassen, indem Johnny Stasiuk alte Wunden wieder aufriss und diese der kalten, rauen Wirklichkeit aussetzte. Es gab zu viel zu tun, noch zu viel zu erfahren, und sich von Johnnys niederträchtigen Sperenzchen irremachen zu lassen, das sah Olivia überhaupt nicht ein. Sie rannte die Treppe hinauf, schälte sich aus ihrer Büromontur und warf sich hastig in Trainingsanzug und Laufschuhe. Ebenso hektisch rumorte sie in der Küche herum, durchwühlte die Küchenschubladen nach Stift und Papier und kritzelte eine Notiz für Pete und Tony mit dem Hinweis, wohin sie gefahren sei. Kurz darauf setzte sie den Wagen ihrer Tante rückwärts aus der Einfahrt und schlängelte sich dann quer durch den Abendverkehr zum entgegengesetzten Stadtrand.

Die Dunkelheit hatte sich niedergesenkt; Wolkenfetzen jagten über einen riesigen, elfenbeinbleichen Mond. In der State Street stoppte Olivia an der Bordsteinkante und schaltete die Scheinwerfer ab. Aus einem Fenster im Haus Nummer 226 drang der bläulich flimmernde Schein eines im Wohnzimmer laufenden Fernsehers. Eine moderne Standleuchte mit einem wie eine Salatschüssel geformten Glasschirm warf einen auf der Spitze stehenden Lichtkegel zur Zimmerdecke. Von den übrigen Fenstern zur Straßenseite hin war keins beleuchtet, die Garageneinfahrt leer.

Olivia starrte hinüber zum Haus und wartete auf irgendeine Bewegung, auf einen Anhaltspunkt, wie viele Personen sich wohl gerade im Innern aufhalten mochten. Trotz ihrer warmen Kleidung überkam sie ein Frösteln.

Es ist doch bloß ein Haus!, redete sie sich ein. Nur glaubte sie das selbst nicht so recht. Hier hatte Johnny Stasiuk den überwiegenden Teil seines Lebens verbracht, die erste Zeit vermutlich so unauffällig wie andere Menschen auch: im Hochstuhl sitzen, Babybrei essen, nach der Schule Cartoons angucken, in Comic-Heftchen schmökern, sich mit allen möglichen Ausreden vor den Hausaufgaben drücken. Wann war das alles bei ihm anders geworden? Oder war's das gar nicht? Vielleicht war Johnny schon von Kindesbeinen an ein missratenes Früchtchen, das seine Geschwister schikanierte, den Eltern Geld aus der Brieftasche stibitzte und die Haustiere in der Nachbarschaft quälte.

Der Zahn der Zeit hatte Haus Nummer 226 nicht in Würde altern lassen. Selbst aus ihrem Blickwinkel hinter dem Lenkrad bemerkte Olivia den abblätternden Fassadenanstrich, den zerbröselnden Schornstein, die Schlagseite der nach links hin absackenden Veranda. Tief Luft holend, raffte sie ihren letzten Rest an Courage zusammen und wagte sich aus der Sicherheit ihres Wagens.

Am Haus angelangt, fielen ihr weitere Anzeichen des Verfalls auf. Die Fensterrahmen waren morsch. Eine nackte Glühlampe hing in einem rostigweißen Leuchter über der Haustür, die wohl auch einmal weiß gewesen sein mochte, inzwischen jedoch mangels entsprechender Pflege über die Jahre einen verschossenen Grauton angenommen hatte. In der Holzverkleidung unter dem Dachüberstand klaffte ein großes Loch – offenbar der Zugang zum Bau einer ganzen Tiersippe, vermutlich einer Waschbärenfamilie, deren Gezeter man aus der Ferne hören konnte.

Olivia schlich sich ans Wohnzimmerfenster heran, wobei sie sich mit ihrem Sweatshirt an einem Feuerdorn verhakte. Ein Blick durch die Scheibe zeigte ihr, dass die Stasiuks auf ihre Inneneinrichtung dieselbe Sorgfalt verwendet hatten wie auf das Äußere des Hauses. In einer Ecke stand ein im Kolonialstil nachgebauter Dreh- und Schaukelstuhl mit Ahornrahmen. Der Fernseher war ein älteres Modell in einer Musiktruhe, einem wuchtigen Möbel im mediterranen Stil, der in den 70er-Jahren als angesagt gegolten hatte. Mitten im Zimmer thronte ein orangefarbenes Velourssofa, bei dessen Anblick Olivia erstickt die Luft anhielt und ein Frösteln unterdrückte: In einer Ecke der Couch, im Profil auf Anhieb erkennbar, saß der Mörder ihrer Eltern.

An Johnny Stasiuks Gesicht war die Zeit offenbar spurlos vorübergegangen. Wie vor Jahren trug er noch immer dieselbe Frisur, die Olivia von den Fotos im *Sentinel* in Erinnerung hatte – eine seitwärts gekämmte Zottelmähne, die seinem Kopf eine hünenhafte Note verlieh. Seine Lippen waren wulstig, die markanten Wangenknochen hervorspringend. Auf seine Weise strahlte er eine bitterböse, trotzige Attraktivität aus, die Olivia erschaudern ließ.

Eingekeilt zwischen stacheligen Ästen, verharrte sie in ihrer Deckung und beobachtete, wie Johnny in einer Illustrierten blätterte und dabei eine Zigarette rauchte. Zwar war sie sich nicht ganz sicher, wie viel Zeit seit ihrer Ankunft vergangen sein mochte, doch offenbar lange genug, um mit einiger Wahrscheinlichkeit anzunehmen, dass sich niemand sonst im Hause aufhielt. Weder hatte Johnny mit jemandem geredet noch das Ohr in Richtung der beiden Zimmerausgänge gewandt.

Olivia zwängte sich aus dem verfilzten Gestrüpp, die Haut dermaßen von Dornen zerkratzt, dass sie sich einen Kraftausdruck verkneifen musste. Nach einem verstohlenen Blick zu allen Seiten tappte sie die absackende Vordertreppe hinauf und klopfte an die Haustür. Das Ohr an die blasige Lackierung gepresst, lauschte sie auf ein Geräusch, hörte aber nichts. Sie pochte noch einmal.

»Abflug!«, dröhnte eine Stimme von drinnen. »Wir kaufen nix!«

Olivia straffte sich, ballte die Hand zur Faust und wummerte ein drittes Mal gegen die Tür.

»Ham Sie was an den Ohren? Ich sagte, wir kaufen nix!«

Olivia räusperte sich. »Ich habe nichts zu verkaufen, Johnny.«

Das wirkte. Das Fernsehgetöse verstummte; im Flur hallten Schritte.

Knirschend öffnete sich die Tür. Zum ersten Mal in ihrem Leben stand Olivia dem Mörder ihrer Eltern von Angesicht zu Angesicht gegenüber. Kaum eine Armeslänge von ihm entfernt, bekam sie mit, wie seine Mundwinkel sich unmerklich hoben und er ein kurzes, schroffes Lachen ausstieß, als er sie erkannte. Er trat einen Schritt auf sie zu und baute sich vor ihr auf wie ein Rockstar – Beine gegrätscht, Brust heraus, die Daumen in die Gürtelschlaufen der Jeans gehakt.

Sie rührte sich nicht vom Fleck. »Anscheinend haben Sie was von Ihren Habseligkeiten bei mir zu Hause liegen gelassen«, sagte sie. »Sind Sie nicht ein bisschen zu alt für Teddybären? Ich bin's auf jeden Fall.«

Johnny verkniff sich ein Grinsen. »Was soll der Zirkus?«

»Ich wollte Ihnen nur sagen, dass Sie mir keine Angst machen, Johnny Stasiuk. Was wäre denn als Nächstes geplant gewesen? Eine Schlange in meinem Bett? Eine Geisterfratze vor meinem Fenster? Leben Sie nicht allmählich lange genug auf diesem Planeten? Da müssten Sie so einem lachhaften Kinderkram doch eigentlich entwachsen sein!«

Er beugte sich vor, spähte die State Street hinauf und hinunter und wich, als ein einsames Fahrzeug vorbeifuhr, ein Stückchen in den Türrahmen zurück. »Da riskieren Sie aber Kopf und Kragen, dass Sie sich hierhertrauen, oder? Immerhin, kein Schwein mehr auf der Straße, die meisten Nachbarn schon in der Falle ... Muss man sich vorstellen – wenn da einer einfach so aufs Grundstück stiefelt und mich anmacht wie 'n Schwachmatiker, na, was bleibt mir da anderes übrig, als mich zu verteidigen?«

»Geschenkt, Johnny. Zieht bei mir nicht. Ihre Drohungen, Ihre dämlichen kleinen Geschenke, Ihre ganze Mache – das können Sie sich sonst wohin stecken.«

»Aua!«, sagte er mit einem hässlichen Grinsen. »Das trifft mich jetzt aber tief!«

»Die ganzen Jahre den Ring meiner Mutter zu verstecken – was sollte das? Stehen Sie so auf Souvenirs? Oder hat sich herausgestellt, dass der nicht viel einbringt?«

»Klingt mir so, als wollten Sie mir was anhängen.«

»Einsame Spitze«, zischte Olivia. »Und das mit dem Wisch – da haben Sie sich echt was einfallen lassen. Aber der Zyanid-Mörder war bislang konsequent. Der ändert nicht plötzlich seine Vorgehensweise, indem er Mitteilungen verschickt. Also, das ging gründlich daneben. Hat sicher 'ne Ewigkeit gedauert, so ein Zitat zu finden, wie? ›Alle auf unserer letzten Reise‹. Von Robert Louis Stevenson, stimmt's? Und dann das mit dem Gaukler. Irgendwie überzogen, finden Sie nicht? Machen Sie sich nichts vor, Johnny. Sie sind ebenso wenig der Killer wie ich!«

Von der Einfahrt hinter Olivia drang das Knirschen von Reifen auf Kies. Scheinwerfer verlöschten; das Brummen eines Motors erstarb. Als sie sich umdrehte, sah sie Yvonne Stasiuk, die über den Rasen auf sie zumarschiert kam.

»Was zum Teufel tun Sie auf meinem Grundstück?«

Haupt und Haarpracht der Matriarchin boten ein wahres Meisterstück der Frisierkunst: ein weißblonder Knoten, hochtoupiert und mit Haarspray fixiert, das kantige Gesicht darunter eingerahmt von einem Schwall Korkenzieherlocken.

»Ich sprach gerade mit Ihrem Herrn Sohn über die Geschenke, die er mir hat zukommen lassen«, erklärte Olivia, die Schultern gestrafft, das Kinn gereckt. »Und ich halte mich mit Vergnügen von Ihrem Grund und Boden fern, falls Johnny mir dieselbe Gefälligkeit erweist.«

»Verschwinden Sie«, zischte Yvonne Stasiuk im Näherkommen. »Können wir drauf verzichten, dass Sie hier antanzen und Ärger machen!«

»Diesen kleinen Höflichkeitsbesuch? Den bezeichnen Sie schon als Ärger? Also, lassen Sie's sich gesagt sein, und zwar alle beide: Falls Johnny sich noch mal solche Schoten erlaubt wie die bisherigen, zeige ich ihn an, ehe er Piep sagen kann. Im Übrigen muss ich mir scharf überlegen, ob ich ihn nicht sowieso vor den Kadi bringen soll.« Olivia rang nach

Fassung, während die Hausherrin einen weiteren Schritt auf sie zu tat, bis sie unter dem gelben Schein der Außenleuchte stand. »Ganz nebenbei, Mrs. Stasiuk: Hübsche Ohrstecker haben Sie da. Ich hatte mal genau die gleichen, aber irgendwie sind sie mir abhandengekommen, ungefähr in der dritten Augustwoche. Wann hat er sie Ihnen geschenkt?«

»Ich brauche Ihre Fragen nicht zu beantworten. Ein Mitglied meiner Familie zu belästigen – da haben Sie sich 'ne ziemliche Entgleisung geleistet. Wer Zoff vom Zaun brechen will, der kriegt ihn meistens auch. Also, bleiben Sie uns gefälligst vom Leibe, wenn Ihnen Ihr Leben lieb ist!«

»Das könnte ich als Drohung auslegen, Mrs. Stasiuk. Nehmen Sie sich in Acht! Abermals mit dem Gesetz in Konflikt zu geraten, das hätte Ihrer Familie sicher gerade noch gefehlt.«

Sie hatte, so Olivia insgeheim, eine Galavorstellung hingelegt – äußerlich eiskalt, obwohl sie innerlich loderte von jahrelang aufgestautem Hass, begleitet von einem derart kniewackligen Zittern, wie einzig Angst es auslösen konnte. Erst nachdem sie wieder wohlbehalten in Lorraines Toyota saß und die State Street hinter sich ließ, sah sie sich einigermaßen in der Lage, sich das Zwiegespräch zwischen Mutter und Sohn, das sie bei ihrem eiligen Abgang noch mitgehört hatte, zu vergegenwärtigen.

»Was war denn, Johnny, Schätzchen? Was wollte die?«

»Weiß der Geier. Hab ihr 'n paar Geschenke geschickt, aber sie dreht direkt am Rad. Manchen kann man aber auch gar nichts recht machen, verdammte Scheiße.«

»Nicht in diesem Ton, mein Hübscher!«

»Und faselt da was von 'nem Zettel ... Stevenson ... von 'ner Reise. Hab überhaupt nicht gerallt, wovon die da laberte.«

»Hat 'ne Meise, das Mädel. Ist wahrscheinlich nicht mehr ganz bei sich, seit die Eltern tot sind.«

Während die zwei noch lachten, knallte Olivia die Wagentür zu. In ihrer ganzen Hektik, den Wagen anzulassen und endlich von diesem Pärchen wegzukommen, hätte sie beinahe den Motor absaufen lassen.

Zwar hatte sie ihren Peiniger zur Rede gestellt, aber noch war's zu früh, sich zu gratulieren. Johnny Stasiuk war nicht der Zyanid-Killer. Das war klar. Aber dass er sich auf dem Zettel dafür ausgegeben hatte, davon war Olivia überzeugt. Zumindest war sie's bis vorhin gewesen.

Mörder lügen, so die Aussage ihres Onkels. Hatte Johnny also geschwindelt? Sogar seine heiß geliebte Mutter angelogen? War der Zettel Teil der Terror-Kampagne gewesen, mit der er Olivia in den Wahnsinn treiben wollte? Es konnte nicht anders sein.

Falls doch, stand Olivia vor einem neuen Problem: Wer war der Gaukler? Und was mochte er von ihr wollen?

## 60. KAPITEL

Noch einmal betrat Olivia ein leeres Haus, diesmal jedoch mit einem größeren Gefühl der Sicherheit. Sie wusste, wo ihr Feind stand. Im Augenblick zumindest lauerte er nicht in irgendwelchen dunklen Ecken der Hemlock Lane. Dennoch überprüfte sie sowohl die Haus- als auch die Hintertür, sicherte die Riegel und stieg die Kellertreppe hinunter, um die fünf Kellerfenster zu inspizieren. Allesamt fest verriegelt. Keinerlei Anzeichen, dass sich jemand an ihnen zu schaffen gemacht hätte.

Einen Wimpernschlag lang verspürte sie wie einen Nadelstich: *Irgendetwas übersiehst du.* Mit gelockerten Schultern blieb sie regungslos stehen, doch was immer ihr da diesen flüchtigen Anstoß gegeben haben mochte – es wollte sich nicht wieder einstellen. Sie kehrte zurück in die Küche, stöpselte den elektrischen Teekessel ein und zerriss den lächerlichen Zettel, den sie für Tony auf den Kühlschrank gelegt hatte. *Bin zur State Street. Hab da eine Kleinigkeit zu erledigen. Wenn du nach Hause kommst und ich noch nicht zurück sein sollte, hat mich Johnny Stasiuk.*

Dein Feind!, so zuckte es ihr durch den Kopf. Aber nicht notwendigerweise *der* Feind.

Wie seine Schwester schon sagte: Johnny war gerissener – gerissen genug, um sich an Olivias Plüschteddybären auf dem Bild in der Zeitung zu erinnern. Hartnäckig genug, um ein ähnlich antiquiertes Telefon aufzutreiben wie das Gerät, mit dem er auf Olivias Eltern losgegangen war. Geduldig genug, um all die Jahre den Topasring verborgen zu halten und ihn exakt zur passenden Gelegenheit wieder auftauchen zu lassen. Und abartig genug, um das Ganze überhaupt zu planen. Dass er zwei Menschen auf dem Gewissen hatte, reute ihn offenbar kein bisschen. Noch immer hallte in Olivias Ohren sein Gelächter, das, während sie zu ihrem Wagen rannte, die abendliche Stille zerriss, das schrille Gackern der Mutter dazu ein misstönendes Echo. Abgrundtiefe Boshaftigkeit – ja, die traute Olivia ihm ohne Weiteres zu. Inzwischen jedoch war sie überzeugt, dass er und der Gaukler mitnichten ein- und dieselbe Person waren.

In einem jähen Wutanfall feuerte der Gaukler die Zeitung durchs Zimmer. Der Zorn raubte ihm die Luft, als habe er einen Tiefschlag erhalten. Mit einer heftigen Handbewegung wischte er sich die perlenden Schweißtropfen von der Stirn.

Dabei war der Artikel im *Sentinel* relativ kurz, nahm er doch nur ein Sechstel der Titelseite ein. Was allerdings dem Gaukler durch den Leib zuckte wie ein Messerstich, das war die Schlagzeile.

**POLIZEI HAT KILLER IM VISIER. Festnahme steht unmittelbar bevor. Von Olivia Laszlo-Amato.**

Sie waren eine List, die Worte. Sie sollten brennen, als habe er sich einen Schuss Frostschutzmittel gespritzt. *Der Mörder hat Fehler gemacht. Er wird noch mehr begehen.*

Bullshit! Absoluter Schwachsinn. Völlig aus der Luft gegriffen. Erstunken und erlogen, um ihn aus der Reserve zu locken. Damit er das große Nervenflattern kriegte.

Alles für die Katz! Er war kompromisslos. Begnadet. Selbstbewusst. Seine Winkelzüge, sie waren einsame Spitze. Ausgerichtet auf einen Abschluss mit Glanz und Gloria. Genau wie sein nächster Zug. Ein Ablenkungsmanöver. Eine alternative Form von ... Erholung.

Es gab Zeiten, da brauchte man sich die Hände nicht schmutzig zu machen. Es gab aber auch solche, da bekam man schon mal Dreck an die Finger.

Am Samstagmorgen befand sich Olivia auf dem Heimweg nach einer mörderischen Inlinetour durch den Matheson Park. Es war, als säße Johnny Stasiuk ihr nach wie vor im Nacken. Dabei hatten sowohl Tony als auch Pete, die inzwischen wussten, dass der älteste Stasiuk-Spross der Überbringer der makabren Präsente gewesen war, ihr versichert, dass keine weiteren folgen würden. Nichts fürchtete Johnny mehr als den Knast, und deshalb hatte Petes spätabendlicher Abstecher zur State Street Nummer 226 gereicht, um Johnny zu einem Rückzieher zu bewegen. Allein, der Dämon der Stasiuks, der Olivia zwei Jahrzehnte lang gepeinigt hatte, ließ sich nicht so leicht austreiben.

*Wenn ich auf meinen Inlinern genug Tempo mache, wirst du mich niemals erwischen, Johnny!*

Sechs Mal war sie die acht Kilometer lange Parkrunde gelaufen, während Tony mit dem Hinweis, er sei nach seinem morgendlichen Fußballtraining zu kaputt, abgewinkt hatte. »Pete hat sich heute Morgen aufgerafft und ist mit zum Bolzen«, hatte er gebrummt und dabei den Blick von seinem Buch gehoben, wieder so einer ledergebundenen Schwarte, in der er gerade schmökerte. »Ich dachte, es würde ihm ganz guttun.«

»Und? War's so?«

»Der rennt noch Gegnern auf und davon, die halb so

alt sind wie er. Dein Onkel spielt auf Sieg. Falls Ausdauer, Tempo und Entschlossenheit verlässliche Indikatoren sind, kriegt er den Zyanid-Killer. Wenn Pete den nicht packt, dann schafft das keiner!«

Das ist es ja gerade, dachte Olivia verbittert. Vielleicht kann's ja keiner.

Eigentlich hatte sie gehofft, im Laufe der Zeit und durch die körperliche Betätigung würde sich ihr eine Möglichkeit eröffnen, die ihr bisher noch nicht eingefallen war, eine andere Antwort auf das Chaos, welches in ihrem Inneren tobte und sie innerlich zerbröseln ließ wie eine ausgelaugte Ackerkrume. Stattdessen wurde sie verfolgt von einem immer wiederkehrenden, grauenvollen Gedanken, der sie tief bis ins Mark erschütterte und mit Entsetzen erfüllte. Mehrmals im Zuge ihrer Tour durch den Park war sie davon überzeugt, sie müsse schier zusammenbrechen unter der Wucht dessen, was sich, so ihre Befürchtung, durchaus als wahr erweisen konnte. Sie steigerte das Tempo, legte sich noch härter ins Zeug und spürte mit jedem keuchenden Atemzug, mit jedem Vorwärtsschwung des Körpers die schweißnasse Kleidung auf ihrer Haut.

Als sie in die Hemlock Lane einbog, erspähte sie Claire Marshall, die ihr von der vorderen Veranda aus zuwinkte. »Ich habe gerade Kaffee gemacht!«, rief ihre Nachbarin. »Komm doch rüber!«

Etwas verblüffend fand Olivia die Einladung schon. Claire Marshall war immerhin fast 20 Jahre älter als sie. Gleichwohl verdrängte sie ihre Erschöpfung sowie ihre düstere Stimmung und lenkte ihre Skates über die Straße. Nur einmal hatte sie bisher das imposante georgianische Haus der Marshalls von innen gesehen, vor Jahren nämlich, als sie bei einer Aktion der Pfadfinderinnen dem Ehepaar eine Schachtel Kekse aufgeschwatzt hatte.

Olivia hockte sich auf eine der Steinstufen und hörte, als sie die Skates abschnallte, das scharfe Ratschen der Klettverschlüsse. Auf Socken tappte sie Claire hinterdrein in die Küche, wobei sie verstohlen einen neugierigen Blick in den blitzblanken Wohnbereich und das edel vertäfelte Arbeitszimmer warf, wo Donovan auf der Couch eingenickt war, die Zeitung auseinandergefaltet auf der Brust. Weitere Zeitungsseiten lagen auf dem Teppich verstreut.

»Ehrlich«, bemerkte Claire. »Was haben die Kerle bloß mit ihren Zeitungen am Samstagmorgen? Donovan ist nicht eher zufrieden, als bis er seine Pressedosis intus hat – *Sentinel, Globe, Mail* und *New York Times*. Und solange nicht alles über die ganze Bude verteilt ist, taugt es nicht.«

»Das ist drüben bei uns nicht anders«, unterstrich Olivia. »Je größer das Durcheinander, desto besser. Überall Zeitungen.«

Claire goss Kaffee in Porzellanbecher, bot Olivia einen davon an und bat sie mit einer Handbewegung an einen langen Kiefernesstisch, auf den sie noch Kaffeesahne, Zucker und einen Teller Brownies stellte. »Weißt du«, begann sie, »meine Bemerkung bei der Beerdigung, die war ernst gemeint. Falls ihr irgendwas braucht oder ich irgendetwas tun kann ... Ich komme mir so hilflos vor. Es muss furchtbar sein für euch alle.«

Olivia nickte zustimmend. »Es geht. Aber so gerade. Es vergeht keine Stunde, in der ich nicht an Lorraine ...«

»Sicher nicht leicht für euch. In dem Haus ...«

»Und ob. Überall wird man an sie erinnert. Aber Tony und ich, wir ziehen bald aus. Termin ist am fünfzehnten Dezember. Ob Onkel Pete allein im Hause wohnen bleibt, weiß ich nicht. Er steht noch ziemlich neben sich. Wird immer weniger, geistert die ganze Nacht herum ...«

»Er hat Lorraine abgöttisch geliebt ...«

Olivia musste sich blinzelnd die Tränen verkneifen, denn Erinnerungen an glücklichere Zeiten fielen sie an. Nach der harten Trainingseinheit völlig ausgehungert, hörte sie das Knurren ihres Magens und fühlte, wie ihr die Röte warm ins Gesicht stieg. Urplötzlich verspürte sie einen Heißhunger auf ein Roggenbrotsandwich mit Räuchertruthahn, begnügte sich jedoch mit einem der schokoladenbraunen Vierecke, dunkle, mächtige Dinger, die sonst gar nicht ihr Geschmack waren. Trotzdem verputzte sie gleich noch eines und sparte nicht mit Lob für den Bäcker – die 12-jährige Kristen, wie sich herausstellte.

»Mrs. Marshall«, fragte sie, »kannten Sie meine Tante näher? Ich meine ... waren Sie mit ihr befreundet?« Ihre Nachbarin einfach zu duzen, das traute sie sich nicht.

»Ich wünschte, es wäre so gewesen«, gab Claire zurück. »Aber die Zeit verging wie im Fluge, und die Möglichkeit für eine nähere Bekanntschaft, die hat sich einfach nicht ergeben. Doch ich hielt große Stücke auf sie. Donovan auch. Ist noch gar nicht so lange her, da haben Lorraine und ich es immerhin geschafft, im Regal Grille eine Tasse Kaffee zu trinken.«

»Was für einen Eindruck machte sie da auf Sie?«

»Eindruck? Wieso?«

Olivia zögerte, unschlüssig, wie viel sie sagen sollte. Ein Wust von Fragen wirbelte ihr durch den Kopf, und schließlich brach es aus ihr heraus. »Kam sie Ihnen traurig vor? Mit den Gedanken woanders? Nicht ganz sie selbst?«

Claire lenkte den Blick durch die dreifach verglaste Terrassentür zum Garten und starrte auf die teerschwarze Abdeckplane über dem Swimmingpool. In der Mitte hatte sich eine große Lache gebildet; ein Sammelsurium welker Blätter schwamm auf der Oberfläche. Das Schweigen hielt dermaßen lange an, dass Olivia sich schon fragte, ob ihre Nachbarin die Frage überhaupt gehört oder ob urplötzlich die Wirkung eines Beruhigungsmittels eingesetzt hatte.

»Doch«, sagte sie nach einer Weile, den Blick wieder auf Olivia gerichtet. »Irgendwie war sie anders. Ich weiß nicht genau, wie ich's beschreiben soll. Heimlichtuerisch vielleicht. Und traurig vermutlich auch, ja. Ich hab sie ermuntert, sich mir anzuvertrauen. Oder sonst jemandem. Ich konnte sie aber nicht dazu bringen, sich zu offenbaren.«

»Zu Hause war sie auch sehr in sich gekehrt. Falls sie da war, was im letzten Jahr eher Seltenheitswert hatte.«

Claire schlug die Augen nieder. »Ist mir nicht entgangen.«

Drängend bohrte Olivia nach. »Sie wissen doch etwas! Was ist es?«

Claire wehrte mit energischem Kopfschütteln ab. »Nein, keineswegs. Zumindest bin ich nicht sicher ...«

»Aber 'nen Verdacht, den hegen Sie schon ...«

Claire umfasste den Kaffeebecher mit beiden Händen und presste heftig die gespitzten Lippen darauf. Erst als er bis zur Neige geleert war, holte sie Luft. »Ich dachte ... ach, es fällt mir nicht leicht ... du bist ihre Nichte ...«

Olivia wartete wortlos ab.

»Ich glaube, sie hatte eine Affäre.«

Die vielen Überstunden. Die verstohlenen Telefonate. Eine ungeöffnete Weinflasche. Eine Silberhochzeitsparty, an der Lorraine keine Freude hatte. Petes Übernachtungen auf der Couch. Vor alledem hatte Olivia die Augen verschlossen, denn ihre Tante und ihr Onkel waren schon so lange ein Paar. Aber die Anzeichen waren unübersehbar gewesen.

»Hat sie's Ihnen gestanden?«

»Nein. Weit gefehlt. Im Gegenteil, als ich's ihr auf den Kopf zusagte, stritt sie es ab.«

»Wann war das?«

»Bei der Party. Ich hielt ihr vor, wie sehr ihr Mann sie liebe, und bat sie, darüber nachzudenken, was sie da aufs Spiel setze ...«

»Und wie hat sie reagiert?«

»Sie behauptete, sie wisse nicht, wovon ich redete.«

»Trotzdem glauben Sie, sie traf sich mit jemandem?«

Claire ließ den Kopf hängen. »Ja, allerdings.«

»Und Sie wissen, mit wem?«

»Ich hatte eine Vermutung. Ich hab sie drauf angesprochen und offensichtlich einen Nerv getroffen.«

Claire schilderte ihr einen groß gewachsenen, schlanken Herrn mit olivenfarbenem Teint und leicht gewelltem braunem Haar. Sie berichtete Olivia, der Mann sei auf der Party gewesen, und beschrieb auch, wie er angezogen war. Bei der Trauerfeier habe er hinten in der Kirche gesessen, nach dem Requiem mit niemandem gesprochen und sowohl die Bestattung als auch die Totenwache in der Friedhofskapelle ausgelassen. Seinen Namen kannte Claire nicht. Aber Olivia kannte ihn.

Das Privatleben der Lorraine Szilagyi, so ihr Verdacht, würde vermutlich bald an Privatsphäre verlieren. Das fand Olivia zwar bedauerlich, doch ihre Kinnpartie nahm einen energischen Zug an. Was immer auch am Ende hinter der geheimnisvollen Geschichte ihrer Tante stecken mochte – von einem war Olivia überzeugt: Allmählich tastete sie sich an ihren Mörder heran.

## 61. KAPITEL

Das restliche Wochenende zog sich im Kriechtempo hin; jede einzelne Stunde dehnte sich dermaßen quälend, bis Olivia glaubte, sie müsse schier durchdrehen. Fragen bedurften der Aufklärung, doch darauf würde sie wohl bis Montag warten müssen. Tony spürte ihre Anspannung und plante so viele Aktivitäten wie möglich fürs Wochenende – einen ausgedehnten Spaziergang, ein spätes Mittagessen in der Stadt, einen Kinobesuch, alles mit dem Ziel, Olivia von Lorraines Tod abzulenken. Sie setzte zwar ein Lächeln auf, doch ihre Gedanken drehten sich permanent um einen alles beherrschenden Dreiklang: Opfer, Zyanid, Motiv. Sie brauchte Zeit zum Überlegen, zum Ordnen ihrer Erkenntnisse, um deren logischen Zusammenhang zu begreifen. Falls das überhaupt ging. Am liebsten hätte sie sich mit niemandem abgegeben, weder mit Tony noch mit sonst irgendjemandem. Dennoch, so ihre Vermutung, empfahl es sich wohl, weiter aktiv zu bleiben, denn dadurch verminderte sich das Risiko, dass jemand sie durchschaute und womöglich erfasste, warum sie so angeekelt und rasend war. Im Dunkel des Kinosaals dachte sie an den Gaukler und kratzte sich die Arme blutig.

Pete lehnte Tonys Einladung ab, sich ihnen doch anzuschließen. Dazu sei er nicht in der rechten Stimmung, beschied er Tony, der ihm eindringlich vorhielt, er müsse sich mehr unter Menschen begeben. Dass Inspector Newell inzwischen die Ermittlungen im Mordfall »Bittermandel« federführend leitete, hatte Petes Gefühlsleben einen weiteren schweren Schlag versetzt. Die Aufklärung des Mordes an seiner Frau hatte man ihm entzogen, auch wenn er weiterhin die Ermittlungsarbeiten in den übrigen Fällen koordinierte. Er fiel zusehends vom Fleische und flüchtete sich in Erinnerungen an Lorraine, indem er ihre Lieblings-CDs spielte und sich in Fotoalben vergrub. Er sprach nie von ihr, merkte aber wiederholt an, dass er den Dreckskerl, der sie auf dem Gewissen hatte, fassen wolle. Tony bekam es deswegen schon mit der Angst zu tun, weil, wie er Olivia gegenüber gestand, nicht abzusehen war, wie ihr Onkel wohl reagieren würde, falls er ihn fand.

Am Sonntag bot Olivia sich an, Petes und Lorraines Schlafzimmersuite und Bad zu reinigen. Ihr Onkel konnte sich immer noch nicht dazu durchringen, auch nur eine Stunde dort zu verbringen, sodass die Möbel inzwischen mit einer dünnen Staubschicht überzogen waren. Sobald Pete am Sonntag aus dem Haus war, inspizierte Olivia Schubladen, wühlte in Jackentaschen und durchsuchte Lorraines Handtasche nach Anhaltspunkten für eine Liaison – etwa ein Streichholzheftchen von einem abgelegenen Club, neue Dessous, die Spur eines unbekannten Männerparfüms, das noch an den Kleidungsstücken ihrer Tante haftete. Dass sie nichts dergleichen fand, erfüllte sie mit Erleichterung. Vielleicht lag Claire Marshall ja falsch mit ihrem Verdacht. Es würde sich bald herausstellen. Olivia schob die Doppelfalttüren des Kleiderschranks zu, wobei sie beim Anblick von Lorraines Schuhkollektion, einem Sortiment in allen Regenbogenfarben, einen kurzen Stich verspürte. Über die Jahre war ihre Leidenschaft für modisches Schuhwerk häufig Anlass für Frotzeleien gewesen, wobei Pete und Olivia ihr scherzhaft angedroht hatten, auf ihrem Grabstein werde einmal folgender Spruch eingemeißelt stehen:

Hier ruht Lorraine Szilagyi, die partout nicht an Stilett-Pumps vorbeigehen konnte.

Im Badezimmer der Suite, im Waschbeckenunterschrank mit Lorraines Vitaminen, Schaumbädern und Kosmetika, stieß Olivia auf ein Fläschchen, das sie stocken ließ. Dreimal las sie sich das Etikett durch, dachte dabei an die schlanke Figur ihrer Tante, an ihr Streben nach optimaler Gesundheit, und war verdutzt. Das Fläschchen stand verborgen ganz hinten im Schrank, fernab von neugierigen Blicken. Olivia wurde ganz unbehaglich zumute.

Am Montagmorgen tankte sie den Wagen voll und düste zur Uni in Bryce Beach, wo die Studenten gerade zu ihren morgendlichen Veranstaltungen strömten. Alle sahen sie aus wie ihre eigenen Klone in ihren Joggingschuhen und Jeans, eintönigen Kapuzensweatshirts und Baseballkappen. Da über Nacht die Temperatur urplötzlich abgestürzt war, hasteten alle in forschem Tempo über den Campus. Luftschlangen aus Toilettenpapier baumelten noch von den nackten Ästen der Bäume, Überbleibsel der feuchtfröhlichen Halloweenfete vom Abend zuvor.

Nachdem sie den Parkplatzwärter in seinem Kabuff nach dem Weg gefragt hatte, machte sie sich auf zur Fakultät für Gesundheitswissenschaften, wo Lorraine ihr Büro hatte. Sie erklärte einer ihr bekannt vorkommenden Sekretärin, wer sie war, und sagte ihr, sie sei gekommen, um die persönlichen Gegenstände ihrer Tante abzuholen.

»Wir alle hier vermissen Lorraine«, seufzte die Frau. »Ach, es ist entsetzlich!« Ihre helmähnliche Haarpracht umrahmte ihren Kopf wie die Kapuze einer Mönchskutte. Sie hatte an der Beerdigung teilgenommen und sich vorgestellt, aber ihr Name war Olivia gleich wieder entfallen. An was sie sich erinnerte, war das centstückgroße, warzenähnliche Muttermal an der rechten Schläfe – ein bedauerlicher Makel in einem ansonsten hübschen Gesicht. »Eine solch nette Person! Und immer zu einem Späßchen aufgelegt!«

So war sie wirklich, dachte Olivia bei sich, obwohl sie diese Seite an ihrer Tante schon lange nicht mehr gesehen hatte. Wieder einmal durchlief sie ein Wechselbad der Gefühle – Zorn, Trauer und ein anderes, welches sich nicht länger abstreiten ließ: Hass. Sie verdrängte diese Emotionen, denn sie laugten sie aus, nahmen ihr alle Kraft. Vor allen Dingen durfte sie nicht zulassen, dass diese Empfindungen sie betrogen.

»Ihren Mann muss es sicher hart treffen«, bemerkte die Sekretärin. »Der war sonst andauernd hier. Er wartete auf sie vor dem Mittagessen, brachte ihr Muffins und 'ne Tasse Kaffee, oder er kam einfach nur auf einen Sprung vorbei, um mal zu gucken, wie ihr Tag so lief.«

»Er macht im Augenblick Schweres durch.«

Da sie nicht wusste, was sie sonst noch sagen sollte, bedachte die Frau Olivia mit einem mitfühlenden Blick und fing an, die Aktenstapel auf dem Schreibtisch zu sortieren. Olivia huschte daraufhin in Lorraines Büro und räumte die Dinge, von denen sie wusste, dass sie Lorraine gehörten, in einen mitgebrachten Beutel – Zahnbürste, Kamm, Tagesplaner, ein edles Marken-Schreibset, das Olivia ihr zum bestandenen Master-Examen geschenkt hatte. Auch ein Adressbüchlein war dabei, ein Mini-Ordner mit herausnehmbaren Seiten. Offenbar hatte Lorraine sich ein ausgedehntes Netzwerk an Bekannten aufgebaut, Kontakte sowohl an der Uni als auch in der Klinik. Merkwürdigerweise fand sich indes kein Eintrag mit dem Anfangsbuchstaben R. Beunruhigt von diesem nervenden Detail, ließ Olivia das Adressbuch in ihre Handtasche gleiten, um sich anschließend dem Telefon ihrer Tante zuzuwenden.

Zum schnelleren Zugriff war das Gerät mit einer Speicherkapazität für sechs Schnellwahlnummern ausgerüstet. Lorraine oder eine andere Person hatte die zugehörigen Zahlen ausgedruckt und jeweils unter die durchsichtige Hartplastikabdeckung geschoben. Aufgelistet waren ihre Rufnummer zu Hause, Petes und Tonys Dienstapparate, die Redaktion des *Sentinel* und das Fitnessstudio der Uni. Eine Zahl fehlte; das Zettelchen war entfernt worden. Olivia hob den Hörer ab und drückte die Nummer sechs, aber es tat sich nichts.

Sie durchkämmte die übrigen Schreibtischschubladen, sah unter der Schreibtischauflage nach und überflog die Bücherregale, doch die wenigen Utensilien, die ihre Tante mit in ihr Dienstzimmer gebracht hatte, befanden sich bereits in Olivias Beutel. Noch so ein beklemmendes Detail. Der eigene Arbeitsplatz in der Redaktion fiel ihr ein – geordnet, ja, und so zweckdienlich wie möglich, doch trotzdem fand sich noch ein Plätzchen für eine gerahmte Fotografie von Tony, und an ihrer Korkpinnwand hing, mit Heftzwecken befestigt, ein farbenprächtiger polynesischer Blumenkranz, ein Mitbringsel von ihren Flitterwochen auf Hawaii.

Hier aber waren keine Bilder.

Olivia schloss die Tür zu dem Raum, in dem ihre Tante einen solch großen Teil ihrer Zeit verbracht hatte. Sie bedankte sich bei der Sekretärin für das Entgegenkommen und bahnte sich dann einen Weg durch eine weitere olivgrün und grau gekleidete Studentenmeute, bis sie wieder an die frische Luft kam.

Eine dichte Wolkenschicht überzog den Himmel. Es sah nach Schnee aus, möglicherweise schon zum Wochenende, falls man den Meteorologen von Channel 4 trauen durfte. Dabei war es erst Anfang November. Vorbei an der Bibliothek und dem Sportzentrum eilte Olivia über das Campusgeviert auf den Komplex zu, der die ingenieurwissenschaftliche Fakultät beherbergte. Der Bau war ein hässliches Überbleibsel aus den 1960er-Jahren, eine Kuriosität auf einem Gelände, dessen übrige Gebäude entweder aus altehrwürdigen, efeuberankten Tudorvillen bestanden oder aus modernen Kästen aus Glas und Stahl. Ein aus Beton gegossener Torbogen schirmte den Zugang zum Trakt ab und gab Olivia das Gefühl, als gehe sie an Bord eines Raumschiffes.

Ein hypertrendiger Typ mit schwarzer Hornbrille und übertrieben langen Koteletten hielt ihr die Tür auf und zeigte ihr an, wo das von ihr gesuchte Büro lag. Olivia hatte sich vorgenommen, tunlichst sachlich zu bleiben und sich nicht von voreiligen Schlüssen leiten zu lassen. Als sie jedoch Marc Renauds Dienstzimmer betrat, sah sie auf den ersten Blick, dass der Ausdruck auf seinem Gesicht nur eine Folgerung zuließ.

Claire Marshall hatte richtig gelegen.

»Professor Renaud?«

»Marc«, sagte er und stand auf. »Bitte.«

Er bat sie mit einem Wink, Platz zu nehmen. Die Spannung im Zimmer war mit Händen zu greifen, der Mund des Professors zu einer starren Linie verkniffen. Als Renaud zu seinem Stuhl zurückkehrte, krampften sich seine Finger um die Armlehnen.

»Ich habe letzte Woche versucht, Sie telefonisch zu erreichen. Man sagte mir aber, Sie seien zu einer Tagung.«

»Bin gestern Abend erst zurück. Leider nichts allzu Weltbewegendes. Was kann ich für Sie tun?«

»Sie waren doch bei der Silberhochzeitsfeier meiner Tante und meines Onkels. Und bei der Beerdigung sah ich Sie ebenfalls. Es bot sich allerdings keine Gelegenheit zu einem Gespräch.«

»Nein.« In seiner Stimme lag ein bedauernder Unterton. Und noch etwas: Verlegenheit? »Ich wollte mich nicht aufdrängen. Aber Ihre Tante war eine gute Freundin. Mein tief empfundenes Beileid.«

Renaud besaß das kernige, robuste Aussehen eines Mannes, der sich viel in der freien Natur aufhält, eines Seglers oder Felsenkletterers etwa, mit schlanker und doch athletischer Statur und zerzaustem Kraushaar, das ihm bis über den Hemdkragen reichte. Rein äußerlich, so Olivia, ließ sich nachvollziehen, dass er auf Frauen wirkte.

»Vermutlich können Sie sich denken, warum ich Sie aufsuche«, sagte sie.

Der Professor wand sich unmerklich in seinem Schreibtischsessel. »Ich bin nicht sicher.«

»Sie und meine Tante – das war mehr als Freundschaft, nicht wahr?«

In seinen Augen flammte ein kurzes Flackern auf, nur für den Bruchteil einer Sekunde. Olivia dachte schon, er werde es wohl abstreiten. Stattdessen sagte er: »Ich liebte sie. Und sie empfand das Gleiche für mich.«

»Es war nicht geplant. Es ist einfach passiert.«

Sein Gesichtsausdruck wich einer gereizten Miene. »Werten Sie unser Verhältnis nicht durch abgedroschene Phrasen ab, Ms. Amato«, erwiderte er. »Lorraine und ich, wir waren jahrelang befreundet. Enger wurde diese Freundschaft erst, als ihre Ehe …«

»… hoffnungslos zerrüttet war?«

Seine Lippen verkniffen sich noch enger. »Klar, Sie trauern um sie. Aber das tue ich auch. Mehr als Sie ahnen.«

»Heraus damit: Trauern Sie um meine Tante oder um ihr Geld?«

Er legte die Stirn in Falten – ein Ausdruck des Zorns, gemischt mit Verwirrung. »Wovon reden Sie da, zum Teufel? Welches Geld?«

»Ihre Erbschaft. Einige Millionen. War's nicht das, was Sie an ihr so faszinierte?«

Renaud fuhr hoch. »Ich betrachte unser Gespräch als beendet. Von Geld ist mir nicht das Geringste bekannt. Und ob Ihnen meine Beziehung zu Ihrer Tante passt oder nicht, spielt für mich keine Rolle. Sie finden sicher allein hinaus.«

Sie setzte hastig nach. »Sie haben versucht, sämtliche Spuren der Affäre zu verwischen. Sie waren in Lorraines Büro, entfernten Ihre Telefonnummer aus dem Schnellspeicher und lösten eine Seite aus ihrem Adressbuch heraus.«

Der Professor beugte sich über den Schreibtisch und blickte Olivia mit seinen graugrünen Augen unverwandt an. »Nochmals: Ich habe keine Ahnung, wovon Sie reden. Und auf keinen Fall war ich im Büro Ihrer Tante.«

»Schon gut«, seufzte Olivia. Wieder einmal zerfiel ein Teil von ihr zu Staub. »Ganz offenbar nicht!«

Das klagende Heulen des Wasserkessels wetteiferte mit dem Klingelton des auf der Arbeitsplatte stehenden Telefons. Olivia zog den Stecker des Elektrogeräts, nahm das Gespräch entgegen, damit Tony nicht geweckt wurde, und goss das kochende Wasser in die Teekanne.

»Hallo? ... nein, ist nicht zu spät. Ich bin noch auf ... Weg? Was soll das heißen? Wie viel?« Da ihr die Beine den Dienst versagten, griff sie nach einem Hocker und stützte sich, am ganzen Leibe zitternd, darauf ab. »Das kann nicht sein! Dafür muss es eine Erklärung geben!« Ihre Stimme wollte nicht wahrhaben, was sie selbst schon seit Tagen vermutete.

Während sie lauschte, rann ihr ein kalter Schauer durch den Leib. Sie war der Spur des Giftes gefolgt und hatte es gefunden – genauer gesagt dort, wo es hingehörte. Im Endeffekt hatte sie nun, was sie wollte: eine Antwort. Was sie da aber gerade erfahren hatte, erfüllte sie mit nacktem Entsetzen. Stumm hörte sie zu, während die Stimme am anderen Ende ihr die grausige Nachricht überbrachte.

Nach einiger Zeit raffte sie sich zu einer Erwiderung auf. »Ja, Ich weiß, was das bedeutet. Und ich werde dabei helfen ... Da gibt's nichts zu überlegen. Es kann nicht anders sein ... Ja, das sehe ich ein ... Wird gemacht. Und vielen Dank.«

Der Hörer entglitt ihrer Hand; sie fing ihn gerade noch ab, ehe er auf die Gabel knallte. Ihr war schwindlig; im Kopfe drehte sich alles. Mit Mühe zwang sie sich zu den routinemäßigen Handgriffen, schenkte sich Tee ein und nippte vorsichtig an dem dampfenden Sud, bedrängt von einer eiskalten Angst, die ihr über die Schulterblätter kroch und Zoll für Zoll ihren Körper erfasste, bis sie starr war vor Kälte.

Nach dem, was sie soeben erfahren hatte, war es mehr als fraglich, ob ihr je wieder warm werden würde.

## 62. KAPITEL

Manche meinen, Veränderungen im menschlichen Verhalten könne man im direkten Zusammenhang zum Vollmond sehen. An diesem Abend stand der Mond zwar im letzten Viertel seiner Bahn, aber das Stimmungspendel von Otto J. Sparks schlug weit und schnell aus.

»Macht euch bereit! Das Ende ist nahe!«

»Hey, du Spinner!« Die Spucke, die im hohen Bogen aus dem Beifahrerfenster eines vorbeizischenden Ford Focus segelte, verfehlte ihr Ziel um Haaresbreite.

»Mann, Fenster rauf, du Armleuchter!«, krakeelte der Fahrer. »Wird arschkalt hier drin!«

Otto Sparks war es gewohnt, dass er für Heerscharen von Agnostikern als Zielscheibe des Spotts herhalten musste. Die zwei, die kurz angehalten hatten, äußerten sich höchstens lautstärker als die übrigen Skeptiker, von denen die meisten seinem Einkaufszeilensermon mit großen Augen und offenem Mund begegneten oder so schnell wie möglich die Straßenseite wechselten. Dass Otto sich an diesem Abend ausgerechnet den schneematschbedeckten Bürgersteig vor dem Geschäft der Wheelers ausgesucht hatte, war Zufall. Wie die übrigen Shops im Stadtzentrum war der Feinkostladen bereits seit Stunden geschlossen, sodass Otto letztendlich nur Ziegeln, Glas und dem Mond predigte. Und einem Zuhörer.

Aus der Deckung im Durchgang zwischen der Apotheke und dem Feinkostladen, verborgen hinter einer schmiedeeisernen Feuertreppe, sah der Gaukler in amüsiertem Schweigen zu, wie Sparks knappe sieben Meter von ihm entfernt hin und her tigerte. Außer den Stimmen, die in seinem gepeinigten Hirnkasten hallten, nahm er offenbar nichts wahr. Bekleidet nur mit einem schneeverkrusteten karierten Holzfällerhemd, hatte er sich die handschuhlosen Hände unter die Achseln geklemmt, von wo sie in regelmäßigen Abständen auftauchten, um sich über blaurot angelaufene Ohren zu legen. Er musste völlig durchgefroren sein. Bestimmt würde er in absehbarer Zeit kapitulieren und den Heimweg antreten.

»Hört die Mahnung! Die Stunde des Gerichtes ist nahe!«

Ottos Botschaft war inbrünstig, seine Stimme jedoch heiser und die Lautstärke einige Dezibel niedriger als noch zu Beginn seiner Predigt gut eine Stunde zuvor. Seine streusalzverschmierten Stiefel platschten auch nicht mehr glucksend durch den Schneematsch. Vielmehr schlurfte Otto niedergeschlagen und schleppenden Schrittes über den Gehweg.

Lächelnd sah der Gaukler, wie Otto prüfend den Blick zum Himmel hob, als schwebe dort zwischen den massigen Wolken eine Antwort auf jene mannigfaltigen Fragen, die seine Tage und Nächte heimsuchten. Schließlich ließ er den Kopf hängen. »Sie sehen die Zeichen und wollen doch nicht glauben!«

Ein einsames Fahrzeug glitt vorbei. Reifen rutschten über die glitschige Fahrbahn.

»He, Otto!«

»Hä?« Sparks spähte in die Gasse.

Der Gaukler grinste. Wartete ab.

Noch einmal. »He, Otto!« Leise. Beruhigend.

»Wer da?«

Wieder Stille. Dann: »Ich glaube dir.«

Otto trat in den Durchlass, die Füße schon nicht mehr so schleppend wie zuvor. »Zeige dich, Bruder!«

Mit einem Ausfallschritt schob sich der Gaukler hinter der Metalltreppe hervor. »Du bist ein Mensch mit großen Visionen. Diejenigen, welche nicht sehen, sind Toren. Ihnen wird keine Rettung zuteil.«

»Ja, ja! Du glaubst wahrhaftig. Ich kann es fühlen!«

Ottos letzte Schritte brachten ihn bis auf Armeslänge an seine Einmanngemeinde heran. Der Gaukler nahm Mundgeruch war, gewahrte das klatschnasse Haar des selbst ernannten Predigers, das völlig durchweichte Hemd. Er hätte, so seine Überlegung, den Mann an das Treppengeländer fesseln können. Bis zum Morgen wäre Otto an Unterkühlung gestorben. Ein teuflischer Schabernack – so würde es im *Sentinel* stehen.

Das aber reichte nicht. Mehr Raserei war gefordert. Mehr Drunter und Drüber. Mehr Spaß.

Sparks strahlte übers ganze Gesicht. »Endlich habe ich dich gefunden!« Falls ihm am Äußeren seines vermeintlichen Glaubensbruders irgendetwas sonderbar vorkam – gigantische Überschuhe, kapuzenbewehrter Wegwerfponcho, Gummihandschuhe mit ellbogenlangen Stulpen –, ging er nicht darauf ein.

»Ich war schon immer hier«, säuselte der Gaukler, dem der eigene Singsang gefiel, »und habe stets gewusst, dass das Ende nahe ist!«

Ein Ausdruck ungeheurer Erleichterung legte sich über Sparks' Gesicht, das sich jedoch im Nu zu einer Fratze der Todesnot verzog, als des Gauklers behandschuhte Hand vorschoss. Blutspritzer besudelten die Vorderseite des Ponchos. Ein roter Schwall brach aus Ottos Mund. Der ekelerregende

Gestank menschlicher Exkremente erfüllte die Gasse. Noch als der Prediger zu Boden sackte, richtete sich sein Blick klar und bei vollem Bewusstsein auf das Gesicht seines Mörders. »Sie ...«

»Wie bitte, Otto?« Inzwischen kaum noch angewidert von dem Geruch, beugte der Gaukler sich über sein Opfer.

»Sie ... Sie haben sie alle ausgetrickst ...«

Ein Zischen, als Ottos Lungen der letzte Luftzug entwich; dann knallte sein Schädel hart auf dem Boden auf. Der Gaukler packte die Leiche unter den Achselhöhlen und schleifte sie zu der Feuertreppe, wo er sie so auf die unterste Treppenstufe setzte, dass der Kopf des Toten an der Mauer lehnte. Morgen würde vielleicht ein über der Apotheke wohnender Mieter die Leiche entdecken und glauben, ein Penner habe hier draußen kampieren wollen und sei dann eingeschlafen. Die per Notruf alarmierte Polizei würde anschließend den kaum sichtbaren Einstich feststellen, bei dem das Herz des Toten durchbohrt worden war.

Der Gaukler fröstelte. Ein nasskalter Abend. Schmuddelwetter für schmuddelige Arbeit.

Er schlurfte davon, kämpfte sich in seinen zwei Nummern zu großen Galoschen durch Matsch und Schnee und wusste vor allem eins: Tatsächlich, er hatte sie allesamt hinters Licht geführt.

## 63. KAPITEL

Olivia wollte den Zyanid-Mörder weiter am Leben erhalten, zumindest auf den Seiten des *Sentinel,* aber Darrin Spence schüttelte sein müdes Haupt.

»Auf wie viele unterschiedliche Arten wollen Sie das denn noch ausdrücken – elf Tote, und die Polizei hat keine Spur? Wir haben diese Sache doch von sämtlichen Seiten beleuchtet: den geschäftlichen Niedergang, die Angst der Bevölkerung, Benommenheit und Schock bei den betroffenen Familien. Den Opfern haben wir Ehre und Würde zuteil werden lassen. Was bleibt da noch?«

Die überregionale Presse hatte ganze Arbeit geleistet und auf die Polizei, die Regierung sowie sämtliche anderen Stellen eingeprügelt, die eine Schlagzeile auf Seite eins wert waren. Mittlerweile sah es freilich so aus, als ginge selbst den schweren Mediengeschützen allmählich die Munition aus. Viele waren bereits wieder abgereist, denn der nächste heiße Knüller wartete schon. Die prominente Politikerin Lois Descharmes war in einem Amsterdamer Sexclub mit Koks in der Nase und dem Höschen um die Knöchel erwischt worden. Ihre zwei noch nicht schulpflichtigen Kinder befanden sich einstweilen in der Obhut einer Kindernothilfeeinrichtung. Für die Medienmeute war die Parlamentsabgeordnete ein gefundenes Fressen, zumal als Mitglied eines Komitees, das sich ironischerweise ein drastisches Vorgehen gegen Sexualstraftäter zum Ziel gesetzt hatte und in der Öffentlichkeit starke

Beachtung fand. Damit war Projekt »Bittermandel« fürs Erste auf Eis gelegt.

»Ich weiß, Olivia, Sie haben bezüglich dieser Story das weibliche Gegenstück zu 'nem Ständer«, knurrte der Chefredakteur, wobei er die Tür zu seinem Büro schloss, »und glauben Sie mir, ich habe dafür vollstes Verständnis. Erst Ihre Schwiegermutter, jetzt Ihre Tante …« Er bog eine Büroklammer auseinander und schnippte sie in seinen Mülleimer, an dessen Rand ein aufsteckbares Minibasketballnetz klemmte. »Sobald der Dreckskerl geschnappt ist, verfassen Sie die Story aller Storys, und von mir aus können Sie über das Schwein schreiben, was Sie wollen. Im Augenblick aber gibt's keine Story. Jedenfalls keine über Zyanid. Irgend so 'ne abartige Sau hat heute Nacht Otto Sparks erstochen. Der Wunde nach zu urteilen mit 'ner Schusterahle, wie's heißt. Kodaly ist gerade an der Story dran, um Näheres zu ermitteln.«

Entgeistert starrte Olivia ihren Chef an. Offenbar hatte der erst an diesem Morgen seine schwarze Strickjacke aus der Mottenkiste geholt, denn in regelmäßigen Abständen waberte ein Hauch von Naphtalen über seinen Schreibtisch. Dass Sparks tot war, tat ihr leid. Im Grunde war Otto harmlos und mit seiner schrulligen Art eine Kontrastfigur, ein Farbtupfer im grauen städtischen Einerlei. Durchaus möglich, dass Olivia seine Weltuntergangstiraden vermissen und eine Zeit lang an seiner angestammten Straßenecke nach ihm Ausschau halten würde. Doch Otto und sein Mörder, sie waren nicht ihr Problem. Sollte Kodaly getrost seine Beißer in diese Story schlagen. Sie selbst musste derweil den Chefredakteur davon überzeugen, dass man den Zyanid-Killer nicht einfach locker abservieren konnte wie den Anrufer eines Callcenters.

»Er hat mir 'ne Nachricht zukommen lassen.«

»Wie bitte?«

Sie wühlte in ihrer Handtasche, öffnete den Reißverschluss eines selten benutzten Fachs und zog den vom Gaukler erhaltenen Brief hervor.

Spence nahm ihr das Blatt aus der Hand. »Wann?«

»Am fünfundzwanzigsten.«

»Und Sie hocken da über 'ne Woche drauf?«

Sie zuckte die Achseln. »Könnte 'ne Ente sein.«

»Glauben Sie aber nicht.«

Olivia blieb stumm.

Der Chef warf ihr einen fragenden Blick zu. »Gaukler? Was soll das bedeuten? Spitzname etwa?«

»Figur von Strawinsky«, erklärte sie. »Aus dem Ballett *Petruschka*. Der Gaukler ist ein Hexenmeister, ein böser Scharlatan, der Menschen manipuliert.«

»Und Sie meinen, das versucht der Killer hier auch? Manipulieren? Worin besteht die Parallele?«

Erneut verfiel Olivia in Schweigen. Sie musste gegen einen Brechreiz ankämpfen, der ihr säuerlich in der Kehle aufstieß. Sie konnte nur hoffen, dass es ihr dabei gelang, eine möglichst ausdruckslose Miene beizubehalten.

Spence musterte sie. Dann blies er schwer die Luft aus und fragte: »Was für 'ne Story hatten Sie sich vorgestellt? Was nicht bedeutet, dass ich drauf anspringe, wohlgemerkt!«

In groben Zügen umriss sie ihren Plan. Je länger sie sprach, umso tiefer gruben sich die Falten in Spences Stirn. Als sie fertig war, stieß er nochmals einen Seufzer aus. »Sie wollen den Drecksack in Rage versetzen, stimmt's? Ihm 'ne Stinkbombe in seinen Bau schmeißen und warten, dass er rausgekrabbelt kommt.«

»So ähnlich.«

»Darf ich Sie an den Unterschied zwischen dem Job eines Journalisten und dem eines Polizisten erinnern?« Der Chefredakteur schüttelte eine zweite Büroklammer aus dem magnetisierten Behälter auf seinen Tisch und massakrierte sie. »Ist nicht unsere Aufgabe, diesen Irren zu fassen. Also, raus mit der Sprache: Wie viel von diesem tollen Plan ist auf Ihrem Mist gewachsen, und wie viel davon hat sich Ihr Onkel zusammengesponnen?«

»Onkel Pete hat nicht den geringsten Schimmer davon.«

»Aber mal angenommen, es klappt ... und das Schwein erlaubt sich 'nen Schnitzer und wird geschnappt ... dann stünden unsere Polizeibeamten wieder als strahlende Helden da, was? Der Leiter der Ermittlungen an erster Stelle. Und Sie hätten mit einem Schlage all das abgegolten, was Sie Ihrem Pete Szilagyi zu schulden glauben.«

Olivia merkte, wie ihr Gesicht heiß anlief. Die Übelkeit von vorhin wich einem Anflug von Zorn. Auch den unterdrückte sie, so wie sie's schon seit dem Gespräch mit Marc Renaud getan hatte. Wie sie es fertigbringen sollte, ihre Empfindungen auch daheim in Schach zu halten, war ihr zwar noch ein Rätsel, doch soweit sie wusste, durchschauten Tony und Pete sie nicht halb so gut wie ihr Boss in diesem Moment.

Sie hielt seinem musternden Blick dennoch stand. Vor zwei Jahren hatte der Chefredakteur eine schmerzliche und für ihn demütigende Scheidung über sich ergehen lassen müssen. Erst seit Kurzem hatte er damit aufgehört, den Kopf vor die Wand zu hämmern und sich das Hirn darüber zu zermartern, was er wohl falsch gemacht haben könnte. Seine Retterin war zehn Jahre jünger als er, eine propere Rothaarige, die sein Faible für Oldtimer und Film Noir teilte. Inzwischen stand ein großes, silbergerahmtes Foto seiner Lebensgefährtin Monica auf der Anrichte hinter seinem Schreibtisch.

»Stellen Sie sich mal folgendes Szenario vor«, bat Olivia. »Monica. Ihre Retterin. Wäre das eine angemessene Beurteilung, sie als Ihre Heilsbringerin zu bezeichnen?«

»Allerdings. Und mehr.«

»Schön. Ihre Retterin schlendert also durch die Gänge eines Lebensmittelmarktes und kauft was Besonderes für ein romantisches Dinner ein. All das, was Sie gern mögen: ein saftiges Steak, einen vollmundigen Cabernet. Tagsüber haben sie mehrmals miteinander telefoniert; sie freuen sich beide auf den Abend. Ihre Gespräche drehen sich um nichts Besonderes; entscheidender ist vielmehr, des anderen Stimme zu hören. In der Schlange an der Kasse kann sie den dort ausgestellten Schokoriegeln nicht widerstehen. Ihr knurrt schon der Magen. Sie packt also noch den einen oder anderen Riegel in den Korb, und später im Wagen wickelt sie einen aus und beißt ein Stückchen ab. Binnen Sekunden sackt sie hinterm Steuer zusammen und kriegt keine Luft mehr. Vielleicht haucht sie noch Ihren Namen, vielleicht auch nicht. Innerhalb von Minuten ist sie tot. Mutterseelenallein gestorben. Sie konnten sich nicht einmal von ihr verabschieden, bekamen keine Gelegenheit, sich für all das, was sie Ihnen geschenkt hat, zu bedanken. Was meinen Sie – wie wäre Ihnen da wohl zumute?«

Spence schluckte. »Das wissen Sie doch sowieso!«

»Hilflos? Schuldig?«

»Verloren. Aufgebracht.«

»Und an wem würden Sie Ihre Wut austoben? Dreschen Sie mit 'nem Stemmeisen auf die Frontscheibe Ihres Autos ein? Lassen Sie sich bis zur Besinnungslosigkeit volllaufen?

Oder verfluchen Sie einen gesichtslosen Killer, schreien nach Gerechtigkeit und schwören, dass Sie nicht eher Ruhe geben, als bis Sie ihn zur Strecke gebracht haben?«

»Auch darauf kennen Sie die Antwort. Aber wir geben hier eine Zeitung heraus, Olivia. Ihr Artikel, Ihre Beweggründe, ihn zu schreiben – all das darf nicht persönlich sein.«

Olivia würgte ihren Frust hinunter. »Nach außen hin mag es so aussehen, als gingen die Leute in Pleasant Bay wieder ihrem normalen Leben nach. Aber ist es noch so wie vorher? Kann man wirklich entspannt sein? Nicht, solange das Schwein frei herumläuft. Und was glauben Sie wohl, wie viele Exemplare wir verkaufen, wenn wir die Story bringen?«

Sie sah, wie Spences Schultern wieder in ihre normale Stellung zurücksackten. Die Runde war an Olivia gegangen. Vorsichtshalber setzte sie noch hinzu: »Dieser Artikel hat nichts mit meinem Onkel zu tun.«

Was sie verschwieg, war dies: *Aber eine Menge mit meiner Tante. Und persönlich ist er allemal.*

## 64. KAPITEL

Olivia las ihren Artikel ein letztes Mal durch und lieferte ihn dann im Büro des Chefredakteurs ab. Der Text erschien am nächsten Tag auf der Leitartikelseite.

*The Daily Sentinel, Dienstag, 25. November 2004 – Seite 2*
**Auf der Jagd nach einem Feigling. Zyanid-Mörder ein Blender.** Von Olivia Laszlo-Amato.

*Im ersten Bild von Igor Strawinskys Ballett* Petruschka *sitzt der böse Zauberer auf einer Wolke, die magische Flöte in der Hand. Petruschka, eine Art Hampelmann unter seinen Gliederpuppen, stürzt er ins Unglück, indem er ihm menschliche Gefühle einhaucht. Petruschka, der sich seiner lächerlichen Erscheinung aufs Bitterste bewusst ist, findet Trost in seiner Liebe zu der Ballerina, die den brutalen und tumben Mohren vorzieht. Diese Dreiecksbeziehung nimmt für Petruschka ein schlimmes Ende, wird er doch mit des Mohren Krummsäbel erschlagen. Der Zauberer versichert den bekümmerten Zuschauern, dass Petruschka nur eine Puppe war, hergestellt aus bloßem Holz und Sägemehl.*

*Der Zyanid-Mörder, der Pleasant Bay in den vergangenen langen Monaten in Atem hielt, vergleicht sich offenbar mit Strawinskys Scharlatan, mit einem Gaukler, der geschickt die Fäden seiner Marionetten zieht. Er entscheidet über Leben und Tod, derweil eine hilflose Stadtbevölkerung seinem Amoklauf in stummem Entsetzen zuschaut. Indem er Panik erzeugt und eine solch ungeheure Trauer, dass sie die Bürger schier in die Knie zwingt, meint dieser Meuchelmörder, er sei zum meisterhaften Puppenspieler geworden, zu einem, der sein monströses Ziel erreicht, indem er je nach Lust und Laune an ein paar Marionettenfäden zupft. Selbstgefällig aalt er sich in seinen abscheulichen Taten, hat nur Verachtung übrig für jene, die meinen, sie könnten ihm Einhalt gebieten.*

*Doch man wird ihm das Handwerk legen. Denn er ist weder Hexenmeister noch Scharlatan, dieser Mörder. Er ist nicht einmal ein sonderlich guter Gaukler. Er bekommt keinen Applaus für seine Untaten. Man verabscheut ihn vielmehr, so wie es ein Scheusal verdient.*

*Um ihn zur Strecke zu bringen, bedarf es weder eines angespitzten Holzpflockes durch sein Herz noch eines obskuren Krauts noch mitternächtlicher Zauberformeln bei Kerzenschein. Technologie und Köpfe, die weitaus klüger sind als er, sie werden sein Verderben sein.*

*Sein Ego wird ebenfalls dazu beitragen. Er wird sich präsentieren wollen, um großspurig seine Überlegenheit zur Schau zu stellen. Er wird wieder töten wollen. Er muss. Um zu demonstrieren, dass er es kann.*

*Das Netz zieht sich bereits enger zusammen, als er ahnt. Die Weichen sind gestellt. Bald ist das Spiel für dich aus, Gaukler. Sehr bald!*

*Die Bürger von Pleasant Bay sind mehr als Holz und Sägemehl. Erheblich mehr. Folglich lautet die Frage: Wer führt hier wen an der Nase herum?*

Donovan Marshall faltete die Zeitung zusammen und legte sie auf den Tisch im Solarium. Drei Monate waren seit dem ersten Mordanschlag vergangen, zwei seit dem Albtraum in seinem Restaurant. Mancherlei hatte sich verändert, nicht zuletzt Claire. Falls es so etwas gab wie die Liebe eines Lebens, dann war Claire das für ihn. Sie war von derselben klassischen Schönheit wie eh und je, eine ausgezeichnete Mutter, eine loyale Gefährtin und, falls sein Gedächtnis ihn nicht trog, eine Geliebte, die mit Hingabe und Leidenschaft bei der Sache war.

Ihre stahlharte Unbeugsamkeit, ihre an Tyrannei grenzende Durchsetzungsfähigkeit waren zwar neu, aber, so ging es ihm durch den Sinn, nicht unattraktiv. In letzter Zeit kam es des Öfteren vor, dass eine harmlose Wendung oder Frage ein verlegenes Erröten heraufbeschwor, einen abrupten Themenwechsel, einen nervösen Blick oder ein zögerliches Gestotter. Er merkte, dass Claire ihm etwas verschwieg, aber er drang nicht weiter in sie. In all ihrer wiedergewonnenen Stärke ahnte Donovan doch auch Schmerz, nach seiner Vermutung hervorgerufen und verstärkt durch seine Sauferei sowie die Tatsache, dass er sich wie ein Dummkopf allererster Güte aufgeführt hatte. In jüngster Zeit, nach stillen Stunden und nächtlichen Gesprächen mit seiner Frau, gewöhnte sich Donovan allmählich an das Unausweichliche: Er war gewillt, das Lokal zu verkaufen.

Er wusste, Claire würde sich freuen und den Entschluss als einen Neubeginn betrachten, und mit der Zeit würde er möglicherweise ihre Einschätzung teilen. Im Augenblick verspürte er eine überwältigende Leere, ein Gefühl des persönlichen Scheiterns und einer totalen Niederlage.

Er würde darüber hinwegkommen.

Die Hände auf die Knie gestützt, stemmte er sich auf die Beine. Er stand schon kurz davor, seiner Frau die Entscheidung mitzuteilen, als sie mit seinem Jackett und den Autoschlüsseln im Türrahmen erschien. Sie hatte geweint; ihr blasser Teint wirkte hektisch gerötet, die Augen waren glasig und geschwollen.

»Tony kommt rüber und bleibt bei den Kindern«, teilte

sie ihm mit bebender Stimme mit. »Wir müssen ins Krankenhaus. Irgendetwas ist mit P. K.«

Im Nu stürzte Donovan zu ihr hin. Erst vor einer Stunde hatte er nach Patrick Kevin gesehen und ihm einen Gute-Nacht-Kuss gegeben. Seine Stirn hatte sich warm angefühlt. »Ich hatte den Eindruck, dass er fieberte«, sagte Donovan zu Claire. »Aber er meinte, es wäre nichts.«

»Er wollte dich nicht beunruhigen.«

Die nachfolgenden Ereignisse verschwammen zu einem diffusen Chaos aus Panik und Gefühlswirrwarr: Tonys Ankunft, Claires hektische Erklärungen; Donovan, der seinen im Fieberwahn stammelnden Jungen die Treppe hinunter zum Auto trug; Zoe und Kristen in Tränen aufgelöst, umarmt von Liam, der ihnen versicherte, ihr Bruder sei nicht vergiftet worden.

Mitunter, so Donovan zu Claire im Warteraum der Klinik, kriegten Kinder schon mal erhöhte Temperatur und Kopfschmerzen. Und zuweilen war ein steifer Nacken tatsächlich bloß ein steifer Nacken.

Kurz darauf stand ein Arzt mit schütterem Haar und Brille vor ihnen und erklärte, man bereite Kevin schon für eine Spinalpunktion vor. In einer Stunde, sobald die Lokalanästhesie die Haut des Jungen ausreichend betäubt habe, werde eine Hohlnadel in Höhe der Lendenwirbel in den Lumbalkanal eingeführt, und das Ärzteteam werde ein paar Kubikzentimeter Gehirn-Rückenmarksflüssigkeit entnehmen und in kleinen Behältern sammeln.

»Wird er Schmerzen haben?«, wollte Donovan wissen.

»Keine Sorge«, beschwichtigte der Arzt mit sanfter Stimme. »Die ganze Prozedur dauert knapp zwanzig Minuten. Wir werden bei der Gelegenheit auch den Brustkorb röntgen und schauen, ob andere Infektionsherde vorliegen. Eine Computertomografie des Schädels ...«

Bei dem Gedanken an seinen kleinen Jungen unter lauter Fremden in Operationsoveralls und Gesichtsmasken, dazu in einem sterilen, gefliesten Raum, krümmte sich alles in Donovan zusammen. P. K. hatte sich in seinen Armen so warm angefühlt, die Hände und Füße hingegen kalt. Im Auto hatte der kleine Kerl sich um ein Haar übergeben, lag fröstelnd in Claires Armen und musste die Augen vor dem grellen Scheinwerferlicht des Gegenverkehrs abschirmen. Die Lichtblitze wären wie Messerstiche in den Kopf, jammerte er.

Nachdem der Arzt sich mit ernster Miene zurückgezogen hatte, schloss Donovan seine Frau in die Arme. »Ich würde mich mit dem Teufel persönlich einlassen, wenn ich jetzt mit P. K. tauschen könnte. Wenn ihm etwas zustößt ...«

»Wird schon nicht«, unterbrach Claire und klammerte sich an ihn. »Wir haben ihn noch rechtzeitig hergebracht.«

Donovan war die Kehle wie zugeschnürt; obwohl er mit den Tränen kämpfte, konnte er sie doch nicht zurückhalten. »Verzeih mir, Claire«, flüsterte er mit erstickter Stimme, die Lippen dicht an ihrem Ohr. »Eigentlich müsste ich für dich stark sein, aber wenn ich dran denke, was unser Kerlchen da drinnen durchmacht! Er ist doch noch so klein!«

»Psst!«, murmelte sie, indem sie sich enger an ihn schmiegte. »Du musst dir nicht alles auf die Schultern laden, Donovan. Wir können uns abwechseln. Und vielleicht, wenn wir zusammenhalten, haben wir ja diesmal genug Kraft, um alles durchzustehen.«

Tony stand schon an der Haustür, als sie um zwei Uhr nachmittags nach Hause kamen.

»Bakterielle Hirnhautentzündung.« Das war alles, was Claire hervorbringen konnte, ehe ihr ein neuer Tränenausbruch die Wangen nässte. Sie hastete in die Küche.

»Er hatte Krämpfe«, erklärte Donovan. »Jetzt kriegt er Antibiotika, und am Tropf hängt er auch. Die Prognose ist aber gut, Gott sei Dank. Der Doktor meint, er wird keinen Gehörverlust davontragen. Und keinen Hirnschaden.« Trotz der relativ guten Nachricht merkte er, dass ihm die Hände zitterten und die Knie offenbar jeden Moment unter ihm nachgeben wollten. »Danke, dass du rübergekommen bist und ausgeholfen hast, Tony. Das wissen wir echt zu schätzen, Claire und ich.«

»Jederzeit. Freut mich, dass alles wieder wird.«

Tony wandte sich schon zur Tür, als Donovan fragte: »Sind die Kids gut ins Bett gekommen? Die waren doch so aufgewühlt.«

Tony drehte sich um. Mit schweren Lidern und schläfrigem Blick murmelte er: »Sind alle oben.« Aus der Küche drang gedämpftes Schluchzen. »Guck mal lieber nach Claire.«

Damit ging er davon, und Donovan schickte sich an, seine Frau zu trösten.

439

## 65. KAPITEL

Die Schlinge zieht sich also enger zusammen, ja? Der Gaukler lächelte. Vermutlich, so nahm er an, würde jemand, der ihn beobachtete, sein Grinsen für süffisant halten. Möglicherweise für verächtlich. Auf keinen Fall aber für ein monströses Zähnefletschen.

Die Weichen gestellt? Hatte die Starreporterin nichts Besseres auf Lager als diese Phrase? Er war ein lachhaft durchsichtiger Bluff, ihr aktueller Artikel im Lokalblatt, der klägliche Versuch, ihn aus dem Konzept zu bringen. Er sollte ihn zwingen, sein Handeln, sein Urteilsvermögen infrage zu stellen und darüber zu rätseln, welches minutiöse Detail er wohl übersehen haben mochte.

Es gab keins. Er war penibel vorgegangen. Hatte den Plan schlicht gehalten, wie es alle guten Pläne eigentlich sein müssten. Nachträgliche Kritik erübrigte sich.

Ob er wieder töten würde? Möglich war alles. Sparks, der Straßenprediger, war jetzt zwei Tage tot, doch bisher hatte kein Mensch auch nur witternd die Nase in Richtung des Gauklers gehoben. Nach wie vor besaß er etwas Zyanid, und er wollte sie überhaupt nicht verhehlen, jene Euphorie angesichts der Erkenntnis, dass elf, nein, zwölf tot waren und er noch immer frei herumlief. Nicht großspurig. Das hatte er gar nicht nötig. Gehe gemessenen Schrittes, atme normal, grüße Jung und Alt mit jenem kumpelhaften Lächeln. Schulterklopfen hier, Händeschütteln da. Gelassenheit. Das Markenzeichen des Profis.

Blender? Von wegen. Er war fürwahr ein Gaukler. Ein Künstler par excellence.

Ein über den Ontario-See wehender Ostwind brachte Pleasant Bay den ersten Schnee. Die Skigebiete südlich von Buffalo hatten bereits ordentlich etwas abbekommen und sagten eine lange Saison voraus. Pete Szilagyi schaufelte gerade seine Garageneinfahrt frei, als Olivia vom Haus der Marshalls her über die Hemlock Lane auf ihn zukam.

»Und das Anfang November!«, grummelte Pete. »Ich steh genauso auf Skifahren wie jeder andere auch, aber dieser Mist hier – das ist doch zum Verrücktwerden!«

»Wenigstens gibt's was Gutes von Gegenüber zu berichten«, sagte sie zu ihm. »P. K. ist aus dem Krankenhaus entlassen. Er wird bald wieder auf dem Damm sein.«

»Prima«, bemerkte Pete tonlos. »Da sind sie ja sicher erleichtert.«

Olivia nahm ihrem Onkel den Schneeschieber ab. »Lass mal, ich mach das schon. Du bist ja völlig k. o.«

»Gebongt. Ich gehe rein und setze die heiße Schokolade auf. Ist meine Spezialität, wie du weißt.«

»Bin in fünf Minuten da.«

Sie sah ihrem Onkel nach, wie er zur Haustür stapfte, sich dort die Stiefel abtrat und ins Haus ging. Der Schnee war nass und schwer und klebte beim Schaufeln am Schieber fest. Kein Wunder, dass Pete außer Puste geraten war. Egal, viel blieb nicht mehr zu tun, und wenig später saß sie in der Küche auf einem Barhocker, die kalten Hände um einen Becher mit heißem Kakao gelegt.

»Von den kleinen Marshmallows, die du als Mädchen so gern gefuttert hast, hab ich keine«, bemerkte Pete.

»Ach, nicht so schlimm«, erwiderte sie, wobei ihr der traurige Unterton in der eigenen Stimme auffiel. »Geht auch so. Erinnert mich an die Zeit damals in Beaver Creek, wo wir uns so oft die Ferienwohnung gemietet haben.«

Seinerzeit waren sie häufig zu viert in die Skiferien gefahren. Lorraine, eine meisterhafte Skiläuferin, blieb am Hang geduldig zurück und half Tony bei der Perfektionierung seiner Parallelschwünge. Nach nur einer Saison unter ihrer Anleitung bretterte er schon wie ein Profi die schwarz markierten Pisten hinunter. Wie lange, so Olivia stumm, würde es diesmal wohl dauern, bis die Erinnerung an die schmerzlich vermisste Tante ihr wieder qualvoll die Kehle zuschnürte? Sie verkniff sich eine Träne und tat so, als wische sie sich einen Fremdkörper aus dem Augenwinkel.

»Das war 'ne tolle Zeit!«, sinnierte Pete.

Beide verfielen in längere Phasen verlegenen Schweigens, die durch ihre Versuche, die Stille mit belanglosem Geplauder über das Wetter zu füllen, noch unangenehmer wurden.

»Könnte heute noch glatt werden auf den Straßen. Laut Channel 4 soll der Schnee in gefrierenden Regen übergehen.«

»Jedes Jahr dieselbe Leier. Kann man drauf wetten, dass die Leute fahren wie die Henker. Da machen die Abschleppdienste ein Bombengeschäft.«

Nach einiger Zeit spülte Pete seinen Becher in dem kleinen runden Becken aus, das in die Kücheninsel eingebaut war. Olivia hatte ihren Kakao bislang nicht angerührt. »Noch zu heiß«, meinte sie.

Erneut breitete sich Schweigen aus, bis Pete sagte: »Hat keinen Zweck, Livvie. Ich gehe hier ein.«

Sie kräuselte die Lippen. »Ich weiß, es war schwer für dich. Mir fehlt sie auch.«

»Ich hab vor, das Haus zum Verkauf anzubieten.«

Obwohl sie diesen Schritt halbwegs erwartet hatte, traf die Ankündigung sie doch wie ein Hieb mit einem Ziegelstein gegen den Schädel. Das Haus war ihre Zuflucht gewesen. Dass völlig Fremde darin wohnen sollten, wollte ihr nicht in den Sinn.

»Zu viele Geister hier drin«, fuhr Pete fort, den Blick auf seine Hände gesenkt. »Ich komme nicht drüber weg. Ich hab's versucht.«

Sie schluckte heftig. »Kaufst du dir was hier in der Nähe?«

Nachdrücklich schüttelte er den Kopf. »Ich will weg. Vielleicht miete ich mir für 'ne Weile 'ne Wohnung. Irgendwo, wo's warm ist. Karibik vermutlich. Eventuell sogar Spanien.«

»Und was ist mit deinem Job? Und dem Zyanid-Killer? Die Arbeit, die du in die Ermittlungen gesteckt hast …«

»Newell schmeißt jetzt den Laden. Mit entsprechender Hilfe wird er das Schwein kriegen. Aber ich? Ich bin fix und fertig. Erledigt. Mir reicht's.«

Geraume Zeit schwieg Olivia sich aus. Sie hörte das Knirschen von Autoreifen auf dem Kiesbelag der Einfahrt nebenan. Der Geschirrspüler, der bisher vor sich hin gerumpelt hatte, schaltete sich ab. Man hörte das Rauschen von Wasser, gefolgt vom Fauchen des Dampfs, der durch die Entlüftungsdüsen in der Tür abzog. Danach trat wieder Stille ein.

Schließlich sagte sie: »Ich habe das Gefühl, als hätte ich jetzt so gut wie alles verloren. Nur Tony und ich sind noch übrig. Aus meiner Vergangenheit keiner mehr …«

»Auf die Zukunft kommt's an, Kleines«, betonte ihr Onkel. »Und wir bleiben immer eine Familie. Du weißt, dass sich das nie ändern wird.«

Er schloss sie fest in die Arme. Sie merkte, wie sich ihre Muskeln verkrampften, verharrte indes in seiner Umarmung.

»Das verstehst du doch, Liv, oder? Ich kann nicht anders. Wenn ich's nicht mache, drehe ich durch.«

Sie nickte und schob ihn sanft von sich. »Du musst tun, was du für richtig hältst. Wann ziehst du aus?«

»Bald«, sagte er. »Je eher, desto besser.«

Viel später, in der tiefsten Stille der Nacht, schlich Olivia aus ihrem Schlafzimmer. Ihre rechte Hand klammerte sich um ein leeres Vitamingläschen, das sich in der Tasche ihres Bademantels befand. Im Finstern tappte sie in die Küche, fühlte die kalten Bodenfliesen unter den nackten Fußsohlen und fragte sich, warum sie nicht ihre Slipper angezogen hatte. Tony schlief tief und fest, nachdem er sich eine halbe Stunde lang hin- und hergewälzt hatte, ehe er endlich in der Stellung liegen blieb, in der sie ihn zurückgelassen hatte: flach auf dem Bauch, Arme und Beine weit gespreizt, irgendwie unheimlich, wie von einem Schuss niedergestreckt.

Oben an der Kellertreppe angelangt, knipste sie das Licht an und spähte nervös in den Keller hinunter, dessen diffuses Halbdunkel ihr einen frischen Schauder über den Rücken jagte. Eine Sechzigwattglühbirne warf eine Art Heiligenschein in die Kellermitte, wodurch die äußeren Ränder und Winkel in schattenhaftem Dunkel verblieben. Ecken, so hatte sie Pete früher immer gestanden, waren ihr nicht geheuer. Er hatte daraufhin sämtliche großen Gegenstände aus den Kellerecken geräumt – eine alte Kommode, etliche Zimmertüren, einen stählernen Aktenschrank – und damit den Keller von allen Gruselwinkeln befreit.

Sie stieg hinunter bis zur vierten Stufe, wobei sie merkte, wie immer mehr körniger Schmutz unter ihren Fußsohlen haften blieb. Sie krümmte die Zehen. Vor ihr schimmerte drohend das Fenster, durch das sich Johnny Stasiuk Zugang zum Haus verschafft hatte. Tony hat's repariert, so mahnte sie sich und schlich weiter. Am Fuße der Treppe wandte sie sich nach rechts und huschte eilig über den kalten Estrich hinüber zu dem kleinen Lagerraum, ihrem einstigen Paradies, dem Ort, wo sie stundenlang mit ihrer Kreidetafel Schule gespielt und Hochzeiten mit ihren Barbiepuppen veranstaltet hatte. Ihre Erinnerung funktionierte nun einwandfrei. Ohne zu zögern, griff sie nach dem, dessentwegen sie hergekommen war: nach einer Blechdose, in der sich eigentlich Nägel befinden mussten, Eindreiviertelzöller. Eine Dose, die fast nichts wog und in der nichts klapperte.

## 66. KAPITEL

Am nächsten Tag wurde das Schild mit der Aufschrift ZU VERKAUFEN im verschneiten Vorgarten der Szilagyis aufgestellt. Der Makler, ein Typ namens Bob Tenkle mit einem unmöglich breiten Grinsen, war der Erfinder des griffigen Werbespruchs »Wer kann Ihr Haus besser verkaufen und seinen Wert besser einschätzen als ein Nachbar?«. Alles an ihm troff vor geschniegelter Aufdringlichkeit, von seinen Porzellankronen bis hin zu seinem maßgeschneiderten Anzug. Zähneknirschend musste Olivia es ertragen, dass er Tante Lorraines stattliche Tudor-Villa als »schicke kleine Bude« bezeichnete. Während der gut eine Stunde dauernden Hausbegehung versuchte sie, ihm zähnefletschend Paroli zu bieten, aber an sein Gegrinse reichte sie nicht heran. Er versprach ihr, sich umgehend bei Pete zu melden, und zwar mit »'nem hübschen kleinen Sümmchen«, das dem Verkäufer bestimmt zusagen werde.

»Was für 'n Knallkopf«, zischte Olivia, als der weiße Mercedes Kompressor des Maklers endlich aus der Einfahrt setzte. Sie schickte gleich einen Kraftausdruck hinterdrein, denn die ganze Straße hallte wider von freundlichem Autogehupe.

»Schicke kleine Bude! Hübsches kleines Sümmchen! Ob der wohl auch 'nen schnuckeligen kleinen Schniedelwutz hat?«

»Mach dir nix vor, Schatzi«, bemerkte Tony und schloss die Haustür. »Dir würde doch jeder stinken, der das Haus an den Mann bringen will. Wenn's dieser Laberkopf nicht wäre, dann eben jemand anderes.«

»Stimmt«, gab sie zu. »Nur, es bricht mir halt das Herz, wenn ich das Schild da draußen sehe.« Sie gingen zusammen ins Wohnzimmer und nahmen auf dem Sofa Platz. Tony legte ihr den Arm um die Schultern.

»Dann musst du eigentlich sauer auf *mich* sein, Liv«, warf Pete ein. »Ich bin's, der die Hütte hier verscheuert. Lass deinen Frust nicht an dem armen Gentleman aus.«

»Arm dürfte der kaum sein, ein Gentleman schon gar nicht, und ich bin auch echt sauer auf dich! Warum vermietest du das Haus nicht einfach? Wozu verkaufen?«

Pete stieß einen Seufzer aus. »Du weißt doch, was mit vermieteten Immobilien passiert. Guck dir nur die Häuser in der Nähe der Uni an. Fenster mit Stanniolpapier und Flaggen beklebt. Vorn auf der Veranda Bierkästen und Fernsehsessel mit Dosenfächern. Überall Löwenzahn. Dass dieses Haus dasselbe Schicksal erleidet, das will doch wohl keiner von uns! Außerdem muss man's von der praktischen Seite sehen! Für mich alleine ist der Kasten schlicht zu groß.«

»Dein Onkel hat recht, Olivia. Du siehst ja, wie unwohl er sich hier fühlt. Vielleicht brauchen wir alle einen Neubeginn.«

»Weiß ich doch«, murmelte sie niedergeschlagen. »Es geht nur alles so schnell! Und irgendwie kommt's mir so vor, als kehrten wir die Erinnerungen an Tante Lorraine kurzerhand unter den Teppich.« Als sie die verdutzten Mienen der beiden Männer sàh, fügte sie hinzu: »Ist mir schon klar, dass ich in Rätseln spreche.«

»Niemand vermisst Lorraine mehr als ich, Kleines. Aber hier ist sie nicht.« Pete machte eine das Zimmer umfassende

Handbewegung. »Sondern hier.« Er legte die Hand flach auf die Brust. »Seit dem Abend, an dem man sie hinaustrug, ist dieses Haus kein Heim mehr. Und hier zu wohnen, umgeben von den ganzen Erinnerungen, macht alles nur schlimmer. Es ist, als brauchte ich mich nur umzudrehen, und irgendwas reißt mir die Seele aus der Brust.«

Olivia nickte resigniert.

»Noch sauer auf mich?«, fragte Pete.

»Doch«, gab sie zurück. »Macht aber nichts.«

Pete stand auf, kam zu ihr herüber und legte ihr die Hand auf den Scheitel – seine Mehrzweckgeste, die so viel Unterschiedliches auszudrücken vermochte: Danke. – Ich bin stolz auf dich. – Du bist großartig. – Nach Olivias Eindruck war die heutige Botschaft: Alles wird gut. Ihre Kopfhaut begann zu jucken. Mit einiger Erleichterung bekundete Pete sodann, er habe morgen seinen freien Tag und werde es sich deshalb mit einem guten Buch im Familienzimmer gemütlich machen.

Am nächsten Morgen nach dem Frühstück zog Pete sich wieder dorthin zurück, derweil Tony und Olivia nach oben gingen, um sich zur Arbeit fertig zu machen.

»Das nervt dich wohl wirklich, das Ganze, wie?«, fragte Tony, als sie allein in ihrem Schlafzimmer waren. »Guck dich mal an. So schlimm habe ich deinen Ausschlag noch nie erlebt.«

Sie stellte sich vor den Badezimmerspiegel und besah sich ihre bloße Brust. Die Haut war ein entzündetes, rohes Chaos; auch Blasen hatten sich gebildet, und einige der Stellen sonderten Flüssigkeit ab. Andere hatten sich verschorft. Ausschlag überzog die empfindliche Innenseite ihrer Ellbogen. Olivia musste dem Drang widerstehen, sich zu kratzen.

»Das alles kann doch nicht nur daran liegen, dass Pete das Haus verkaufen will. Was nagt denn so an dir?«

Olivia verharrte neben der Sprechanlage beim Durchgang zum Schlafzimmer. Tony stand am Fenster, das nach hinten hinausging zum Garten.

Sie schluckte heftig, ging ihre Worte im Geiste noch einmal durch und sagte dann laut und vernehmlich: »Du hast es gewusst.« Dabei fixierte sie ihren Mann mit steinernem Blick.

»Ich geb's auf. Gewusst? Was denn?«

Aus ihrer Hosentasche zog sie ein Blatt Papier. »Das mit dem Geld.« Sie faltete den Bogen auseinander und hielt ihn Tony vor die Nase. »Von Mama Angela. Du wusstest, dass deine Mutter ein kleines Vermögen besaß. Und du hast so getan, als hättest du keine Ahnung.«

»Wie – durchsuchst du jetzt meine Klamotten?«

»Geschenkt, Tony. Wozu die Geheimniskrämerei?«

Er senkte den Blick. »Ich musste ihr versprechen, dass ich dir nichts verrate. Sie wollte nicht, dass mich jemand meines Geldes wegen heiratet.«

Am liebsten hätte sie ihm eine geknallt. »Und der gehorsame Sohn warst du ja schon immer! Wieso hast du dann nach ihrem Tode nicht reinen Tisch gemacht? Warum hast du überrascht getan?«

»Weil sie ermordet wurde, Liv. Wie hätte das wohl ausgesehen? Ich wurde doch von der Polizei vernommen. Was für voreilige Schlüsse hätten die Cops wohl gezogen? Ich, mit 'nem Riesenkredit am Hals, gezwungen, bei Verwandten zu logieren. Nee, das Motiv wollte ich denen nicht bieten.« Er blinzelte heftig und ließ den Blick überallhin zucken.

»Also hast du sie angelogen. Die Polizei. Und mich.«

»Es ging nicht anders. Siehst du das denn nicht ein?« Mit ausgestreckten Armen trat er auf sie zu.

»Bleib, wo du bist!«, befahl sie energisch. »Das meine ich ernst. Keinen Schritt weiter!«

»Liv ...«

Sie hob die Hand. »Nicht jetzt!«

»Wir müssen aber darüber sprechen.«

»Nicht jetzt!«, wiederholte sie lauter. »Im Augenblick beschäftigt mich Wichtigeres.«

»Ach ja? Und das wäre?«

Erneut warf sie einen eisigen Blick in seine Richtung. »Ich weiß, wer der Zyanid-Mörder ist.«

»Was? Das ist nicht dein Ernst!«

»Ich weiß, wer's ist«, wiederholte sie deutlich. »Ich weiß, wie's geschah, und ich weiß auch, warum.«

Tony beäugte sie zweifelnd. »In dem Fall hast du dich vermutlich mit Pete kurzgeschlossen. Dann kann er den Dreckskerl ja überführen, was?«

Sie schüttelte den Kopf.

»Ja, wieso denn nicht, zum Kuckuck?«

»Weil ich's nicht beweisen kann.«

Um seine Mundwinkel erschien der Anflug eines Lächelns. »Was brauchst du denn als Beweis?«

»Das Gift. In seiner Hand. Auf seinem Grund und Boden. Irgendetwas. Eine Verbindung.«

»Aber die hast du nicht.«

»Die habe ich nicht. Er kommt ungeschoren davon.«

»Wer kommt davon?«

Ihr Herz pochte wie wild. Sie merkte, dass sich unter ihren Achselhöhlen Feuchtigkeit bildete, spürte den Drang, sich die juckende Haut blutig zu kratzen, sah Tonys amüsierten Blick. Er tat ihr den Willen und spielte mit.

»Ich kriege ihn«, zischte sie. »Und wenn ich dabei draufgehe.«

Sobald sie in Lorraines Toyota saß, tippte Olivia eine Nummer in ihr Handy. Am anderen Ende der Verbindung meldete sich eine vertraute Stimme, nervöser als sonst.

»Alles erledigt«, sagte Olivia. »Wo ist er jetzt?« Dann: »Ich bin unterwegs.«

Das Fiepen beim Drücken der Ende-Taste unterstrich die Endgültigkeit dessen, was sie in Gang gesetzt hatte. Furcht presste ihr die Brust zusammen und raubte ihr schier den Atem. Die Haut unter ihren Pulloverärmeln jagte ihr schmerzhafte Nadelstiche an den Armen empor.

Im Straßenverkehr verhielt sie sich übertrieben wachsam, den Blick fast zwanghaft auf dem Tachometer, sämtliche Sinne in höchster Alarmbereitschaft, wenn Fahrzeuge sich näherten, folgten oder abbogen, wenn Kinder auf dem Schulweg die Straße überquerten. Jetzt bloß keine Fehler!, so mahnte sie sich. Radio aus, nicht zu nah auffahren, sich nicht ablenken lassen. Nur ankommen!

Am Ziel angelangt, wusste Olivia, dass ihre Angst von einem machtvollen Gefühl überwältigt werden würde, von einer Empfindung, die sie in den Griff bekommen musste, wollte sie nicht von ihr vollkommen zermürbt werden: Wut. Zum ersten Mal verstand sie den Wunsch, einen Menschen zu töten, spürte die verführerische Verlockung mit anzusehen, wie jemand litt, wie er ein letztes Mal nach kostbarem Sauerstoff schnappte. Sie hatte es sich ausgemalt, hatte ein solches Szenario gedanklich durchgespielt und bei jeder Neuauflage perfektioniert.

Egal, ob der tatsächliche Ablauf ihren Fantastereien entsprach – bald schon würde Olivia dem Gaukler gegenüberstehen. Von Angesicht zu Angesicht.

## 67. KAPITEL

Irgendjemand hatte das Radio in der Küche angelassen. Eine Gesangsgruppe trällerte gerade mit viel Schubidu einen Hit aus den 50er-Jahren.

Der leere Gefrierbeutel befand sich in der Innentasche seines Parkas, als der Gaukler die Treppenstufen hinunterschlich. Das Licht brauchte er nicht einzuschalten; zu seiner Bestürzung war schon eine Person im Keller.

In ihrer Hand erblickte er ein Blechkästchen, der Deckel so angewinkelt, dass das aufgeklebte Etikett nach vorn zeigte: »Spiralnägel 1¾ Zoll«. Für den Bruchteil einer Sekunde wurde ihr Gesicht blass vor Angst, doch sie bemühte sich um Fassung, indem sie sich ein zu breites Lächeln abrang und die Dose auf das Regal zurückstellte, wenn auch so plump, dass sie sich die Hand stieß.

»Na, Olivia?«, fragte der Gaukler. »Das Gesuchte gefunden?«

Das Herz hämmerte ihr in der Brust. Nicht ausgeschlossen, dass alles hier ein Ende nahm, in dieser Kuschelecke, so behaglich ausgestattet für Teepartys, Puppenspiele und goldene Mädchenträume. Der Gaukler musterte sie mit der gespannten, einstudierten Distanziertheit, mit der man gewöhnlich Versuchstiere im Laboratorium betrachtet. Olivia hatte geahnt, dass es so kommen würde – zu einem Showdown nämlich, auf den sie sich seit Tagen einstellte, wenngleich sie nunmehr begriff, dass Vorbereitung nicht zählte. Schon rebellierte ihr Körper, verriet sie mit diesem Wummern des Herzens, mit diesen flachen, keuchenden Atemzügen. Ihr war, als wimmele ihre Haut von imaginärem Getier, als krabbelten ihr lauter Ekelviecher über die schorfigen Beulen und Pickel, die Olivia so schrecklich gern blutig gekratzt hätte. Ursprünglich hatte sie vorgehabt, ihm ihre Angst zu zeigen. Das gehörte zum Plan. Inzwischen aber war sie echt, diese Furcht, und keine Schauspielerei mehr. Vorsichtig ließ Olivia die Dose los. »Hi, Onkel Pete.«

Seine Augen wurden splitterschmal; sein Blick wanderte von der altmodischen Kaffeedose zu Olivias Gesicht. »Ich hätte schwören können, dass du schon zur Redaktion gefahren bist«, sagte er. »War das nicht Lorraines Wagen, der da vorhin aus der Einfahrt rollte?« Er war amüsiert; es machte ihm Spaß, dieses Katz-und-Maus-Spiel.

»Doch«, erwiderte sie, »aber ich hatte was vergessen und musste noch mal zurück.«

»Und das, was du vergessen hattest, das ist hier unten im Keller? Sag mal, Olivia, besteht bei euch Zeitungsleuten eigentlich viel Bedarf an Spiralnägeln?«

Sie versuchte, sich zu räuspern. Ein Speichelklumpen im Hals hinderte sie am Schlucken. »Sind keine Nägel drin.« Sie schüttelte die Schachtel. »Zyanid, hab ich recht?«

Rasches, mehrfaches Blinzeln. Dann sagte Pete: »Du bist überarbeitet, Kleines. Du redest wirres Zeug.«

»Kleines – hab ich immer gehasst, das Wort«, gab sie zurück. »Du hast sie umgebracht, stimmt's? Die Pralinen vergiftet.«

Pete fuhr sich mit der Hand durch das duschfeuchte Haar. »Verschon mich mit diesem Hobbydetektivkäse. Offenbar übersiehst du, dass ich selber welche gefuttert habe. Du hast doch gehört, was Newell sagte. Ich war derjenige, den der Killer auf dem Kieker hatte.«

»So sollte es nach außen hin aussehen. Aber du hast drei von den Trüffeln gegessen. Alle mit dunkler Schokolade. Laut Inspector Newell fehlen vier aus der ersten Lage. Ich gehe davon aus, dass Tante Lorraine der weißen Schokolade nicht widerstehen konnte. Das einzige Laster, das sie sich gönnte. Für dich bestand zu keiner Zeit Gefahr. Genau deshalb hast du auch an dem Abend im Donovan's das Tiramisu bestellt. Du wusstest, die anderen würden tot sein, ehe du überhaupt den Löffel reinstecken musstest.«

»Meine Güte, Liv, du kennst mich dein ganzes Leben lang. Entspreche ich etwa dem Profil des Massenmörders, nach dem wir die ganze Zeit fahnden?« Er zählte die Punkte an den Fingern auf. »Ich bin kein Adoptivkind. Meine Mutter war nur ein Mal verheiratet und fünfundvierzig Jahre mit meinem Vater zusammen. Weder wurde ich unehelich geboren noch jemals in ein Heim abgeschoben.«

»Aber das ist ja gerade der springende Punkt, oder? Gewissenhaft, wie du bist, holst du die Bundespolizei dazu, die Soziologen, trommelst sämtliche Experten zusammen, die du auftreiben kannst. Und alle basteln sie brav ihre Tatanalysen zusammen und schicken damit die Polizei auf die erfolgloseste Schnitzeljagd seit den Irrfahrten des Odysseus. Nur eins ließen sie alle außer Acht: Der Zyanid-Killer, der ist gar kein Massenmörder. Von dem übernimmt er bloß haargenau das Täterprofil, um sich einer einzigen Aufgabe zu widmen: nämlich Lorraine Szilagyi umzubringen.«

»Interessante Theorie, Liv.«

»Von wegen Theorie. Tatsache!«

»Tatsachen erfordern Belege.«

»Die habe ich.«

»So?« Ein süffisanter Ausdruck legte sich über Petes Gesicht. »Dann lass mal hören.«

Sie schluckte heftig und spürte, wie ihr eine eiskalte Welle über den Rücken züngelte. »Ich fing genauso an wie du: Ich machte mich auf die Spur des Zyanids. Dann fiel mir der Fall Tomitsch ein, von dem du ja nicht wolltest, dass ich ihn wieder ausgrabe. Als Marina Tomitsch mir erzählte, mit welcher Zyanid-Dosis sie ihren Mann umgebracht und welche Menge ihre Schwester vorher nach Kanada geschmuggelt hatte, da war mir klar, dass irgendwo noch was von dem Gift lagern musste. Ich rief Marina an und fragte sie, ob sie es entsorgt habe. Die Polizei habe es beschlagnahmt, so ihre Auskunft. Daraufhin nahm Inspector Newell Einblick in die Akte Tomitsch und schickte das vermeintliche Zyanid aus der Asservatenkammer nach Toronto ins forensische Labor.«

»Und was wurde entdeckt?«

»Zucker.«

»Und wennschon. Jeder x-beliebige Polizist hat in Begleitung Zugang zur Asservatenkammer.«

»Schon, aber nicht jeder hatte Aussicht auf eine Millionenerbschaft. Tante Lorraine hatte eine Affäre. Sie wollte dich verlassen.«

»Wie kommst du denn auf die Idee?«

Olivia nickte. »Claire Marshall hat's mir gesteckt. Und Marc Renaud hat's bestätigt. Lorraine war unglücklich. Eure Ehe war am Ende.«

»Eins muss ich dir lassen, Liv: Mit einigem liegst du richtig. Renaud und Lorraine hatten tatsächlich 'ne Weile ein Techtelmechtel. Hätte mir beinahe das Herz zerrissen. Aber damit war Schluss. Die Party, der Ring, die Feier mit Verwandten und Bekannten – all das machte Lorraine dann doch wehmütig. Sie sah ein, dass sie 'ne Menge schöner Jahre wegschmeißen würde. Damals in jener Nacht sprachen wir uns ausgiebig aus, und tags darauf hat sie Renaud abserviert. Falls er dir das verschwiegen hat, dann deshalb, weil er's nicht wahrhaben will und die klassische, lehrbuchmäßige Verweigerungsphase durchläuft. Die Frau, die er liebte, ist tot, und mit den letzten Worten, die er von ihr hört, sagt sie ihm, sie wolle ihn nicht.«

Es war so eingängig, so plausibel, und die ganze Zeit ließ sein Blick sie nicht los. *Mörder lügen* – seine eigenen Worte. »Kein übler Versuch ...« Beinahe hätte sie *Onkel Pete* hinzugefügt, beherrschte sich aber gerade noch. »Nur verdrehst du die männlichen Hauptrollen in deiner Story. Wenn Tante Lorraine einen nicht wollte, dann dich!«

An Petes Mundwinkel machte sich ein pulsierendes Zucken bemerkbar. »Wie kannst du bloß glauben, ich würde sie umbringen, Liv? Ich habe die Frau abgöttisch geliebt!«

»Geliebt hast du das ganze Drumherum. Ihr tolles Aussehen, ihr Vermögen. ›Armut drückt aufs männliche Ego‹ – waren das nicht deine Worte? Und deine Art von abgöttischer Liebe stieß meine Tante ab. Ein Podest kann ein einsamer Ort sein. Das hat sie bei der Fete zu Claire Marshall gesagt. Inzwischen begreife ich, wie sie das meinte. Und den Studenten, der ihr angeblich nachstellte, den hat's nie gegeben. Wenn einer sie verfolgt hat, dann du! Deine ganzen Besuche auf dem Uni-Gelände – alles nur Makulatur, um ihr und Renaud nachzuspionieren!«

Pete führte die Finger zum Mundwinkel, bemüht, das Nervenzucken dort in den Griff zu bekommen.

»Du hast sie zu einem Objekt degradiert«, fuhr Olivia fort.

»Tante Lorraine fühlte sich unterdrückt. Du wolltest nicht, dass sie an der Uni lehrte. Du hattest Angst, sie würde dir zu klug. Mama Angela hat das völlig richtig erkannt. Und es verhält sich genau so, wie du sagtest: Bei einem Giftmord ist der Hauptverdächtige in der Regel ein Familienmitglied. Man muss nur genügend Wahrheit unter die Lügen mischen – das funktioniert astrein, was?«

Ein melancholischer Zug legte sich über Petes Miene. »Wir hatten Träume, deine Tante und ich. Wir wollten uns nach Mustique zurückziehen und es uns mit unserem Insel-Geld gut gehen lassen. Wir hatten's doch jahrelang besprochen. Und da sollte sie alles für so 'nen College-Professor wegwerfen? Es war nicht recht.«

»Zuweilen kommt uns etwas dazwischen, und unsere Träume ändern sich. Auch das hast du mir mal gesagt. Wenn du Tante Lorraine so sehr geliebt hast – konntest du sie dann nicht einfach glücklich sein lassen? Verhungert wärst du nicht! Rein rechtlich hätte Tante Lorraine dir was überlassen müssen. Stattdessen sind elf Menschen tot. Tonys Mutter. Glenn Rooney. Er war nur wenige Jahre jünger als ich …!«

Mit einer raschen Drehung wandte Pete sich nach rechts und griff nach einer Ahle. Die übrigen Werkzeuge an der bunt lackierten Stecktafel zitterten. »Ohne mich?«, fuhr es aus ihm heraus, böse und verbittert. »Wie konnte sie's wagen, ohne mich glücklich zu sein und mit diesem Renaud durchzubrennen? Dieser miese Schleimer! Hast du 'ne Ahnung, wie gern ich dem die Morde angehängt hätte? Wäre ein Klacks gewesen. Ich hatte schon alles bedacht. Im Uni-Labor fehlt plötzlich Zyanid; ich hätte Renaud weisgemacht, wie Lorraine mir unter Tränen ihre Affäre gestand und mir beichtete, sie habe Schluss gemacht, weil er von ihr geradezu besessen war, und sie habe ja nicht ahnen können, zu was ihr verschmähter Lover fähig sei. Stell dir nur meine Befriedigung vor, mein Entzücken, wenn der Lump in den Bau gewandert wäre!«

Olivia sah den blanken Hass in den steingrauen Augen ihres Onkels. »Aber reingelegt hast du ihn nicht ...«

»Ich sage doch, es wäre 'ne Kleinigkeit gewesen«, wiederholte er, als belehre er eine begriffsstutzige Schülerin. »Zu einfach. Und ein viel zu durchsichtiger Zug, wenn der gehörnte Ehegemahl dem Liebhaber eins auswischt. Der Gaukler ist viel zu gewitzt, um zu einer solch platten Masche zu greifen. Der hat nämlich Disziplin!«

Olivia wich zurück, ganz langsam. Behutsam. *Die Sache läuft schief!* Er verlor die Fassung; das Ganze ging zu schnell. Diesmal würde ihr kein Retter in letzter Minute beispringen.

Er fing sich, hüstelte und atmete tief durch. »Wie lange weißt du's schon?«, fragte er mit gesenkter Stimme. »Einige Tage.«

Die Rückenbeuge gegen das Holzregal gepresst, ließ sie den Blick nochmals hinüber zu der hinter Pete hängenden Stecktafel schweifen. Ein gespenstisches, Furcht einflößendes Waffenarsenal. Ein Klauenhammer. Ein Beil. Eine Rohrzange. Mit jedem der Werkzeuge konnte er ihr den Schädel spalten und sie binnen Sekunden töten. Stattdessen hatte er sich eine Ahle geschnappt, zwar relativ klein, aber genau so tödlich. »Du hast Otto Sparks erstochen.«

»Kollateralschaden«, gab er lakonisch zurück. »Die Polizei musste abgelenkt werden. Der Zyanid-Mörder hatte zwar schon geraume Zeit nicht mehr zugeschlagen, aber du musstest ja unbedingt deine verdammten Storys publizieren. Du wolltest partout keine Ruhe geben.«

Olivia kam jäh der Magen hoch, sodass ihr speiübel wurde. Ottos Tod hatte mit einer Ablenkung der Polizei nicht das Geringste zu tun. So schrecklich sich das anhörte: Es handelte sich einwandfrei um Mord aus Spaß. »All die Menschen ...« Wieder hätte sie fast »Onkel Pete« gesagt. »Die hatten nichts verbrochen und so ein Schicksal, wie's ihnen zustieß, nicht verdient.«

»Du raffst es einfach nicht«, seufzte Pete stoisch. »Ich bin nicht schuld an dem ganzen Schlamassel. Sondern sie.« Er bohrte die Spitze der Ahle in die dicke Naht seiner Jeans. »Sie hat ihr Versprechen gebrochen.«

»Versprechen? Was für ein Versprechen?«

»Lorraine hatte mir zugesagt, mit Renaud Schluss zu machen. Für ein Jahr. Um zu testen, ob unsere Beziehung für sie noch das Richtige war. Und sich ehrlich um unsere Ehe zu bemühen. Einen Eheberater aufzusuchen. So sollte es ursprünglich laufen. Aber sie brachte es nicht. Schlappe drei Sitzungen bei so 'nem nickenden Psychofritzen, und schon sagt sie, es hätte keinen Zweck.«

Olivia starrte auf die Ahle, die weiterhin dabei war, den robusten Jeansstoff zu durchstechen.

»Sie lebte zwar weiter mit mir zusammen, aber nur zum Schein. Sie arbeitete abends länger und erfand allerlei Ausflüchte dafür, doch ich ahnte, dass sie wieder mit Renaud angebändelt hatte. Entsinnst du dich an den Tag, als ich mich mit ihr zum Lunch treffen wollte?«

Olivia erinnerte sich. Pete hatte gesagt, es sei wie Schuleschwänzen gewesen.

»Sie teilte mir mit, sie wolle die Ehe noch bis Weihnachten aufrechterhalten. Danach müsse ich ausziehen und allein klarkommen. Das sage sie mir, weil ihr immer noch einiges an der Freundschaft zu mir liege. Sie räume mir diese Extrazeit ein, damit ich planen könne. Typisch Lorraine. Rücksichtsvoll bis zum Gehtnichtmehr.« Er trat einen Schritt auf Olivia zu und fragte: »Jetzt aber mal ehrlich, *Kleines* – wie bist du letztendlich draufgekommen?«

Sie zuckte zurück, den Rücken noch dichter gegen das harte Regalbrett gepresst, den Blick auf die Ahle geheftet, die mittlerweile in wütenden Drehbewegungen rotierte. Petes Bein musste eigentlich schon blutig sein. Wie lange wird's wohl noch dauern, so Olivia stumm, bis sein Blut sich mit deinem vermischt? Sie musste weiterreden und ihn in ein Gespräch verwickeln. »Trotz meiner Kenntnisse über den Fall Tomitsch und den Zustand eurer Ehe wollte ich nicht glauben, dass du es warst. Aber du hast Fehler gemacht.«

Petes Gesichtszüge waren plötzlich verzerrt. Die Beleidigung traf ihn wie ein Faustschlag.

»Den Brief, den du mir schicktest. Weil ich der Wahrheit näherkam. Durch das Interview mit der Tomitsch. Da wurdest du zum Gaukler.«

Die Ahle hielt inne.

»Mein erstes Ballett. Ich war zwölf. Du kamst damals mit auf die Klassenfahrt. Als Betreuer. Als Petruschka mit dem Krummsäbel getötet wurde, da musste ich weinen.«

Pete erkannte seinen Fehler und verzog das Gesicht.

»Für einen Mörder bist du höchst belesen …« Sie sah, wie seine Miene sich immer mehr verzerrte. Das Wort »Mörder« gefiel ihm anscheinend nicht. »Erst hatte ich den Verdacht, das Schreiben käme vielleicht von Johnny Stasiuk. Aber als ich den zur Rede stellte, wusste er überhaupt nicht, wovon ich sprach. Und das Stevenson-Zitat, das sagte ihm erst recht nichts. Du hingegen mit deinem Bücherregal voller Klassiker –

du hattest vermutlich im Handumdrehen was Passendes gefunden. Irgendwas Makabres, Morbides ...«

»Du hast Stasiuk aufgesucht? Das erforderte Schneid. Ich hatte mich schon gefragt, wann du merken würdest, dass er wieder in der Stadt ist.«

»Du wusstest es?«

Pete nickte.

»Und lässt zu, dass er mich terrorisiert?«

»Verhaften konnte ich ihn wohl kaum, oder? Ich musste ihn doch weiter als Verdächtigen in Reserve halten.«

Wenn einer jemandem Indizien unterjubeln konnte, dann ein Cop. Johnny würde in den Knast wandern, Pete nach Mustique übersiedeln.

»Es gab noch mehr Fehler.« Olivia musterte ihren Onkel von Kopf bis Fuß. Sie sah den vertikalen Streifen an seinem Gürtel, dort, wo schon jahrelang die Gürtelschnalle auf das Leder gedrückt hatte. Inzwischen trug er ihn zwei Löcher enger. »Dein Gewichtsverlust. Ein offenkundiges Anzeichen tiefster Trauer. So jedenfalls wolltest du alle Welt glauben machen.«

»Natürlich.«

»Nur ist an deiner Gewichtsreduzierung leider nichts Natürliches dran, nicht wahr? Ich habe dein Bad und dein Schlafzimmer geputzt. Ich suchte nach einem Beweis dafür, dass Tante Lorraine eine Affäre hatte. Was ich stattdessen fand, war dein Vorrat an Ephedrin. Den hättest du besser verstecken müssen. Übelkeit, Schlafstörungen, Appetitlosigkeit. Leicht zu missdeuten als Zeichen von Trauer. Alles dank Ephedrin.«

Er bestätigte ihren kriminalistischen Durchblick mit einem sachten Nicken. »Funktioniert tatsächlich, dieses Mittelchen.

Schlägt einem zwar auf die Pumpe, aber lange werde ich's ja nicht mehr nehmen.«

Pete hatte gründliche Arbeit geleistet. Elf Menschen vergiftet. Otto Sparks erstochen, damit es so aussah, als trieben in Pleasant Bay gleich zwei Verrückte ihr Unwesen. Und ein guter Cop sitzt daheim und verkümmert, untröstlich über den Tod seiner Frau. Er hatte an alles gedacht.

»Du hast die Nummer von Professor Renaud aus dem Schnellspeicher von Lorraines Telefon entfernt. Du wolltest verhindern, dass einer von ihrer Affäre erfährt.«

Wieder ein Lächeln. »Hat doch jeder gesehen, wie glücklich wir waren. Erinnerst du dich an die Party? An den Ring, den ich Lorraine schenkte? Wie dankbar sie mir war, dass ich diesen Fettsack vor dem Ersticken bewahrte?«

»So viele Tote!«, flüsterte Olivia.

Pete zuckte die Achseln. »Wie gesagt – ein bisschen Schwund ist immer.«

»Und das soll auch aus mir werden? Kollateralschaden?«

»Leider Gottes. Falls es dich tröstet: Ich glaube, aus dir wäre 'ne eins a Journalistin geworden.«

Bei seinen Worten drehte sich ihr erneut der Magen um. »Ein schwacher Trost«, murmelte sie. Ein bitterer Geschmack stieg ihr in der Kehle hoch, sodass sie würgen musste. »Einmal hast du mich gerettet. Jetzt hast du vor, mich umzubringen.«

In diesem Moment drang von irgendwo hinter Pete ein sehnlich erwartetes Schaben. Hatte er es gehört? Oder hatte sie es sich nur eingebildet? Sie rang nach Fassung. Rein instinktiv neigte sie eher zu dem Glauben, dass da gar kein Geräusch gewesen war.

»Und wen hast du in deine abstrusen Theorien eingeweiht?«

»Niemanden«, stellte sie klar. »Ich konnte nur nicht glauben, dass du es warst. Ich kann's noch immer nicht.«

Abermals zuckte Pete die Schultern. »Erstens kommt es anders, und zweitens als man denkt. Müsstest du doch eigentlich wissen.«

Die Antwort erfüllte sie mit Abscheu. Und Wut. Der Mord an ihren Eltern. Der Tod ihrer Schwiegermutter, ihrer Tante, der übrigen Opfer – für Pete offenbar bloße Banalitäten. Eben Dinge, die »dumm gelaufen« waren. »Ich hätte mich so gerne geirrt.«

»Wir alle hätten gern Dinge, die wir nicht haben können.«

So einfach war das. Pete war ein schlechter Verlierer. Lorraine liebte ihn nicht, also hatte sie's nicht verdient, weiterzuleben. Erst recht nicht mit einem anderen. Und dem vielen Geld.

»Für dich war das Ganze ein Spiel, wie? Zugucken, wie einer hinter dem anderen herjagt, Spuren verfolgen, obwohl du wusstest, die führten nirgendwohin. Du selbst mittendrin, unaufhörlich im Dienst, selbst zu den unchristlichsten Stunden, und das mit 'ner Soko, die du wie Marionetten nach deiner Pfeife tanzen lässt.«

Noch ein Lächeln. Ein unmerkliches Kopfnicken.

»Vermutlich hast du Otto Sparks auch noch zu dem Geständnis beschwatzt. Du wusstest ja, bei Fahndungen mit solcher Publicity meldet sich in der Regel irgend so ein Scherzkeks, der die Verantwortung für die Tat übernimmt. Also hast du Otto präsentiert.«

»Er war sehr entgegenkommend.«

»Und was du alles einstecken musstest! Böse Anrufe. Leute pöbeln dich auf der Straße an – den armen, bemitleidenswerten Detective Sergeant, der doch bloß tut, was in seiner

Macht steht. Dann der Verlust der Frau. Wer hätte da nicht Anteil genommen? Und als Sahnehäubchen deine Glanzvorstellung auf dem Friedhof.«

Das Lächeln wurde noch breiter. »Sehr gut, Olivia. Aber mir scheint, nun ist's genug der Rederei. Wir können die Sache auf zweierlei Art und Weise regeln.« Die Stimme des Gauklers nahm einen geschäftsmäßig-nüchternen Ton an, wie in einem Sitzungssaal. »Entweder auf die schmutzige...« Die Ahle setzte ihre kreisende Bewegung an Petes Oberschenkel fort. »Du stellst einen Einbrecher, denselben, der Otto Sparks umgebracht hat. Es kommt zum Kampf. Er gewinnt. Wir können es aber auch auf die gepflegte Weise tun. Du hast die ideale Waffe ja schon dabei. Ein schneller Tod ohne Blutvergießen. Der Zyanid-Mörder schlägt wieder zu. Du hast ja gesehen, wie Mama Angela gestorben ist, Livvie. Es kann sekundenschnell gehen. Ich jedenfalls wüsste, wie ich mich entscheiden würde.«

Der Gaukler, der die Ahle inzwischen gezückt in der Luft hielt, versperrte ihr den Fluchtweg.

Ein letztes Mal verweilte Olivias Blick auf dem Spielzimmer aus Kindertagen und auf dem Mann, der ihr den Weg zurück ins lebendige Leben geebnet hatte. Sie griff nach der blechernen Kaffeedose, nahm den Deckel ab, winkelte die Dose an und öffnete den Rachen.

## 68. KAPITEL

Sie würgte. Spie. Schluckte. Hustete. Aber sie starb nicht. Nach einiger Zeit wischte sie sich weiße Körnchen von den feuchten Lippen und begegnete ihrerseits, nachdem sie sich weitere Streusel von der Vorderseite des Mantels gebürstet hatte, dem angestrengt musternden Blick des Gauklers mit einem eisigen Starren. »Was ist, Onkel Pete?«, fragte sie dann lächelnd.

Sein Gesicht wurde leichenblass. Die Kinnlade sackte ihm herunter. »Du ... du müsstest im Sterben liegen! Tot sein!«

»Wer, ich? Wie kommst du denn auf so eine verrückte Idee? Mir geht's bestens. Besser denn je.«

»Das Zyanid ... da in der Dose ...«

»Zyanid? Hier drin? Komisch. Schmeckt wie Zucker. Im Gegensatz zu dir hatte ich nie so recht einen süßen Zahn.«

»Wir haben einen kleinen Tausch vorgenommen, Detective Szilagyi. Genau so, wie Sie's eigentlich vorhatten.« Aus dem Schatten traten drei Männer, zwei in Polizeiuniform, der dritte in Cordjacke und Wollhose.

»Die Gegensprechanlage!«, sagte Pete. »Eine Falle?«

Olivia nickte.

Pete leistete keine Gegenwehr, als die beiden Beamten aus seiner eigenen Sonderkommission ihm unter dem wachsamen Blick von Inspector Newell die Arme auf den Rücken winkelten. Klickend rasteten die Handschellen ein.

Olivia gesellte sich zu Newell. »Ich fürchtete schon, Sie würden es nicht mehr schaffen. Allmählich hab ich Panik bekommen.«

»Die beiden da sind bereits seit vier Uhr früh hier. Das wollte ich Ihnen allerdings nicht am Telefon sagen, weil ich befürchtete, Sie würden sich sonst durch ein allzu entspanntes Verhalten verraten. Unser Detective Sergeant hier sollte vielmehr den Eindruck haben, dass Sie Todesangst ausstanden. Couragierte Nichte haben Sie da, Szilagyi. Bestand darauf, Sie persönlich zur Rede zu stellen und Ihr Geständnis zu hören.«

Pete bedachte seinen Vorgesetzten mit einem verächtlichen Seitenblick und sah sich im Keller um.

»Ich habe ein paar von den alten dunklen Winkeln wieder hergestellt«, erklärte Olivia dem Mann, den sie so viele Jahre wie einen großen Bruder betrachtet hatte. Mit dem Kinn wies sie auf die südwestliche Kellerecke, in der zwei alte Türen an der Wand aus Betonfertigteilen lehnten. »Ich habe gehofft, du würdest es nicht bemerken, wenn du die Treppe herunterkommst. Natürlich schwirrten dir ganz andere Dinge im Kopf herum. Und ich habe inzwischen keine Angst mehr vor dunklen Ecken. Ich habe gelernt, dass das Böse nicht immer nur in den Schatten lauert. Manchmal wandelt es auch im Licht. Und du bist dabei auf den Geschmack gekommen, was? Das gefiel dir.«

»Darum ging's mir nicht«, erwiderte Pete. »Ich wollte allein das behalten, was ich besaß. Ist nur gerecht.«

Olivia erkannte, was ihre Tante allmählich so verabscheut hatte: Pete war nichts weiter als ein in die Jahre gekommenes, verwöhntes Kind. Unternehmungsfreudig und lebenslustig, war er zu jedem Spaß bereit und hatte Olivia dadurch aus ihrer abgrundtiefen Verzweiflung geholt. Die düstere Kehrseite der Medaille: Er ließ nicht mit sich reden. Nie gab es einen Meinungsaustausch, eine Aussprache. Andauernd setzte er seinen Kopf durch, allerdings sehr geschickt – mit Charme, Verlockungen, Schmeicheleien, Versprechungen, bis alle auf seine Linie einschwenkten. Mit den Jahren hatte sich einiges ergeben: Er wählte die Lokale aus, in denen sie essen gingen; er bestimmte die Urlaubsziele, diktierte die Automarke, die man fuhr, sogar die Fernsehprogramme. Solange alles nach seiner Nase ging, lief das Leben in der Hemlock Lane reibungslos. Aus Dankbarkeit für die Opfer, die Pete und Lorraine ihretwegen brachten, sah Olivia sich außerstande, die Vorschläge ihres Onkels abzulehnen. Im Laufe der Zeit aber musste Lorraine es wohl leid geworden sein, ihren Mann dauernd bei Laune zu halten, ohne selbst mitreden zu können. Sie wurde tatsächlich klüger. Und Renaud stand bereit.

Der Anfang vom Ende.

»Sie haben vollkommen recht, Detective Sergeant Szilagyi«, sagte Olivia. »Mörder lügen wirklich. Und mitunter merken sie nicht mal, wann sie das tun.«

»Wovon redest du da, zum Teufel?« Sein Blick, der sie bis ins Mark gefrieren lassen sollte, prallte zwar wirkungslos an ihr ab, aber angesichts der Bösartigkeit in seiner Stimme fassten die beiden Polizisten fester zu.

So kühl sie es eben vermochte, gab sie zurück: »Du hast mir gesagt, die Affäre zwischen Renaud und Lorraine habe dir das Herz herausgerissen. Das kann gar nicht sein.« Es folgte eine quälende Pause, ein allseitiges Atemholen. »Du hast nämlich kein Herz.«

Die beiden Uniformierten führten ihren Detective Sergeant nach oben, während Inspector Newell sich nochmals an Olivia wandte. »Alles in Ordnung mit Ihnen?«

»Ich glaube, ich habe vergessen, wie sich das anfühlt – in Ordnung.«

»Wie wär's mit 'nem starken Kaffee?«

»Nein, danke. Könnten Sie mir einen Gefallen tun?«

»Von mir aus zehn.«

»Würden Sie mich zur Arbeit fahren? Ich bin ein bisschen zittrig.«

»Wollen Sie etwa in die Redaktion?«

Olivia nickte. »Ich muss 'ne Story schreiben.«

## 69. KAPITEL

Der Verlust der Eltern war schmerzlich gewesen, die Tante begraben zu müssen herzzerreißend. Das Schreiben des Artikels mit der Ankündigung, dass Pete Szilagyi der Zyanid-Killer war, kam in der Rangfolge der Dinge, die ihr am schwersten gefallen waren, an dritter Stelle.

Als am Samstagmorgen der *Sentinel* vor den Haustüren der Leser landete, waren Olivia, Inspector Newell sowie die beiden Streifenbeamten in den Augen der Bürger längst auf Erzengelstatus erhöht. Noch einmal brach die überregionale Pressemeute über die Stadt herein, und sämtliche Journalisten säbelten sich von Olivias Text ihren Batzen ab. CNN bekam seinen Knüller; Vertreter von Larry Kings Talkshow sowie vom Politmagazin *60 Minutes* hatten sich telefonisch angekündigt. Angesichts der Vorstellung, schon wieder in Mikrofone sprechen zu müssen, erlitt Olivia beinahe einen Schreikrampf. Sie wollte die Nachricht *schreiben,* nicht die eigentliche Nachricht *sein.*

Während Olivia sich also weit fort an einen dunklen, entlegenen Ort wünschte, krochen die Bürger von Pleasant Bay allmählich aus ihren Kokons, erleichtert, dass sie nun endlich wieder normal essen, trinken und atmen durften. In diese Erleichterung schlichen sich allerdings Verbitterung, tief sitzender Schock sowie eine unheilvolle Dosis abgrundtiefen Hasses.

Pete Szilagyi war einer der ihren gewesen, Mitglied im Verwaltungsrat des Krankenhauses, Vorsitzender des Kiwanis-Clubs, ein prominenter Verfechter des Kampfes gegen häusliche Gewalt. Außerdem Polizist! Ja, Menschenskinder!

In den Wochen nach seiner Verhaftung fiel Olivia schmerzlich auf, welch gemischte Gefühle das Ganze in ihrer Umgebung hervorrief. Einige wenige – Darrin Spence, Madam Iris – hielten ihr die Stange. Pete sei ein Schwein, und zwar eins von der allermiesesten Sorte. Wie komme der Kerl nur dazu? Andere wie Andy Kodaly schüttelten bloß die Köpfe und brummten »Dreckskerl!«. Die meisten indes hüllten sich in Schweigen, aber in ihren anhaltenden Blicken standen Fragen, die niemand offen zu stellen wagte.

*Wie ist das möglich, dass sie nichts gemerkt hat?*

*Gab's denn keine Anzeichen? Nichts Auffälliges? Keinen Hinweis, mit dem man das Ganze hätte stoppen können?*

*Und überhaupt: Was lief da eigentlich ab?* Das hätte Olivia ebenfalls gern gewusst; dieselben Fragen lasteten in durchschwitzten, schlaflosen Nächten schwer auf ihr.

Dass Lorraines Liaison mit Renaud der Auslöser war und Pete in eine Schwindel erregende Mordspirale gestürzt hatte, konnte als gegeben gelten. Olivia versuchte zwar, sich in ihren Onkel hineinzuversetzen und zu überlegen, wie sie wohl reagieren würde, falls Tony ihr untreu wäre. Aber sie schaffte es nicht. Womöglich, so ihre Vermutung, würde sie einen Tobsuchtsanfall kriegen, Tony hinausschmeißen, ihn bei sämtlichen Bekannten anschwärzen und rachsüchtige Intrigen spinnen. Die üblichen Fantastereien und Tagträume eben, die eine betrogene Ehefrau zur Raserei anstachelten. Viel wahrscheinlicher war aber die moralisch höhere Warte: vergeben und vergessen und dann die Ehe wieder kitten. Petes Verbrechen hingegen beruhten weder auf einem vorübergehenden Realitätsverlust noch auf einer solch rasenden, alles verzehrenden Wut, dass sie nur durch Mord zu stillen gewesen wäre. Nein. Pete hatte vorsätzlich gehandelt, kaltblütig, berechnend und mit der mitleidlosen Schläue eines Raubtiers, in dem vollen Bewusstsein, dass sein niederträchtiger Plan in Gang gesetzt und es Tote geben würde, sobald Lorraine ihr Versprechen brach.

Oder hatte er den Mord von langer Hand geplant und Lorraines Versagen deswegen geradezu provoziert? Hatte er seiner Frau noch mehr die Luft zum Atmen genommen und sie mit seinen Krakenarmen dermaßen umklammert, dass sie Hals über Kopf zurück zu Renaud rannte? Hatte sie Pete genau dadurch den Anlass geliefert, das zu tun, was er schon seit seiner Kenntnis ihrer Untreue beabsichtigte: sich mit ihrem Geld abzusetzen?

Newell zufolge war das Kellergeschoss mit dem Archiv und der Asservatenkammer eine unterirdische Lagerhalle, zwei Stockwerke unter den Männerzellen des Polizeireviers gelegen. Ungeachtet der merkwürdigen Bezeichnung »X-Room« war dieses Depot aber kein finsteres, schauerliches Gewölbe, sondern eine hell beleuchtete Lagerhalle mit etlichen Reihen grau lackierter Metallregale, auf denen sich Bankschließfächer vom Boden bis zur Decke stapelten. In diesen Kästen befanden sich Polizeiberichte, Verhörprotokolle, Computerausdrucke und weitere zu alten Fällen gehörende Unterlagen.

Wochentags war der Asservatenkeller von neun bis fünf geöffnet; die Bezeichnung X-Room beruhte nicht etwa auf bösem Willen, sondern auf der Tatsache, dass die übrigen Buchstaben des Alphabets bereits für andere Lagerkeller verwendet worden waren. So stand zum Beispiel »F« für die Kammer, in der gestohlene Fahrräder lagerten, bis sie entweder zurückgefordert oder versteigert wurden. »P« stand für »Panzerschrank«, einen feuersicheren Tresorraum, zu dem lediglich zwei Bedienstete Zutritt hatten – einer mit der Zahlenkombination für das Schloss, der andere mit dem Schlüssel. »Z« war der Raum für entzündliche Stoffe, »W« für Schusswaffen. Demzufolge erhielt der Raum für die überschüssigen Beweismittel, die sich sonst nirgendwo einordnen ließen, den Buchstaben X, obwohl Olivia von Newell erfahren hatte, dass die jüngeren Beamten zu der Bezeichnung »Katakomben« übergegangen waren. Mitunter verzierten Witzbolde die Tür mit Warnplakaten, auf denen Schriftzüge wie »Betreten auf eigene Gefahr« bis hin zu Bildern vom grimmigen Sensenmann in Menschengröße zu sehen waren. Sogar ein Poster von Gruselrocker Alice Cooper in voller Horror-Kriegsbemalung hatte den Eingang mal geziert. Sechs Monate zuvor, als Pete Szilagyi den schmalen Flur zum X-Room hinunterging, war die Tür bar jeden Schmuckes gewesen.

Ein Asservatenwart, von dem Pete wusste, dass er kurz vor der Rente stand, hatte Pete zum Lagerraum eskortiert und einen geheimen Nummerncode eingegeben. Die ganze Zeit plapperte er munter über das Gerücht, ein Polizeianwärter habe eine Angestellte der Asservatenkammer geschwängert. Beantragt hatte Pete eine Einsicht in die Fallakte mit dem Aktenzeichen 94-24200. Es ging um Geldwäsche in großem Stil sowie um ein Trio von kürzlich aus Hongkong eingewanderten Drillingen, das in diese Operation verwickelt war. Staatsanwalt damals: Seamus Rooney. Weitere Fälle mit Rooney als Vertreter der Anklage wollte er ebenfalls sichten. Während Pete so tat, als beschäftige er sich mit dem Schließfachinhalt des Chinesentrios, schlurfte der Archivar zu einem kleinen, neben der Tür stehenden Schreibtisch, um einen Telefonanruf zu tätigen. Kurz nach einem Zwiegespräch mit seiner Gattin über die Frage, ob es zum Abendessen Fisch oder Hühnchen geben solle, hatte der Angestellte Pete mitgeteilt, er habe oben noch einiges zu erledigen. »Schließen Sie die Tür, wenn Sie rausgehen.«

Nunmehr allein, hatte Pete diejenigen Boxen gefunden, derentwegen er in Wirklichkeit gekommen war. Versehen mit dem Aktenzeichen 95-26700, lagerten sie auf Augenhöhe und enthielten die Akten des Falles Marina Tomitsch. Er öffnete einen einzigen Hemdknopf und zog zwei Gefrierbeutel hervor, die er sich auf den Bauch geklebt hatte. Einer war leer; der andere enthielt granulierten Zucker. Der Austausch war rasch vollzogen, geschickt und ohne Verschütten. Darauf war Pete richtig stolz gewesen. Binnen Minuten wieder oben, hatte er sich bei dem Asservatenwart bedankt und ihm einen erbaulichen Ruhestand gewünscht.

Newell gegenüber gab er zu, dies seien euphorische Augenblicke gewesen – das Zyanid hautnah angeklebt, er selbst im vollen Bewusstsein dessen, was ihm bevorstand sowie des tiefen Unglücks, in welches er jene Stadt stürzen werde, in der er sein ganzes Leben zugebracht hatte. Bis der Gedanke ausgereift war, hatte es Monate gedauert und einer Serie von Probedurchgängen bedurft, alle mit höchster Präzision und größtmöglicher Geduld durchgeführt. So war Pete beispielsweise einen ganzen Tag lang mit etlichen Unzen Kokain im Socken durch die Gegend gelaufen, das er aus dem Drogenkeller ausgeliehen hatte. Kurz vor Feierabend hatte er das Koks zurückgebracht, ohne dass ein Mensch davon etwas merkte. Jeder Dummkopf hätte das Zeug verkaufen können; ein Polizist in Baton Rouge war mal genau bei einer solchen Transaktion erwischt worden. Wenn Olivia überlegte, wie kaltblütig, skrupellos und vollkommen gewissenlos das alles geplant und durchgeführt worden war, überlief sie jetzt noch ein Schaudern.

Eine Woche vor den grausigen Todesfällen im Donovan's hatte Pete persönlich einen Einsatz in dem Lokal geleitet, und zwar anlässlich eines vermeintlichen Einbruchs, den er zuvor eigenhändig getürkt hatte. Am selbigen Abend hatte er Zyanid in eine Flasche Mokkalikör gefüllt, die auf einem der Edelstahlregale in der Küche stand. Danach rief er Donovan an, der auch postwendend in seinem Laden erschien und kurz darauf meldete, es fehle nichts. Das gesamte Inventar war überprüft – Bestecke, Bestand an Getränken und Lebensmitteln, alles nachgezählt und registriert. Pete tippte seinen Bericht. Freitag, 6. August. Versuchter Einbruch. Tatverdächtige in dunklem Kastenwagen entkommen. Sieben Tage später kehrte er dann zum Dinner ein, begleitet von einer wenig begeisterten Lorraine und wohl wissend, dass das Tiramisu mit Mokkalikör immer am Freitag als Dessert-Spezialität auf der Speisekarte stand. So war dafür gesorgt, dass der Gaukler den anschließenden Horror quasi aus der vordersten Reihe verfolgen konnte.

Trotz allem, was sie jetzt wusste, und trotz der schrecklichen Ereignisse vermisste Olivia ihren Onkel. Sie hatten doch so viele schöne Zeiten erlebt. Was sollte sie bloß mit den Erinnerungen daran anfangen?

Wie so oft in letzter Zeit blickte sie durch das Schlafzimmerfenster hinaus auf die Straße. Die Fahrbahn war nass von Schneematsch, der Schnee zu vereinzelten, braun verkrusteten Buckeln geschmolzen. Es sah nach einem Weihnachtsfest mit grün-bräunlich-grauem Anstrich aus. Gegenüber bei den Marshalls bog gerade Claires roter Pontiac in die Garageneinfahrt ein; auf der Beifahrerseite stieg Billy Coombs aus, beladen mit einem Seesack in einem schmutzigen Olivgrün. Die Haustür öffnete sich, und auf der Schwelle erschien Donovan, der Billy mit ausgestreckter Hand begrüßte, ihm den Seesack abnahm und eintreten ließ. Man hatte Billy aus der U-Haft entlassen und in die Pflegschaft der Familie Marshall gegeben. Die Marshalls hatten ihn zu ihrem »Hausmanager« ernannt; ein Titel, der ihm gefiel. Während Donovan täglich den reibungslosen Ablauf in dem neu eröffneten Weinbistro überwachte und Claire ihre Kurse besuchte, sollte Billy für die üblichen anfallenden Arbeiten zuständig sein: Schnee schippen, den Geschirrspüler ausräumen sowie zur Verfügung stehen, wenn die Kinder aus der Schule kamen. Ferner war vorgesehen, dass Liam Alexander ihm dabei half, seine Grundkenntnisse im Rechnen und Lesen aufzufrischen, derweil Donovan ihm zeigen würde, wie man einfache Gerichte zubereitet. Im Haus Nummer 8 war man dabei, die Vergangenheit zu begraben.

In zwölf Tagen sollten Olivia und Tony in ihr neues Domizil auf Gull Point umziehen. Olivia hatte die Tage bis dahin in einem Kalender abgehakt. Wie ihr Elternhaus in der Regent Street, so war auch das Heim in der Hemlock Lane Nummer 7 vom Hort zum Ort des Schreckens geworden, und sie brannte darauf, ihn hinter sich zu lassen. Ein anderer Makler, nicht der unausstehliche Bob Tenkle, hatte begeisterte Kaufinteressenten aus Toronto präsentiert, ein bezauberndes Ehepaar mit drei Sprösslingen, die es »voll krass« fanden, in dem Haus zu wohnen, in dem der Zyanid-Killer gelebt hatte.

Noch besser fand Olivia die Schlinge, die sie Johnny Stasiuk um den Hals gelegt hatte. Mit Unterstützung durch Shane Newell und die Justizbehörden sorgte sie dafür, dass Johnny zwangsumgesiedelt wurde. Am kommenden Montag sollte der älteste Stasiuk seine neue Stelle antreten, und zwar als Leitender Tellerwäscher im einzigen Imbissrestaurant eines Grenzkaffs oben zwischen Alaska und den kanadischen Nordwestterritorien. Olivia lächelte. Das kam davon, wenn man sich mit dem falschen Mädel anlegte!

Auch Tony hatte seine Lektion kapiert: keine Lügen mehr, keinerlei Heimlichkeiten. Olivia hatte ihm zwar vergeben, doch mit dem Vergessen hatte sie noch ihre Schwierigkeiten.

Nunmehr war Packen angesagt; in der Ecke neben dem Einbauschrank stapelten sich schon die leeren Kartons. Für Marc Renaud, der innerhalb der nächsten Stunde vorbeikommen wollte, hatte Olivia noch ein gerahmtes Foto von Lorraine gefunden. Als sie sich jetzt aus ihrem Sessel hochstemmen wollte, rebellierte ihr Magen. Erneut faltete sie ein feuchtes Gesichtstuch zusammen, legte es sich auf den Nackenansatz und neigte sich vor, um zu warten, bis die Übelkeit abflaute.

Sie hörte, wie Tony die Treppe hinaufpolterte.

»Aha, erwischt! Beim Faulenzen! Du genießt die Aussicht, obwohl die Arbeit wartet.« Er kam auf sie zu.

»Wo warst du?«

»Im Spirituosenladen. Hab leere Kisten abgestaubt. Und Alkoholisches dazu.« Er hielt eine Flasche Champagner hoch. »Mag sein, dass wir dieses Jahr nicht mehr im neuen Haus zum Renovieren kommen. Aber Weihnachten wird trotzdem gefeiert.«

Beim Anblick des Champagners kam ihr erneut der Magen hoch. Sie hielt sich den Bauch.

»Immer noch übel?« Tony ging vor ihr auf die Knie und strich ihr das feuchte Haar aus dem Gesicht. »Nur nicht aufgeben! Kaltes Wetter ist angesagt. Das wird die Grippeviren schon killen.«

»Tony ...«

Er ließ sie nicht zu Wort kommen. »Soll ich dir mal das Allerneueste verraten? Hab ich gerade erst von Mrs. Gibbs gehört. An der Kasse. Sie haben Nick Wheeler verhaftet. Wegen Voyeurismus. Nicht zu fassen, was? Ein Spanner ist der! Erwischt, als er vor Joannie Stasiuks Souterrainwohnung durch die Schiebetür linste ...«

Jäh fuhr Olivia auf, stürzte hastig an Tony vorbei in Richtung Badezimmer und fetzte dabei ihrem Mann den Rest des Satzes auseinander. Das trockene Toastbrot, das sie zum Frühstück gegessen hatte, kam wieder hoch. Tony quetschte ihr Zahnpasta auf die Zahnbürste, reichte ihr Wasser zum Nachspülen und führte sie zum Sessel beim Fenster zurück.

»Tony?«, setzte sie nochmals an, wobei sie hoffte, er werde sie diesmal nicht unterbrechen. »Du kennst doch das kleine Zimmer oben? Das mit dem Erkerfenster?«

»Im neuen Haus? Direkt neben unserem Schlafzimmer?«

Sie nickte. »Ich dachte, ich werde Madame Iris mal fragen, ob sie uns nicht ein Wandbild malen kann. Irgendwas Ländliches – rustikaler Stangenzaun, flockige Schäfchen auf der Weide, grasende Kühe, unter der Zimmerdecke vielleicht ein paar weiße Wölkchen ...«

Tony stutzte. Ein argwöhnischer Ausdruck legte sich über sein Gesicht. »Wenn du unbedingt willst«, brummte er. »Aber kommt dir das nicht 'n bisschen babymäßig vor?«

»Doch, doch«, betonte Olivia zustimmend, wobei sie sich trotz der Übelkeit im Magen ein kleines Lächeln abrang. »Und falls es ein Mädchen wird – was hältst du von ›Constructa‹ als Namen?«

*Ein Wissenschaftsthriller der Extraklasse!*

Ralf Isau
DIE GALERIE DER LÜGEN
Roman
640 Seiten
ISBN 978-3-404-15715-0

Alex Daniels, eine junge Journalistin, wird verdächtigt, an einem Überfall im Louvre beteiligt gewesen zu sein, bei dem ein Wächter getötet wurde. Ihre Fingerabdrücke wurden am Tatort gefunden. Doch Alex ist unschuldig. Sie ist selbst das Opfer eines geheimen Experiments, bei dem Menschen geschaffen wurden, die Mann und Frau zugleich sind. Menschen mit ganz besonderen Fähigkeiten. Und einer von ihnen sinnt nun auf Rache …

Bastei Lübbe Taschenbuch

*Sie weiß, dass er besessen von ihr ist
– und er ist ganz in ihrer Nähe ...*

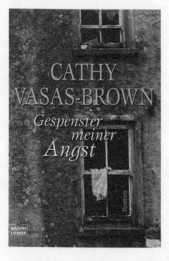

Cathy Vasas-Brown
GESPENSTER
MEINER ANGST
Roman
288 Seiten
ISBN 978-3-404-15329-9

Vor fünfzehn Jahren hat Samantha Quinlan dafür gesorgt, dass der psychotische Frank Ventresca für seine Vergehen ins Gefängnis kam. Nun ist er wieder auf freiem Fuß. Und er hat nur einen Gedanken im Kopf: Samantha davon zu überzeugen, dass er der richtige Mann für sie ist ... Samantha glaubte bisher, ihr Leben wieder im Griff zu haben. Sie hat einen ausfüllenden Beruf, einen netten Partner und einen lieben Sohn. Doch nun fühlt sie sich erneut von Frank verfolgt, und ein Albtraum, der längst vergessen schien, könnte ihr Leben zerstören. Bald schwebt Samantha in Lebensgefahr, aber deutet sie die Bilder ihrer Angst richtig?

Bastei Lübbe Taschenbuch